UM NOVO JEITO DE TRABALHAR

"O livro de Laszlo Bock acessa os bastidores de uma das organizações mais inteligentes do planeta e oferece um plano útil para a criação de uma cultura de criatividade. Deve ser dado a cada líder, cada empresário, cada gerente, cada estudante, cada ser humano que queira entender como construir um local de trabalho eficaz e coeso." — Daniel Coyle, autor de *Equipes brilhantes*

"Uma obra notável que revela como se tornar uma fábrica de talentos. Bock mostra os muitos benefícios de uma cultura de alta liberdade aliada a uma missão com significado. Ao longo do caminho, ele derruba os pilares da sabedoria convencional sobre contratação, treinamento, avaliação e remuneração." — Daniel Pink, autor de *Motivação 3.0* e *Saber vender é da natureza humana*

"*Um novo jeito de trabalhar* cumpre o que promete. Rico em informações e conclusões não intuitivas para quem procura tornar o ambiente de trabalho um lugar melhor." — *Forbes*

"Indicado para todos os gerentes que estão procurando grandes ideias para aumentar o desempenho da equipe. Um clássico instantâneo sobre gestão." — Ram Charan, coautor de *Pipeline de liderança*

"O melhor livro sobre cultura empresarial que já li. Um manual essencial para desenvolver ambientes que liberam os funcionários para realizar o trabalho mais importante." — Tom Gardner, fundador e CEO da The Motley Fool

UM NOVO JEITO DE TRABALHAR

IDEIAS DO GOOGLE QUE VÃO TRANSFORMAR SUA MANEIRA DE VIVER E LIDERAR

LASZLO BOCK

SEXTANTE

Título original: *Work Rules!*

Copyright © 2015 por Laszlo Bock
Copyright da tradução © 2015 por GMT Editores Ltda.

Todos os direitos reservados. Nenhuma parte deste livro pode ser utilizada ou
reproduzida sob quaisquer meios existentes sem autorização por escrito dos editores.

tradução: Afonso Celso da Cunha
preparo de originais: Melissa Lopes Leite
revisão: Clarissa Peixoto e Luis Américo Costa
projeto gráfico e diagramação: DTPhoenix Editorial
adaptação de capa: Ana Paula Daudt Brandão
impressão e acabamento: Associação Religiosa Imprensa da Fé

CIP-BRASIL. CATALOGAÇÃO NA PUBLICAÇÃO
SINDICATO NACIONAL DOS EDITORES DE LIVROS, RJ

B648n   Bock, Laszlo
       Um novo jeito de trabalhar/ Laszlo Bock; tradução Afonso Celso
da Cunha. Rio de Janeiro: Sextante, 2019.
       368 p.: il.; 16 x 23 cm.

       Tradução de: Work rules!
       ISBN 978-85-431-0756-1

       1. Google (Firma) - Administração. 2. Indústria da internet.
3. Cultura organizacional. 4. Liderança. I. Cunha, Afonso Celso da.
II. Título.

19-56280   CDD: 658.406
                                               CDU: 005.71-021.131

Todos os direitos reservados, no Brasil, por
GMT Editores Ltda.
Rua Voluntários da Pátria, 45 – Gr. 1.404 – Botafogo
22270-000 – Rio de Janeiro – RJ
Tel.: (21) 2538-4100 – Fax: (21) 2286-9244
E-mail: atendimento@sextante.com.br
www.sextante.com.br

A Annabelle, Emily e Lila,
Que vocês sempre amem o que fazem

Onde está o trabalho que libertará minhas mãos e a minha alma?

"WE TAKE CARE OF OUR OWN",
BRUCE SPRINGSTEEN

Sumário

Prefácio – O pesadelo do orientador vocacional   11
Como criar o currículo perfeito para o Google

Por que as regras de trabalho do Google serão úteis para você   17
As empresas surpreendentes (e de sucesso espantoso)
que funcionam exatamente como nós

1. Tornando-se um fundador   25
Da mesma maneira que Larry e Sergey construíram os alicerces do
jeito Google de tratar os funcionários, você também pode
lançar as bases de como sua equipe trabalha e vive

2. "A cultura come a estratégia no café da manhã"   36
Se você der liberdade às pessoas, elas o surpreenderão

3. Lake Wobegon, onde todos os recém-contratados estão
acima da média   59
Por que contratar pessoas é a atividade mais importante
em qualquer organização

4. Procurando os melhores   71
A evolução da "máquina autorreplicadora de talentos" do Google

5. Não confie no instinto   87
Por que o instinto atrapalha na hora das entrevistas
e o que fazer para selecionar melhor

6. Que os internos dirijam o asilo   114
Tire o poder dos gerentes e confie em seu pessoal

7. Por que todo mundo detesta a gestão do desempenho
e o que decidimos fazer a respeito   142
Melhore o desempenho concentrando-se no crescimento pessoal,
não em avaliações e recompensas

8. Os dois extremos   167
As maiores oportunidades estão nos piores e nos
melhores funcionários

9. Construindo uma instituição de aprendizado   191
Os melhores professores já trabalham para você.
Deixe-os ensinar!

10. Pague salários diferenciados   209
Por que é justo pagar salários diferentes a
duas pessoas no mesmo cargo

11. As melhores coisas da vida são de graça (ou quase)   240
A maioria dos programas de pessoal do Google pode ser
copiada por qualquer um

12. Dê um empurrãozinho   260
Pequenos sinais podem provocar grandes mudanças no
comportamento. Como um e-mail pode aumentar a
produtividade em 25%

13. Nem tudo é um conto de fadas   292
Os maiores erros na gestão de pessoas do Google
e o que fazer para evitá-los

14. O que fazer para começar amanhã   308
Dez passos para transformar sua equipe e seu ambiente de
trabalho

Epílogo só para os nerds de recursos humanos: Construindo
o primeiro departamento de Operações de Equipe do mundo   320
O projeto de um novo tipo de RH

Dicas do Google para melhorar o trabalho   336

Agradecimentos   340

Créditos das imagens   343

Notas   345

Prefácio – O pesadelo do orientador vocacional

Como criar o currículo perfeito para o Google

Meu primeiro contracheque chegou no verão de 1987, quando eu tinha 14 anos. Meu melhor amigo, Jason Corley, e eu havíamos sido convidados pela escola de ensino médio para nos matricularmos na turma de debates de um curso de verão. No ano seguinte, já estávamos dando aula. Ganhamos 420 dólares cada um.

Nos 28 anos seguintes, construí um currículo aleatório, que seria mais bem descrito como o pesadelo do orientador vocacional: trabalhei numa delicatéssen, num restaurante e numa biblioteca. Dei aulas particulares a alunos do ensino médio na Califórnia e lecionei inglês a alunos do ensino fundamental no Japão. Fui salva-vidas, primeiro na vida real, na piscina da faculdade, depois na televisão, em um episódio da série *Baywatch* (ou *S.O.S. Malibu*). Ajudei na fundação de uma entidade sem fins lucrativos de apoio a adolescentes problemáticos e trabalhei numa fábrica de materiais de construção. No percurso, surpreendi-me de repente como consultor em remuneração de executivos e, com toda a sabedoria de um jovem de 24 anos, constatei que recursos humanos era uma área estagnada e fugi em busca de um MBA. Dois anos depois, entrei na McKinsey & Company, empresa de consultoria em administração, onde trabalhei pouco com questões de RH. Durante a bolha pontocom, até o começo da década de 2000, assessorei empresas do setor de tecnologia em desenvolvimento de vendas, usuários e organizações. Quando a bolha estourou, continuei orientando empresas do setor de tecnologia, agora a respeito de como cortar custos, operar com eficiência e entrar em novos negócios.

Em 2003, porém, eu estava frustrado.

Frustrado porque até os planos de negócios mais bem elaborados fracassavam quando as pessoas não acreditavam neles. Frustrado porque os líderes sempre falavam em pôr as pessoas em primeiro lugar, mas, na prática, tratavam-nas como peças substituíveis.

Exerci funções braçais, trabalhei em escritório, recebi salário-mínimo e remuneração de seis dígitos, suei a camisa lado a lado com – e fui gerenciado por – pessoas que não concluíram o ensino médio e outras que fizeram doutorado nas melhores universidades do mundo. Trabalhei em ambientes nos quais o único propósito era mudar o mundo e em contextos onde tudo se resumia a gerar lucro para o dono.

Ao longo desse tempo, percebi que, para onde quer que eu me voltasse, as pessoas não eram bem tratadas no trabalho, e isso não fazia o menor sentido para mim. Você passa mais tempo trabalhando do que fazendo qualquer outra coisa na vida.[1] Não é justo que a experiência no trabalho, mesmo em algumas das melhores empresas, seja tão desmotivadora e desumana quanto se vê por aí.

Concluí que tinha dois caminhos pela frente. O primeiro era tratar melhor minhas equipes, ajudá-las a aumentar a produtividade e esperar que, com o passar do tempo, o meu exemplo fosse seguido. O segundo era encontrar um jeito de influenciar a maneira como empresas inteiras tratam as pessoas. Escolhi a segunda alternativa, pois acreditava que ela me proporcionaria as melhores chances de exercer um impacto maior, e decidi encontrar um emprego em recursos humanos.

Meus colegas de consultoria acharam que eu estava cometendo suicídio profissional, mas eu tinha feito o dever de casa. Na época, havia mais de 5 mil pessoas no banco de dados de ex-alunos da McKinsey, mas apenas uma centena deles trabalhava em recursos humanos, quase todos como consultores ou recrutadores. Concluí que meu treinamento e minha formação me destacariam no pool de talentos em RH e me ajudariam a encontrar novas soluções. E talvez, quem sabe, também me levassem a progredir com mais rapidez na carreira em vez de me arrastar durante 20 ou 30 anos na escalada da hierarquia organizacional. Quem sabe eu até chegasse a algum lugar onde viesse a exercer mais impacto em menos tempo.

Eu queria trabalhar onde pudesse aprender o máximo possível sobre RH, e, na época, Pepsi e General Electric eram os melhores laboratórios. Procurei com a cara e a coragem oito executivos de RH das duas empresas, mas só Anne Abaya, da GE, retornou minhas ligações. Anne, sempre disposta a arrumar alguns minutos para ajudar os outros, interessou-se pelo meu currículo e me apresentou a outros executivos da GE.

Seis semanas depois, eu era o novo vice-presidente de remuneração e benefícios da divisão de financiamento de equipamentos comerciais da GE Capital da General Electric Company. Eu estava entusiasmado por estar lá, embora meus amigos olhassem para o meu cartão de visita e achassem que eu estava louco. Meu primeiro chefe, Michael Evans, me deu enorme liberdade para explorar a empresa e me ajudou a compreender como a GE lidava com o talento.

As pessoas eram importantes para Jack Welch, presidente do conselho de administração e CEO da GE de 1981 a 2001. Jack dedicava mais de 50% do tempo a questões de pessoal[2] e, junto com Bill Conaty, superintendente de RH, desenvolveu um aclamado sistema de gerenciamento de pessoas, classificando rigorosamente os funcionários pelo nível de desempenho e estabelecendo mudanças de cargos para os melhores talentos a cada 12 ou 18 meses. Além disso, a empresa criou um centro de treinamento em Crotonville, em Nova York. Jack passara as rédeas para um novo CEO, Jeff Immelt, dois anos antes de minha entrada na empresa, o que me permitiu apreciar o que ele desenvolvera e observar como tudo havia mudado depois que Immelt deslocou o foco para outras áreas.

Welch e Conaty haviam adotado o critério de classificação do desempenho 20-70-10, pelo qual os funcionários da GE eram incluídos em três grupos: os 20% superiores, os 70% intermediários e os 10% inferiores. Os melhores eram recompensados com as melhores tarefas, programas de treinamento e opções de ações. Os 10% inferiores eram demitidos. Sob a direção de Immelt, a distribuição forçada foi atenuada e os rótulos objetivos "20% superiores", "70% intermediários" e "10% inferiores" foram substituídos pelos eufemismos "talentos superiores", "muito valorizados" e "em aprimoramento". Os colegas me disseram que o alardeado processo de análise dos talentos, que durava um ano e envolvia 300 mil pessoas, "perdera a garra" e "não era a mesma coisa sem o foco de Jack".[3]

Eu não tivera o privilégio de trabalhar no tempo dos dois presidentes-executivos, mas constatei como a personalidade e o foco do gestor moldam profundamente as instituições. Os CEOs, na maioria, são muito bons em muitas coisas, mas tornam-se CEOs por se distinguirem pela excelência em um ou dois aspectos, que tendem a se adequar às necessidades da empresa na época. Welch é mais lembrado pelo Seis Sigma – um conjunto de ferramentas para melhorar a qualidade e a eficiência – e pelo foco nas pessoas. Immelt enfatizou vendas e marketing, sobretudo por meio de iniciativas da marca ecomagination, um esforço para tornar a empresa conhecida pela criação e fabricação de produtos mais verdes e sustentáveis.

Em 2006, depois de três anos na GE, fui selecionado para trabalhar no Google como chefe de Operações de Equipe. Lembro-me da recrutadora, Martha Josephson, tentando me convencer a não usar terno para a entrevista. "Ninguém usa terno", ela me garantiu, "e vão achar que você não conhece a cultura da empresa se o virem assim." Aceitei seu conselho, mas ainda estava em dúvida, por isso meti uma gravata no bolso do casaco, só por precaução. Anos depois, entrevistei um candidato que obviamente tinha comprado um belo terno listrado para o evento, mas o cara era tão excepcional que eu tinha certeza de que ele seria contratado. Encerrei a entrevista mais ou menos nos seguintes termos: "Brian, tenho boas e más notícias. A boa notícia é que, embora você tenha outras entrevistas pela frente, posso afirmar que receberá uma oferta. A má notícia é que você nunca mais vai usar esse terno."

Entrei no Google dois anos depois da oferta pública inicial de ações para a abertura de capital: o faturamento crescia ao ritmo de 73% ao ano; o Gmail acabara de ser lançado, com armazenamento gratuito inédito de um gigabyte (500 vezes mais espaço que os serviços de webmail então disponíveis – algo tão louco que muita gente imaginou ser uma brincadeira de Primeiro de Abril).[4] O Google tinha 6 mil funcionários e queria dobrar de tamanho a cada ano. Também anunciava a missão bastante ambiciosa de organizar as informações do mundo – todas elas! – e torná-las mundialmente acessíveis e úteis.

Essa missão, para mim, era de longe a mais arrebatadora. Nasci em 1972, na Romênia comunista, país comandado pelo ditador Nicolae Ceausescu e impregnado de segredos, mentiras e medos. É difícil imaginar isso hoje, mas a Romênia, na época, era muito parecida com a Coreia do Norte atual. De uma hora para outra, amigos e familiares desapareciam por terem criticado o governo. Os membros do Partido Comunista tinham acesso a roupas elegantes, bens de consumo e frutas e verduras do Ocidente, enquanto meus pais só foram provar uma banana depois dos 30 anos. Os filhos eram estimulados a espionar os pais. Os jornais e as rádios disseminavam pouco mais que mentiras sobre as qualidades do governo e sobre como os Estados Unidos eram opressores e malvados. Minha família fugiu da Romênia em busca de liberdade, do direito de ir aonde quisessem, de pensar e dizer o que achassem melhor e de se associar a qualquer pessoa.

A ideia de trabalhar numa empresa que cultivava o objetivo de tornar a informação disponível para todos me empolgava, porque a liberdade de expressão depende do acesso à informação e à verdade. Vivi e trabalhei em todos os tipos de ambiente e vivenciei muitos exemplos do que não funciona. Se esse lugar for de fato real, pensei, será o melhor emprego do mundo.

Desde que entrei no Google, a empresa cresceu de 6 mil para 60 mil funcionários, passando a ter mais de 70 escritórios em mais de 40 países. A *Fortune* elegeu o Google a "Melhor Empresa para Trabalhar" cinco vezes nos Estados Unidos (algo sem precedentes), assim como em numerosos outros países, como Argentina, Austrália, Brasil, Canadá, França, Índia, Irlanda, Itália, Japão, Coreia do Sul, Países Baixos, Polônia, Suíça e Reino Unido. É o lugar mais cobiçado para trabalhar no planeta, de acordo com o LinkedIn,[5] e recebemos mais de 2 milhões de pedidos de emprego todos os anos, de candidatos com os mais diversos perfis e das mais variadas partes do mundo. Desses, o Google contrata somente vários milhares por ano,[6] o que o torna 25 vezes mais seletivo do que Harvard,[7] Yale[8] ou Princeton.[9]

Longe de ser suicídio profissional, meus dias no Google têm sido uma aventura vibrante de criação e experimentação – às vezes exaustiva, às vezes frustrante, mas sempre avançando no sentido de criar um ambiente de propósito, liberdade e criatividade. Este livro é a história de como pensamos em nossos funcionários, do que aprendemos nos últimos 15 anos e do que é possível fazer para pôr as pessoas em primeiro lugar e transformar a maneira como vivemos e lideramos.

Por que as regras de trabalho do Google serão úteis para você

As empresas surpreendentes (e de sucesso espantoso)
que funcionam exatamente como nós

Um bilhão de horas atrás, surgia o moderno Homo sapiens.
Um bilhão de minutos atrás, nascia o cristianismo.
Um bilhão de segundos atrás, era lançado o computador pessoal da IBM.
Um bilhão de buscas no Google atrás... raiava esta manhã.
– Hal Varian, economista-chefe do Google, 20 de dezembro de 2013

O Google completou 16 anos em 2014, mas tornou-se parte de nossa vida muito antes. Não fazemos buscas na internet – nós "jogamos no Google". Mais de 100 horas de vídeo são carregadas no YouTube a cada minuto. A maioria dos dispositivos móveis, smartphones ou tablets, depende do sistema operacional Android, do Google, gratuito e de código aberto,* que não existia no mercado antes de 2007. Mais de 50 bilhões de aplicativos já foram baixados da loja Google Play. O Chrome, lançado em 2008 como um browser de código aberto mais seguro e mais rápido que os demais, tem mais de 750 milhões de usuários ativos e é hoje o sistema operacional que roda nos laptops Chromebook.[10]

E o Google está apenas começando a explorar os limites do possível, de veículos autônomos ou autodirigíveis ao Projeto Loon, cujo objetivo é fornecer acesso à internet aos lugares mais remotos do planeta por meio de um balão; de produtos de computação que funcionam como acessórios, como o Google Glass, que funde a rede e o mundo numa lente minúscula instalada acima do olho direito (estamos trabalhando numa versão para

---

* "Código aberto" significa que o software é gratuito e pode ser modificado. Por exemplo, o leitor de e-books da Amazon, o Kindle, roda com uma versão modificada do sistema operacional Android.

canhotos), às Google Smart Contact Lens, lentes de contato que também atuam como monitor do nível de glicose no sangue para diabéticos.

Todos os anos, dezenas de milhares de pessoas visitam nossas instalações em todo o mundo. Aí se incluem empreendedores sociais e de negócios, estudantes do ensino médio e de nível superior, CEOs e celebridades, chefes de Estado, reis e rainhas. E, evidentemente, nossos amigos e familiares, que sempre se sentem felizes por poderem nos encontrar e almoçar conosco. Todos perguntam como dirigimos este lugar, como o Google funciona. Qual é a cultura por aqui? Como de fato conseguimos trabalhar em meio a tantas distrações? De onde vêm as inovações? As pessoas podem mesmo usar 20% do seu tempo para fazer o que quiserem?

Até os nossos funcionários, os "googlers", como se autodenominam, às vezes se perguntam por que fazemos as coisas de certa maneira. Por que passamos tanto tempo recrutando? Por que oferecemos alguns benefícios, e não outros?

Um novo jeito de trabalhar é a minha tentativa de responder a essas perguntas.

No Google, não temos muitos códigos nem manuais de conduta, portanto este livro não é a orientação oficial da empresa. Na verdade, trata-se da minha interpretação de por que e como o Google funciona, a partir da perspectiva do que acredito ser verdadeiro – e do que revelam as mais recentes pesquisas em economia comportamental e psicologia – sobre a natureza humana. Como vice-presidente sênior de Operações de Equipe, para mim continua a ser um privilégio e um prazer contribuir, ao lado de milhares de googlers, para a maneira como os funcionários vivem e lideram.

A primeira vez que o Google foi eleito Melhor Empresa para Trabalhar nos Estados Unidos ocorreu um ano depois da minha entrada (não graças a mim – mas o momento não poderia ter sido mais oportuno). Os patrocinadores do prêmio, a revista *Fortune* e o Great Place to Work Institute, me convidaram para participar de um debate com Jack DePeters, vice-presidente sênior de operações de loja da Wegmans – rede de mercearias com 84 unidades no Nordeste dos Estados Unidos, que durante 17 anos seguidos integrou a lista de melhores empresas para trabalhar da *Fortune*, chegando à liderança em 2005 e, desde então, destacando-se sempre nas cinco primeiras posições.[11]

O objetivo do encontro foi falar sobre nossas filosofias gerenciais distantes e deixar claro que há mais de um caminho para se tornar um ótimo empregador. A Wegmans é uma varejista regional de capital fechado que opera num setor em que a margem de lucro é de 1% e cuja força de trabalho, que é em grande parte local, tem escolaridade média de ensino médio. Está no mercado desde 1916, todo esse tempo como empresa familiar. O Google, uma empresa global do setor de tecnologia, de capital aberto, tinha nove anos de existência e uma margem de lucro de mais ou menos 30%; seus funcionários, oriundos de todo o mundo, colecionam títulos de Ph.D. As duas empresas não poderiam ser mais diferentes.

Fiquei impressionado quando descobri que as duas tinham mais em comum do que se poderia imaginar.

Jack explicou que a Wegmans adota praticamente os mesmos princípios do Google:

Nosso CEO, Danny Wegman, diz que "liderar com o coração pode construir uma empresa de sucesso". Nossos funcionários são empoderados por essa visão para dar o melhor de si e não deixar nenhum cliente sair insatisfeito. E nos guiamos por ela ao tentar tomar as melhores decisões em relação às nossas pessoas, seja qual for o custo.

A Wegmans, que dá plena liberdade aos funcionários para cuidar da clientela, concedeu-lhes, em 2013, bolsas de estudos no valor de 5,1 milhões de dólares[12] e até encorajou um deles a abrir a própria confeitaria no interior de uma das lojas, ao reconhecer a qualidade de seus biscoitos caseiros.

Com o passar do tempo, aprendi que a Wegmans e o Google não estavam sozinhos na adoção desses métodos. O Brandix Group é uma empresa do Sri Lanka do setor de confecção de roupas com mais de 40 fábricas no país e operações de grande porte na Índia e em Bangladesh. Ishan Dantanarayana, gerente de RH, me disse que o objetivo deles era "inspirar a grande força de trabalho de mulheres", estimulando-as a "explorar todo o seu potencial". Além de garantir que o CEO e o conselho estejam acessíveis a todos os funcionários, a Brandix fornece suplementos alimentares e medicamentos às gestantes; oferece um programa de treinamento com direito a diploma e até os prepara para serem empreendedores e iniciarem os próprios negócios; constitui grupos de representação dos trabalhadores em todas as fábricas; e financia bolsas de estudos para os filhos dos empregados. A empresa também retribui à comunidade, através, por exemplo, do programa Água & Mulheres, que constrói poços nas aldeias. "Isso aumenta a importância de nossas colaboradoras na comunidade e lhes dá acesso a água limpa, que é escassa."

Todas essas iniciativas transformaram a empresa no segundo maior exportador do Sri Lanka e lhe renderam vários prêmios pelas condições de emprego, pelo envolvimento com a comunidade e pelas práticas ambientais. "Quando os funcionários confiam nos líderes, tornam-se embaixadores da marca, algo que, por sua vez, leva a mudanças progressivas nas famílias, na sociedade e no meio ambiente. O retorno do investimento para a empresa é automático, com o aumento da produtividade e da satisfação dos clientes, além do crescimento do negócio."

A abordagem da Brandix contrasta com o que levou ao desastre no edifício Rana Plaza em Bangladesh, em 24 de abril de 2013. Quinze confecções, um banco e várias lojas ocupavam o prédio de oito andares. Na véspera, apareceram rachaduras nas paredes e o edifício foi esvaziado. No dia seguinte, o banco e as lojas instruíram os funcionários a se afastarem do local. Já as confecções chamaram de volta os trabalhadores. Mais de 1.100 pessoas perderam a vida, inclusive crianças que estavam na creche de uma empresa no edifício.[13]

O filme de 1999 *Como enlouquecer seu chefe*, que ironizou os rituais e a burocracia sem sentido de uma empresa fictícia de tecnologia, tornou-se um sucesso *cult* por ter sido logo reconhecido como uma caricatura da realidade. No filme, o programador Peter Gibbons descreve seu trabalho para um hipnoterapeuta:

> *Peter:* Eu estava sentado à minha mesa hoje e percebi que, desde que comecei a trabalhar, cada dia de minha vida tem sido pior que o anterior. Então isso significa que todo dia que você me vê aqui é o pior dia da minha vida.
>
> *Dr. Swanson:* E quanto a hoje? É o pior dia de sua vida?
>
> *Peter*: É.
>
> *Dr. Swanson*: Nossa, está ruim mesmo![14]

Pensei nesses exemplos bastante diferentes quando uma repórter da CNN International me entrevistou para um artigo sobre o futuro do trabalho. Ela argumentou que o modelo exemplificado por lugares como o Google – o que denomino abordagem de "alta liberdade", em que os funcionários desfrutam de muita autonomia – era o caminho para o futuro. Os modelos de administração de cima para baixo, de comando e controle – os contextos de "baixa liberdade" – em breve desapareceriam.

Algum dia, talvez. Mas em breve? Eu não tinha tanta certeza. A administração por comando e controle, que oferece pouca liberdade, é comum, não só por ser lucrativa e exigir menos esforço, mas também pelo fato de a maioria dos gerentes morrer de medo da alternativa a isso. É fácil dirigir uma equipe que faz o que se pede. Ter que explicar a todos por que devem fazer isso e não aquilo e deixar que debatam se o que fazem está certo ou errado é outra conversa. E se discordarem de mim? E se a minha equipe não quiser fazer o que estou pedindo? É mais rápido e eficiente apenas dizer à equipe o que fazer e, então, acompanhar o andamento para ter certeza de que entregarão o serviço. Certo?

Errado. As pessoas mais talentosas do planeta dispõem de cada vez mais mobilidade física, estão cada vez mais conectadas por meio da tecnologia e, o mais importante, tornam-se mais e mais visíveis para os empregadores. Esses profissionais querem atuar em contextos de alta liberdade, razão por que fluirão para organizações que desenvolvem e cultivam esse tipo de ambiente.

É difícil, porém, construir esse lugar, porque a dinâmica do poder atua contra a liberdade. Os funcionários dependem dos gerentes e querem agradá-los. O foco em agradar o chefe, no entanto, significa que pode ser perigoso manter discussões honestas com ele. Mas, se não agradá-lo, talvez você se sinta receoso ou inseguro. Ao mesmo tempo, ele é responsável pelos resultados que você apresenta. E ninguém alcança os melhores resultados quando se perde nesse emaranhado de interesses e emoções, expressas ou tácitas.

A abordagem do Google procura desatar esses nós. De maneira deliberada, remanejamos o poder e a autoridade, deslocando-os dos gerentes para os subordinados. Entre as decisões que os gerentes do Google não podem tomar unilateralmente estão: contratações; demissões; avaliação de desempenho; aumento salarial, bônus e opções de ações; premiação do melhor gerente; promoções; sugestões a serem incluídas na base de código dos aplicativos da empresa; design final de um produto; e data de lançamento.

Cada uma dessas decisões compete a um grupo de pares, a um comitê ou a uma equipe específica. Muitos gerentes recém-contratados estranham essa política. Depois de se familiarizarem com os processos de contratação de pessoal, chega a hora das promoções, e eles ficam perplexos ao descobrirem que não podem promover por decisão unilateral as pessoas que consideram as melhores. O problema é que você e eu podemos definir de maneira diferente o "melhor funcionário". Se o critério é fazer o que for o mais adequado para toda a organização – contribuindo para o aumento da confiança na empresa e fazendo com que as recompensas tenham mais significado –, os gerentes devem abrir mão do poder individual e permitir que os benefícios variem entre os grupos.

O que os gerentes podem fazer sem as tradicionais recompensas e punições? A única coisa que lhes resta fazer. De acordo com Eric Schmidt, nosso presidente do conselho, "Os gerentes servem às equipes". Como em qualquer lugar, também abrimos exceções e cometemos erros, mas o estilo de liderança predominante no Google consiste em orientar os gerentes a se concentrarem não nos prêmios e castigos, mas, sim, na eliminação dos obstáculos e na inspiração das equipes. Um de nossos advogados descreveu sua gerente, Terri Chen, nos seguintes termos: "Você se lembra daquela tirada famosa do filme *Melhor é impossível*, em que Jack Nicholson diz a Helen Hunt: 'Você faz com que eu queira ser um homem melhor'? É o que eu sinto em relação a Terri como gerente. Ela faz com que eu queira ser – e me ajuda a tentar ser – um googler melhor, um advogado melhor e uma pessoa melhor!"

Soa irônico, mas a melhor maneira de praticar uma gestão eficaz é descartar todas as ferramentas convencionais de gestão.

A boa notícia é que qualquer equipe pode se desenvolver em torno dos princípios adotados pelo Google. Mesmo na indústria de vestuário, o método funciona, conforme constatou Richard Locke, do MIT.[15] Para tanto, ele comparou duas fábricas de camisetas Nike, no México. A Fábrica A dava mais liberdade aos trabalhadores, pedindo que participassem da definição de metas de produção, que se organizassem em equipes, que resolvessem entre si como dividir o trabalho e autorizando-os a parar a produção quando identificassem problemas. Já a Fábrica B controlava com rigor a mão de obra, exigindo que os trabalhadores se limitassem à execução das próprias tarefas e fixando regras austeras para os processos de produção. Locke descobriu que os trabalhadores da Fábrica A eram quase duas vezes mais produtivos (150 versus 80 camisetas por dia), ganhavam salários mais altos e representavam custos 40% mais baixos por camiseta (US$ 0,11 versus US$ 0,18) que os trabalhadores da Fábrica B.

O Dr. Kamal Birdi, da Universidade de Sheffield, e seis outros pesquisadores estudaram a produtividade de 308 empresas durante 22 anos e chegaram a conclusões semelhantes. Todas as empresas analisadas adotavam métodos de produção usuais, como "gestão da qualidade total (TQM)" e "controle de estoque *just in time*". Birdi e sua equipe verificaram que esses programas às vezes aumentavam a produtividade em uma ou outra empresa, mas não detectaram "efeitos sobre o desempenho total" quando as empresas eram consideradas em conjunto. Em outras palavras, não havia evidências de que algum desses métodos melhorava o desempenho de maneira constante.

O que acontecia, então? O desempenho melhorava apenas quando as empresas implementavam programas para empoderar os funcionários (por exemplo, transferindo a autoridade para tomar decisões da gerência para os subordinados individualmente ou para as equipes), oferecendo oportunidades de aprendizado mais amplas que as necessárias para o exercício da função, promovendo a confiança no trabalho em equipe (concedendo mais autonomia às equipes e permitindo que se auto-organizassem) ou uma combinação de tudo isso. Esses fatores "explicavam 9% de aumento em valor agregado por funcionário em nosso estudo". Em síntese, só quando as empresas agiam para dar ao seu pessoal mais liberdade o desempenho de fato melhorava.[16]

Isso não significa dizer que a abordagem do Google é perfeita nem que não cometemos nossa cota de erros. Também nos demos mal no percurso, como você verá no Capítulo 13. Espero que meus exemplos e argumentos sejam recebidos com certa dose de ceticismo em alguns contextos. Tudo o que posso dizer em minha defesa é que de fato é assim que as coisas funcionam no Google, e que é realmente por isso que dirigimos a empresa dessa maneira. Além disso, métodos semelhantes funcionam na Brandix, na Wegmans e em dezenas de outras organizações e equipes, grandes e pequenas.

Certa vez, dei uma palestra em Chicago, para um grupo de diretores de recursos humanos, sobre a cultura do Google. Depois da apresentação, um deles se levantou e comentou: "Tudo isso é muito bom e útil para o Google, que tem margens de lucro enormes e pode tratar as pessoas tão bem assim. Não temos condições de fazer isso."

Eu me preparava para explicar que grande parte do que fazemos na verdade custa pouco ou nada. E que mesmo em época de achatamento salarial ainda é possível melhorar o trabalho e deixar as pessoas mais felizes. De fato, é justamente quando a economia vai mal que tratar bem as pessoas ganha mais importância.

Antes de eu articular a resposta, porém, outro participante retrucou: "O que você está dizendo? A liberdade é gratuita. Todos nós podemos agir assim."

Ele estava certo.

Tudo de que precisamos é acreditar que as pessoas são essencialmente boas e ter coragem suficiente para tratá-las como donos, em vez de como máquinas. As máquinas executam as tarefas para as quais estão programadas; os donos fazem o que for necessário para garantir o sucesso de suas equipes e empresas.

Os profissionais passam grande parte da vida no trabalho, mas o trabalho é uma experiência opressiva e tediosa para a maioria deles – nada mais que um meio para alcançar os fins. Mas não precisa ser assim.

Não temos todas as respostas, mas fizemos algumas descobertas fascinantes sobre as melhores maneiras de encontrar, desenvolver e manter pessoas competentes em um ambiente de liberdade, criatividade e diversão.

Os segredos do sucesso dos funcionários do Google podem ser repetidos em organizações grandes e pequenas, pelos profissionais de baixo escalão e pelos CEOs. Nem todas as empresas terão condições de oferecer os mesmos benefícios, mas todas podem copiar o que torna o Google incrível.

1

Tornando-se um fundador

*Da mesma maneira que Larry e Sergey construíram os alicerces
do jeito Google de tratar os funcionários, você também pode
lançar as bases de como sua equipe trabalha e vive*

Toda grande narrativa começa com uma história da origem.

Os meninos Rômulo e Remo, abandonados às margens do rio Tibre, são cuidados por uma loba, alimentados por um pica-pau e criados por pastores bondosos. Quando jovem, Rômulo funda a cidade de Roma.

Com o planeta Krypton prestes a explodir, o bebê Kal-El é enviado à Terra em um foguete e aterrissa em Smallville, no Kansas, onde é criado pelos magnânimos Martha e Jonathan Kent. Ao se mudar para Metrópolis, ele veste a capa de Super-Homem.

Thomas Alva Edison abre um laboratório em Menlo Park, Nova Jersey, em 1876. Leva consigo um matemático americano, um mecânico inglês, um vidraceiro alemão e um relojoeiro suíço e, juntos, desenvolvem a lâmpada incandescente, que ilumina por mais de 13 horas,[17] fundando a Edison General Electric Company.

Oprah Winfrey nasceu em um lar carente, foi vítima de abusos quando criança e rejeitada em sucessivas casas. Tornou-se uma aluna brilhante e, mais tarde, viria a ser a mais jovem e a primeira âncora negra de telejornais da WLAC-TV, em Nashville, uma das mais bem-sucedidas comunicadoras e empresárias, além de fonte de inspiração em todo o mundo.[18]

Narrativas muito diferentes, mas similares em vários aspectos. O mitólogo Joseph Campbell argumenta que algumas poucas histórias arquetípicas estão por trás de grande parte dos mitos de todo o mundo. Somos convocados para uma aventura, enfrentamos uma série de provações, ficamos mais sábios e, por fim, encontramos alguma forma de maestria ou a paz. Nós, humanos, vivemos por meio de narrativas, vendo a História através das lentes das pequenas histórias que contamos a nós mesmos. Não admira que encontremos pontos em comum nas tapeçarias da vida uns dos outros.

O Google também tem uma história da origem. A maioria das pessoas supõe que tudo começou quando Larry Page e Sergey Brin, fundadores do Google, se conheceram durante um tour para calouros pelo campus da Universidade Stanford. A verdade, porém, é que o pontapé inicial ocorreu muito antes.

A mentalidade de Larry foi moldada pela história da família: "Meu avô trabalhava numa montadora de automóveis, e eu tinha uma arma que ele fabricara e que levava para o trabalho. É um grande tubo de ferro com um pedaço de chumbo na ponta."[19] E explicou: "Os operários as construíam durante as greves para se proteger da empresa."[20]

A família de Sergey fugiu da União Soviética em 1979 em busca de liberdade e de uma trégua para o antissemitismo do regime comunista. "Acho que minha rebeldia é consequência de eu ter nascido em Moscou", explicou Sergey. "Eu diria que é um sentimento que me acompanhou na idade adulta."[21]

As ideias de Larry e Sergey sobre como poderia ser o trabalho também foram influenciadas por suas experiências na escola. Como disse Sergey: "Ganhei muito com o método educacional Montessori, que, sob alguns aspectos, dá aos alunos muito mais liberdade para fazerem as coisas no próprio ritmo." Marissa Mayer, na época diretora de gerência de produto do Google e hoje CEO do Yahoo, disse a Steven Levy, no livro *Google – A biografia*: "Você não pode compreender o Google sem saber que Larry e Sergey foram crianças de escolas montessorianas."[22] Esse ambiente de ensino é ajustado sob medida às necessidades de aprendizado e à personalidade da criança, e os alunos são estimulados a questionar tudo, a agir de acordo com a própria vontade e a criar.

Em março de 1995, Larry Page, então com 22 anos, visitou a Universidade Stanford em Palo Alto, na Califórnia. Ele estava concluindo o curso de graduação na Universidade de Michigan e pensava em se matricular no programa de Ph.D. de Stanford em ciência da computação. Sergey, com 21 anos, se formara pela Universidade de Maryland dois anos antes* e já estava no programa de Ph.D. Era voluntário como guia de excursões pelo campus, para candidatos a alunos. Evidentemente, Larry foi incluído no grupo de Sergey.[23]

Eles logo começaram a conversar e, poucos meses depois, Larry reapareceu, agora como aluno. Ele era fascinado pela rede mundial de computadores e, em especial, pela maneira como as páginas da internet se interconectavam.

Em 1996, a web era um emaranhado caótico. Em termos simples, os mecanismos de busca pretendiam mostrar as páginas mais relevantes e úteis, mas as classificavam principalmente comparando o texto de uma página da web com o objeto de pesquisa digitado. Isso deixava uma brecha. O dono da página poderia reforçar sua classificação nos mecanismos de busca por meio de alguns truques, como ocultar os termos de busca mais frequentes em textos invisíveis dentro da página. Quem quisesse atrair os usuários para um site de alimentos para animais de estimação poderia escrever "comida para cachorro" em azul, sobre um fundo da mesma cor, umas 100 vezes ou mais, para que o site se destacasse nas pesquisas. Outro truque era repetir sucessivas vezes a mesma palavra no código-fonte que gera a página mas que é invisível para o usuário.

Larry percebeu que havia um sinal importante sendo ignorado: o que os usuários achavam da página na internet. As páginas mais úteis seriam as mais redirecionadas a partir de outros sites. Esse sinal se revelaria, de longe, muito mais poderoso que as palavras escritas na página em si.

No entanto, criar um programa capaz de identificar todos os links na web e, então, tabular a força de todas as ligações entre todos os sites ao mesmo tempo era um problema de complexidade sobre-humana. Felizmente, Sergey considerou o desafio cativante. Assim, os dois criaram o BackRub, uma referência aos backlinks, ou links de entrada.

Em agosto de 1998, Andy Bethtolsheim, um dos fundadores da Sun Microsystems, emitiu um cheque de US$ 100 mil para a "Google, Inc." antes mesmo da constituição da empresa. Momentos depois, eles receberam um segundo cheque de US$ 100 mil de David Cheriton, professor de Stanford, em cuja varanda tinham conhecido Andy.[24]

---

* Sergey concluiu o ensino médio um ano mais cedo e cursou a faculdade em três anos.

Relutantes em deixar Stanford para criar uma empresa, Larry e Sergey tentaram vender o Google, mas não conseguiram. Ofereceram-no à Alta-Vista por US$ 1 milhão. Em vão. Recorreram à Excite e, pressionados por Vinod Khosla, sócio da empresa de capital de risco Kleiner Perkins Caufield & Byers, reduziram o preço para US$ 750 mil. A Excite declinou.*

Isso foi antes dos seguintes lançamentos: AdWords, o primeiro sistema de anúncios do Google (2000); Grupos (2001); Imagens (2001); Livros (2003); Gmail (2004); Apps (planilhas eletrônicas e documentos para empresas, 2006); Street View (2007); e dezenas de outros produtos que usamos todos os dias. Também foi antes de a pesquisa do Google estar disponível em mais de 150 línguas e de abrirmos nosso primeiro escritório internacional, em Tóquio (2001). E muito antes de o seu telefone Android avisá-lo antecipadamente de que seu voo está atrasado ou de você poder dizer ao Google Glass, na armação de seus óculos, "Glass, tire uma foto e envie-a para Chris" e saber que Chris verá o que você está vendo.

As ambições de Larry e Sergey iam além do desenvolvimento de um ótimo mecanismo de busca. Desde o início sabiam como queriam que os funcionários fossem tratados. Por mais quixotesco que pareça, ambos desejavam criar uma empresa onde o trabalho tivesse significado, onde os profissionais se sentissem livres para perseguir suas paixões e onde houvesse uma preocupação com as pessoas e suas famílias. "Quando você é aluno de pós-graduação", observou Larry, "pode trabalhar no que quiser. E os projetos realmente bons atraem muita gente. Levamos essa lição para o Google, e aqui ela tem sido muito útil. Se você trabalha em projetos relevantes e impactantes, sente que está mudando o mundo e fica empolgado ao levantar de manhã. Acho que no Google ainda temos isso."

---

* Uma das grandes lições da história do Google é que, para alcançar o sucesso, é preciso ter uma ideia brilhante, ótimo senso de oportunidade, pessoas excepcionais... e sorte. Embora não tenha sido essa a impressão na época, não conseguir vender a empresa foi um grande lance de sorte, como foram o encontro ao acaso entre Larry e Sergey e dezenas de outros acontecimentos. Seria fácil argumentar que nosso sucesso foi consequência de sermos um pouco mais inteligentes e de trabalharmos com um pouco mais de afinco, mas isso não seria verdade. Inteligência e trabalho árduo são condições necessárias, mas não suficientes, para o sucesso. Também tivemos sorte. O que confere ao botão "Estou com sorte" de nossa home page um significado totalmente novo.

Muitas das práticas importantes, amadas e eficazes do Google relacionadas a pessoas brotaram de sementes lançadas por Larry e Sergey. Nossas reuniões semanais com todos os funcionários começaram quando "todos" nós éramos apenas um punhado de pessoas e continuam até hoje, embora agora sejamos do tamanho de uma cidade. Larry e Sergey sempre insistiram em que as decisões sobre contratações fossem tomadas em grupo em vez de apenas por um único gerente. As reuniões convocadas por funcionários simplesmente para expor o projeto em que estavam trabalhando se converteram nas centenas de Tech Talks que realizamos todos os meses.

A generosidade inicial dos fundadores resultou no compartilhamento quase inédito da propriedade da empresa: o Google é um dos poucos empreendimentos do nosso porte a distribuir ações a todos os funcionários. Os esforços para atrair mais mulheres para a ciência da computação começaram quando ainda não tínhamos 30 empregados, por solicitação direta de Sergey. A política de aceitar cachorros no trabalho surgiu com as primeiras 10 pessoas.[25] E, evidentemente, a tradição de refeições gratuitas começou com cereais matinais de graça e uma enorme tigela de M&Ms.

Quando o Google abriu o capital, em 19 de agosto de 2004, Sergey incluiu uma carta em nosso prospecto para os investidores descrevendo como os fundadores se sentiam em relação aos 1.907 funcionários da época. Os destaques em itálico são dele:

Nossos funcionários, que se autonomearam googlers, são tudo. O Google se organiza em torno da capacidade de atrair tecnólogos e gerentes excepcionais e de aproveitar o talento deles. Tivemos a sorte de recrutar muitos profissionais brilhantes, que se destacam pela criatividade, pelos princípios e pela dedicação ao trabalho. Esperamos arregimentar muitos outros no futuro. Nós os trataremos bem e os recompensaremos com generosidade.

Oferecemos muitos benefícios incomuns aos nossos funcionários, como refeições gratuitas, assistência médica e serviços de lavanderia. Temos o cuidado de considerar, no longo prazo, as vantagens decorrentes disso para a empresa. A expectativa deve ser a de acrescentarmos benefícios em vez de reduzi-los com o passar do tempo. Achamos que é válido investir em recursos capazes de poupar muito tempo para os empregados, além de melhorar a saúde e a produtividade deles.

A participação acionária expressiva dos funcionários nos tornou o que somos hoje. Em razão do talento deles, o Google vem realizando um trabalho incrível em quase todas as áreas da ciência da computação. Atuamos em um setor muito competitivo, onde a qualidade de nossos produtos é primordial. Nosso principal benefício é um espaço de trabalho com projetos importantes, onde as pessoas podem contribuir e crescer. Nosso foco se concentra em fornecer um ambiente em que profissionais talentosos e esforçados são recompensados por suas contribuições para o Google e para tornar o mundo um lugar melhor.

O Google teve a sorte de nossos fundadores nutrirem crenças fortes sobre o tipo de empresa que queriam criar.

Mas Larry e Sergey não foram os primeiros.

Henry Ford é mais conhecido pela ampla adoção da linha de montagem. Nem todos sabem, porém, que a filosofia dele de reconhecer e de recompensar o trabalho era muito progressista na época:

O trabalhador que oferece à empresa o melhor de si é o melhor tipo de trabalhador que a empresa pode ter. E não se pode esperar que ele aja assim por tempo indefinido sem o reconhecimento adequado... Se o funcionário sentir que a jornada de trabalho não só está suprindo suas necessidades básicas, mas também lhe oferecendo certa margem de conforto, criando condições para que dê à família oportunidades justas, o trabalho dele lhe parecerá bom e ele terá condições de continuar dando sua contribuição máxima. Isso é ótimo para ele e para a empresa. A pessoa que não extrai nenhuma satisfação da jornada de trabalho está perdendo a melhor parte da remuneração.[26]

Tudo isso é totalmente compatível com a visão do Google, embora Henry Ford tenha escrito essas palavras mais de 90 anos atrás, em 1922. E não se limitou a escrevê-las, mas também as colocou em prática ao dobrar o salário dos trabalhadores da fábrica em 1914 para US$ 5 por dia.

Ainda mais cedo, em 1903, Milton S. Hershey não só fincou as fundações do que viria a ser a Hershey Company como também construiu a cidade de Hershey, na Pensilvânia. Os Estados Unidos tinham mais de 2.500 cidades-fábrica no século XIX e no começo do século XX, abrigando no auge 3% da população do país.[27] Ao contrário do que acontecia na maioria dessas localidades, porém, Hershey "evitou construir uma cidade-fábrica sem rosto, composta de sucessivos conjuntos habitacionais. Ele queria 'cidades autênticas', com ruas arborizadas, casas de tijolos para uma ou duas famílias e jardins bem cuidados... O sucesso de Milton Hershey veio acompanhado de um senso de responsabilidade moral e benevolência. As ambições dele não se limitavam a produzir chocolate. Hershey imaginou uma comunidade completa em torno da fábrica e, nessas condições, construiu uma cidade-modelo para os funcionários, com casas confortáveis, transporte público barato, sistema de escolas públicas de qualidade e numerosas oportunidades de cultura e lazer".[28]

Não é por isso que se deve concluir que todas as visões de Ford e Hershey eram aceitáveis. Algumas eram repulsivas. Ford foi muito criticado por publicar trabalhos antissemitas e depois se retratar.[29] Hershey também permitiu a publicação de comentários racistas no jornal da cidade.[30] Mas certamente não há dúvida de que – pelo menos para certo grupo de pessoas – esses dois fundadores valorizavam os trabalhadores e não os consideravam apenas números.

Um exemplo mais recente, e menos ambíguo do ponto de vista moral, é o de Mervin J. Kelly, que entrou na Bell Labs em 1925 e foi presidente da empresa de 1951 a 1959.[31] Durante seu mandato, a Bell Labs inventou lasers e baterias solares, construiu os primeiros cabos telefônicos transatlânticos, desenvolveu novas tecnologias cruciais que possibilitaram o desenvolvimento do microchip e fundamentou a teoria da informação por meio de trabalhos inovadores sobre sistemas de códigos binários, tudo com base em trabalhos anteriores da Bell Labs, inclusive a invenção do transistor, em 1947.

Ao assumir a presidência, Kelly adotou métodos de gestão heterodoxos. Primeiro, revolucionou o projeto arquitetônico do laboratório de Murray Hill, em Nova Jersey. Em vez do layout tradicional, em que cada andar se dividia em seções para cada área de pesquisa especializada, Kelly insistiu em plantas baixas que forçassem a interação entre os departamentos: as salas se distribuíam ao longo de corredores por todo o andar, de modo que os encontros entre colegas fossem quase inevitáveis e eles ficassem curiosos com os trabalhos uns dos outros. Em segundo lugar, Kelly formou equipes híbridas, ou *Franken-teams*, compostas de "pensadores e executores", além de incluir especialistas de diversas áreas no mesmo grupo. Jon Gertner descreveu uma dessas equipes em seu livro sobre a história da Bell Labs, *The Idea Factory* (A fábrica de ideias):[32] "Estavam reunidos, de propósito, no projeto do transistor, físicos, engenheiros metalúrgicos e engenheiros eletricistas; lado a lado, interagiam especialistas em teoria, experimentação e fabricação."

Em terceiro lugar, Kelly deu liberdade às pessoas. Gertner continua:

Kelly acreditava que a liberdade era crucial, sobretudo na área de pesquisa. Alguns de seus cientistas tinham tanta autonomia que ele praticamente ignorava o andamento de um projeto deles anos depois de o haver aprovado. Quando constituiu a equipe de pesquisadores que trabalharia no que veio a ser o transistor, por exemplo, mais de dois anos se passaram até a invenção ser concluída. Mais tarde, ao formar outra equipe para a fabricação em massa de transistores, ele atribuiu a missão a um engenheiro e o instruiu a voltar com um plano, dizendo que viajaria para a Europa no meio-tempo.

A história de Kelly é ainda mais fascinante por ele não ter sido o fundador da Bell Labs nem por se destacar como uma estrela em rápida ascensão. Em vez disso, pedira demissão duas vezes por achar que seus projetos não contavam com os financiamentos necessários (e, nas duas ocasiões, foi atraído de volta com a promessa de mais fundos). Era inconstante e mal-humorado. H. D. Arnold, um gerente da empresa a quem Kelly esteve subordinado no início da carreira, "manteve-o durante muito tempo em funções administrativas de nível inferior por não confiar na capacidade de julgamento dele".[33] Em consequência, Kelly progrediu com lentidão. Trabalhou como físico durante 12 anos antes de se tornar diretor de desenvolvimento de válvulas a vácuo e demorou outros seis anos para ser promovido a diretor de pesquisas. Foi nomeado presidente da Bell Labs 26 anos depois de entrar na empresa.

O que mais aprecio nessa história é o fato de Kelly ter atuado como fundador. Como dono. Ele não se importava apenas com o resultado da Bell Labs; também se preocupava com o ambiente de trabalho. Fazia questão de que o talento atuasse longe dos olhos vigilantes da administração, embora fosse acessível a todos. Não lhe competia cuidar de projetos arquitetônicos nem dos padrões de circulação nos escritórios, mas, ao agir assim, ele se tornou o fundador espiritual de uma das organizações mais inovadoras da história.*

Retornando ao Google, Larry e Sergey deixaram espaço, deliberadamente, para que outros profissionais agissem como fundadores. Pessoas de visão tinham a oportunidade de criar o próprio Google. Durante anos, Susan Wojcicki, Salar Kamangar e Marissa Mayer foram chamadas de "minifundadoras", googlers pioneiras que desenvolveriam e liderariam a publicidade, o YouTube e iniciativas de pesquisa em parceria com cientistas de computação brilhantes, como Sridha Ramaswamy, Eric Veach, Amit Singhal e Udi Manber. Craig Nevill-Manning, engenheiro notável, abriu nosso escritório de Nova York porque preferia a cidade grande aos subúrbios do Vale do Silício. Omid Kordestani, ex-executivo de vendas da Netscape, foi contratado para desenvolver e liderar a equipe de vendas do Google e é com frequência chamado de "fundador do negócio" Google por Larry, Sergey e Eric Schmidt. Avance mais de uma década e os googlers ainda agem como donos: Craig Cornelius e Rishi Khaitan decidiram desenvolver uma interface para o Google em linguagem cherokee, contribuindo para preservar uma língua ameaçada de extinção.[34] Ujjwal Singh e AbdelKarim Mardini se associaram a engenheiros do Twitter logo após o fechamento da internet pelo governo egípcio, no começo de 2011, para criar o Speak$_2$Tweet, produto que capta mensagens de um correio de voz e as transcreve em transmissões de tuítes para o mundo.[35] Dessa maneira, os egípcios conseguiram se comunicar em massa e, ao entrar no correio de voz, ouvir uns os outros.

Você é um fundador

A construção de equipes e instituições excepcionais é iniciada pelos fundadores. Mas, para ser um fundador, você não precisa criar uma nova empresa. Qualquer um pode ser fundador e criador da cultura da própria

---

* Não eram apenas os homens que estavam construindo um tipo diferente de ambiente de trabalho. Em Paris, Madeleine Vionnet, estilista e empreendedora, começou a trabalhar como aprendiz de costureira aos 11 anos. Em 1912, aos 36 anos, fundou a casa de moda com o seu nome e, na década seguinte, lançou o corte enviesado, substituindo os espartilhos por tecidos estreitos que se moldavam ao corpo. Mesmo em plena Grande Depressão, as funcionárias recebiam "assistência médica e odontológica gratuita, licença-maternidade e serviços de creche, além de férias remuneradas", de acordo com a professora Deborah Cohen, da Northwestern University. [Fontes: http://www.vionnet.com/madeleine-vionnet; http://www.theatlantic.com/magazine/archive/2014/05/the-way-we-look-now/359803/.]

equipe, seja você o primeiro funcionário ou apenas mais um integrante de uma empresa existente há décadas.

No Google, não achamos que descobrimos o único modelo para o sucesso. Sabemos que não temos todas as respostas. E, sem dúvida, fazemos besteira com muito mais frequência do que gostaríamos. No entanto, temos mostrado que muitas das primeiras intuições de Larry e Sergey estavam certas, temos desmentido parte das crenças tradicionais sobre gestão e, ao mesmo tempo, descobrimos algumas coisas surpreendentes no percurso. Esperamos que, de alguma maneira, ao compartilhar as lições que aprendemos, possamos melhorar a experiência das pessoas no trabalho.

Leon Tolstoi, romancista russo, escreveu: "Todas as famílias felizes se parecem umas com as outras."* Todas as organizações bem-sucedidas se assemelham também. Em sua cultura organizacional, elas têm uma noção clara não só do que produzem, mas também do que são e querem ser. Na visão delas, consideram não apenas a própria origem, mas também o seu destino.

Uma de minhas expectativas ao escrever este livro é estimular o leitor a se ver como fundador. Talvez não de toda uma empresa, mas de uma equipe, de uma família ou de uma cultura. A lição fundamental da experiência do Google é que você primeiro precisa escolher se quer ser fundador ou empregado. Não é uma questão de propriedade no sentido literal, mas de atitude.

Nas palavras de Larry:

Penso em como nos distanciamos das empresas daqueles dias em que os trabalhadores precisavam se proteger do próprio empregador. Meu trabalho como líder é garantir que todos aqui tenham ótimas oportunidades e que sintam estar exercendo um impacto significativo e estar contribuindo para o bem da sociedade. Meu objetivo é que o Google lidere em vez de seguir.[36]

É assim que pensa um fundador.

Não importa se você é um trainee ou um executivo sênior: ser parte de um contexto em que você e as pessoas ao seu redor tenham condições de prosperar começa com a sua disposição de assumir a responsabilidade

---

* Leon Tolstoi, *Anna Karenina*. E concluiu com melancolia: "Toda família infeliz é infeliz à sua própria maneira."

por esse contexto. Não importa se isso está ou não em sua descrição de cargo e se é ou não permitido pela organização.

Um dia, a sua equipe terá uma narrativa da origem, um mito de fundação, assim como Roma, Oprah ou o Google. Reflita sobre como você quer que seja essa história, sobre o que quer que ela represente. Pense em que histórias as pessoas contarão sobre você, seu trabalho e sua equipe. Hoje você tem a oportunidade de se tornar o arquiteto dessa história, de escolher entre ser um fundador ou ser um empregado.

DICAS DO GOOGLE PARA SE TORNAR UM FUNDADOR

- ❏ Escolha se ver como um fundador.
- ❏ Agora aja como tal.

2

"A cultura come a estratégia no café da manhã"

Se você der liberdade às pessoas, elas o surpreenderão

Recebo muitos e-mails bizarros, em geral de pessoas que querem trabalhar no Google. Também já recebi camisetas com currículos impressos nelas, quebra-cabeças e até tênis. Prendo os mais pitorescos na parede, como uma carta em que se lia: "A cultura come a estratégia no café da manhã." Nunca tinha ouvido essa frase, mas, de início, achei que deveria mantê-la como exemplo do blá-blá-blá da administração.

Se você pesquisar o termo "Google culture" no Google Imagens, verá algo como a captura de tela que se vê na próxima página.

Essas imagens resumem como a cultura do Google é percebida pelas pessoas que nos visitam pela primeira vez. Os escorregas e os pufes coloridos, as refeições gourmet gratuitas, os escritórios meio malucos (sim, é alguém pedalando no corredor) e, claro, pessoas felizes trabalhando e se divertindo juntas, tudo sugere que neste lugar o trabalho é visto como um jogo, uma brincadeira. Há certa dose de verdade nisso, mas a cultura do Google tem raízes muito mais profundas.

Ed Schein, agora aposentado da faculdade de administração do MIT, ensinava que a cultura de um grupo pode ser estudada de três maneiras: olhando para seus "artefatos", como espaço físico e comportamentos; estudando as crenças e os valores dos membros do grupo; ou escavando as premissas básicas subjacentes a esses valores.[37] É natural olhar para o Google e se concentrar nos espaços físicos, como as poltronas *nap pods* ou casulos para sonecas, onde é possível tirar um cochilo rápido e energizante, ou

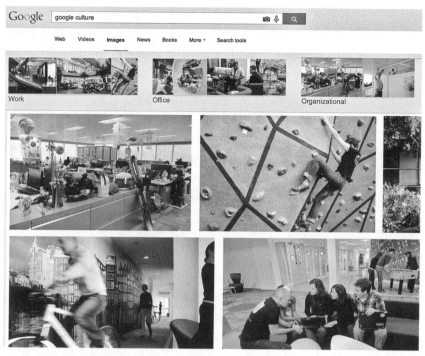

Imagens típicas resultantes da pesquisa do termo "Google culture". © Google, Inc.

nos escorregas entre os andares. Como me disse Adam Grant, professor da Wharton, a prestigiada faculdade de administração da Universidade da Pensilvânia: "As pessoas interpretam as culturas fortes com base em seus artefatos, pois são mais visíveis; os valores e as premissas subjacentes, porém, são muito mais importantes."

Adam está certo.

"Divertida" é a palavra mais frequente que os googlers usam para descrever nossa cultura.[38] (Em condições normais, eu seria cético em relação às declarações de amor dos funcionários à empresa, mas essas pesquisas são anônimas.) Desde o começo, decidimos que "É possível ser sério sem usar terno", e sacramentamos essa ideia nas "10 Verdades em que Acreditamos", uma lista de 10 crenças que definem como dirigimos nossa empresa.*

---

* As 10 crenças são: Concentre-se no usuário e todo o resto será consequência. É melhor escolher uma coisa e fazê-la muito bem. Rápido é melhor que devagar. A democracia funciona na web. Você não precisa estar em sua mesa para precisar de uma resposta. É possível fazer dinheiro sem fazer o mal. Sempre haverá mais informações. A busca por informações cruza todas as fronteiras. É possível ser sério sem usar terno. Excelente ainda não é o suficiente.

Chegamos até a brincar com a nossa marca, algo que a maioria das empresas considera sacrossanto, trocando a logomarca regular por Doodles em nosso site. O primeiro, em 30 de agosto de 1998, foi uma brincadeira com Larry e Sergey, que não estavam na empresa:

O Doodle do festival Burning Man. © Google, Inc.

Eles tinham ido ao Burning Man, festival anual de contracultura realizado no deserto de Nevada. A figura no meio representava o próprio Burning Man, uma estrutura de madeira com forma humana que costuma ser queimada durante o evento.

Em 9 de junho de 2011 homenageamos Les Paul, um dos pioneiros da guitarra elétrica, com um Doodle interativo. Bastava tocar as cordas da guitarra com o mouse ou o dedo para produzir sons. Era possível até apertar o botão vermelho e gravar o som produzido. De acordo com algumas estimativas, os visitantes do nosso site passaram mais de 5,3 milhões de horas tocando música naquele dia.[39]

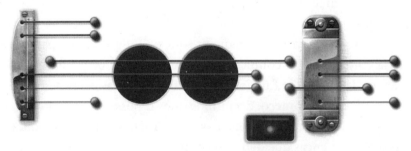

Doodle em homenagem a Les Paul. © Google, Inc.

Comemoramos o Primeiro de Abril todos os anos. Em 2013, anunciamos que o YouTube era, na verdade, uma competição de oito anos para encontrar o melhor vídeo já criado e que finalmente estávamos prontos para anunciar o vencedor. Minha mentira favorita foi o Google Tradutor para Animais, um aplicativo Android (nosso sistema operacional para dispositivos móveis) que traduziria sons de animais para o inglês. Em 2012, quem pesquisasse música na loja on-line Google Play veria um pop up com uma versão Android de Kanye West perguntando: "Você quis dizer Beyoncé?"

Também nos divertimos com nossos produtos. Todos os anos, lançamos um rastreador de Papai Noel para que as crianças acompanhem o percurso do bom velhinho enquanto ele viaja pelo mundo. E veja o que acontece quando você digita "do a barrel roll" ao usar o Google ou o navegador Chrome.

Todas essas brincadeiras podem parecer fúteis demais para serem levadas a sério, mas o lúdico é parte importante do Google, criando oportunidades para a exploração e para a descoberta sem reservas. A diversão, porém, é consequência do que somos, e não a característica que nos define. Ela não explica como o Google funciona nem por que preferimos operar dessa maneira. Para compreender isso melhor, é preciso explorar os três aspectos definidores de nossa cultura: missão, transparência e voz.

A missão que importa

A missão do Google é o primeiro alicerce de nossa cultura. Nossa missão é "organizar as informações do mundo e torná-las mundialmente acessíveis e úteis".[40] Como ela se compara com a missão de outras empresas? Aqui estão alguns exemplos observados em 2013 (os itálicos são nossos):

IBM: "Nós nos esforçamos para liderar a invenção, o desenvolvimento e a fabricação das mais avançadas tecnologias de informação do setor, inclusive sistemas de computação, softwares, sistemas de armazenamento e microeletrônica. *Traduzimos essas tecnologias avançadas em valor para os nossos clientes* através de nossas soluções profissionais, de nossos serviços e de nossos negócios de consultoria em todo o mundo."[41]

McDonald's: "A missão do McDonald's é ser o restaurante favorito de nossos clientes. Nossas operações mundiais estão alinhadas com uma estratégia global denominada Plano para Vencer, que consiste em oferecer uma experiência excepcional aos consumidores – Pessoas, Produtos, Lugar, Preço e Promoção. *Estamos empenhados em melhorar continuamente nossas operações e em enriquecer a experiência dos clientes.*"[42]

Procter & Gamble: "Ofereceremos produtos e serviços de qualidade acima da média, que melhorem a vida dos consumidores em todo o mundo, agora e nas próximas gerações. Em consequência, *os consumidores nos recompensarão com liderança nas vendas, lucro e criação de valor,* contribuindo para a prosperidade de nossos funcionários, de nossos acionistas e das comunidades em que vivemos e trabalhamos."[43]

Todas são missões perfeitamente razoáveis e responsáveis.

De imediato, porém, duas coisas são óbvias nesses trechos. Primeiro, peço desculpas por obrigá-lo a ler declarações de missão, talvez a pior forma de literatura que já flagelou a humanidade. Segundo, a missão do Google é diferente tanto pela simplicidade do que diz quanto pela propriedade do que não diz. Ela não se refere a lucro nem a mercado. Tampouco a clientes, acionistas ou usuários. Omite também por que essa é a nossa missão e para que perseguimos esses objetivos. Em vez disso, supõe ser evidente que organizar informações e torná-las acessíveis e úteis são coisas boas.

Esse tipo de missão dá significado ao trabalho das pessoas, pois se trata de um objetivo mais moral que empresarial. Aliás, os mais poderosos movimentos da história tiveram motivações morais, fossem eles lutas pela independência ou pela igualdade de direitos.

A verdade é que jamais conseguiremos realizar nossa missão, já que sempre haverá mais informações a organizar e mais maneiras de torná-las úteis. Isso cria motivação para inovar constantemente e para entrar em novas áreas. Se uma missão inclui ser "líder do mercado", depois de ser realizada ela passa a oferecer pouca inspiração. A amplitude de nossa missão permite ao Google avançar de olho na bússola, não no velocímetro. Embora sempre haja discordâncias – e veremos algumas no Capítulo 13 –, a crença básica comum nessa missão une a maioria dos googlers. Ela é a chave para manter o vigor da cultura, mesmo ao crescermos em ritmo acelerado de algumas dúzias para dezenas de milhares de pessoas.

Um exemplo de como a missão nos impulsiona para áreas inesperadas é o Google Street View, lançado em 2007.[44] Seu propósito simples, mas admirável e abrangente, era criar um registro histórico mostrando diferentes áreas do mundo ao nível da rua. Foi inspirado no sucesso do Google Maps, que, por sua vez, se ergueu sobre as fundações construídas por John Hanke e Brian McClendon, que em 2001 criaram uma empresa chamada Keyhole, adquirida pelo Google três anos depois.

Após alguns anos observando mapas do alto, Larry se perguntava por que também não poderíamos capturar imagens como as pessoas realmente as percebiam – na altura do solo. Isso também era informação, e seríamos capazes de ver como as comunidades crescem e mudam ao longo do tempo. E, talvez, daí surgisse algo interessante.

E surgiu.

O Arco do Triunfo!

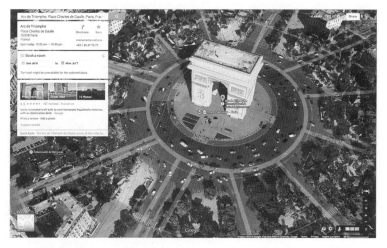

Vista aérea do Arco do Triunfo, em Paris, no Google Maps. © Google, Inc.

O Arco do Triunfo visto do nível da rua, no Google Street View. © Google, Inc.

A construção do Arco do Triunfo foi encomendada em 1806 e concluída 30 anos depois, em homenagem aos que lutaram e morreram pela França. A maioria dos habitantes do planeta jamais irá a Paris, nunca caminhará ao redor do Arco do Triunfo, jamais irá admirar a chama eterna em sua base.

No entanto, os 2 bilhões de pessoas que hoje têm acesso à internet podem se deslumbrar com o Arco do Triunfo a qualquer momento. Ou podem visitar o acampamento base do monte Everest,[45] ou nadar com leões-marinhos entre as ilhas Galápagos.[46]

Monte Everest, acampamento base (Sul), Khumjung, Nepal. © Google, Inc.

Leões-marinhos nas ilhas Galápagos. © Google, Inc.

O alcance de nossa missão também produziu benefícios práticos surpreendentes. Fora da empresa, Philip Salesses, Katja Schechtner e César Hidalgo, do MIT Media Lab, compararam imagens de Boston e Nova York com imagens de Linz e Salzburgo, na Áustria, para explorar que características – sujeira nas ruas ou nível de iluminação, por exemplo – davam a impressão de serem bairros ricos ou pobres e se esses indicadores de condições econômicas e de classe social se correlacionavam com segurança.[47] Esse método poderia ser usado para ajudar as cidades a alocar melhor recursos escassos: será que os bairros pareceriam e se tornariam mais seguros se plantássemos mais árvores ou se fizéssemos a manutenção das ruas com mais frequência?

Os produtos de mapas do Google constituem uma plataforma usada por mais de um milhão de desenvolvedores de sites e aplicativos para criar empresas como Airbnb, Uber, Waze e Yelp,[48] atendendo a mais de um bilhão de usuários por semana.*[49]

Taj Mahal, Agra, Índia. © Google, Inc.

Qualquer missão mais tradicional que se referisse a criar valor para os clientes ou a aumentar os lucros da empresa jamais nos levaria ao Street View. Nossa missão mais ampla, porém, abriu espaço para que os googlers e outros produzissem obras maravilhosas.

---

* Os googlers e os usuários também se preocupam com questões de privacidade relacionadas com a captura de imagens no nível da rua. Atendendo a essas inquietações, nosso padrão é desfocar o rosto das pessoas e as placas dos automóveis para garantir o anonimato, como se vê acima na imagem, do Taj Mahal. Ao mesmo tempo, nossos algoritmos podem pecar por excesso de zelo e também evitar a identificação de amigos não humanos (ver página seguinte).

As pessoas mais talentosas do planeta querem uma aspiração que também seja inspiradora. O desafio dos líderes é definir esse propósito. Mesmo no Google, percebemos que nem todos sentem a mesma ligação intensa entre o trabalho do dia a dia e a missão da empresa. Por exemplo, em nossa pesquisa com os googlers em 2013, 86% de nossas equipes de vendas afirmaram concordar plenamente com a afirmação "Sinto uma ligação clara entre meu trabalho e os objetivos do Google", em comparação com 91% em outras áreas da empresa. A mesma missão, a mesma empresa e diferentes níveis de conexão e motivação. Como lidar com essa discrepância?

Adam Grant tem uma resposta. No livro *Dar e receber*, ele escreve sobre o poder do propósito não só para melhorar a percepção de felicidade, mas também para aumentar a produtividade.[50] Sua resposta, como muitas outras ideias brilhantes, parece óbvia quando ele a expõe. A grande surpresa é a intensidade do impacto.

Um homem e seu cachorro no Central Park, em Nova York. Faces desfocadas pelo Google Street View para preservar a privacidade. Imagem descoberta por Jen Lin. © Google, Inc.

Adam observou os operadores do call center de uma universidade. O trabalho deles era telefonar para potenciais doadores e pedir contribuições que serviriam sobretudo para financiar bolsas de estudos. Adams os dividiu em três grupos. O Grupo A era o de controle e continuou trabalhando da mesma maneira. O Grupo B leu histórias de outros funcionários sobre os benefícios pessoais do cargo: aprendizado e dinheiro. O Grupo C leu histórias de bolsistas sobre como as bolsas de estudos mudaram a vida deles. Os grupos A e B não apresentaram diferenças de desempenho. O Grupo C, em contraste, aumentou o número de novos contribuintes por semana em 155% (de 9 para 23) e o valor das contribuições arrecadadas por semana em 143% (de US$ 1.288 para US$ 3.130).

Se ler a história de alguém fazia tanta diferença, pensou Adam, será que conhecer a pessoa exerceria um impacto ainda maior? Um grupo de operadores teve a oportunidade de conhecer bolsistas e de fazer perguntas a eles durante cinco minutos. Resultado: no mês seguinte, o índice semanal de angariação de fundos aumentou em mais de 400%.

Adam constatou que esses efeitos também se manifestavam em outros trabalhos. Os salva-vidas que leram histórias sobre o resgate de banhistas em perigo se tornaram 21% mais ativos na vigilância e no salvamento. Os alunos que editavam cartas escritas por outros alunos dedicavam à tarefa 20% mais de tempo do que antes de conhecerem os autores.[51]

Adam concluiu que possibilitar que os funcionários conheçam as pessoas a quem estão ajudando é o mais forte fator de motivação, ainda que o encontro não dure mais que alguns minutos. Essa interação pessoal imbui o trabalho de significado, fator que supera o progresso na carreira e o nível de remuneração. No fundo, todos os seres humanos buscam significado no próprio trabalho.

Vejamos outro exemplo. Será que fatiar peixes é um trabalho importante? Chhapte Sherpa Pinasha, de 40 anos, acha que sim. Ele trabalha na Russ & Daughters, fornecedora de peixe defumado, pães e alimentos especiais. Começou a trabalhar na empresa há mais de uma década, mas nasceu numa aldeia no Himalaia, onde morava num casebre de madeira, o caçula de quatro irmãos. Aos 15 anos, começou a trabalhar, carregando bolsas com 45 quilos de provisões para os acampamentos de alpinistas do monte Everest e guiando estrangeiros em excursões pelas montanhas. Seria o trabalho dele agora menos importante que ajudar pessoas a escalar o pico mais alto do mundo? "As duas funções não são de fato muito diferentes", disse ele à repórter Corey Kilgannon, do *The New York Times*. "Ambas consistem em ajudar pessoas."[52] Pinasha prefere ver uma missão mais profunda em seu trabalho, enquanto muitas pessoas o veriam "apenas" como "cortar peixe".

Todos queremos que nosso trabalho seja importante. Nada é mais motivador do que ter a certeza de estar fazendo diferença no mundo. Amy Wrzesniewski, da Universidade Yale, declarou que as pessoas podem ver o que fazem apenas como trabalho ("uma obrigação que para elas não é importante em si"), como carreira (uma trajetória em que se busca "vencer" e "progredir") ou como vocação ("uma fonte de satisfação e de realização, em que se exerce uma função social útil").

Poderíamos supor que algumas atividades são consideradas mais vocacionais que outras, mas a conclusão a que ela chegou foi de que tudo depende da maneira como a pessoa vê o próprio trabalho. Amy analisou médicos e paramédicos, professores e bibliotecários, engenheiros e analistas, gerentes e assistentes. Em cada uma dessas atividades, cerca de um terço dos entrevistados encarava o próprio trabalho como vocação. E essas pessoas não só pareciam mais felizes como também relatavam melhores condições de saúde.[53]

Depois de explicado, parece evidente. Quantas pessoas, porém, buscam de fato o significado mais profundo do próprio trabalho? Quantas empresas adotam a prática de oferecer a todos, sobretudo aos mais afastados da linha de frente, acesso aos clientes, para que testemunhem o efeito humano de suas atividades? Seria assim tão difícil começar?

No Google, experimentamos o uso desses toques pessoais como meio de conectar diretamente todos os funcionários com a nossa missão. Conversei pouco tempo atrás com um grupo de 300 vendedores que passavam o dia inteiro on-line, ajudando pequenas empresas a anunciar seus produtos e serviços pela internet. Para os googlers, o trabalho pode virar rotina, mas, como eu disse a eles, "esses pequenos empresários estão nos procurando porque o problema que é fácil para vocês é difícil para eles. Vocês já gerenciaram centenas de campanhas publicitárias, mas, para os clientes, talvez essa seja primeira".

Quando a Paul Bond Boot Company, fabricante de botas de caubói sob medida de Nogales, no Arizona, quis ir além do que conseguia só com a propaganda boca a boca, os primeiros anúncios no Google aumentaram as vendas em 20%. A empresa de repente se ligou a um mundo muito mais amplo. Ao mostrarmos pela primeira vez um vídeo dessa história aos googlers, eles pareceram empolgados e inspirados. Nikesh Arora, nosso diretor de negócios globais na época, chamou esses episódios de "momentos mágicos". Vê-los e compartilhá-los mantêm os googlers conectados à missão da empresa. Se os benefícios decorrentes dessas conexões forem a metade do que diz Adam Grant, serão investimentos muito lucrativos.

Se você acreditar que as pessoas são boas, não terá medo de lhes fornecer informações

A transparência é o segundo alicerce da nossa cultura. Chris DiBona, líder das iniciativas de código aberto do Google, define o conceito nos seguintes termos: "Parta do princípio de que todas as informações podem ser compartilhadas com a equipe, em vez de presumir que nenhum dado deve ser revelado. Restringir as informações deve ser um esforço consciente, e é melhor ter bons motivos para fazê-lo. Em código aberto, ocultar informações é contracultura." O Google não criou esse conceito, mas é seguro afirmar que o adotamos.

Como exemplo, considere a base de código do Google, que é o conjunto de todos os códigos fontes – ou programas de computador – que fazem funcionar todos os nossos produtos. Aí se inclui quase tudo o que fazemos, como Pesquisa, YouTube, AdWords e AdSense. Nossa base de código contém os segredos de como funcionam os algoritmos e os produtos Google. Numa empresa de software típica, um novo engenheiro seria capaz de ver algumas das bases de códigos apenas de seus produtos. No Google, esse mesmo engenheiro terá acesso a quase todos os nossos códigos no primeiro dia. Nossa intranet inclui guias de produtos, planos de lançamento e perfis dos funcionários (relatórios de status semanais), além dos objetivos trimestrais de indivíduos e equipes, para que todos vejam o que todo mundo está fazendo. Nas primeiras semanas de cada trimestre, nosso presidente executivo, Eric Schmidt, percorre a empresa com a mesma apresentação feita ao conselho de administração poucos dias antes. Compartilhamos tudo e temos certeza de que os googlers não revelarão informações confidenciais.

Nas reuniões coletivas semanais às sextas-feiras, Larry e Sergey se dirigem a toda a empresa (milhares participam pessoalmente ou por videoconferência e dezenas de milhares assistem às retransmissões on-line) para atualizações referentes à semana anterior, demonstrações de produtos, boas-vindas a novos funcionários e, mais importante, 30 minutos de perguntas e respostas, de qualquer pessoa da empresa, sobre qualquer assunto.

A sessão de P&R é a parte mais importante. Tudo está aberto a dúvidas e discussões, desde o trivial ("Larry, agora que você é CEO, vai começar a usar terno?" – a resposta foi um sonoro não), passando por outras relacionadas a negócios ("Qual é o custo de fazer o Chromecast?") e a aspectos técnicos ("Os jornais *The Guardian* e *The New York Times* de hoje revelaram que, segundo documentos internos, a NSA está influenciando secretamente produtos criptográficos a fim de inserir vulnerabilidades. O que posso fazer como engenheiro para preservar a criptografia segura dos dados de nossos usuários?"), até chegar aos temas éticos ("Para mim, privacidade inclui dizer coisas on-line sem revelar meu verdadeiro nome – por exemplo, comentar um vídeo dos Alcóolicos Anônimos no YouTube sem me expor como alcoólatra. O Google ainda garante esse tipo de privacidade?").* Qualquer pergunta é válida e todas as perguntas merecem resposta.

Mesmo a forma como as perguntas são escolhidas está baseada na transparência: usamos uma ferramenta chamada Hangouts On Air Q & A, por meio da qual os usuários podem enviar perguntas e também discutir e votar nelas. Essa forma de crowdsourcing** prioriza as questões que refletem os interesses coletivos.

Em 2008, a equipe de transição do presidente eleito Barack Obama usou essa ferramenta como parte dos eventos Open for Questions (Aberto a perguntas), uma espécie de assembleia de âmbito nacional em que todos eram convidados a se dirigir ao presidente. Os participantes submeteram mais de 10 mil perguntas e votaram mais de um milhão de vezes nas que consideraram mais importantes.

Google Moderator, usado pela equipe de transição Obama-Biden em 2008.

---

* Perguntas como essa, além de manifestações dos usuários, nos levaram à decisão, em 2014, de permitir o uso de pseudônimos como alternativa para os verdadeiros nomes no Google +.
** Processo em que ideias ou serviços são obtidos por meio das contribuições de um grupo de pessoas.

O benefício de tanta abertura é que todo mundo na empresa sabe o que está acontecendo. Talvez isso pareça trivial, mas não é. Nas grandes organizações é comum ter diferentes grupos fazendo trabalhos redundantes sem saber, desperdiçando recursos. O compartilhamento de informações permite que todos compreendam as diferenças de objetivos de cada grupo, evitando rivalidades internas. Essa abordagem é evitada por empresas que, deliberadamente, fomentam a competição entre os departamentos e dificultam a troca de informações. Como se sabe, Alfred Sloan, CEO da General Motors, estimulou esse tipo de cultura, que levou a GM, a certa altura, a ter cinco grandes marcas de carros, cada uma vendendo produtos que competiam entre si, em diferentes níveis. Por exemplo, a Toyota oferecia um único carro na categoria sedã de preço médio: o Camry. Na mesma categoria, a GM oferecia dois carros da Buick (o Allure e o Lucerne), o Cadillac CTS, dois da Chevrolet (o Impala e o Malibu), o Pontiac G8 e o Saturn Aura.[54] Mesmo que uma divisão da GM ganhasse a venda, outras quatro saíam perdendo.

No Google, às vezes oferecemos produtos semelhantes. Minimizamos a competição nociva criando condições para que os googlers acompanhem o que está acontecendo e saibam por que permitimos que a situação persista. Em geral isso acontece porque pode ser importante esperar para tomar uma decisão. Por exemplo, produzimos dois sistemas operacionais: o Chrome (basicamente para laptops e para navegação na web) e o Android (para smartphones e tablets). Por um lado, não faz sentido pedir aos consumidores que escolham entre uma experiência Chrome num laptop e uma experiência Android num smartphone. Se ambos são produzidos pelo Google, não deveriam ser uma coisa só? As duas equipes, porém, têm pontos fortes diferentes e estão impulsionando suas tecnologias em novas direções. O Chrome cresce com mais rapidez e tem wi-fi mais robusto, enquanto o Android dispõe de um conjunto de aplicativos mais amplo na Play Store. Até agora, a capacidade de inovação e de aprendizado decorrente de manter os dois sistemas supera os custos de decidir por um ou por outro.

Também adotamos uma técnica comum em empresas de tecnologia denominada "*dogfooding*" (comer a comida do cachorro, em tradução literal), em que os googlers são os primeiros a experimentar os novos produtos e a oferecer feedback.* Os *dogfooders* foram os primeiros a fazer o test-drive de nossos veículos autônomos e a fornecer informações valiosas sobre como funcionam no dia a dia. Dessa maneira, os googlers tomam conhecimento do que está acontecendo e as equipes recebem um feedback preliminar de usuários reais.

Um dos benefícios inesperados da transparência é que o simples compartilhamento de informações melhora o desempenho. O Dr. Marty Makary, cirurgião do Hospital Johns Hopkins, de Baltimore, Maryland, lembra de quando o estado de Nova York passou a exigir que os hospitais reportassem as taxas de mortalidade em cirurgias de ponte de safena. Nos quatro anos seguintes, as mortes por cirurgia cardíaca caíram 41%.[55] A simples iniciativa de tornar o desempenho transparente foi o suficiente para transformar os resultados para os pacientes.

Algumas empresas chegaram ao ponto de levar a transparência interna mais longe do que o Google. A Bridgewater Associates, maior fundo hedge do mundo, com US$ 145 bilhões em ativos,[56] adota a seguinte abordagem: todas as reuniões são gravadas e o áudio é distribuído a todos os funcionários. O fundador da empresa, Ray Dalio, explica: "Acredito que chegar à verdade é essencial para melhorar. Chegamos à verdade praticando a transparência radical e demolindo as barreiras do ego para explorar nossos erros e fraquezas pessoais como condição para o autoaprimoramento."[57]

As gravações são usadas não só como veículos de comunicação, mas também como ferramentas de aprendizado. Os gerentes recebem compilações periódicas que fornecem importantes atualizações sobre eventos recentes, ilustram como as decisões são tomadas e mostram que até as pessoas em posições mais elevadas na hierarquia estão aprendendo e crescendo. As gravações também são empregadas para estimular mais exatidão no raciocínio e na comunicação. Já não se pode afirmar "Eu nunca disse isso" ou "Não foi isso que eu quis dizer" quando se tem condições de verificar o que de fato aconteceu. Outro objetivo mais sutil é reduzir a fofoca. É difícil falar mal de alguém pelas costas quando tudo fica registrado.

---

* A expressão *dogfooding* foi popularizada no setor de tecnologia por Paul Maritz, da Microsoft, em um e-mail interno de 1988 em que insistia para que todos usassem o próprio produto para servidores. Mas os executivos da Mars Inc., fabricantes de alimentos para animais de estimação da marca Kal Kan, eram conhecidos havia muito tempo por comerem as rações que fabricavam.

O valor da transparência é primordial para a Bridgewater, o fundamento de suas filosofias e práticas referentes a pessoas. E é eficaz. Não há como contestar o histórico da empresa em termos de integridade, cultura forte e décadas de desempenho superior à média do mercado.

Esse nível de transparência é mais alto que o do Google. Isso porque, por um lado, consideramos a privacidade um direito individual. Por exemplo, os dados dos usuários são protegidos por todos os meios possíveis. Mesmo quando obrigados por lei a fornecer dados dos usuários para cumprir mandados judiciais – que contestamos sempre que cabível –, divulgamos um Relatório de Transparência (www.google.com/transparencyreport) revelando todas as ordens recebidas. E, quando cometemos erros, como em 2010, quando alguns carros do Street View, sem intenção, coletaram dados de redes wi-fi inseguras ao passarem por suas áreas de cobertura, tomamos providências para corrigir os erros e evitar que se repetissem.

Também desenvolvemos alternativas para tratar de algumas das questões contornadas pelas políticas da Bridgewater. A maneira como resolvemos os problemas de um funcionário falar mal do outro, por exemplo, foi esclarecer que quem escreve e-mails ofensivos sobre alguém corre o risco de a vítima ser incluída entre os copiados. Lembro da primeira vez em que me queixei de alguém num e-mail e meu gerente na mesma hora copiou a pessoa, o que nos forçou a resolver a questão com urgência. Foi uma lição dura sobre a importância de ter conversas diretas com os colegas.

Também há graus de transparência e padrões de abertura. A maioria das organizações está sujeita a riscos tão baixos nessa área que tem pouco a perder e muito a ganhar. Basicamente, se a empresa for daquelas que afirmam "Nossas pessoas são nossos maiores ativos" (como é o caso de muitas) e estiver sendo sincera, o padrão deve ser de abertura. Do contrário, estará mentindo para o seu pessoal e para si mesma. A abertura demonstra aos funcionários que a organização os considera confiáveis e com boa capacidade de julgamento. E, ao oferecer a eles um contexto mais amplo, também os capacita a trabalhar com mais eficácia e a contribuir mais.

Todos queremos controlar nosso próprio destino

O terceiro alicerce da cultura do Google é a voz. Significa garantir aos funcionários o direito de se manifestar sobre a direção da empresa. Ou você acredita na capacidade das pessoas e recebe de bom grado as suas contribuições, ou no fundo não acredita. Para muitas organizações isso é assustador, mas é a única maneira de ser coerente com os próprios valores.

Muitas de nossas práticas referentes a pessoas foram inspiradas por nossos funcionários. Por exemplo, de acordo com o código tributário federal dos Estados Unidos, os casais homossexuais devem pagar imposto de renda sobre o valor dos benefícios de assistência médica recebidos pelo parceiro, ao passo que os casais heterossexuais não estão sujeitos à mesma incidência. Um googler enviou um e-mail a Yvonne Agyei, nossa responsável pelos benefícios, argumentando que essa discriminação não era justa. Resposta de Yvonne: "Você está certo."[58] Ela então implementou uma norma que aumentava a remuneração dos casais de mesmo sexo para compensar a tributação adicional, tornando o Google uma das primeiras grandes empresas a adotar essa política em âmbito global.

Além de mostrar que vive de acordo com os valores que prega, dar voz aos empregados gera outros benefícios. Ethan Burris, da Universidade do Texas em Austin, descobriu que "permitir que os empregados expressem as próprias ideias é reconhecido há muito tempo como um importante fator de melhoria da qualidade das decisões e de aumento da eficácia organizacional. As pesquisas sobre o tema demonstraram os efeitos positivos das manifestações dos funcionários sobre a qualidade das decisões, o desempenho da equipe e os resultados da organização".[59]

Em 2009, os googlers nos disseram, por meio de nossa pesquisa anual, que estava ficando mais difícil fazer as coisas na empresa. Eles estavam certos. Havíamos dobrado de tamanho, crescendo de 10.674 empregados, no fim de 2006, para 20.222 empregados, no fim de 2008, e, no mesmo período, aumentamos a receita de US$ 10,6 bilhões para US$ 21,8 bilhões. Em vez de anunciar iniciativas impostas de cima para baixo, porém, nosso diretor financeiro, Patrick Pichette, transferiu o poder para os googlers. Ele lançou o programa Bureaucracy Busters (algo como Demolidores de Burocracia), que agora se repete todos os anos, no qual os googlers identificam seus maiores entraves e ajudam a eliminá-los. Na primeira rodada, eles apresentaram 570 ideias e votaram mais de 55 mil vezes. Quase todos os entraves decorriam de pequenos problemas, solucionáveis com facilidade. Exemplos: o aplicativo de calendário, ou agenda, não permitia a inclusão de grupos, o que dificultava e retardava a programação de reuniões mais amplas; os limites para aprovação de verbas eram muito baixos, exigindo

"A cultura come a estratégia no café da manhã" ◄ **53**

que os gerentes autorizassem até as menores transações; as ferramentas de produtividade nem sempre eram facilmente acessíveis, algo irônico numa empresa como a nossa. Implementamos as mudanças sugeridas pelos googlers, deixando-os satisfeitos e facilitando o trabalho de todos.

Em contraste, lembro de uma conversa com a líder de RH de uma das 10 maiores empresas dos Estados Unidos. "Nosso CEO quer que sejamos mais inovadores", disse ela. "Ele pediu que eu procurasse você porque o Google é conhecido por ter uma cultura inovadora. Uma das ideias dele é criar uma 'sala da criatividade', com mesa de totó, pufes, lâmpadas de lava e petiscos, para que as pessoas interajam e produzam ideias malucas. O que você acha? Como o Google faz?"

Falei um pouco sobre como de fato funciona a cultura do Google e sugeri que talvez pudessem gravar as reuniões gerenciais e deixar os arquivos disponíveis na intranet para que todos soubessem o que estava acontecendo na empresa e o que era realmente importante para os líderes. Eu estava só lançando uma ideia maluca, mas achei que pudesse ser uma maneira eficaz de mostrar aos funcionários como as decisões eram tomadas. Eu não sabia, na época, que a Bridgewater estava indo mais além, gravando *todas* as reuniões. "Não", objetou ela. "Nunca faríamos isso." Sugeri, como alternativa, que as pessoas em início de carreira participassem das reuniões dos líderes como observadores e, então, atuassem como porta-vozes para difundir o conhecimento na empresa. (Jonathan Rosenberg, nosso ex-diretor de produtos, desbravou essa inovação no Google.) "Não, não poderíamos divulgar certas informações para esses funcionários."

E se o CEO, nas reuniões gerais, levantasse questões polêmicas, encorajando os participantes a fazer perguntas que geralmente evitam, por terem medo da reação? "Ah, não, ele nunca faria isso. Imagine todos os e-mails malucos que receberia." Outra hipótese seria criar uma caixa de sugestões e, uma vez a cada trimestre, permitir que um grupo de funcionários, autonomeados, escolhesse as ideias a serem implementadas. E, de repente, até dar a eles verbas e meios para isso. "Também não daria certo. Quem sabe o que eles poderiam fazer?"

Essa empresa, sem dúvida notável sob outros aspectos, na verdade tinha medo de dar aos funcionários até a mais tênue oportunidade de falar com franqueza e de dialogar com o presidente. A certa altura, só me restou desejar-lhe sorte com os pufes e as lâmpadas de lava.

A cultura é mais importante quando é testada

Esses três alicerces da cultura – missão, transparência e voz – estavam entre os principais tópicos de nossas discussões de 2010 sobre como o Google operaria na China. Embora os aspectos legais e políticos sejam complexos naquele país, o efeito prático era que os mecanismos de busca estavam proibidos de exibir resultados para certas pesquisas. Por exemplo, uma pesquisa sobre a praça Tiananmen, ou praça da Paz Celestial, onde ocorreu o grande massacre de manifestantes civis em 1989, só mostraria os resultados de sites aprovados pelo governo. Isso não é, de modo algum, tornar as informações mundialmente acessíveis. Como estaríamos à altura de nossos valores de transparência e voz se censurássemos nossos resultados?

Desde 2002, nosso site global www.google.com vez por outra fica inacessível para os usuários da China.[60] Em 2006, lançamos o site www.google.cn para tentar algo diferente. Como o site estava hospedado na China, tínhamos que cumprir as leis locais. Quando os resultados eram filtrados, outros mecanismos de busca simplesmente os censuravam, enquanto nós adicionávamos uma nota ao final da tela: "De acordo com as leis, os regulamentos e as políticas locais, alguns resultados da pesquisa não foram exibidos." Às vezes, a falta de informação é, em si, informação.

Os usuários de internet na China são inteligentes. Bastava essa pequena observação para terem a certeza de estarem sendo mantidos no escuro e para buscarem a verdade em outras fontes.

Esperávamos, ingenuamente, que nossas ações encorajassem outras empresas a incluir ressalvas semelhantes e que, em resposta, as autoridades chinesas desistissem de censurar os resultados. Em vez disso, aconteceu o oposto. Quando começamos a notificar os usuários de que os resultados tinham sido censurados, percebemos que nossos serviços às vezes ficavam mais lentos. Até mesmo as pesquisas mais inofensivas demoravam minutos, em vez de milissegundos, para mostrar os resultados aos usuários chineses, e com frequência nosso site era completamente bloqueado e ficava indisponível.

Ainda assim, continuamos a crescer no país. Os usuários queriam a verdade.

À medida que aumentava a interferência em nossos serviços, debatíamos o que fazer. Eric tinha reuniões semanais com a equipe gerencial que se estendiam por cerca de duas horas, e em muitas delas passávamos meia hora só falando sobre a China.

Em toda a empresa, os googlers também se engajavam no assunto. As discussões se repetiam em reuniões de revisão de produtos, com equipes de engenheiros, gerentes de produtos e altos executivos, assim como nas reuniões coletivas de sexta-feira, em longos e-mails que incluíam milhares de pessoas e ainda nos corredores e nos restaurantes.

De um lado, se nossa missão significasse alguma coisa e se, de fato, acreditássemos na transparência, como poderíamos ser participantes ativos da censura? E, se fizéssemos concessões quanto à nossa cultura e aos nossos princípios, no que mais teríamos que ceder? Será que não assumiríamos uma posição mais forte nos retirando da China em vez de colaborar com o governo?

De outro, a China era um país que se caracterizava por longos ciclos sociais e políticos; não deveríamos pensar em mudanças em termos de décadas, em vez de anos? Se não continuássemos engajados nessa questão, quem nos substituiria? Um acesso restrito à verdade, por mais limitado que fosse, não seria melhor que nenhum acesso?

Em 2010, depois de centenas de horas de discussão e já tendo recebido contribuições de funcionários em todo o mundo, decidimos que não poderíamos censurar nossos resultados. Uma vez que ignorar a censura do governo seria ilegal e como faz parte de nossa política respeitar as leis dos países em que operamos, nossa única opção era não mais prestar serviços de pesquisa no www.google.cn, nosso site hospedado na China.

Não queríamos, porém, dar as costas aos usuários chineses. Os visitantes de nossa página Google.cn passaram a ver uma nova mensagem, recomendando que visitassem www.google.hk, nosso site hospedado em Hong Kong. Quando o governo britânico devolveu o controle de Hong Kong aos chineses em 1997, os termos da entrega incluíam isentar Hong Kong de grande parte da regulação chinesa durante 50 anos. Ainda tínhamos 37 anos, ao longo dos quais poderíamos respeitar nossa cultura e cumprir o compromisso com os chineses. O site de Hong Kong com frequência é bloqueado ou fica lento para os usuários do continente, mas ainda nos permite manter um endereço local para usuários de língua chinesa. Na China, notificar os usuários quando os resultados da pesquisa são censurados tornou-se prática comum. Nossa presença como mecanismo de buscas por lá diminuiu, mas agimos da maneira correta.

Se você der liberdade às pessoas, elas irão surpreendê-lo

Para minha surpresa, acabei reconhecendo que a frase "A cultura come a estratégia no café da manhã" é muito apropriada e oportuna. Só me dei conta disso depois que já trabalhava no Google havia cinco anos e recebi um pedido para escrever um artigo sobre a cultura da empresa para a nossa revista digital *Think Quarterly*.[61] Refleti sobre os debates enfrentados pela liderança e vi que, como no caso da polêmica sobre a China, nós decidíamos não com base em critérios econômicos, mas, sim, considerando o que reforça nossos valores. Repetidas vezes deixamos que nossos alicerces culturais – missão, transparência e voz – nos escorassem na hora de lidar com questões difíceis e controversas, discutindo-as, resolvendo-as e integrando-as em estratégias claras: a cultura estava moldando a estratégia, não o contrário.

Passei mais alguns anos em busca da origem da frase. Soube que ela era atribuída apocrifamente a Peter Drucker, influente teórico da administração.[62] Também descobri que ela está pendurada na parede do centro de comando da Ford, onde foi afixada em 2006 por Mark Fields, presidente da empresa, como lembrete de que uma cultura robusta era essencial para o sucesso.

Se você enveredar por esse caminho, saiba que o percurso será acidentado. A cultura não é estática. Alguns googlers, por exemplo, já disseram: "A cultura do Google está mudando e já não é mais a que eu conheci", "Lembro de quando tínhamos somente algumas centenas de funcionários – era uma empresa totalmente diferente. Agora parecemos qualquer outra grande empresa", "Já não somos um lugar divertido".

Todas essas citações são de pessoas lamentando o fato de o Google ter perdido a essência.

A primeira é do ano 2000 (menos de algumas centenas de funcionários); a segunda é de 2006 (6 mil) e a última, de 2012 (50 mil – especialmente irônica porque a palavra que os googlers mais usavam para descrever a cultura da empresa naquele ano era "divertida"!). De fato, em cada ponto da nossa história sempre houve a sensação de que a cultura estava se degradando. Quase todos os funcionários anseiam pelo retorno dos dias felizes da juventude do Google, que tendem a definir como o Google era nos primeiros meses de existência. Essa nostalgia é reflexo de como os primórdios da empresa foram maravilhosos e inspiradores e de como ela continua a evoluir.

Gostamos dessa paranoia constante sobre a degeneração da cultura e desse senso contínuo de insatisfação. É um bom sinal! Essa sensação de estar à beira de perder a cultura leva as pessoas a se manterem vigilantes em relação às ameaças a ela. Eu ficaria preocupado se os googlers parassem de se importar.

Uma maneira de enfrentar essa preocupação é estar aberto à discussão e converter as frustrações em esforços para revigorar a cultura. No Google, temos uma arma secreta: Stacy Sullivan. Stacy foi contratada em 1999 como nossa primeira líder de recursos humanos. Campeã de tênis, graduada por Berkeley e veterana de muitas empresas de tecnologia, Stacy se destaca pela inteligência, pela criatividade, pela contundência e pelo carisma. Em resumo, é exatamente o tipo de pessoa que adoramos contratar, o que faz sentido, já que ela ajudou a moldar o perfil alvo das contratações do Google. Hoje, Stacy é diretora de cultura, a única pessoa que já ostentou esse título, e tem a incumbência de garantir que a cultura do Google se mantenha fiel a si mesma. Ela explica: "Nós nos preocupamos com a cultura desde o primeiro dia. Como ela sempre deu a impressão de estar mudando, tivemos que lutar para preservar a força de sua essência."

Stacy teceu uma rede global de Clubes de Cultura, ou seja, equipes de voluntários encarregados de preservar a cultura do Google em cada um dos mais de 70 escritórios da empresa no mundo. As verbas são modestas (em geral, US$ 1.000 ou US$ 2.000 por ano) e a missão de cada um é ajustar e unir a cultura dessas unidades dispersas, mantendo-as conectadas com o restante do Google e estimulando as discussões. Ninguém se candidata a líder de um Clube de Cultura. As pessoas se tornam líderes simplesmente agindo como tal: responsabilizando-se pelos eventos no escritório local, manifestando-se com clareza e, o que é muito importante, destacando-se como o líder a quem os outros recorrem em busca de orientação sobre o que está dentro do estilo Google.[63]

Como eu já disse, são várias as maneiras de desenvolver grandes empreendimentos de sucesso, com modelos tanto de baixa liberdade quanto de alta liberdade. O Google se inclui, sem dúvida, na segunda categoria. Depois de optar por pensar e agir como fundador, sua decisão seguinte se volta para o tipo de cultura a ser cultivada. Quais são as suas crenças sobre pessoas? Você tem a coragem de tratá-las conforme sugerem as suas crenças? Minha experiência pessoal e profissional é que, ao dar liberdade às pessoas, elas irão surpreendê-lo e encantá-lo. Às vezes, também o desapontarão, mas, se se fôssemos perfeitos, não seríamos humanos.

O argumento a favor de encontrar uma missão arrebatadora, de ser transparente e de dar voz às pessoas é, em parte, pragmático. O quadro global crescente de profissionais e empreendedores talentosos, móveis e motivados exige esse tipo de ambiente. Nas próximas décadas, as pessoas mais qualificadas e esforçadas migrarão para os lugares onde tiverem condições de se dedicar a trabalhos significativos e de contribuir para o destino de suas organizações. A defesa dessa posição, porém, também é moral, enraizada na mais elementar das normas de conduta: trate os outros como gostaria de ser tratado.

DICAS DO GOOGLE PARA CONSTRUIR UMA ÓTIMA CULTURA

- ❑ Pense no trabalho como uma vocação, uma missão importante.
- ❑ Dê às pessoas um pouco mais de confiança, liberdade e autoridade, além do limite do que você consideraria confortável. Se não ficar nervoso com isso, você não lhes deu o suficiente.

3

Lake Wobegon, onde todos os recém-contratados estão acima da média

Por que contratar pessoas é a atividade mais importante em qualquer organização

Imagine que seu número tenha sido sorteado no maior prêmio de loteria da história dos Estados Unidos: US$ 656 milhões. Você pode fazer qualquer coisa. E, por mais improvável que pareça, resolveu montar um time de beisebol campeão.

Você tem duas opções: usar o dinheiro e contratar os melhores jogadores do planeta ou pegar uma equipe péssima e, à custa de muito treinamento, trabalho duro e conhecimento profundo da motivação e da natureza humanas, transformá-la num time vencedor.

Qual dos dois métodos tem maior probabilidade de levá-lo a vencer o campeonato? Felizmente, ambos já foram testados.

O primeiro World Series, torneio anual da principal liga americana de beisebol, foi disputado em 1903 e, de lá para cá, houve 108 temporadas. O New York Yankees jogou em 40 delas e ganhou 27. É quase o quádruplo dos campeonatos conquistados pelo St. Louis Cardinals, o segundo colocado em quantidade de troféus.

Um fator determinante na quantidade de vitórias do Yankees é a estratégia explícita de pagar enormes cifras aos melhores jogadores, que lhe custou uma folha de pagamento de US$ 229 milhões em 2013.* Desde 1998,

---

* A folha de pagamento tem sido um fator importante, mas não o único. Por exemplo, o Yankees também se beneficiou de sua influência sobre a American League na primeira metade do século XX (ver *The Kansas City A's and the Wrong Half of the Yankees*, de Jeff Katz, 2007) e da administração agressiva do mercado, na segunda metade. Dito isso, pagar altos salários para os melhores parece estar relacionado ao sucesso também

38% dos World Series foram conquistados por uma das duas equipes com os mais altos salários – o Yankees ou o Boston Red Sox – e, em 53% das vezes, uma das duas equipes com maiores salários participou do torneio.[64]

Esse é um resultado extraordinário. Se a vitória fosse uma questão de sorte, cada time da liga principal teria 3% de chance de vencer o World Series em determinado ano. Por que será que as equipes com altos salários vencem com tanta frequência, mas nem sempre?

Os critérios para definir quem são os melhores jogadores de beisebol são muito objetivos. O desempenho é observável, uma vez que os jogos são públicos e gravados, as regras e as posições são bem compreendidas, gerando um padrão consistente de avaliação, e os salários são conhecidos. E mesmo depois que Michael Lewis escreveu *Moneyball*, descrevendo a aplicação inteligente da análise de dados pelo Oakland Athletics para prever o desempenho dos jogadores, ainda é extremamente difícil chegar a uma conclusão sobre quem é sem dúvida o melhor ou prever quem terá um ótimo ano. Mas não é difícil identificar os 5% ou 10% melhores.

Desde que o dinheiro não seja um fator restritivo, um time poderá contratar todos os jogadores com desempenho excelente na temporada anterior e ter grandes chances de conquistar o campeonato. No entanto, contratar os melhores do ano anterior não é garantia de que eles serão os melhores no ano seguinte. Na verdade, isso é bastante raro. É possível, porém, ter muita confiança de que o desempenho do conjunto estará, pelo menos, na metade ou no terço superior de todos os times da liga.

O lado negativo desse método, claro, é o custo: a folha de pagamento do Yankees mais que triplicou nesse período, aumentando em US$ 163 milhões desde 1998. Hoje a sustentabilidade de pagar tamanhas quantias está sendo questionada, mesmo pelo Yankees. George Steinbrenner foi o arquiteto dessa estratégia de comprar os melhores jogadores. Ele foi sucedido pelo filho, Hal, que planejou reduzir a folha de pagamento de 2014 do Yankees para menos de US$ 189 milhões, de modo a reduzir a incidência de impostos.[65]

Os CEOs também gostam de adotar essa estratégia. Marissa Mayer, vigésima pessoa contratada pelo Google, cuja contribuição foi providencial

---

em outros esportes. Ao analisar o futebol inglês entre 1996 e 2014, a revista *The Economist* descobriu que "55% da variação no número de pontos marcados em qualquer campeonato podem ser explicados pelas quantias gastas com salários". A publicação, porém, admitiu que essa correlação não demonstrava uma relação causal ("Everything to Play for", *The Economist*, 10 de maio de 2014, pág. 57).

para a construção da marca e a abordagem à pesquisa, tornou-se CEO do Yahoo em 16 de julho de 2012. No ano seguinte, o Yahoo adquiriu pelo menos 19 empresas,[66] inclusive a Jybe (dicas de atividades e mídia), a Rondee (teleconferências gratuitas), a Snip.it (clippings de notícias), a Summly (resumos de notícias), o Tumblr (fotos), a Xobni (gerenciamento de caixas de entrada e listas de contatos) e a Ztelic (análise de redes sociais). Somente os preços de cinco dessas aquisições foram revelados, totalizando US$ 1,23 bilhão. E, das aquisições aqui incluídas, todas, exceto o Tumblr, tiveram alguns ou a totalidade de seus produtos abandonados depois da aquisição, com a integração das pessoas nas equipes do Yahoo.

Comprar empresas e abandonar seus produtos é um fenômeno recente no Vale do Silício, conhecido pelo estranho termo *acqui-hiring*, cruzamento de *acquisition* (aquisição) com *hiring* (contratação de pessoal). O propósito ostensivo é recrutar pessoas de competência comprovada no desenvolvimento de ótimos produtos que, do contrário, talvez não aceitassem as propostas para se tornarem funcionárias da sua empresa.

Ainda não se sabe ao certo se essa estratégia de *acqui-hiring* é eficaz para a construção de organizações de sucesso. Primeiro, porque é cara demais: o Yahoo pagou US$ 30 milhões pela Summly, fechou-a e demitiu todos os funcionários, exceto três,[67] ficando apenas com o fundador, Nick D'Aloisio, de 17 anos, e dois outros. Isso dá US$ 10 milhões por pessoa. E, mesmo quando a estratégia parece "barata", na verdade não é. Os 31 empregados da Xobni custaram US$ 1,3 milhão cada.[68] E ainda vão continuar recebendo salários, bônus e prêmios em ações, como qualquer outro funcionário.

As pessoas "adquiridas" dessa forma também assistem ao abandono dos próprios produtos, uma experiência dolorosa, mesmo quando o dinheiro parece compensar. Ouvi falar de muitos engenheiros contratados nessas condições no Vale do Silício que estão apenas ganhando tempo até se sentirem mais seguros e partirem para outro negócio próprio. Também não está claro se esses funcionários geram mais resultados que aqueles contratados pelos meios convencionais. Alguns, de fato, são muito capazes, mas ainda não encontrei evidências de que se trata de uma regra geral.

Considerando que mais de dois terços das fusões e aquisições não criam valor quando se mantêm vivos os produtos e negócios,[69] os funcionários vindos por *acqui-hiring* deveriam ter atributos raros para fazer a estratégia funcionar.

Comprar os melhores parece ser o caminho certo se você estiver formando uma equipe de beisebol, mas é muito mais complicado se estiver construindo uma empresa. O mercado de trabalho de profissionais corporativos não é tão transparente quanto o de jogadores de beisebol. Os únicos indícios do desempenho de um profissional são o currículo e o que ele (e, às vezes, as referências) afirma a respeito de seus conhecimentos, experiências e realizações, em vez de registros reais de seus resultados. Uma posição qualquer num time de beisebol não muda muito entre diferentes jogadores, equipes e técnicos. Bem mais variadas, porém, são as numerosas maneiras e estilos de exercer uma função no departamento de marketing, por exemplo. Nesse caso, oferecer salários mais altos talvez signifique atrair maior quantidade de candidatos, mas, nem sempre, candidatos de melhor qualidade. Também não torna mais fácil separar os brilhantes dos medíocres.

Por todos esses motivos, a maioria das organizações adota a estratégia de pegar uma equipe ineficiente e transformá-la em um time vencedor, às custas de muito esforço e perseverança, embora não o admita. O que os executivos lhe dirão é que recrutaram os melhores e os prepararam para que se tornassem campeões. Mas existem três razões para duvidar dessas alegações.

Primeiro, se realmente fosse esse o padrão, será que mais organizações não seriam campeãs? O Yankees chegou ao World Series 37% das vezes e, nesses casos, ganhou 67% das vezes. Poucas são as organizações que apresentam tal nível de desempenho, e mais raras ainda as que o sustentam durante 100 anos.

Segundo, se essas organizações fossem de fato melhores no recrutamento, não seria de esperar que se distinguissem pela adoção de técnicas especiais para selecionar pessoas? Quase todas elas, porém, recrutam da mesma maneira: anunciam uma vaga, analisam os currículos, entrevistam algumas pessoas e escolhem o finalista. Por que, então, algumas obteriam resultados superiores?

Terceiro, não somos, em geral, muito bons em realizar entrevistas. Achamos que estamos contratando os melhores porque, afinal, somos ótimos avaliadores de pessoas. Logo no início das entrevistas, formamos um juízo da pessoa e desenvolvemos uma boa percepção de seu caráter e de suas competências. E para que nos darmos ao trabalho de recuar no tempo e comparar as anotações feitas durante a entrevista (se é que anotamos alguma coisa) com o desempenho real meses ou anos depois, se, no fundo, sabemos que contratamos os melhores?

A realidade, no entanto, é que estamos errados.

Todos achamos que somos ótimos recrutadores, mas nunca damos um passo atrás para verificar se de fato a suposição é verdadeira e, como consequência, nunca melhoramos. As pesquisas demonstram que, em geral: concluímos a avaliação entre os primeiros três a cinco minutos da entrevista (ou, às vezes, até antes);[70] dedicamos o restante do tempo a confirmar a conclusão inicial; os entrevistadores se sentem inclinados, de maneira inconsciente, a preferir pessoas com características semelhantes às suas; e a maioria das técnicas de entrevista são inúteis.[71]

Além de nos considerarmos entrevistadores superiores, também nos convencemos de que o candidato que escolhemos está acima da média. Afinal, do contrário, não teríamos lhe oferecido um cargo. Entretanto, costuma haver uma dissonância gritante entre o otimismo que sentimos depois da entrevista e a realidade frustrante de um ano depois, quando avaliamos o desempenho do novo funcionário.

Portanto, o recrutamento e a seleção produzem resultados medianos.

Não seria possível compensar essa tendência treinando as pessoas para alcançarem a excelência? Afinal, muitas empresas se tornaram famosas por suas academias de liderança, seus centros de treinamento globais e seus recursos de aprendizado à distância.

Nem tanto. Elaborar um treinamento realmente eficaz é difícil. Alguns especialistas chegam ao ponto de afirmar que 90% dos programas de treinamento não produzem melhorias de desempenho sustentáveis nem mudanças de comportamento duradouras por não serem bem concebidos nem bem executados.[72] É quase impossível converter alguém de desempenho mediano em superastro por meio de treinamento. Há quem afirme, porém, que isso é possível, o que é verdade (e vou descrever nossos métodos no Capítulo 9). Existem exemplos de pessoas que eram profissionais medíocres e alcançaram a excelência, embora grande parte dessas histórias de sucesso tenha sido consequência de mudanças de contexto e de tipo de trabalho em vez de resultarem de treinamento.

Veja o caso de Albert Einstein, que, de início, foi rejeitado como candidato a professor e, depois, não conseguiu ser promovido no Escritório de Patentes da Suíça. Na verdade, ele alcançou o sucesso porque sua rotina de trabalho não exigia muito de seu intelecto,[73] dando-lhe tempo para explorar uma área diferente.

Restam-nos, então, dois caminhos para reunir talentos excepcionais. Ou descobrimos uma maneira de contratar os melhores, ou contratamos indivíduos medíocres e descobrimos uma maneira de convertê-los nos melhores. Em termos objetivos, em qual das duas situações seguintes você preferiria estar?

A. Contratamos profissionais do 90º percentil que realizam um excelente trabalho desde o início.
B. Contratamos profissionais medianos e os treinamos esperando que cheguem ao 90º percentil.

A escolha não parece tão difícil quando exposta nesses termos, sobretudo se você dispõe de dinheiro suficiente para contratar pessoas excepcionais. O que quase sempre acontece é que o dinheiro está sendo gasto nos lugares errados. As empresas continuam investindo muito mais em treinamento que em recrutamento e seleção, de acordo com a firma de consultoria Corporate Executive Board.[74]

	Gastos com treinamento	Gastos com recrutamento
Por funcionário	US$ 606,36	US$ 456,44
% do total das despesas com RH	18,3%	13,6%
% da receita	0,18%	0,15%

As empresas gastam mais com treinamento dos atuais funcionários do que com o recrutamento e seleção de novos contratados. (Dados de 2012.)

As empresas se vangloriam de quanto gastam com treinamento. Mas desde quando nível de despesa é indicador de resultados? O tamanho da verba de treinamento não é evidência de que você está investindo no seu pessoal. Apenas comprova que falhou na fase de recrutamento e seleção. No Capítulo 9, sugiro algumas táticas para remanejar as despesas para os lugares certos.

No Google, os investimentos em pessoas são feitos logo no início. Isso significa que gastamos grande parte de nosso tempo e dinheiro em atrair, avaliar e cultivar novos recrutas. Gastamos, proporcionalmente, mais que o dobro com recrutamento e seleção do que a média das empresas. Se formos melhores em recrutar e selecionar pessoas, teremos menos trabalho depois em melhorar o desempenho delas. Na pior das hipóteses, um candidato do 90º percentil apresenta um desempenho mediano em determinado ano. É improvável que se torne o pior funcionário da empresa. Já o candidato mediano não só consumirá muitos recursos de treinamento como também terá a mesma probabilidade de apresentar um desempenho bem abaixo ou acima da média.

Por que decidimos concentrar nossos investimentos em pessoas na fase de recrutamento e seleção, usando uma abordagem não ortodoxa?

Não tínhamos escolha.

O Google começou com dois sujeitos que se conheceram na universidade, num mercado apinhado em que os usuários poderiam nos trocar pelos concorrentes com um único clique no mouse. Desde o início, sabíamos que a única maneira de competir seria lançar o mecanismo de busca mais exato e mais rápido do mundo, mas receávamos que nunca chegaríamos a ter engenheiros suficientes para produzir o que queríamos: rastreadores web para identificar e classificar tudo na internet, algoritmos para filtrar os significados do que estava lá, ferramentas para traduzir mais de 80 idiomas, testes para garantir que tudo realmente funcionava, centros de processamento de dados para armazenar e processar todos esses dados e, por fim, centenas de outros produtos que precisavam de desenvolvimento e apoio. Nossa maior restrição ao crescimento sempre foi e continuará sendo a capacidade de encontrar ótimos profissionais.

Durante muitos anos não tínhamos a enorme vantagem com que contava o Yankees: dinheiro. Simplesmente "comprar" os melhores não era uma opção nos anos de formação do Google, da mesma maneira que não é para a maioria das organizações. Em 1998, a empresa não gerava receita e, durante muitos anos, pagou os salários mais baixos do setor. Ainda em 2010, a maioria dos contratados aceitava receber um salário menor do que recebiam no emprego anterior, alguns com uma redução da ordem de 50% ou mais. Convencer as pessoas a abrir mão de parte do salário para se juntar a essa pequena e ousada startup não foi tarefa fácil. Como muitos outros, aceitei uma remuneração menor para me juntar ao Google e ainda me lembro das palavras do CEO da minha divisão na GE, no meu último dia: "Laszlo, esse Google parece uma empresinha bacana. Desejo-lhe sorte, mas, se as coisas não derem certo, ligue para mim e conseguiremos um emprego para você."

O Google também entrou tarde no jogo de buscas, em que Yahoo, Excite, Infoseek, Lycos, AltaVista, AOL e Microsoft já eram grandes jogadores.

Precisávamos impressionar e inspirar os candidatos, convencê-los de que o Google tinha algo especial a oferecer. Porém mesmo antes de convencermos as pessoas a se juntarem à equipe, tínhamos que encontrar uma nova maneira de atrair profissionais, de garantir que nosso processo de recrutamento e seleção daria resultados superiores aos de outras empresas.

Separar os excepcionais do restante exigia uma reformulação radical dos métodos de recrutamento, e detalharei com exatidão nos próximos dois capítulos como fizemos isso. Não precisa ser muito dispendioso, mas exige que se façam duas grandes mudanças.

A primeira é conduzir o processo de seleção com mais lentidão.

Apenas 10% dos candidatos (na melhor das hipóteses!) terão desempenho excelente, razão pela qual é preciso recrutar mais candidatos e fazer mais entrevistas. Estou frisando que isso acontece "na melhor das hipóteses" porque, de fato, os melhores não estão procurando emprego, exatamente por serem os mais capazes e já terem alcançado o sucesso nas atuais funções. Portanto, as chances de contratar os melhores entre candidatos que respondem a anúncios de emprego são baixas.

Mas vale a pena esperar, como sempre diz Alan Eustace, nosso vice-presidente sênior de conhecimento: "Um engenheiro de alto nível vale 300 vezes mais que um engenheiro mediano. Prefiro perder toda uma turma de recém-formados em engenharia a abrir mão de um tecnólogo excepcional."[75]

Um desses profissionais brilhantes é Jeff Dean, um dos primeiros googlers e uma das principais mentes por trás dos algoritmos de busca que possibilitam as pesquisas mais rápidas e exatas do planeta. Jeff, em colaboração com alguns outros cientistas, reinventou completamente nosso método de pesquisa. Por exemplo, no começo, Jeff, Sanjay Ghemawat e Ben Gomes descobriram como manter nosso índice de busca na memória em vez de usar discos. Só isso triplicou a eficiência.

Jeff também é um cara incrível e é tido em altíssima conta pelos colegas. Em um site interno, os googlers expõem proezas de Jeff:

- O teclado de Jeff Dean não tem a tecla Ctrl, porque Jeff Dean está sempre no controle.
- Quando Alexander Graham Bell inventou o telefone, viu uma ligação perdida de Jeff Dean.

- Certa vez, quando os servidores de índice deram pau, Jeff Dean respondeu manualmente às perguntas dos usuários durante duas horas. As avaliações mostraram melhoria de qualidade de cinco pontos.
- Em 1998, os cientistas adicionaram um segundo ao dia 31 de dezembro para dar tempo a Jeff Dean de consertar o bug do milênio – em todos os sistemas conhecidos pelo homem.
- Newton certa vez afirmou: "Se eu vi mais longe foi porque Jeff Dean estava sobre os meus ombros."

Por mais especial que Jeff seja para nós, ele não está sozinho. Salar Kamangar teve a ideia de como criar leilões para termos de busca e trabalhou com o engenheiro Eric Veach para construir nosso primeiro sistema de anúncios. No mercado editorial, por exemplo, as revistas cobram certo preço aos anunciantes por cada mil leitores. Em vez de fixar previamente um preço, Salar imaginou fazer um leilão para cada palavra ou frase pesquisada pelo usuário. O Google não decide de maneira arbitrária em que ordem os anúncios aparecem. Na verdade, nossos anunciantes fazem lances pela posição que querem na lista de anúncios, o que pode custar de menos de 1 cent a mais de US$ 10 por palavra. Essas ideias se converteram em bilhões de dólares para nossos acionistas, em centenas de bilhões de dólares de novos negócios para nossos anunciantes e em maior satisfação para os usuários, que passaram a encontrar exatamente o que queriam em toda a rede.

Outros googlers excepcionais incluem: Diane Tang (do pequeno grupo de engenheiros que conquistaram o título de Google Fellow, honraria reservada apenas para quem oferece à empresa as mais elevadas contribuições técnicas), que durante anos liderou a equipe responsável por garantir a melhoria contínua da qualidade dos anúncios e que, pouco tempo atrás, assumiu a liderança de um projeto confidencial no Google[x]. O Dr. Hal Varian, autor de diversos livros sobre microeconomia e economia da informação, lidera nosso grupo de economistas. Charlotte Monico, residente em Londres, é membro de nossa equipe de finanças e remadora olímpica. Vint Cerf, conhecido como cocriador da internet, é nosso principal divulgador. E Dick Lyon inventou o mouse óptico. Também compõem essa constelação os fundadores e os cofundadores da Excite (Joe Kraus e Grahan Spencer); da Ushahidi, empresa de software sem fins lucrativos que usa recursos de crowdsourcing em ativismo social, permitindo que cidadãos, jornalistas e testemunhas oculares denunciem a violência na África (Ory Okolloh); do Chrome (Sundar Pichai); e da Digg (Kevin Rose), todos trabalhando lado a lado e com dezenas de milhares de outras pessoas notáveis.

Como você pode afirmar que encontrou alguém excepcional? Minha regra de ouro – e a segunda grande mudança a fazer na maneira como você contrata pessoas – é: "Só contrate pessoas melhores que você."

Todas as pessoas que contratei são melhores do que eu em algum aspecto significativo. Por exemplo, Prasad Setty, vice-presidente de análise de pessoas e de remuneração, é mais perspicaz do ponto de vista analítico. Karen May, vice-presidente de desenvolvimento de pessoas, é uma conselheira mais ponderada, em parte porque o nível de inteligência emocional dela é muito mais alto que o meu. Nancy Lee, que lidera os programas de diversidade e de educação de jovens, é dotada de uma coragem invejável e é uma visionária. Sunil Chandra, vice-presidente de escalação de equipes e serviços de pessoas, tem mais disciplina e percepção operacional que eu, e parece capaz de tornar qualquer processo mais rápido, mais barato e mais eficaz para os usuários.

Qualquer uma dessas pessoas poderia exercer minha função amanhã. Aprendo com elas todos os dias e levei muito tempo para contratar cada uma. Karen me rejeitou durante quatro anos, até que finalmente consegui trazê-la para o Google. O processo de contratação desses profissionais é de fato mais demorado; a espera, porém, sempre vale a pena.

Além de estar disposto a esperar mais tempo até encontrar alguém melhor do que você, também é preciso que os gestores se disponham a renunciar ao poder absoluto na contratação de pessoal. Devo revelar desde já que os líderes recém-admitidos no Google detestam esse processo mais participativo. Eles querem compor as próprias equipes. Mas até os gestores mais bem-intencionados fazem concessões em seus padrões quando as buscas se arrastam por muito tempo. Na maioria das empresas, os gestores são muito rigorosos, a princípio, em relação às qualificações de seus assistentes administrativos, por exemplo. Depois de 90 dias de procura infrutífera, porém, grande parte deles aceita qualquer pessoa capaz de atender o telefone. Ainda pior, em casos específicos os gerentes podem ser tendenciosos: talvez queiram contratar um amigo ou aceitar um estagiário como favor a outro executivo ou a um grande cliente. Por fim, permitir que os chefes decidam sozinhos sobre as contratações de pessoal lhes confere um poder excessivo sobre os membros da equipe. (Discutiremos nos próximos capítulos por que nos empenhamos em minimizar o poder dos gestores.)

Ao fim de mais ou menos seis meses, nossos novos gestores percebem que a qualidade das pessoas que estão contratando é superior a qualquer padrão que tenham experimentado no passado e que estão cercados de profissionais notáveis que também se submeteram ao mesmo processo rigoroso. Eu não diria que eles passam a adorar não ter o poder exclusivo de decisão, mas que reconhecem as vantagens desse processo.

Um dos efeitos colaterais mais agradáveis desse rigor é que as melhores pessoas nem sempre se encaixam nos padrões esperados. Quando o Google era pequeno e fazia apenas algumas centenas de contratações por ano, era fácil e eficiente admitir somente os candidatos com ótimos currículos: graduados por Stanford, Harvard, MIT ou por universidades de igual nível que tivessem trabalhado apenas nas empresas mais respeitadas. À medida que crescíamos até o ponto de precisar de milhares de novos funcionários por ano, aprendemos que muitas das melhores pessoas não vinham dessas instituições. Talvez a afirmação seja surpreendente para você, mas, nos primeiros dias do Google, com muita franqueza, nossos métodos eram mais elitistas.

Começamos, então, a procurar candidatos que haviam demonstrado resiliência e capacidade de superar dificuldades. Hoje preferimos contratar um estudante esforçado e brilhante que se formou entre os melhores da turma por uma universidade pública americana em vez de outro que se graduou por uma escola de elite na média ou até acima da média. O nome de sua faculdade importa muito menos que suas realizações. Para algumas funções, nem exigimos curso superior. O que importa é o que você traz para a empresa e como você se diferencia. De certa maneira, é como deve ser, considerando que um de nossos fundadores não concluiu o curso universitário. Embora hoje recrutemos cientistas de computação oriundos de mais de 300 faculdades nos Estados Unidos e de ainda mais instituições em todo o mundo, alguns de nossos melhores profissionais nunca puseram os pés numa universidade.

Eu seria negligente, porém, se não encerrasse este capítulo com uma advertência. Depois do colapso da Enron, em 2001, Malcolm Gladwell escreveu um artigo para a revista *The New Yorker* intitulado "The Talent Myth: Are Smart People Overrated?" (O mito do talento: as pessoas inteligentes são supervalorizadas?"), alfinetando tanto a Enron quanto a McKinsey pela obsessão por "pessoas inteligentes": "A maior falha da McKinsey e de seus seguidores na Enron foi a suposição de que a inteligência de uma organização se deve à inteligência de seus funcionários. Eles acreditam em estrelas porque não acreditam em sistemas."[76]

Embora essa afirmação não se encaixe na minha experiência com a McKinsey, que tinha um conjunto vigoroso de sistemas internos para o desenvolvimento de pessoas e orientava os clientes a agir da mesma maneira, concordo que a busca cega por mentes brilhantes e a concessão irrestrita de liberdade para que façam o que quiserem é a receita certa para o fracasso repentino e catastrófico. É claro que você quer contratar as melhores pessoas, mas a excelência não é definida por um único atributo, como inteligência ou expertise.

Como explicarei melhor no Capítulo 8, ser uma estrela em um contexto não significa ser uma estrela em outro. Portanto, certificar-se de que a pessoa terá sucesso no seu ambiente é essencial. No Capítulo 5 mostrarei com mais detalhes que, para conseguirmos isso, procuramos uma variedade mais ampla de atributos, entre os quais humildade e bom senso.

A lição do mito do talento não é "Não contrate pessoas inteligentes", mas, sim, "Não contrate somente com base na inteligência". A excelência no processo seletivo não consiste apenas em escolher os melhores nomes, os vendedores mais eficazes nem os engenheiros mais brilhantes. Também é encontrar os profissionais mais capazes de alcançar o sucesso no contexto específico de sua organização e de contribuir para o êxito de todos ao seu redor.

Contratar é a função mais importante da gestão de pessoas nas organizações, e os profissionais dessa área, em sua maioria, não são tão capazes quanto imaginam. Remanejar o foco de seus recursos para aumentar a eficácia do processo seletivo produzirá um retorno mais alto que qualquer programa de treinamento que se possa desenvolver.

DICAS DO GOOGLE PARA CONTRATAR PESSOAS

❏ No caso de dispor de recursos limitados, invista as verbas de RH primeiro em recrutamento e seleção.

❏ Para contratar apenas as melhores pessoas: não acelere o processo, selecione somente quem seja melhor do que você em alguma área importante e não permita que os gestores tomem sozinhos a decisão na hora de contratar novos membros para a equipe.

4

Procurando os melhores

A evolução da "máquina autorreplicadora de talentos" do Google

Ao encerrarmos uma reunião do conselho de administração do Google, Paul Otellini, CEO da Intel e nosso conselheiro, concluiu:

> O mais impressionante é que sua equipe construiu a primeira máquina autorreplicadora de talentos do mundo. Vocês criaram um sistema que não só contrata pessoas notáveis, mas que também cresce com a empresa e melhora a cada geração.

Eu me senti como um maratonista que desmaia de alívio ao cruzar a linha de chegada. Era abril de 2013 e o Google tinha contratado mais de 10 mil pessoas nos dois anos anteriores.

De fato, nosso ritmo de crescimento é de mais ou menos 5 mil pessoas quase todos os anos. Para chegar a isso, analisamos o perfil de 1 milhão a 3 milhões de candidatos por ano, o que significa que só entram na empresa cerca de 0,25% dos pretendentes. Como termo de comparação, em 2012 a Universidade Harvard admitiu 6,1% dos candidatos (2.076 de 34.303). Sem dúvida não é nada fácil entrar em Harvard, mas é quase 25 vezes mais difícil entrar no Google.

Tudo realmente começou com os fundadores

Larry e Sergey, com a contribuição de Urs Hölze (uma de nossas 10 primeiras contratações e atual vice-presidente sênior de infraestrutura técnica), construíram as bases do sistema de contratação do Google. Tudo começou com o desejo de admitir apenas as pessoas mais inteligentes.

Depois, refinamos o processo, porque só QI não torna a pessoa criativa nem indica que sabe trabalhar em equipe, embora fosse um ótimo ponto de partida.

Nas palavras de Urs:

> Tive uma experiência ruim onde eu trabalhava antes, uma pequena startup com sete pessoas que foi adquirida pela Sun. De repente a equipe cresceu de sete para uns 50 e a produtividade caiu. Isso porque a maioria das pessoas novas não era muito eficiente. Como consumiam mais recursos do que produziam, estaríamos muito melhor com uma equipe de 15 se todos fossem realmente muito bons. Eu tinha medo de que o Google fosse menos produtivo com 50 engenheiros do que com 10.

Os fundadores concluíram que seria preferível contratar através de comitês, entrevistando os candidatos em conjunto em torno da mesa de pingue-pongue, que também era nossa única mesa de reuniões. Eles intuíram que nenhum entrevistador, isoladamente, acertaria sempre, um palpite que mais tarde seria formalizado no nosso estudo sobre a "sabedoria das multidões", de 2007, que analisaremos em breve. Até Susan Wojcicki, que conhecia muito bem Larry e Sergey e era dona da garagem que os dois alugaram para ser o primeiro escritório do Google, foi entrevistada ao se candidatar para liderar o departamento de marketing.

Igualmente importante, eles também tiveram a intuição de adotar um padrão objetivo, reforçado pela atuação de um único revisor final, incumbido de manter o padrão. Hoje dividimos essa responsabilidade entre duas equipes de líderes seniores, uma para funções de administração de produtos e engenharia e outra para vendas, finanças e todas as demais. E temos um revisor de última instância de todos – sim, de todos – os candidatos: nosso CEO, Larry Page.

O único propósito dessas duas equipes é assegurar que estamos seguindo os critérios de alta qualidade estabelecidos pelos fundadores. Se você está formando uma empresa ou uma equipe, sabe exatamente o que procura em um novo contratado: alguém motivado, capaz e interessado, tão apaixonado quanto você pelo novo empreendimento. E as primeiras pessoas que você contratar certamente vão se encaixar nesse perfil. Elas, porém, nem sempre observarão os mesmos critérios, não por serem negligentes ou incompetentes, mas por nem sempre terem a mesma compreensão de seus objetivos.

Cada geração de contratações, portanto, será uma versão um pouco menos eficiente que a anterior. Além disso, à medida que o empreendimento cresce, aumenta a tentação de contratar um amigo ou o filho de um cliente, no intuito de ajudar essas pessoas ou de reforçar o relacionamento. Essas exceções sempre comprometem a qualidade. O resultado dessa tendência é deixar de contratar astros e passar a admitir pessoas medíocres.

Os primeiros dias: contratando pessoas brilhantes a passo de lesma

Até 2006, os googlers tentaram de tudo para encontrar bons candidatos. Testamos táticas tradicionais, como anúncios de emprego em sites do tipo Monster.com. Essas experiências funcionaram, mas não muito bem. Para cada candidato que contratávamos, havia dezenas de milhares que dispensávamos.* Passávamos horas e horas peneirando uma enxurrada de currículos.

Como todas as outras empresas, verificávamos referências, mas também desenvolvemos um sistema de rastreamento de candidatos que confrontava o currículo deles com o currículo dos atuais googlers. Se constatássemos alguma sobreposição – por exemplo, o candidato frequentou a mesma faculdade no mesmo período que um googler ou ambos trabalharam na empresa X na mesma época –, o googler recebia um e-mail automático perguntando se conhecia o candidato e o que achava dele. A ideia era que, como as referências fornecidas pelos candidatos sempre tendem a ser favoráveis, os comentários dos próprios googlers, pensávamos nós, seriam mais honestos.

Todas essas informações e outras eram reunidas em um dossiê de contratação de 50 páginas ou mais por candidato e analisadas por um comitê. Havia muitos comitês de contratação e cada um era composto de pessoas familiarizadas com o cargo a ser preenchido, mas sem interesse direto nele.

---

* Na primavera de 2012, começamos a empregar algoritmos para combinar melhor candidatos e cargos. Em meados de 2013, o rendimento do processo de recrutamento e seleção aumentou em 28% (ou seja, para cada mil candidatos, estamos contratando 28% mais pessoas que no passado).

Por exemplo, um comitê de contratação para vendas on-line seria composto de vendedores, porém não incluiria o gerente do futuro candidato ou qualquer outra pessoa que fosse trabalhar diretamente com ele. Isso deveria garantir a objetividade.

Contratávamos pessoas por meio de empresas de recrutamento. Era difícil para elas, porém, compreender o que estávamos procurando, pois queríamos "generalistas inteligentes" em vez de especialistas. O fato de preferirmos contratar pessoas inteligentes e curiosas a outras que não tinham dúvidas sobre o que estavam fazendo as deixava perplexas. A perplexidade dava lugar à frustração quando insistíamos em pagar somente pelas contratações efetivas em vez de pagar importâncias fixas pela prestação do serviço, como a maioria dos clientes. E isso não era tudo. Fazíamos dezenas de entrevistas, rejeitávamos mais de 99% dos candidatos e, em geral, oferecíamos salários inferiores aos do emprego anterior.

Também tínhamos ideias malucas. Em 2004, afixamos outdoors em Cambridge, Massachusetts, e às margens da rodovia 101 na Califórnia com um enigma criptografado, na esperança de que cientistas de computação curiosos e ambiciosos se interessassem em resolvê-lo. Eis o outdoor:

O outdoor criptografado.[77]

A solução correta do enigma* levava a uma página da internet com um segundo enigma:

```
Parabéns! Você passou para o nível 2. Vá para www.Linux.org e
digite Bobsyouruncle como login e a resposta a esta equação
como senha:

                    f(1) = 7182818284
                    f(2) = 8182845904
                    f(3) = 8747135266
                    f(4) = 7427466391
                    f(5) = _____
```

O segundo enigma.

Se conseguisse resolver esse segundo enigma,** você encontraria o seguinte:

A recompensa pela solução dos dois enigmas.*** © Google, Inc.

---

* Caso você esteja curioso, a resposta é 7.427.466.391.
** Essas são sequências de 10 dígitos em *e* que somam 49. f (5) é 5966290435.
*** Em português: "Parabéns. Bom trabalho. Você chegou ao Google Labs e estamos felizes por vê-lo aqui. Ao construir o Google, aprendemos que fica mais fácil encontrar o que você está procurando se o que estiver procurando também procurar por você. O que estamos procurando são os melhores engenheiros do mun-

Resultado? Não contratamos absolutamente ninguém. O outdoor gerou muita repercussão na imprensa, mas foi um desperdício de recursos: recebemos uma enxurrada de currículos e de dúvidas. A maioria dos visitantes não resolveu os dois enigmas. Ao entrevistar os vitoriosos, descobrimos que se dar bem numa competição individual nem sempre significa trabalhar bem em equipe. E, se as pessoas que resolvem os dois obstáculos são brilhantes, em geral isso se limita a apenas uma área. Também é possível que os vitoriosos estivessem acostumados a resolver problemas bem definidos e com soluções claras, o que nem sempre significa conseguir navegar na complexidade dos desafios do mundo real. Essa questão é importante para o Google, pois procuramos pessoas capazes não só de resolver os problemas de hoje, mas também de solucionar quaisquer dificuldades que venham a surgir no futuro.

Durante nosso processo de contratação, analisávamos cada candidato sob muitas perspectivas, na crença de que qualquer visão isolada pode estar distorcida. Mas algumas informações se mostraram irrelevantes. Todos os candidatos tinham que apresentar os resultados do SAT (avaliação feita ao final do ensino médio nos Estados Unidos) e dos testes aplicados pelas escolas de pós-graduação, se fosse o caso, e o histórico da faculdade. Quando fui entrevistado, mal pude acreditar que o Google queria que eu telefonasse para a minha faculdade e pedisse meu histórico escolar de 13 anos atrás. A exigência parecia ainda mais estranha para pessoas que tinham saído da escola havia 20 ou 30 anos.*

Achávamos que pedir notas e históricos era uma primeira triagem para chegar aos mais inteligentes. E, de fato, o critério eliminava uma quanti-

---

do. E aqui está você. Como pode imaginar, recebemos muitos currículos todos os dias. Desenvolvemos, então, esse pequeno processo para aumentar a intensidade do sinal em meio ao ruído. Pedimos desculpas por ocupá-lo durante tanto tempo apenas para pedir que considere a hipótese de trabalhar conosco. Esperamos que você ache que valeu a pena ao conhecer alguns dos projetos interessantes que estamos desenvolvendo. Você encontrará abaixo alguns links para mais informações sobre nossos esforços, mas, antes de mergulhar no aprendizado de máquinas e em algoritmos genéticos, envie-nos o seu currículo para problem-solving@google.com. Estamos enfrentando muitos problemas de engenharia que talvez de fato não tenham solução. Se tiverem, mudarão muitas coisas. Se não tiverem, pelo menos será divertido tentar resolvê-los. Talvez seu cérebro magnífico nos ajude a descobrir a resposta. Algumas informações sobre nossos projetos em curso:

- Por que você deve trabalhar no Google
- Procurando um trabalho interessante que tenha importância para milhões de pessoas?
- http://labs.google.com.

* Embora pedíssemos havia muito tempo os históricos escolares, nunca deixamos de considerar as limitações descritas no Capítulo 5. Sempre procuramos ter o máximo de bom senso em relação aos candidatos.

dade decepcionante de candidatos que mentiam sobre esses números. Em 2010, porém, nossas análises revelaram que o desempenho acadêmico não era um bom método para prever o desempenho no trabalho para além de dois ou três anos depois da formatura, o que nos levou a não pedir mais essas informações, a não ser para candidatos recém-formados.

Em meados da década de 2000, os entrevistadores podiam fazer qualquer pergunta aos candidatos, mas não seguiam nenhum roteiro específico, o que tornava o processo pouco esclarecedor. Por causa da falta de coordenação entre os entrevistadores, muitas vezes deixávamos de perguntar sobre algum atributo específico, o que exigia o retorno do candidato para mais entrevistas.

Essas falhas tornavam a experiência muito ruim para numerosos candidatos. A imprensa, na época, publicava várias histórias horríveis sobre o processo de contratação do Google: "Eles tratam você como um objeto descartável";[78] "Lamento dizer que os relatos que dizem que representantes da empresa (ou de sua equipe de recrutamento) são arrogantes e rudes NÃO são exagerados".[79]

Como você pode imaginar, era um processo incrivelmente lento. Ser contratado pelo Google podia demorar seis meses ou mais e os candidatos às vezes passavam por 15 ou até 25 entrevistas antes de receber uma oferta. Um googler podia entrevistar 10 ou mais pessoas, entre as centenas ou milhares que se candidatavam a um único cargo, investindo de 10 a 20 horas na entrevista e na elaboração de relatórios para cada contratação. Agora multiplique esse número pelas 15 ou 25 entrevistas a que se submetia cada candidato bem-sucedido e você chega a algo entre 150 e 500 horas de tempo investido em cada contratação, sem considerar o tempo gasto pelos recrutadores, comitês de contratação, líderes sêniores e fundadores.

Em retrospectiva, porém, essa era a opção certa na época. A máquina de contratação era muito conservadora pela própria concepção. Concentrava-se em evitar falsos positivos – as pessoas que pareciam boas nas entrevistas mas que, de fato, não se saíam bem na vida real –, pois preferíamos perder dois ótimos funcionários se isso também significasse não contratar um péssimo funcionário. Uma pequena empresa não pode se dar ao luxo de contratar alguém que se revele medíocre. Os profissionais incompetentes intoxicam toda a equipe e exigem muito tempo da administração até serem treinados ou demitidos. O Google crescia rápido demais e tinha muita coisa em jogo para correr esse risco. Nessas condições, deixávamos as vagas em aberto até encontrarmos exatamente o candidato certo. Como Eric Schmidt me disse um dia: "A realidade é que alguns funcionários precisam ser demitidos, mas o objetivo do recrutamento deve ser não admitir essas pessoas!"

E, como esperávamos, a combinação dos nossos critérios rigorosos de recrutamento e seleção, de um lado, com o foco exaustivo na busca dos melhores, de outro, resultou na contratação de pessoas notáveis. Entre as primeiras 100 contratações estavam indivíduos que vieram a ser CEOs (do Yahoo e do AOL), investidores de risco, filantropos e, evidentemente, muitos outros que ainda são googlers e lideram algumas das iniciativas mais importantes da empresa. Susan Wojcicki, por exemplo, liderou nossos programas de publicidade de produtos antes de assumir a liderança do YouTube.

De fato, 16 anos depois, cerca de um terço das 100 primeiras pessoas contratadas ainda estão no Google.* É raro entre startups que os funcionários pioneiros perdurem por tanto tempo, e ainda mais incomum que continuem crescendo como indivíduos e progredindo como profissionais à medida que a empresa passa de dezenas de pessoas para dezenas de milhares.

Uma das principais razões de nos empenharmos tanto em promover o crescimento da empresa é nossa capacidade de oferecer ótimas oportunidades para tantas pessoas. Larry certa vez explicou: "Somos uma empresa de porte médio em quantidade de funcionários. Temos dezenas de milhares. Algumas organizações por aí têm milhões. Imagine o que poderíamos fazer se tivéssemos 100 vezes mais pessoas." Ele costuma dizer aos funcionários que, no futuro, talvez cada um venha a dirigir uma empresa do tamanho do Google hoje sem deixar de fazer parte do Google.

O sistema de contratação, portanto, era funcional, mas estava muito longe de ser uma máquina autorreplicadora de talentos. Quando entrei na empresa, em 2006, tive a impressão de que todas as outras pessoas que eu conhecia no Vale do Silício tinham passado por alguma experiência dolorosa com o monstro de recrutamento e seleção do Google. Um engenheiro de software se queixou da arrogância dos googlers que o entrevistaram; o

---

* Entre essas pessoas estão Salar Kamangar, Urs Hölzle, Jeff Dean e Sanjay Ghemawat (hoje vice-presidentes e Google Senior Fellows); Jen Fitzpatrick, Ben Smith e Ben Gomes (todos vice-presidentes de engenharia); Stacy Sullivan (vice-presidente e diretora de cultura); Matt Cutts (chefe de nossa equipe de webspam e um dos pensadores e palestrantes mais objetivos, claros e eficazes em questões relacionadas com o Google); Miz McGrath (líder de controle de qualidade dos anúncios); Krishna Bharat (criador do Google News e fundador de nosso site em Bangalore) e muitos outros.

irmão do meu corretor de imóveis fora rejeitado pelo Google e uma semana depois recebeu um telefonema de um recrutador que estava procurando candidatos para o mesmo cargo; o garçom de um restaurante local tinha um amigo que estava sendo entrevistado no Google – há oito meses! Até os googlers se queixavam de como o processo de contratação parecia longo e arbitrário, embora todos concordassem que de fato a qualidade dos resultados era notável.

Era óbvio que enfrentávamos um problema. Se cada contratação consumisse 250 horas de tempo dos funcionários e quiséssemos contratar somente mil pessoas por ano, teríamos que investir 250 mil horas no processo. Dito de outra maneira, precisaríamos de 125 pessoas trabalhando em tempo integral para contratar mil pessoas. E antes de 2007 não tínhamos nem mesmo metas de contratação. Nossa missão era contratar tantas pessoas brilhantes quantas pudéssemos e, assim, continuamos aumentando o efetivo de recrutadores e exigindo cada vez mais tempo dos googlers. O processo de contratação consumia recursos demais e tempo demais, e era penoso demais para os candidatos.

Agulhas num palheiro muito grande: encontrando os melhores candidatos entre 7 bilhões de pessoas

Nos primeiros dias e durante muitos anos, nossa melhor fonte de candidatos eram indicações dos próprios funcionários. A certa altura, mais de 50% de todos os funcionários tinham sido recomendados por outros googlers. Em 2009, porém, começamos a perceber que, em termos relativos, as recomendações estavam diminuindo. Como nos primeiros 10 anos essa foi a principal fonte de informação para as contratações, essa queda era alarmante.

A resposta mais fácil e mais óbvia para a situação era aumentar a recompensa por indicações bem-sucedidas. A lógica era que se, em média, os googlers faziam sete indicações pela chance de receber um bônus de recomendação no valor de US$ 2 mil, eles certamente indicariam ainda mais nomes se recebessem mais dinheiro. Aumentamos, então, o valor para US$ 4 mil.

Isso, porém, não melhorou em absolutamente nada nossa taxa de indicações.

A verdade era que ninguém se sentia muito motivado pelo bônus de recomendação. Quando perguntei a alguns googlers por que eles indicavam amigos e colegas para trabalhar na empresa, fiquei impressionado com a intensidade das respostas:

> "Você está brincando? Este é o melhor lugar! Adoraria que meus amigos trabalhassem aqui."
>
> "As pessoas aqui são muito legais. Conheço alguém que se encaixaria superbem."
>
> "Sou parte de alguma coisa maior que eu. Quantas pessoas podem dizer isso?"

Minha primeira reação foi de surpresa e ceticismo. Ao conversar com mais gente e analisar nossas pesquisas, porém, vi que essas respostas não eram atípicas. Os googlers de fato amavam a experiência de trabalho no Google e queriam compartilhá-la com outras pessoas. Apenas raramente mencionavam o bônus de recomendação.

O bônus de recomendação é um motivador extrínseco, um estímulo que vem de fora. Outros motivadores extrínsecos incluem reconhecimento público, aumentos salariais, promoções, troféus e viagens. Tudo isso contrasta com os motivadores intrínsecos, que vêm de dentro, como, por exemplo, o desejo de retribuir à família e à comunidade ou de satisfazer a própria curiosidade e o senso de realização, ou o orgulho decorrente de executar uma tarefa difícil.

O que concluímos foi que os googlers estavam fazendo indicações por motivos intrínsecos. Poderíamos ter oferecido US$ 10 mil por cada recomendação que o gesto provavelmente não iria fazer diferença.

Uma coisa, entretanto, não fazia sentido. Se as pessoas faziam indicações por motivos intrínsecos, por que a taxa de indicações teria caído? Os googlers estariam se divertindo menos no Google? Estaríamos nos distanciando de nossa missão?

Não. Apenas estávamos gerenciando mal as nossas indicações. Embora o rendimento das recomendações fosse mais alto que o de qualquer outra fonte de candidatos, no sentido de que um candidato proveniente de uma indicação tinha mais probabilidade de ser contratado que aquele vindo de qualquer outra fonte, ainda contratávamos bem menos que 5% das pessoas que nos eram indicadas. Isso era frustrante para os googlers. Por que continuar indicando boas pessoas se menos de uma em 20 era de fato contratada? E, ainda pior, os candidatos sofriam tendo que passar por tantas entrevistas e quem recomendava se sentia constrangido pelo que estava acontecendo com os amigos ou colegas.

Para enfrentar essas questões, reduzimos drasticamente o número de entrevistas feitas com cada candidato. Também desenvolvemos um serviço para o processamento das indicações em que os candidatos recomendados eram procurados 48 horas depois da indicação e os googlers recebiam atualizações semanais sobre a situação de seus conhecidos. Os googlers e os candidatos ficaram satisfeitos com essas inovações, mas o número de indicações não aumentou. Ainda não tínhamos esclarecido o mistério.

Nossos empregados não conhecem todo mundo

Nosso excesso de dependência das indicações simplesmente começou a esgotar as redes de contatos dos googlers. Em resposta, passamos a praticar exercícios de "ajuda à memória". Trata-se de uma técnica de pesquisa de marketing em que é mostrado um anúncio ou mencionado o nome de um produto aos participantes e perguntado a eles se isso os lembra de alguma coisa. Por exemplo, talvez lhe perguntem se você se lembra de ter visto comerciais de detergentes no mês anterior. Em seguida, é possível que lhe perguntem se você viu algum comercial do detergente X. Pequenas cutucadas como essas sempre avivam as lembranças das pessoas.

No contexto de gerar indicações, os funcionários tendem a se lembrar de imediato de algumas pessoas, mas, em geral, não fazem uma revisão minuciosa de todas os candidatos potenciais a indicação nem têm conhecimento de todas as vagas disponíveis. Aumentamos em mais de um terço a quantidade de indicações exercitando a memória dos googlers da mesma maneira como fazem os marqueteiros. Por exemplo, perguntávamos aos googlers quem eles recomendariam para funções específicas: "Quem é o melhor profissional de finanças com quem você já trabalhou?", "Quem é o melhor desenvolvedor na linguagem de programação Ruby?".

Também reuníamos os googlers em grupos de 20 ou 30 com a missão de vascular de maneira metódica seus contatos nas redes de relacionamentos, como Google+, Facebook e LinkedIn, com os recrutadores de prontidão para contatar imediatamente os candidatos indicados. Desdobrar uma pergunta abrangente ("Você conhece alguém que devemos contratar?") em muitas perguntas mais limitadas e diretas ("Você conhece alguém em Nova

York que seria um bom vendedor?") produz mais indicações de melhor qualidade.

Esses reforços, no entanto, não foram suficientes para atender às nossas necessidades vorazes. Mesmo com taxas de contratação mais de 10 vezes superiores ao nosso desempenho médio, precisaríamos de algo superior a 300 mil indicações por ano para crescer à velocidade desejada. Em nosso melhor ano, recebemos menos de 100 mil.

No percurso, constatamos algo surpreendente. Os indivíduos mais capazes não estão por aí procurando emprego. Os melhores profissionais se sentem felizes e recebem ótimas remunerações nos empregos atuais. Ninguém se lembra de indicá-los porque não há razão para indicar alguém que está bem empregado.

Assim, reconstruímos nossa equipe de seleção de pessoas. No passado, o grupo se concentrava na filtragem do que entrava: selecionando currículos e programando entrevistas. Agora, atua mais como uma empresa de recrutamento interna, com o objetivo de buscar as melhores pessoas do planeta. Com base em um produto denominado gHire – banco de dados que desenvolvemos e aprimoramos com várias ferramentas para a triagem e o rastreamento dos candidatos –, centenas de recrutadores brilhantes localizam e mantêm contato com esses indivíduos ao longo do tempo (às vezes durante anos).

O resultado é que nossa empresa interna de caça de talentos encontra mais da metade de nossas contratações anuais, a um custo muito inferior ao de empresas externas, conhecendo com mais profundidade o mercado e oferecendo aos candidatos uma experiência mais acolhedora.

Além disso, a cada ano a tecnologia facilita a descoberta de talentos. Graças (é claro) à Pesquisa Google e a sites como o LinkedIn, encontrar pessoas em outras empresas é muito fácil. Na verdade, agora é possível identificar praticamente todas as pessoas que trabalham em determinada empresa ou setor de atuação e, a partir daí, decidir quem recrutar. Chamamos isso de exercício do "Universo Conhecível": localizar de maneira sistemática todas as pessoas dentro de um universo de cargos, empresas ou perfis de candidatos.

Quer conhecer todo mundo que se formou pela Universidade Cornell? Em meados de 2013, digitei "Cornell" no LinkedIn e obtive uma lista de 216.173 pessoas em menos de um segundo. E alguém da equipe que tivesse frequentado Cornell teria acesso a todo o banco de dados de ex-alunos. Se você estiver interessado em recrutar pessoas de uma única universidade ou empresa ou com determinados antecedentes pessoais ou profissionais, é fácil gerar listas com centenas ou milhares de candidatos potenciais.

Até mesmo as informações que alguém já tenha lançado na internet e depois deletado às vezes ainda podem ser encontradas. A Wayback Machine, banco de dados digital da Internet Archive, organização sem fins lucrativos, faz backups regulares de mais de 240 bilhões de páginas da web e tem registros pesquisáveis que remontam a 1996. Só usamos a Wayback Machine se acharmos que isso pode ajudar o candidato. Por exemplo, tivemos um pretendente que criara um site na web em 2008 que depois fora adquirido, mas que hoje assume posições muito misóginas, além do admissível até pelos defensores mais convictos da liberdade de expressão. O candidato seria rejeitado, mas, como eu sabia que a maioria das pessoas que chegavam àquele ponto do processo seletivo eram muito promissoras, sugeri que verificassem versões anteriores do site. Constatei que, na forma original, o site mais parecia um jornal acadêmico, tratando de esportes, filmes e celebridades. Só depois da aquisição, quando o candidato já não tinha nada a ver com o negócio, o conteúdo mudou. Nós o contratamos.

Com base nessas técnicas, extraímos de algumas empresas notáveis uma lista de basicamente todos os seus funcionários e avaliamos (admito que com certo grau de imprecisão) as pessoas que dariam certo no Google. Fontes de candidatos óbvias nessas pesquisas são outras grandes empresas de tecnologia. Não tenho dúvida de que elas também montaram listas semelhantes de nosso pessoal (e, se ainda não fizeram, agora o farão). Elaboradas as listas, nós as classificamos por áreas e as examinamos com googlers que tenham experiência nesses domínios ou que possam conhecer os candidatos em questão. Fazemos pesquisas on-line em busca de outros fatores que nos ajudem a identificar as pessoas com mais chances de sucesso no Google. Entramos, então, em contato e desenvolvemos o relacionamento. Isso pode significar um e-mail ou um telefonema, às vezes até uma reunião ou uma conferência. Em geral, os recrutadores iniciam o relacionamento, mas, às vezes, o melhor contato é um de nossos engenheiros ou executivos. E, mesmo que não haja uma abertura hoje, é sempre possível que o candidato passe por dias ruins um ano depois e se lembre da ótima conversa que teve com um recrutador do Google. Jeff Huber, há muito tempo nosso vice-presidente sênior de engenharia para anúncios e aplicativos, hoje parte do Google[x], onde trabalha nas próximas grandes apostas, recrutou pessoalmente mais de 25 engenheiros seniores, um dos quais ele acompanhou durante 10 anos, ao longo de três empresas, até que finalmente o convenceu a se juntar a nós.

Hoje, nosso site Google Careers é uma de nossas melhores fontes de candidatos, embora estejamos trabalhando duro para torná-lo ainda melhor. Em geral, os sites de empregos corporativos são horríveis. É difícil fazer pesquisas e as descrições de cargos são genéricas, não dizem nada sobre o conteúdo da função em si ou como é a equipe de que você faria parte. Começamos a tratar disso em 2012. Por exemplo, agora os candidatos podem não só apresentar o currículo como também desenvolver um perfil de competências pessoais. Usando os "círculos" do Google+ (um grupo que você seleciona e que tem acesso apenas ao que você quer expor), eles podem optar por compartilhar essas competências com o Google, com outros empregadores ou com qualquer subconjunto de pessoas ou organizações selecionadas. Também podem entrar em contato com os googlers para descobrir como é realmente trabalhar aqui. Com a permissão dos pretendentes, temos condições de nos manter em contato com pessoas de cujas competências não precisamos hoje, mas que talvez sejam úteis no futuro, e procurá-las quando nossas necessidades mudarem.

Recorremos pouco a empresas de recrutamento, não porque sejam ruins (alguns de meus melhores amigos são headhunters), mas porque o rigor e as peculiaridades de nossos padrões de contratação, além de nossas atuais capacidades de recrutamento, faz com que em somente algumas poucas situações essas empresas sejam úteis. E, nesses casos, elas são inestimáveis. Por exemplo, em certos países, nossa presença é pequena e simplesmente não conhecemos o pool de talentos locais. Nosso escritório na Coreia do Sul tem mais de 100 pessoas, num país onde ainda estamos muito atrás (embora avançando com rapidez) do Naver, portal de internet local e mecanismo de busca. A maioria das pessoas trabalha para um dos *chaebol* nacionais (conglomerados familiares) e o Google ainda é muito incipiente. Para contratações de alto nível, a mediação de um parceiro recrutador de confiança é muito importante.

E, às vezes, as buscas são tão confidenciais e delicadas que o profissionalismo de uma empresa de recrutamento é muito útil para acessar candidatos que correm o risco de perder o emprego se o atual empregador desconfiar que estão mantendo conversas com outra organização. Para nós, mais importante do que a recrutadora em si é a qualidade dos profissionais de recrutamento que trabalham para nós. Em outras palavras, a variação de qualidade é maior *dentro* das empresas de recrutamento do que *entre* elas. Portanto, selecionar os profissionais de RH com quem você trabalha é mais importante que selecionar as empresas.

A última fonte a que recorremos são os portais de empregos (*job boards*), onde, mediante pagamento de uma taxa, o empregador pode postar uma oferta de emprego e receber, então, os currículos de uma enxurrada de candidatos. Pela nossa experiência, esses anúncios geram inúmeros pretendentes e quase nenhuma contratação. Partimos da premissa de que, como o Google é muito conhecido hoje, o candidato mais motivado demonstrará o mínimo de iniciativa de efetivamente entrar no Google Careers e se inscrever diretamente por lá. O candidato menos motivado se inscreverá em muitos cargos e empresas ao mesmo tempo através dos portais de empregos. Nossas taxas de contratação por esse meio eram tão baixas que, desde 2012, não os usamos mais como fontes de recrutamento.

Às vezes, temos notícias de pessoas tão extraordinárias que fazemos tudo o que for preciso para chegar a elas, mesmo que isso signifique contratar equipes inteiras e abrir novos escritórios para elas. Antes de se tornar vice-presidente de Operações de Equipe na Jawbone, fabricante de monitores de atividade física, alto-falantes e fones, Randy Knaflic era um importante líder da organização de seleção de pessoas do Google, dirigindo o recrutamento técnico em toda a região da Europa, do Oriente Médio e da África. Ele comandou a seleção de nossa equipe em Aarhus, na Dinamarca, que revolucionaria a velocidade de operação dos browsers (navegadores) de internet. Randy me contou como foi:

> Soubemos dessa pequena equipe de engenheiros brilhantes trabalhando em Aarhus. Eles tinham vendido a empresa anterior e estavam em busca do que fazer. A Microsoft os detectara e estava em cima deles, querendo contratar todo o grupo, mas eles teriam que se mudar para Redmond, nos Estados Unidos. Os engenheiros não queriam. Então demos o bote, tomamos algumas iniciativas agressivas de contratação e propusemos o seguinte: "Trabalhem em Aarhus, abram um escritório para o Google e criem coisas grandiosas." Contratamos toda a equipe e foi esse grupo que construiu a máquina virtual JavaScript do Chrome.

86 ▶ Um novo jeito de trabalhar

Olhando para trás, ao longo dos anos, o Google teve a felicidade de ter fundadores que, desde o primeiro dia, reconheceram a importância do recrutamento de alta qualidade. Concentrar-se na qualidade em si, porém, não era suficiente. Também tínhamos que lançar uma rede mais ampla, capaz de captar uma diversidade maior de pessoas. E precisávamos avançar rápido.

O primeiro passo para construir uma máquina de recrutamento é converter todos os funcionários em recrutadores, solicitando indicações a eles. Também é necessário, no entanto, moderar nossa parcialidade para com os amigos, concentrando a decisão final em pessoas mais neutras. Com o crescimento da organização, o segundo passo é pedir às pessoas mais bem relacionadas que passem ainda mais tempo indicando grandes talentos. Para algumas delas, essa função talvez venha a se converter em um trabalho em tempo integral.

Por fim, esteja disposto a experimentar. Descobrimos que os outdoors não funcionam porque nós mesmos os testamos. Nossa experiência em Aarhus nos ensinou que, às vezes, faz sentido contratar uma equipe inteira nas condições do grupo, não nas nossas.

Se, então, você já sabe como encontrar pessoas, de que maneira definir exatamente quem contratar e quem descartar? No próximo capítulo, explicarei por que é tão difícil tomar boas decisões sobre contratação e contarei a história de como 100 anos de ciência e alguns bons palpites levaram ao nosso sistema de contratação sem igual.

DICAS DO GOOGLE PARA ENCONTRAR CANDIDATOS EXCEPCIONAIS

☐ Consiga as melhores indicações dos seus funcionários, sendo exaustivamente específico na descrição do que está procurando.

☐ Torne o recrutamento parte do trabalho de todos.

☐ Não tenha medo de experimentar coisas malucas para chamar a atenção das melhores pessoas.

5

Não confie no instinto

*Por que o instinto atrapalha na hora das entrevistas
e o que fazer para selecionar melhor*

"Você nunca tem uma segunda chance de causar uma primeira impressão" era o slogan da campanha publicitária do xampu Head & Shoulders na década de 1980. Ela serve bem para descrever como funciona a maioria das entrevistas. Já se escreveram volumes inteiros sobre como "os primeiros cinco minutos" são o que realmente importa, mostrando de que forma os entrevistadores se deixam levar pela primeira impressão e passam o resto da entrevista empenhados em confirmar essa avaliação apressada.[80] Se gostarem de você, procuram motivos para gostar ainda mais. Se não gostarem do seu aperto de mão ou da maneira como você se apresentou, a entrevista basicamente terminou, porque passarão o resto da conversa procurando razões para rejeitá-lo.

Tricia Prickett e Neha Gada-Jain, duas alunas de psicologia da Universidade de Toledo, colaboraram com o professor Frank Bernieri e relataram em um estudo de 2000 que os julgamentos feitos nos primeiros 10 segundos de uma entrevista eram capazes de prever o resultado da conversa.[81] Elas chegaram a essa conclusão mostrando aos participantes do estudo trechos de gravações de vídeo de entrevistas reais:

Extraímos trechos de cada entrevista, começando com o entrevistado batendo à porta e terminando 10 segundos depois de ele se sentar, e as mostramos a observadores neutros e inexperientes. Os observadores avaliaram os quesitos empregabilidade, competência, inteligência, ambição, confiabilidade, autoconfiança, nervosismo, cordialidade, polidez, simpatia e expressividade. Em 9 das 11 variáveis, os julgamentos baseados nesse pequeno trecho apresentaram uma correlação significativa com as avaliações finais dos entrevistadores reais. Portanto, as impressões imediatas com base no aperto de mão e na breve apresentação previram os resultados de uma entrevista de emprego estruturada.

O grande problema é: essas previsões baseadas nos primeiros 10 segundos são inúteis.

Elas criam situações em que uma entrevista é desperdiçada na tentativa de confirmar o que prejulgamos em relação a alguém em vez de realmente avaliá-lo. Os psicólogos chamam esse fenômeno de "viés da confirmação", "a tendência de procurar, interpretar ou enfatizar informações de maneira a confirmar nossas crenças ou hipóteses".[82] Com base na mais tênue interação, fazemos um julgamento apressado e inconsciente, muito influenciado por nossas tendências. Sem perceber, deixamos de avaliar o candidato e passamos a procurar provas que confirmem nossa impressão inicial.* Malcolm Gladwell conversou com Richard Nisbett, psicólogo da Universidade de Michigan, sobre esse autoengano involuntário:

> A base da ilusão é nos sentirmos confiantes, de alguma maneira, de que estamos captando o que se encontra à nossa frente, de que somos capazes de ler a disposição da pessoa. (...) Ao entrevistar alguém durante uma hora, você não interpreta a experiência como uma amostra do comportamento da pessoa, muito menos admite que talvez se trate de uma amostra distorcida, o que é, na verdade. Você acha que está vendo um holograma, uma imagem que, embora pequena e confusa, representa a pessoa em sua totalidade.[83]

Em outras palavras, as entrevistas, na maioria, são um desperdício, porque 99,4% do tempo são gastos na tentativa de confirmar as impressões formadas pelo entrevistador nos primeiros 10 segundos. "Fale-me sobre

---

* O viés da confirmação é apenas uma das muitas maneiras que nossa mente inconsciente tem de nos induzir – sem saber – a tomar decisões errôneas. No esforço para construir um ambiente de trabalho menos distorcido e mais inclusivo, temos lutado para reduzir vieses inconscientes no Google. Descrevemos algumas de nossas iniciativas no artigo "You Don't Know What You Don't Know: How Our Unconscious Minds Undermine the Workplace" (*Google* [blog oficial], 25 de setembro de 2014, http://goo.gl/UtCBSi).

você", "Qual é o seu principal ponto fraco?", "Qual é o seu maior ponto forte?" – tudo isso é inútil.

Também são inúteis os estudos de caso e os enigmas ou desafios, usados por muitas empresas. Aí se incluem problemas como "Seu cliente é um fabricante de papel e está pensando em construir uma segunda fábrica. O que você acha?" ou "Estime quantos postos de gasolina existem em Manhattan". Ou questões ainda mais irritantes, como "Quantas bolas de golfe caberiam em um 747?" e "Se eu o reduzisse ao tamanho de uma moeda e o pusesse num liquidificador, como você iria escapar?".

O desempenho nesses tipos de questões depende, na melhor das hipóteses, de competências específicas, que podem ser melhoradas com a prática, o que as torna dispensáveis para avaliar candidatos. Na pior das hipóteses, a resposta depende de alguma informação ou ideia trivial, que não é revelada ao candidato, servindo basicamente para levar o entrevistador a se sentir inteligente e satisfeito. Essa abordagem tem pouca ou nenhuma capacidade de prever como os candidatos se sairão no trabalho.[84] Isso decorre, em parte, da irrelevância da tarefa (quantas vezes no trabalho do dia a dia você terá que estimar a quantidade de postos de gasolina em determinada área ou região?); em parte, da falta de correlação entre inteligência fluida (que prevê o desempenho no cargo) e a resolução de enigmas; e, em parte, porque não há como distinguir entre alguém brilhante por natureza e alguém que apenas praticou certa habilidade.

Revelação: algumas dessas perguntas de entrevistas são feitas e continuarão a ser feitas no Google. Sinto muito por isso. Esforçamo-nos ao máximo para desestimular essa prática, pois elas são pura perda de tempo para todos os participantes. E quando nossos líderes seniores – inclusive eu – analisamos os candidatos, todas as semanas, ignoramos as respostas a elas. Como vimos no caso de nosso outdoor, algumas tentativas de avaliação simplesmente não são eficazes. Ainda bem que o filme *Os estagiários*, de 2013, sobre dois vendedores fracassados que decidem se tornar estagiários no Google, respondeu à pergunta sobre o liquidificador e, portanto, pelo menos essa não poderá mais ser feita nas entrevistas.*

---

* A resposta "correta" é que, como o entrevistado é encolhido, mas seus demais atributos não mudam, a razão força/massa aumenta e você poderia simplesmente pular para fora do liquidificador. Os personagens de Vince Vaughn e Owen Wilson também acharam que o liquidificador se quebraria (tinham certeza disso pois já haviam sido vendedores de liquidificadores) e que eles estariam seguros.

Um século de ciência aponta o caminho para uma resposta

Em 1998, Frank Schmidt e John Hunter publicaram uma meta-análise de 85 anos de pesquisas sobre até que ponto as avaliações preveem o desempenho.[85] Eles estudaram 19 técnicas de avaliação diferentes e descobriram que as entrevistas de emprego típicas, não estruturadas, eram péssimos em prever o desempenho dos candidatos depois da contratação. As entrevistas não estruturadas têm r^2 de 0,14, ou seja, explicam apenas 14% do desempenho do funcionário. Isso, porém, está um pouco à frente das verificações de referências (explicam 7% do desempenho), do número de anos de experiência de trabalho (3%) e bem acima da "grafologia", ou análise da letra manuscrita (0,04%), que, por mais incrível que pareça, ainda é usada.

A melhor ferramenta para prever o desempenho no cargo é o teste de amostra de trabalho (29%), que consiste em submeter o candidato a uma tarefa típica da função que terá e avaliar o desempenho na execução da tarefa. Mesmo esse teste não é capaz de antecipar com exatidão o desempenho futuro, uma vez que depende de outras competências, como a capacidade de colaboração, a adaptação a incertezas e o aprendizado. E, pior ainda, em muitos cargos não há como separar pequenas tarefas típicas a serem executadas pelo candidato. Você pode e deve aplicar o teste de amostra de trabalho a um candidato a operador de call center ou a qualquer outro cargo que envolva atividades específicas e delimitadas, mas, em muitas funções mais complexas, são muitas as variáveis envolvidas no trabalho do dia a dia para que se componha uma amostra representativa do trabalho.

Todas as nossas contratações técnicas, em engenharia ou em gerenciamento de produtos, passam por algum tipo de teste de amostra de trabalho, que consiste em resolver problemas de engenharia durante a entrevista. De acordo com Urs Hölze: "Conduzimos nossas entrevistas com base no teste real das qualificações, como programar ou explicar alguma coisa. O importante não é examinar o currículo, mas ver realmente o que a pessoa é capaz de fazer." Eric Veach acrescenta: "As entrevistas são conduzidas por um grande grupo de engenheiros, que levantam questões bem objetivas, do tipo: 'Escreva um algoritmo para fazer X.'"

O segundo melhor previsor de desempenho são os testes de capacidade cognitiva geral (26%). Em contraste com os estudos de casos e os enigmas, trata-se de testes com respostas definidas, certas ou erradas, semelhantes ao que se encontra nos testes de QI. São preditivos porque a capacidade cognitiva geral inclui a capacidade de aprendizado, e a combinação de inteligência bruta com capacidade de aprendizado contribui para o sucesso da maioria das pessoas na maioria dos cargos. O problema, no entanto, é que boa parte dos testes padronizados desse tipo discriminam candidatos não brancos e não homens (pelo menos nos Estados Unidos). O SAT (teste de aptidão escolar realizado no final do ensino médio) tende a subestimar, de maneira consistente, o desempenho de mulheres e de não brancos. O estudo de Phyllis Rosser de 1989 sobre o SAT relacionou jovens do ensino médio que apresentavam habilidades comparáveis e o desempenho na faculdade e descobriu que as meninas alcançavam uma pontuação mais baixa que a dos meninos no SAT.[86] Entre as explicações, estão o formato dos testes (não se constatam disparidades de gênero nos testes de Advanced Placement, que também são preparatórios para a universidade e pedem respostas abertas ou dissertações breves em vez de questões de múltipla escolha); a pontuação nos testes (os meninos são mais capazes de adivinhar a resposta depois de eliminarem uma delas), o que melhora seus escores; e até o conteúdo das perguntas (as meninas se saem melhor em perguntas sobre relacionamentos, estética e humanidades, ao passo que os meninos se dão melhor em perguntas sobre esportes, ciências físicas e negócios).* Esses tipos de estudos se repetiram várias vezes e, embora tenham melhorado, os testes padronizados como esses ainda não são muito bons.**

A Pitzer College, faculdade de artes liberais no Sul da Califórnia, tornou opcional a apresentação dos resultados dos testes para candidatos que haviam alcançado nota média de no mínimo 3,5 ou que se incluíam entre os 10% melhores da turma de ensino médio. Desde então, o desempenho dos candidatos admitidos cresceu 8% e a admissão de estudantes não brancos aumentou em 58%.[88]

---

* Infelizmente, o estudo de Rosser identifica essa diferença, mas não explica a sua causa. Uma nova explicação possível é que as meninas e os meninos têm condições semelhantes para responder a todas as perguntas, mas cada um dos gêneros se torna vítima da "ameaça do estereótipo", fenômeno psicológico segundo o qual as pessoas tendem a agir de acordo com os estereótipos quando estes são salientados. (Fonte: Steven J. Spencer, Claude M. Steele e Diane M. Quinn, "Stereotype Threat and Women's Math Performance", *Journal of Experimental Social Psychology* 35, nº 1 (1999): 4-28.)[87]

** Em 2014, o College Board, que desenvolve e administra o SAT, anunciou que mais uma vez estava reformulando o exame para tratar dessas e de outras questões. Mesmo que essa iniciativa seja bem-sucedida, não ajudará quem já está na faculdade, ou matriculando-se num curso de pós-graduação, ou já no mercado de trabalho. (Fonte: Todd Balf, "The Story Behind the SAT Overhaul", *The New York Times Magazine*, 6 de março de 2014.)

Os testes de capacidade cognitiva geral têm retorno similar ao obtido por entrevistas estruturadas (26%), em que se submetem os candidatos a um conjunto consistente de perguntas, com critérios claros para avaliar a qualidade das respostas. As entrevistas estruturadas são bastante comuns em pesquisas de opinião. A ideia é fazer com que qualquer variação na avaliação do candidato decorra do desempenho deste, não de diferenças no nível dos padrões dos entrevistadores ou da maior ou menor complexidade das perguntas.

Existem dois tipos de entrevistas estruturadas: comportamentais ou situacionais. Nas entrevistas comportamentais, os candidatos descrevem realizações anteriores e os avaliadores comparam essas descrições com as especificações do cargo. Nas entrevistas situacionais, expõe-se uma situação hipotética relacionada com o cargo (por exemplo, "O que você faria se...?"). O entrevistador então fará sondagens profundas para avaliar a veracidade e o processo mental por trás das histórias contadas pelo candidato.

As entrevistas estruturadas demonstram capacidade preditiva até em relação a cargos que são em si não estruturados. Também descobrimos que elas proporcionam uma experiência melhor tanto para os candidatos quanto para os entrevistadores, e são consideradas mais justas.[89] Por que, então, não são mais usadas pelas empresas? Porque são difíceis de desenvolver: é preciso planejá-las, testá-las e garantir que os entrevistadores as conduzam à risca. Além disso, é importante atualizá-las com frequência para que os candidatos não venham preparados com as respostas. É muito trabalhoso, mas a alternativa é desperdiçar o tempo de todos com uma entrevista típica que tende a ser altamente subjetiva ou discriminatória, ou ambas.

Existe, porém, uma alternativa mais eficaz. As pesquisas mostram que as técnicas de avaliação produzem resultados melhores quando combinadas entre si do que quando isoladas. Por exemplo, um teste de capacidade cognitiva geral (que prevê 26% do desempenho), quando associado a uma avaliação da integridade (10%), é mais capaz de prever quem será bem-sucedido no cargo (36%). Minha experiência é que quem alcança uma pontuação alta em integridade "trabalha até o fim" – ou seja, não para até o trabalho estar concluído, jamais se contentando apenas com o satisfatório ou razoável – e tende a sentir responsabilidade pelas equipes e pelo ambiente. Em outras palavras, é mais propenso a agir como dono, não como empregado. Eu me lembro do meu espanto quando Josh O'Brian, membro de nossa equipe de suporte técnico, estava me ajudando na solução de um problema de TI no meu primeiro mês na empresa. Era sexta-feira e, quando deu 17 horas, falei que poderíamos terminar na segunda-feira. "Tudo bem. Vamos trabalhar até o fim", disse ele, e prosseguimos até resolver o problema.[90]

Então, que técnicas de avaliação nós usamos no Google?

O objetivo de nosso processo de seleção é prever o desempenho dos candidatos depois de entrarem na equipe. Para isso, fazemos o que sugere a ciência: combinamos entrevistas estruturadas comportamentais e situacionais com avaliações da capacidade cognitiva, da integridade e da liderança.*

Para ajudar os entrevistadores, desenvolvemos uma ferramenta interna denominada qDroid, por meio da qual eles localizam o cargo para o qual estão selecionando, verificam os atributos que querem testar e recebem um guia de entrevista com questões específicas para prever o desempenho no cargo. Esse recurso torna mais fácil fazer perguntas pertinentes e esclarece-

Amostra de tela do qDroid. © Google, Inc.

---

* Melissa Harrell, Ph.D., membro de nossa equipe de análise de pessoas, acrescenta: "Mudar para entrevistas estruturadas foi uma escolha óbvia, porque elas predizem muito mais o desempenho futuro. Além disso, a abordagem é melhor para a diversidade, porque fazer perguntas planejadas e seguir instruções de pontuação atenua a influência de nossos vieses inconscientes."[91] Leia mais sobre nosso trabalho referente a vieses inconscientes em http://goo.gl/UtCBSi.

doras. Os entrevistadores também podem compartilhar o documento com outros participantes do grupo de entrevista, de modo que todos colaborem para avaliar o candidato considerando todas as perspectivas.

Embora os entrevistadores sem dúvida possam fazer as próprias perguntas se quiserem, ao facilitar o uso de perguntas pré-validadas estamos dando um pequeno empurrão para que as entrevistas sejam melhores e mais confiáveis.

Eis alguns exemplos de perguntas de entrevistas:

- Fale a respeito de uma ocasião em que o seu comportamento exerceu um impacto positivo sobre a equipe. (Desdobramento: qual era o seu objetivo básico e por quê? Como os colegas de equipe reagiram?)
- Fale a respeito de uma ocasião em que você gerenciou com eficácia a equipe para alcançar um objetivo. Qual foi a sua abordagem? (Desdobramento: quais eram as suas metas e como você as realizou como indivíduo e como equipe? Como você adaptava seu estilo de liderança às características de diferentes pessoas? Qual foi a principal lição que você extraiu dessa situação específica?)
- Fale a respeito de uma ocasião em que você teve dificuldade em trabalhar com alguém (pode ser colega de trabalho, colega de turma, cliente). O que mais dificultava esse processo? (Desdobramento: o que você fez para resolver o problema? Qual foi o resultado? O que poderia ter feito de maneira diferente?)

Um dos primeiros leitores da versão preliminar deste livro me disse: "Essas perguntas são tão genéricas que chegam a ser decepcionantes." Ele estava certo, e errado. Sim, as perguntas talvez sejam sem graça; as respostas é que são interessantes. Mas essas questões lhe dão uma base consistente e confiável para distinguir os candidatos ótimos dos apenas bons, porque os candidatos ótimos terão muito mais exemplos e razões muito melhores para fazer certas escolhas. Você perceberá uma linha bastante nítida entre os excelentes e os medíocres.

Até pode ser divertido perguntar: "Que música descreve melhor sua ética de trabalho?" ou "Em que você pensa quando está sozinho no carro?" (ambas são perguntas reais de entrevistas de outras empresas). Mas o objetivo é identificar a pessoa mais indicada para o cargo, não se divertir com questões que apenas ativam seus pré-julgamentos e que, ainda por cima, não têm ligação comprovada com a capacidade de realização.

Usando nosso método, pontuamos a entrevista com base em diretrizes claras. Nossa própria versão da pontuação da capacidade cognitiva geral tem cinco componentes, começando com até que ponto o candidato compreende o problema.

Para cada componente, o entrevistador deve indicar como o candidato se saiu e cada nível de desempenho é definido com clareza. O entrevistador, então, deve descrever de maneira exata como o candidato demonstrou sua capacidade cognitiva geral, para que depois os revisores façam as próprias avaliações.

Ao tomar conhecimento de nossas perguntas de entrevistas e formulários de avaliação, o mesmo amigo cético contestou outra vez: "Ah! Mais banalidades e jargão empresarial." Pense, porém, nas últimas cinco pessoas que você entrevistou para cargos semelhantes. Você fez as mesmas perguntas a todos os candidatos ou reformulou-as conforme as características de cada um? Tratou de todos os assuntos a serem abordados com cada candidato ou faltou tempo para uma entrevista mais minuciosa? Adotou o mesmo padrão com todos os candidatos ou foi mais rigoroso com um ou alguns deles, por estar cansado ou mal-humorado? Fez anotações detalhadas, para que os outros entrevistadores pudessem aproveitar as suas contribuições?

Um guia conciso de contratação trata de todas essas questões porque converte situações de trabalho confusas, vagas ou complexas em resultados mensuráveis e comparáveis. Por exemplo, imagine-se entrevistando alguém para um cargo de suporte técnico. Uma resposta consistente para o item "Identifica soluções" seria: "Consertei a bateria do notebook conforme o pedido do cliente." Uma resposta notável seria: "Como ele se queixou da duração da bateria no passado e estava prestes a viajar, achei que deveria lhe fornecer uma bateria extra para ser usada em caso de necessidade." A aplicação de um guia à primeira vista monótono é fundamental para superar a confusão e quantificar os resultados.

Se você não quiser fazer tudo isso a partir do zero, é muito fácil encontrar on-line exemplos de perguntas para entrevistas estruturadas que podem ser adaptadas e aplicadas ao seu contexto. Use-as e faça contratações muito melhores.

Lembre-se, também, de que seu intuito não é só avaliar o candidato. Você quer que ele se apaixone por você. O seu objetivo é oferecer a melhor experiência, garantir que os interesses dele sejam atendidos e assegurar que o candidato saia com a impressão de ter tido o melhor dia de sua vida. As entrevistas são constrangedoras por envolverem uma conversa íntima com alguém que você acabou de conhecer. Além disso, o entrevistado se encontra em uma posição muito vulnerável. Vale a pena investir tempo para ter a certeza de que o candidato se sente bem no final da entrevista, porque ele conversará com outras pessoas sobre a experiência – e porque é a maneira certa de tratar as pessoas.

Às vezes, isso é tão simples quanto reservar algum tempo para uma conversa informal. Durante uma entrevista, é muito fácil considerar apenas as suas necessidades: você está ocupado e precisa avaliar essa pessoa o mais rápido possível. A decisão dos candidatos, porém, é maior que a sua. Afinal, as empresas têm muitos funcionários, mas as pessoas têm apenas um emprego. Sempre faço questão de perguntar aos candidatos como está sendo o processo de recrutamento e de deixar pelo menos 10 minutos para perguntas.

Depois das entrevistas, fazemos uma pesquisa com todos os entrevistados por meio de uma ferramenta que chamamos de VoxPop,* a fim de descobrir o que eles acharam do processo e usar o feedback para ajustar nossas práticas. Com base nesses resultados, agora acompanhamos o candidato em um breve passeio pelo escritório, convidamos para o almoço (sempre que o tempo permite) e pedimos que todos os entrevistadores reservem cinco minutos para responder a perguntas do candidato. Os candidatos também se queixaram de que demorávamos muito para reembolsá-los das despesas de viagem, o que nos levou a reduzir esse tempo à metade.

Em contraste com a época em que todos no Vale do Silício pareciam ter uma história sobre sua péssima experiência com o Google, hoje 80% das pessoas que entrevistamos e *rejeitamos* relatam que recomendariam a um amigo o processo seletivo do Google. Esse resultado é extraordinário, considerando que elas mesmas não foram contratadas.

---

* VoxPop é abreviação de *vox populi*, que, em latim, significa "voz do povo".

E como escolher as perguntas a serem feitas na entrevista?

Achávamos que era suficiente contratar as pessoas mais inteligentes que pudéssemos. Mas uma equipe composta só de Garry Kasparovs pode não ser a mais adequada para trabalhar de maneira integrada em busca de soluções para grandes problemas. Assim, em 2007 começamos a buscar temas entre nossos 10 mil contratados, assim como entre os milhões que não contratamos. Além de testar as qualificações em engenharia de nossos candidatos para áreas técnicas, concluímos que havia quatro atributos capazes de prever se alguém seria bem-sucedido no Google:

1. Capacidade cognitiva geral. Obviamente, queremos pessoas inteligentes, capazes de aprender e de se adaptar a novas situações. Lembre-se de que é preciso compreender como os candidatos resolvem problemas difíceis na vida real e como eles aprendem, em vez de ficar verificando as notas na escola ou na faculdade.

2. Liderança. Nada surpreendente. Todas as empresas querem líderes. O Google, porém, procura um tipo especial de liderança, denominado "liderança emergente". É uma forma de liderança que ignora as designações formais – no Google raramente há um líder formal em qualquer iniciativa. Lembro-me de quando me perguntaram o que significava para mim eu ser considerado o "patrono executivo" de um projeto que culminou com um aumento salarial de 10% para todos na empresa. Expliquei que não sabia e também que no Google a designação não fazia sentido. É bem provável que algum funcionário relativamente novo na empresa tenha acrescentado essas palavras ao meu nome pelo fato de o título do meu cargo ser vice-presidente sênior, mas minha função no projeto era a mesma de todas as demais pessoas: dar opiniões, fazer algumas análises e contribuir para a decisão correta. No Google, esperamos que, durante a vida de uma equipe, diferentes competências sejam necessárias em diferentes momentos, razão pela qual várias pessoas terão que assumir funções de liderança, contribuir e, igualmente importante, voltar a exercer suas funções normais na empresa quando a necessidade de suas competências específicas já tiver passado. Temos forte aversão a líderes que se autopromovem: pessoas que usam "eu" muito mais que "nós" e se concentram exclusivamente no que realizaram em vez de em como executaram.

3. "Googlidade". Esse não é um conceito muito fechado, mas queremos atributos como gostar de se divertir (quem não gosta?), certa dose de humildade intelectual (é difícil aprender se você não admite que pode estar errado), forte dose de iniciativa (queremos donos, não empregados), conforto na incerteza (não sabemos como nossos negócios evoluirão) e evidências de que você tomou alguns rumos corajosos e interessantes na vida.

4. Conhecimento relacionado com a função. O atributo menos importante para nós é se a pessoa de fato sabe alguma coisa sobre a função a ser exercida. Nosso raciocínio e experiência nos dizem que alguém que executou a mesma tarefa com sucesso durante muitos anos tenderá a ver certa situação no Google e adotar a mesma solução que foi eficaz no passado. O psicólogo Abraham Maslow escreveu: "Quando a única ferramenta disponível é um martelo, é tentador tratar todas as coisas como se fossem pregos."[92] O problema dessa abordagem é que você perde a oportunidade de criar algo novo. Em contraste, vimos que pessoas curiosas, abertas ao aprendizado, descobrirão as respostas certas em quase todos os casos e têm muito mais chances de conceber uma solução realmente nova.* Para funções técnicas, como em engenharia e gerenciamento de produtos, avaliamos em grande extensão a expertise em ciência da computação; mesmo nessas áreas, porém, nossa tendência é contratar pessoas com conhecimentos mais amplos de ciência da computação (embora em nível de especialista) em vez de gente com conhecimentos específicos de uma única área. E evoluímos de uma filosofia de contratar exclusivamente generalistas para uma abordagem mais refinada, olhando para o nosso portfólio de talentos e garantindo o equilíbrio certo de generalistas e especialistas. Uma das vantagens de ser uma grande empresa é desenvolver áreas de profunda especialização, mas mesmo nesses bolsões procuramos assegurar que exista um fluxo constante de novas ideias não especializadas.

---

* É claro que em algumas funções a especialização é necessária. Ninguém quer um departamento de impostos em que ninguém saiba fazer a escrituração fiscal. Mesmo nessas áreas, porém, tentamos misturar pessoas com diferentes formações e novas ideias.

Depois de identificarmos esses atributos, passamos a exigir feedback de todas as entrevistas para comentar especificamente cada um deles. Nem todos os entrevistadores tinham que avaliar *todos* os atributos, mas pelo menos dois entrevistadores independentes precisavam avaliar *cada* atributo. Além disso, insistíamos em que o feedback escrito incluísse o atributo que estava sendo avaliado, a questão formulada, a resposta do candidato e a avaliação da resposta pelo entrevistador. Esse formato se revelaria muito valioso, pois possibilitava que os revisores subsequentes de cada candidato o avaliassem de maneira independente. Em outras palavras, se você me entrevistasse e não ficasse impressionado, mas anotasse sua pergunta e minha resposta, o revisor subsequente poderia fazer a própria avaliação de minha resposta, confirmando ou alterando a sua avaliação. (É claro que chegar a esse nível de detalhes pode causar estranheza – quase todas as entrevistas no Google começam com o entrevistador perguntando "Você se importa se eu fizer anotações?". Alguns entrevistadores chegam a tomar notas no notebook, o que pode ser um pouco desconcertante para o candidato.) Isso não só nos permite dar ao candidato uma espécie de segunda chance, mas também nos ajuda a avaliar se o entrevistador é bom em avaliar pessoas. Se detectarmos um padrão consistente de erros num entrevistador, ou o treinamos ou lhe pedimos que não entreviste mais.

Verifique constantemente se seu processo de contratação é realmente eficaz

Como se sabe, investimos muito em contratar as melhores pessoas. Nossa premissa operacional, porém, é de que tudo o que fazemos pode ser melhorado. O primeiro índice de buscas do Google, em 1998, tinha 26 milhões de páginas únicas. Em 2000, o número já chegava a um bilhão. Em 2008, continha um trilhão (1.000.000.000.000!).

O Google Now, lançado em 2012, antecipa o que você precisa saber. Por exemplo, seu telefone pode receber o cartão de embarque para um próximo voo, informá-lo de que o tráfego está intenso em determinada via para que você escolha outro percurso ou indicar-lhe programas legais nas redondezas.

E, assim como nossos produtos, nossa máquina de contratação sempre pode melhorar. Trabalhamos constantemente para equilibrar velocidade, taxa de erros e qualidade da experiência dos candidatos e dos googlers.

Por exemplo, Todd Carlisle, hoje líder de RH de uma de nossas equipes de negócios, mas na época analista da equipe de seleção de pessoal, levantou a questão da utilidade de submeter os candidatos a até 25 entrevistas. Descobrimos que quatro entrevistas eram suficientes para prever com 86% de acerto se deveríamos ou não contratar alguém. Cada entrevista adicional depois da quarta contribuía com apenas 1% de capacidade preditiva. O acréscimo de entrevistas não compensava o aumento de custo para o Google e o aumento de sofrimento para o candidato, razão pela qual adotamos a "Regra das Quatro", limitando o número de entrevistas presenciais por candidato (embora admitíssemos exceções em certos casos). Só essa mudança reduziu a média de tempo de contratação para 47 dias, em comparação com 90 a 180 dias no passado, e economizou centenas de milhares de horas dos funcionários.

Até hoje, nunca presumimos que acertamos todas as vezes. Revemos as inscrições dos candidatos rejeitados para avaliar se cometemos erros e, se for o caso, para corrigi-los e aprender com eles. Nosso programa de revisão começa com o processamento dos currículos de todos os atuais titulares de determinado cargo, como engenheiro de software, por um algoritmo que identifica as palavras-chave que aparecem com mais frequência. Essa lista é, então, analisada e ampliada por um grupo seleto de recrutadores e gestores. Por exemplo, se o Instituto de Engenheiros Elétricos e Eletrônicos (IEEE) dos Estados Unidos aparece como palavra-chave comum, talvez seja o caso de adicionar o nome de outras associações profissionais. A lista atualizada de palavras-chave é processada por outro algoritmo, agora envolvendo os candidatos dos últimos seis meses e atribuindo um peso a cada palavra-chave, conforme a frequência com que ela ocorre no currículo de candidatos bem-sucedidos e malsucedidos. Finalmente, pontuamos os currículos recebidos nos seis meses seguintes com base nessas palavras ponderadas e assinalamos os candidatos que foram rejeitados e alcançaram alta pontuação para que nossos recrutadores reexaminem a situação. Em 2010, processamos por meio desse sistema 300 mil currículos de engenheiros de software rejeitados, revisamos 10 mil pretendentes e contratamos 150 pessoas. Talvez pareça muito trabalho para contratar 150 pessoas, mas um aproveitamento de 1,5% é seis vezes melhor que nosso aproveitamento total de 0,25%.

Não analisamos somente o lado do candidato no processo de contratação. Os entrevistadores também recebem feedback sobre a própria capacidade pessoal de prever se alguém deve ser contratado. Todos os entrevistadores veem um registro das pontuações atribuídas por eles às entrevistas no passado e se os entrevistados foram ou não contratados.

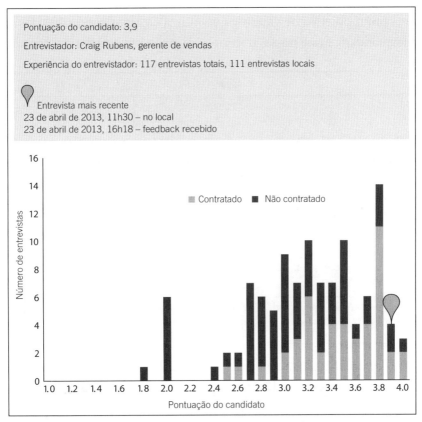

Exemplo de feedback para um entrevistador.

Esse feedback mostra aos entrevistadores se estão avaliando corretamente os potenciais googlers e os induz a reexaminar as notas de entrevistas anteriores e a aprender com o que detectaram ou ignoraram. Também permite que os próximos revisores do dossiê do candidato avaliem o desempenho e o julgamento dos entrevistadores.

Nunca abra mão da qualidade

Até agora nosso foco se concentrou nos candidatos e nos entrevistadores, mas esses são apenas dois atores do processo de contratação. Na superfície, os processos de contratação de todas as organizações são parecidos. Publique um anúncio. Receba currículos. Analise os currículos. Entreviste candidatos. Contrate um deles...

A abordagem do Google começa a se diferenciar assim que o candidato demonstra interesse pelo cargo. Nosso processo seletivo é composto de seis partes, com o objetivo de garantir que nunca façamos concessões aos critérios de qualidade e que nossas decisões sejam tão imparciais quanto possível.

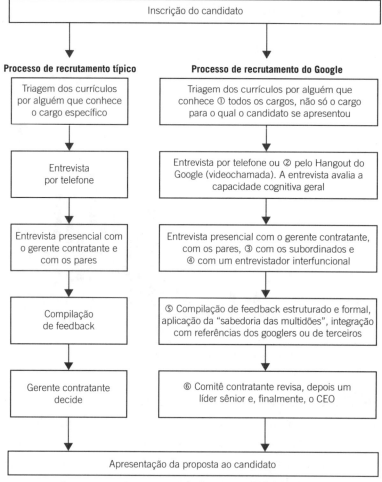

Comparação de um processo de contratação típico com o processo de contratação do Google.

Primeiro, a avaliação é liderada por recrutadores do Google em vez de por gerentes de área. Nossos recrutadores são especialistas em interpretar currículos, o que é fundamental quando você recebe currículos de mais de 100 países. Para os japoneses, por exemplo, as notas obtidas no curso superior têm pouca importância, embora o prestígio da instituição de ensino possa ser útil, sobretudo na contratação de recém-formados.

Nossos recrutadores profissionais também conhecem bem muitos cargos do Google – um feito nada desprezível, considerando que a empresa hoje inclui atividades como pesquisa, veículos autônomos, óculos futuristas, serviços de internet por fibra óptica, estúdios de vídeo e capital de risco. Esse é um aspecto importante, porque quem se candidata a um cargo numa empresa nem sempre conhece todas as atividades do negócio. Na verdade, a maioria das grandes empresas tem equipes de recrutamento distintas em diferentes divisões. Alguém que tenha sido rejeitado para um cargo de gerenciamento de produto numa divisão talvez tivesse muito potencial numa função de marketing em outra divisão, mas não foi considerado para essa oportunidade porque os recrutadores das duas divisões não se falam. No Google, a pessoa rejeitada para um cargo de gerente de produto do Android talvez seja um excelente candidato para uma função de vendas relacionada com empresas de telecomunicações. Nossos recrutadores têm condições de encaminhar os candidatos para diferentes áreas de toda a empresa, o que exige saber de todos os cargos à disposição e compreender quais são os requisitos para cada um. E, se não houver vaga disponível no momento, eles tomam nota sugerindo o acompanhamento dos candidatos fortes para que sejam lembrados em futuras oportunidades.

Depois da triagem e da escolha de currículos, a segunda parte do processo é a entrevista remota. O processo é muito mais árduo que as entrevistas presenciais, pela dificuldade de construir o relacionamento e de detectar as pistas não verbais. As entrevistas por telefone são desafiadoras para o candidato pouco fluente em inglês, além de nem sempre ser fácil se fazer compreender pelo telefone. Preferimos usar o Hangout, que fornece interação em vídeo e compartilhamento de tela e de quadro branco, para que os candidatos a cargos técnicos e os entrevistadores possam escrever e revisar juntos códigos de software. O Hangout não exige equipamento especial, salas de conferência nem downloads. Os candidatos simplesmente fazem o login no Google+ e recebem um popup convidando-os a entrar numa videoconferência instantânea. Também minimiza custos, uma vez que a entrevista remota é muito menos dispendiosa que a entrevista pessoal, além de respeitar mais o tempo dos googlers e dos candidatos. Nossos recrutadores desfrutam do benefício de já terem feito avaliações desse tipo centenas de vezes, em comparação com um gerente de contratação típico.

Contar com profissionais na primeira avaliação remota também possibilita triagens prévias, rigorosas e confiáveis dos mais importantes atributos de contratação. Em geral, a capacidade de aprendizado e de solução de problemas do candidato é avaliada nessa fase. Fazemos essa verificação logo no começo para que os entrevistadores subsequentes possam se concentrar em outros atributos, como capacidade de liderança e de lidar bem com a incerteza.

Além disso, os recrutadores profissionais também são um pouco mais capazes de lidar com situações bizarras durante a entrevista. Como o candidato que trouxe a mãe. Ou como o pretendente a um cargo de engenharia que aparentemente tinha se esquecido de pôr o cinto, porque toda vez que ele se inclinava para escrever um código no quadro branco, a calça dele caía. (Nosso recrutador experiente o socorreu emprestando-lhe o próprio cinto.)

Em todas as entrevistas por que passei em outras empresas, conheci meu chefe potencial e vários pares. Poucas vezes, porém, conheci alguém que trabalharia para mim. O Google vira essa tradição de cabeça para baixo. Você provavelmente conhecerá seu suposto gerente (no caso de grandes grupos de cargos, como "engenheiro de software" ou "estrategista de conta", não existe um único gerente contratante) e um colega e, mais importante, vai conhecer uma ou duas pessoas que trabalharão para você. Sob certos aspectos, a avaliação delas é mais importante que a de qualquer outra pessoa – afinal, são elas que terão de conviver com você.

A terceira grande diferença em nossa abordagem, portanto, é um subordinado entrevistar um possível chefe. Essa atitude envia um sinal claro para o candidato quanto à política não hierárquica do Google e também ajuda a evitar que os gerentes contratem velhos conhecidos para as suas novas equipes. Para nós, os melhores candidatos inspiram e instigam os subordinados a aprender com eles.

Quarto, acrescentamos um entrevistador interfuncional, alguém com pouca ou nenhuma ligação com o grupo para o qual o candidato está sendo entrevistado. Por exemplo, podemos pedir a alguém da equipe jurídica ou de propaganda que entreviste o potencial contratado da área de vendas. O objetivo é promover uma avaliação desinteressada. Um googler de outra função dificilmente teria interesse no preenchimento de uma vaga no cargo em questão, mas tem muito interesse em manter a qualidade da contratação de pessoal. Também é menos suscetível a julgamentos apressados, por ter menos em comum com o candidato que outros entrevistadores.

Quinto, compilamos o feedback sobre os candidatos de maneira muito incomum. Já analisamos como o feedback da entrevista deve abranger nossos atributos de contratação e falamos sobre o uso de referências dos googlers ou de terceiros. Fora isso, também consideramos o feedback de cada indivíduo sobre o candidato. O feedback de um subordinado é tão valioso quanto o de um gerente de contratação, se não mais. A pesquisa de Todd mostrou não só que o número ideal de entrevistadores era quatro, mas também que nenhuma avaliação isolada de qualquer entrevistador era útil sozinha.

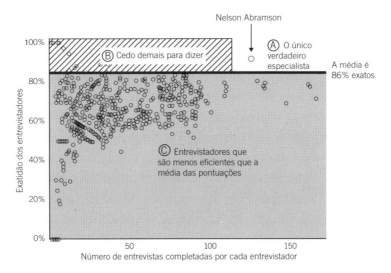

Gráfico de dispersão que mostra a exatidão das entrevistas individuais (cada ponto é um entrevistador) comparada com os 86% de exatidão resultantes da média da pontuação das entrevistas. A exatidão dos entrevistadores é definida como a porcentagem de candidatos que o entrevistador quer contratar que efetivamente são contratados. O Grupo A é Nelson Abramson, a única pessoa a superar a sabedoria das multidões. No Grupo B, os entrevistadores parecem mais exatos que a multidão, mas não fizeram entrevistas suficientes para comprovarmos por meios estatísticos se foi por competência ou por sorte. A maioria dos entrevistadores é menos eficiente que "a multidão" e se enquadra no Grupo C.

Ou, para ser exato, só um googler conseguiu essa proeza: Nelson Abramson. Ele é o único ponto no retângulo superior direito do gráfico. Ao se aprofundar, porém, Todd descobriu que Nelson tinha uma vantagem injusta. Ele trabalhava em nossos centros de dados, uma rede global de servidores que efetivamente faz cópias da internet para que você receba os resultados das pesquisas em milissegundos. Essa função exige um conjunto de competências muito distinto, e Nelson entrevistou pessoas apenas para os cargos dessa área. Além disso, por ser o empregado número 580, tinha muita prática. Esse foi, porém, o único caso desse tipo que encontramos nas 5 mil entrevistas de candidatos a cargos de engenharia em nossa análise.

Conforme constatamos em outros contextos,* a "sabedoria das multidões" parecia se aplicar também a decisões sobre contratação.

Continuamos, portanto, a relatar a pontuação do feedback das entrevistas individuais, mas enfatizamos a pontuação média.[93] Esse procedimento tem a vantagem de eliminar a possibilidade de uma única pessoa vetar qualquer candidato, além de limitar a capacidade de alguém tentar promover um candidato por motivos políticos.

Sexto, também recorremos a revisores desinteressados. Além de usar entrevistas estruturadas e atributos de contratação, adotamos deliberadamente pelo menos três camadas de revisões para cada candidato. O comitê de contratação lança o primeiro olhar, recomendando que se avance ou se interrompa o processo seletivo com o candidato. Por exemplo, em Operações de Equipe, o comitê de contratação é composto por vários diretores e vice-presidentes, responsáveis pelos principais segmentos de nossa equipe. Os membros do comitê de contratação se recusam a avaliar candidatos destinados às próprias equipes. Eles revisam um dossiê de informações para cada candidato, com 40 a 60 páginas. (Apresentamos alguns dos principais elementos na próxima página.)

Se o comitê de contratação rejeita o candidato, o processo se encerra. Se é a favor do candidato, o feedback é adicionado ao dossiê de contratação e enviado para a revisão dos líderes seniores. Nessa reunião semanal, alguns

---

* Por exemplo, Scott Page, da Universidade de Michigan, mostrou que a média das previsões da equipe de finanças do presidente Obama sobre as tendências dos mercados financeiros é mais exata que as análises de um pequeno grupo de economistas do Federal Reserve. Na versão britânica do programa de TV *Who Wants to be a Millionaire* (no Brasil, *Show do Milhão*), as perguntas ao público fornecem as respostas certas 95% das vezes, de acordo com o ex-apresentador Regis Philbin. E o PageRank do Google, algoritmo que prioriza os resultados de busca, depende muito da sabedoria das multidões.

Não confie no instinto ◄ 107

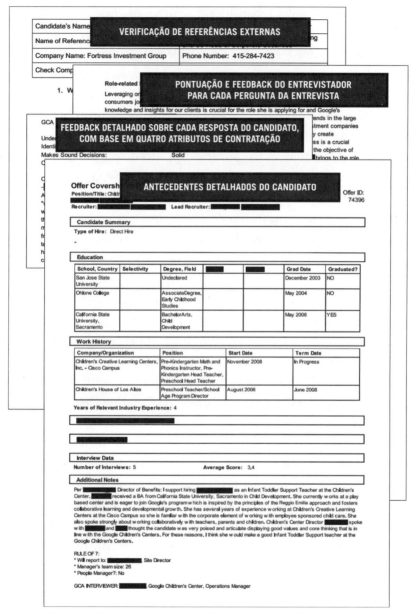

Exemplos de componentes do dossiê de contratação. © Google, Inc.

de nossos altos executivos fornecem outra camada de objetividade e avaliam os candidatos da semana. Já tivemos semanas com 300 candidatos e outras semanas com apenas 20. Nesse estágio, recomenda-se a contratação ou a rejeição ou se pedem mais informações, quase sempre para testar mais uma vez um atributo ou para reconsiderar o nível em que o candidato seria contratado. Quer saber o motivo mais comum para a rejeição do candidato nesse estágio? Cultura.* Embora os googlers possuam uma ampla gama de visões políticas, os valores culturais de transparência e expressão são compartilhados e constituem o núcleo de nossas operações. É como Jeff Huber afirmou recentemente sobre um candidato: "Ótimo candidato – alta pontuação na entrevista técnica, sem dúvida muito inteligente e bem qualificado. Arrogante demais, porém, a ponto de nenhum entrevistador o querer na própria equipe. Excelente candidato, mas não para o Google."

Se o resultado da revisão dos líderes seniores é positivo, Larry recebe as recomendações de contratação de cada semana. O relatório inclui links para os dossiês de contratação detalhados de cada candidato, assim como resumos, além de feedback e recomendações dos sucessivos níveis de revisão. O feedback mais comum de Larry é que o candidato talvez não atenda a nossos critérios de contratação ou que a criatividade que se constata pelo portfólio talvez não corresponda a nossos padrões. Mais importante que o feedback em si é a mensagem de Larry para a empresa, deixando claro que a contratação de pessoas é levada a sério nos mais altos níveis da organização e que nós temos o dever de continuar fazendo um bom trabalho. E os novos googlers ("nooglers") sempre vibram ao saber que Larry pessoalmente revisou seu pedido de emprego.

Se adotássemos um processo mais tradicional, é provável que conseguíssemos contratar pessoas em uma semana ou duas em vez de nas seis semanas de hoje. E, de fato, somos capazes de avançar com mais rapidez quando necessário – a intervalos de poucas semanas executamos processos acelerados para alguns candidatos que receberam propostas de emprego de outras empresas** e já executamos programas de contratação de um dia em universidades dos Estados Unidos e da Índia, para testar se assim melhorávamos nossas taxas de aceitação de ofertas. Até agora, o aumento da

---

* Cultura aqui abrange, em especial, os atributos já descritos neste capítulo, como integridade, saber lidar com a incerteza, etc. Também tem a ver com ampliar a diversidade dos tipos de pessoas que trabalham no Google e evitar a homogeneidade.

** Essas são as chamadas "ofertas explosivas", porque perdem a validade (explodem) se não forem aceitas até certa data. São comuns nas contratações em faculdades, mas estão ficando cada vez mais frequentes também no Vale do Silício. Acho que elas exercem muita pressão indevida sobre o candidato, que deve ter liberdade para tomar a melhor decisão por si mesmo, sem imposições. Afinal, as empresas têm muitos funcionários, mas cada pessoa tem só um emprego.

velocidade não melhorou substancialmente a qualidade da experiência dos candidatos nem a proporção de candidatos que aceitam nossas ofertas, razão pela qual continuamos a concentrar o foco em descobrir novas maneiras de contratar pessoas que talvez estejamos ignorando em vez de avançar com mais rapidez.

Juntando tudo: como contratar os melhores

Caso queira saber se esse processo toma muito tempo dos googlers, minha resposta é: "Sim, toma." Não tanto, porém, quanto você supõe. Quatro princípios simples podem ajudar até a menor equipe do mundo a realizar contratações muito melhores.

Até chegarmos a cerca de 20 mil empregados, a maioria das pessoas na empresa dedicava de 4 a 10 horas por semana a contratações e nossos altos executivos gastavam facilmente um dia inteiro por semana no processo, o que representava algo entre 80 mil e 200 mil horas por ano em recrutamento e seleção. Fora o tempo gasto por nossas equipes específicas de seleção de pessoas. Isso era necessário para crescer com rapidez e para não comprometer a qualidade, e era o melhor que podíamos fazer na época. Só depois de anos de pesquisas e de experiências descobrimos como contratar com mais eficiência.

Em 2013, com aproximadamente 40 mil pessoas, os googlers dedicavam, em média, uma hora e meia por semana a contratações, embora nosso volume de contratação fosse quase o dobro do que era quando tínhamos 20 mil pessoas. Reduzimos em cerca de 75% o tempo médio gasto pelos funcionários em cada contratação. Continuamos a trabalhar para reduzir esse tempo e para sermos mais eficientes no gerenciamento de nossas equipes de seleção de pessoas.

A melhor técnica de recrutamento, porém, é, de longe, contar com um núcleo de pessoas notáveis. Jonathan Rosenberg costumava manter uma pilha de 200 currículos de googlers em sua sala. Se um candidato ficava em dúvida quanto a aceitar a proposta do Google, Jonathan lhe dava a pilha e dizia: "Você vai poder trabalhar com essas pessoas." Esses googlers tinham todos os tipos de formação educacional – alguns, inclusive, vinham das melhores universidades do planeta; tinham inventado produtos e tecnologias pioneiras, como JavaScript, BigTable e MapReduce; haviam trabalhado em algumas das empresas mais revolucionárias; e incluíam atletas olímpicos, ganhadores do Prêmio Turing e do Oscar, artistas do Cirque du Soleil, campeões do cubo mágico, triatletas, voluntários, veteranos e pessoas que conseguiram realizar todos os tipos de coisas interessantes que você possa imaginar. O candidato sempre perguntava se Jonathan havia escolhido à mão aqueles 200 currículos e ele honestamente respondia que era uma amostra aleatória das pessoas que construíam os produtos Google. Ele nunca perdia o candidato.

Quais seriam os passos para criar a própria máquina autorreplicadora de talentos?

1. **Adote altos padrões de qualidade.** Antes de começar a recrutar, decida quais atributos buscar e defina em grupo o que é ser excelente. Uma boa regra de ouro é contratar somente pessoas que sejam melhores do que você. Não faça concessões.
2. **Encontre seus próprios candidatos.** LinkedIn, Google+, bancos de dados de ex-alunos e associações profissionais facilitam a tarefa.
3. **Avalie os candidatos com objetividade.** Inclua subordinados e pares do futuro funcionário nas entrevistas, certifique-se de que os entrevistadores fazem boas anotações e constitua um grupo de pessoas imparciais para decidir sobre as contratações. De tempos em tempos, reexamine essas anotações e compare-as com o desempenho efetivo dos novos funcionários, para aprimorar sua capacidade de avaliação.
4. **Dê aos candidatos razões para se juntar à empresa.** Deixe claro por que o trabalho que você está fazendo é importante e permita que o candidato conheça as pessoas admiráveis com quem irá trabalhar.

Tudo isso é fácil de escrever, mas, por experiência própria, garanto que é difícil de pôr em prática. Os gestores detestam a ideia de não poderem contratar os membros da própria equipe. Os entrevistadores não gostam de ter que seguir certo formato nas entrevistas e no feedback. As pessoas discordarão dos dados que contrariarem sua intuição e argumentarão que as especificações de qualidade não precisam ser tão altas paras todos os cargos.

Não ceda às pressões.

Lute pela qualidade.

Com frequência alguém me diz: "Quero apenas um assistente administrativo que atenda o telefone e marque reuniões. Não preciso de ninguém brilhante – basta alguém que faça o trabalho." Essa lógica, porém, é terrível. Um ótimo assistente administrativo é uma alavanca muito poderosa dos gestores, e não só ajuda seu chefe a alocar melhor o próprio tempo, a definir prioridades e a delegar tarefas menos importantes, mas também atua como representante do gestor. Essas funções são importantes, e a diferença entre um assistente administrativo medíocre e outro excepcional é enorme. Eu sei bem disso, porque tenho o privilégio de trabalhar com uma das melhores na função, Hannah Cha.

Se você estiver empenhado em transformar sua equipe ou sua organização, a melhor maneira de fazê-lo é contratar melhor. Isso exige vontade e paciência, mas funciona. Disponha-se a concentrar seus investimentos em pessoas no processo seletivo. E nunca se acomode.

Existe outro efeito benéfico de contratar dessa maneira. Na maioria das organizações, você primeiro entra para depois provar o seu valor. No Google, a confiança na qualidade do processo de contratação de pessoas é tão grande que os novos funcionários, logo no primeiro dia, já merecem confiança e já atuam como participantes plenos da equipe.

Nada melhor para ilustrar essa afirmação que um incidente diplomático que aconteceu em 2011, na África do Sul, quando o arcebispo da Igreja Anglicana Desmond Tutu, em seu octogésimo aniversário, convidou o Dalai Lama para o discurso de abertura da primeira Conferência Internacional de Paz. Envolvendo dois luminares ganhadores do Prêmio Nobel da Paz, o acontecimento seria histórico. Alegando pressões do governo chinês, porém, o governo sul-africano se recusou a conceder o visto de entrada ao Dalai Lama.[94] O arcebispo ficou furioso: "O governo está dizendo que não apoia os tibetanos, violentamente oprimidos pela China. Você, presidente Zuma, e seu governo não me representam." Loren Groves, um noogler que acabara de lançar seu primeiro produto no Google uma semana antes, foi mandado para o Tibete e de lá para a África do Sul. Promoveu, então, uma reunião entre os dois homens pelo Hangout do Google, possibilitando que tivessem uma conversa olho no olho, embora separados por milhares de quilômetros. Esse foi o principal evento da celebração, em 8 de outubro.[95]

No dia seguinte, publicamos um anúncio de página inteira no *The New York Times*.

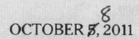

Anúncio no *The New York Times*, comemorando a conversa bem-sucedida pelo Hangout do Google entre o Dalai Lama e Desmond Tutu.* © Google, Inc.

O original, assinado pelo Dalai Lama e pelo arcebispo Tutu, está emoldurado em nossos escritórios. Assim explicou o moderador da conferência: "Embora seja uma pena que Sua Santidade não possa estar aqui, somos gratos ao mundo da tecnologia, que veio em nosso socorro, e por termos essa conversa."

E isso tudo só aconteceu graças a Loren, googler havia apenas cinco dias, a quem confiamos que tornasse possível esse encontro.

---

* Texto original:
5 de outubro de 2011
NOVA DÉLHI – O Dalai Lama, líder espiritual exilado do Tibete, cancelou planos de participar na terça-feira da comemoração do 80º aniversário do também ganhador do Nobel Desmond Tutu, da África do Sul, depois que o governo anfitrião não atendeu ao pedido de visto.

Texto revisado:
8 de outubro de 2011
NOVA DÉLHI – O Dalai Lama, líder espiritual exilado do Tibete, participou da comemoração do 80º aniversário do também ganhador do Nobel Desmond Tutu, da África do Sul, via Hangout do Google, depois que o governo anfitrião não atendeu ao pedido de visto.

DICAS DO GOOGLE PARA SELECIONAR NOVOS FUNCIONÁRIOS

☐ Adote altos padrões de qualidade.

☐ Encontre seus próprios candidatos.

☐ Avalie-os com objetividade.

☐ Dê a eles razões para se juntarem à empresa.

6

Que os internos dirijam o asilo

Tire o poder dos gerentes e confie em seu pessoal

O seu gerente confia em você? Caso você se julgasse pronto para uma promoção, teria condições de promover a si mesmo? Se quisesse passar um dia por semana cuidando de um projeto paralelo ou organizando palestras para outros funcionários e descobrisse um meio de, ao mesmo tempo, continuar executando o seu trabalho normal, você poderia tomar essa decisão? Existe algum limite para o número de dias em que você pode faltar ao trabalho por motivo de doença?

Igualmente importante, você confia no seu gerente? Será que ele de fato defende os seus interesses, luta pelo seu desenvolvimento pessoal e o ajuda a executar o trabalho? Se você estivesse pensando em mudar de emprego, poderia conversar com ele a respeito?

Todos adoraríamos ter esse tipo de chefe, mas pouca gente de fato desfruta desse privilégio. No Google, sempre fomos muito céticos em relação à administração. Muitos engenheiros acham que os gerentes, na melhor das hipóteses, protegem a linha de frente, as pessoas que realmente trabalham, contra as arbitrariedades dos gestores de alto nível, ainda mais desinformados, que compõem a camada superior do organograma.

Nossa pesquisa do Projeto Oxigênio (que será analisada com mais profundidade no Capítulo 8), porém, demonstrou que os gerentes de fato fazem muitas coisas positivas. A verdade é que não somos céticos em relação aos gerentes em si. Mantemos, isso sim, uma desconfiança profunda em relação ao poder e à maneira como os gestores, em geral, tendem a abusar dele.

Os gerentes tradicionais controlam os salários, as promoções, a carga de trabalho, a entrada e a saída dos funcionários e o emprego deles. Alguns até mandam no que deveria ser o tempo livre de seus subordinados. Ainda que os gestores nem sempre abusem dessas fontes de poder, a possibilidade de exploração persiste.

Quando trabalhei na GE, conheci uma alta executiva que chamarei de Ellen. Ellen progredira rápido na carreira e fora recompensada com um cargo importante. Um dia, Ellen entrou na sala com ar displicente e deixou um pequeno saco de papel na mesa da secretária. "Lisa, você pode entregar isso no consultório do meu médico? Fiquei de mandar material para um exame de fezes."

Ellen não viu nada de errado no que fizera. Afinal, ela era uma executiva ocupada e achava que pedir à secretária que carregasse seus excrementos pela cidade simplesmente a tornava ainda mais eficiente.

Você talvez já tenha ouvido a frase "Todo poder corrompe; o poder absoluto corrompe absolutamente".[96] Ao escrever essas palavras, em 1887, lorde Acton se referia a uma questão profunda sobre liderança. Ele vinha travando um debate com Mandell Creighton, historiador e bispo da Igreja Anglicana, que na época escrevia uma história da Inquisição na qual eximia, de alguma maneira, o papa e o rei de qualquer culpa pelas atrocidades. Acton desenvolveu um argumento ainda mais convincente do que o da citação famosa:

Não posso aceitar o seu cânone de que devemos julgar o papa e o rei de maneira diferente daquela como julgamos outras pessoas, com a suposição favorável de que eles não cometem erros. Se houver alguma suposição, é no sentido oposto, contra os detentores de poder, [cuja responsabilidade] aumenta à medida que aumenta o poder (...). Os grandes homens quase sempre são maus, mesmo quando exercem influência em vez de autoridade; sobretudo quando, ainda por cima, se adiciona a tendência ou a certeza de corrupção pela autoridade. Não existe pior heresia que o cargo santificar o titular. Esse é o ponto em que (...) os fins passam a justificar os meios.

Acton não se limita a fazer uma observação acadêmica de que o poder corrompe. Ele grita em alto e bom som que quem exerce função de autoridade deve adotar padrões ainda mais elevados que os das demais pessoas.

Nesse cenário, a atitude de Ellen é menos surpreendente. Afinal, ela não trabalhara com tanto afinco e não se sacrificara tantas vezes para conquistar aquela alta posição na hierarquia? Se a secretária pudesse lhe poupar nem que fossem apenas 15 minutos, a empresa sairia ganhando, já que usaria esse tempo extra para gerar ainda mais valor para os acionistas, não é verdade? E, se estivesse cruzando a linha que separa as necessidades profissionais das pessoas, tudo bem, pois Ellen muitas vezes trabalhava para a GE em seu tempo livre. Ajudá-la como pessoa não era tão diferente de ajudá-la como profissional, certo?

Errado.

Os gestores não são más pessoas. Mas todos sucumbimos às conveniências e ao entusiasmo do poder.

Ao mesmo tempo, a responsabilidade por construir (e combater!) a hierarquia não recai somente sobre os ombros dos gestores. Nós, funcionários, também criamos nossas próprias hierarquias.

Um de nossos desafios no Google é fazer com que as pessoas sintam, pensem e ajam como donos em vez de como empregados. Os seres humanos, porém, são propensos a se submeter à autoridade, a buscar a hierarquia e a se concentrar nos interesses locais. Pense nas reuniões de que você participa. Aposto que o indivíduo mais importante sempre se senta à cabeceira da mesa. Mas isso acontece porque ele sai correndo para ser o primeiro a chegar e ocupar o melhor lugar?

Preste mais atenção na próxima oportunidade. Os participantes se acomodam nos demais lugares e deixam a cabeceira vaga. Essa prática ilustra a natureza sutil e insidiosa de como criamos a hierarquia. Sem instruções ou discussões prévias, damos espaço para os "superiores".

Vejo isso até no Google, mas com uma peculiaridade. Alguns de nossos líderes mais importantes estão sintonizados com essa dinâmica e tentam rompê-la, sentando-se ao centro da mesa de reuniões, num dos lados. Kent Walker, nosso consultor jurídico geral, age assim com regularidade. "Em parte, é para criar a dinâmica da Távola Redonda do Rei Arthur, menos hierárquica e mais apropriada para induzir as pessoas a conversar entre si em vez de praticarem uma sucessão de intercâmbios comigo."*

Invariavelmente, depois de algumas reuniões, esse passa a ser o lugar que fica sempre reservado para o chefe.

---

* Embora Kent seja bastante honesto para admitir que esse hábito também é pragmático: "Em parte é porque ponho a agenda da reunião no quadro branco e é mais fácil para mim manter o foco quando fico bem de frente para ela."

O fato é que os seres humanos são excelentes seguidores de normas. Até 2007, a política de contratação no Google era "Contrate tantas pessoas excelentes quanto possível". Em 2007, passamos a limitar as contratações, porque estávamos admitindo mais pessoas do que podíamos absorver. Fiquei surpreso com a rapidez de nossa mudança de mentalidade, da abundância para a escassez. As funções permaneciam em aberto mais tempo do que nunca porque as equipes queriam ter a certeza de preenchê-las com a melhor pessoa possível. As transferências internas, por sua vez, ficavam mais difíceis, por exigirem vagas no efetivo de pessoal.

Hoje, o processo funciona um pouco melhor. Enfrentamos alguns desses desafios mudando as regras de modo que algumas equipes pudessem superar o limite, se necessário – por exemplo, se um googler quisesse ser transferido para outra equipe. A maioria dos líderes também mantém uma reserva de vagas, com o objetivo de sempre ter espaço para contratações excepcionais. O que mais me impressionava na época era que, mesmo numa empresa que pretende oferecer às pessoas tanta liberdade, a adoção de uma regra simples provocasse tantas mudanças de comportamento.

Os melhores googlers aplicam o próprio julgamento e transgridem as normas quando faz sentido. Para dar um exemplo trivial, limitamos a dois por mês os convidados que os googlers podem trazer para nossos restaurantes. Se, de vez em quando, alguém traz os pais e os filhos, tudo bem. É melhor que todos tenham uma ótima experiência de tempos em tempos que obrigá-los a jamais infringir o regulamento.

Com as verbas orçamentárias, porém, é diferente. A razão de ser delas é impor limites. Mas no Google é sempre possível abrir exceções para pessoas realmente excepcionais, mesmo que você exceda os limites por causa delas. Ainda assim, esse respeito pelas normas está tão arraigado em nossa cultura que parece revolucionário sugerir não observá-las.

O experimento controverso de Stanley Milgram em Yale, na década de 1960, enfatizou o mesmo aspecto, embora de maneira mais rigorosa. Ele estava explorando a questão do Holocausto, de como foi possível que milhões de pessoas tivessem sido assassinadas não apesar da sociedade, mas com o apoio passivo e ativo dela. Os humanos seriam tão suscetíveis à autoridade a ponto de cometer os atos mais inconsequentes?

O experimento era descrito aos participantes como um teste de memória e aprendizado. Um participante teria a tarefa de memorizar pares de palavras de uma longa lista até conseguir se lembrar perfeitamente de cada par. Essa pessoa era chamada de Aprendiz. O papel do outro participante seria testar a memória do Aprendiz e aplicar choques elétricos cada vez mais fortes a cada erro. Ele seria o Professor. Para cada fracasso, o Professor deveria acionar um primeiro interruptor, aumentando a carga elétrica, sucessivamente, em 15 volts, até elevá-la de 15 a 420 volts, e, finalmente, dois outros interruptores, que a aumentavam para 435 volts e para 450 volts. A cada incremento, o Professor ouvia o Aprendiz, de início, gritando e, depois, berrando. A 300 volts, o Aprendiz começava a bater na parede e a se queixar de dores no peito. Depois de 315 volts, o aprendiz ficava em silêncio. O experimento seria interrompido quando o Professor se recusasse a acionar qualquer interruptor ou depois que acionasse o interruptor de 450 volts – em algumas versões, até três vezes. (Eram necessários 31 choques para chegar a esse ponto.)

Mas nenhum choque foi aplicado de fato. O Aprendiz em agonia não era uma cobaia real, mas um ator que fingia receber os choques.*

No primeiro experimento de Milgram, 40 homens participaram como professores. Vinte e seis deles completaram o percurso, chegando a 450 volts. Depois de 19 choques, o aprendiz se aquietava em silêncio mortal. Mesmo assim, 65% dos participantes continuaram cumprindo as ordens recebidas, aplicando mais 12 choques, até depois de o aprendiz não aparentar qualquer reação. E, dos 14 que não chegaram ao final, nenhum pediu para interromper o experimento nem verificou o estado da vítima sem primeiro pedir permissão.[97]

Conclusão: os gestores têm a tendência de acumular e de exercer o poder. Os subordinados têm a tendência de seguir ordens.

---

* Milgram conduziu pelo menos 19 variantes do experimento. A de número oito, por exemplo, contou com a participação só de mulheres. Em termos de obediência, os resultados foram os mesmos que os dos homens, mas elas relataram níveis de estresse mais altos. [Fonte: Stanley Milgram, "Behavioral Study of Obedience", *Journal of Abnormal and Social Psychology* 67, nº 4 (1963): 371-378.]

Milgram acompanhou os participantes do estudo para avaliar se houve efeitos duradouros. Surpreendentemente, 84% pareciam "muito felizes" ou "felizes" por terem participado e 15% se mostraram neutros. Uma carta muito mencionada, de um dos participantes, citada por Milgram em *Obedience to Authority* (Nova York: Harper & Row, 1974), explica que o experimento gerou certo nível de autoconsciência nos participantes sobre como eles tomavam decisões, o que até então não haviam percebido: "Ao participar como sujeito do experimento, em 1964, embora eu acreditasse estar machucando alguém, eu me sentia totalmente inconsciente de por que estava fazendo aquilo. Poucas pessoas chegam a distinguir o momento em que estão agindo de acordo com as próprias crenças do momento em que estão sucumbindo com humildade à autoridade."[98]

O mais espantoso é que muita gente desempenha ambos os papéis, gerente e subordinado, ao mesmo tempo. Todos já sentimos a frustração de um gerente controlador, assim como cada um de nós já experimentou a decepção de gerenciar pessoas que simplesmente não ouvem.

"Seu gerente confia em você?" é uma pergunta profunda.

Se você acreditar que as pessoas são basicamente boas e se sua empresa for capaz de contratar as mais competentes, não há nada a temer em dar liberdade aos funcionários.

Lembre-se de que a definição original do termo genérico "asilo", inclusive no sentido de "hospício" ou "asilo de loucos", é "lugar de refúgio". Uma das mais nobres aspirações de um ambiente de trabalho deve ser a de se tornar um lugar de refúgio, onde as pessoas tenham liberdade para criar, construir e crescer. Por que não deixar que os internos dirijam o asilo?

O primeiro passo para o empoderamento em massa é fazer com que falar com franqueza seja seguro para as pessoas. Por isso tiramos tanto poder quanto possível dos gestores. Quanto menos autoridade formal tiverem os gestores, mais liberdade terão as equipes para inovar.

Elimine os símbolos de status

Já vimos que no Google os gerentes não podem tomar decisões unilaterais sobre a contratação de pessoas. Nos próximos capítulos, discutiremos como também não permitimos que os gerentes decidam sobre salários e promoções sem levar a opinião de outros em consideração. Mas a criação de um ambiente de empoderamento em massa, em que os funcionários se sintam e atuem como donos, exige mais que novos métodos de gerenciamento de contratações e promoções. Para atenuar nossa tendência humana inata de buscar a hierarquia, tentamos remover os símbolos de poder e status.

Por exemplo, como questão prática, há, na verdade, quatro níveis hierárquicos significativos e visíveis no Google: colaborador individual, gerente, diretor e vice-presidente. Há também uma trilha paralela de profissionais técnicos que continuam como colaboradores individuais durante toda a carreira. O progresso ao longo desses níveis depende do escopo, do impacto e da liderança do indivíduo. As pessoas, é claro, se importam com as promoções, e as promoções para diretor e executivo são, de fato, grandes passos.

Quando a empresa era menor, tentamos diferenciar pelo título dois níveis de diretores; o mais baixo seria, por exemplo, "engenharia, diretor", o mais alto seria, na mesma linha, diretor de engenharia. Constatamos que mesmo essa distinção sutil na ordem das palavras contribuía para a ênfase na hierarquia, o que nos levou a eliminar a distinção.

Queríamos manter a transparência, mas ficava mais difícil seguir essa orientação à medida que crescíamos. Títulos de cargos banidos, como os que continham palavras do tipo "estratégia" e "global", insinuaram-se na organização. Proibíramos "global" por ser, ao mesmo tempo, evidente e grandioso. Em princípio, não seriam todos os cargos globais, a não ser quando especificado em contrário? "Estratégia" também tem uma conotação pomposa. Sun Tzu foi estrategista, bem como Alexandre, o Grande. Tendo atuado durante muitos anos como "consultor em estratégia", posso garantir que incluir a palavra "estratégia" num título é uma ótima maneira de atrair candidatos ao cargo, mas esse acréscimo pouco contribui para mudar a natureza do trabalho. Policiávamos os títulos quando as pessoas eram contratadas, mas não fazíamos a varredura consistente do banco de dados de nossos funcionários para avaliar os títulos que as pessoas se atribuíam depois de juntar-se à empresa.* Só esperamos que nossos esforços levem as pessoas a se importar menos com os títulos do que na maioria das outras empresas.

Randy Knaflic, da Jawbone, que conhecemos no Capítulo 4, explicou como ele exportou a prática de desenfatizar títulos e salientou que ela não funcionava para todas as pessoas: "No Google, liderança não se confundia com título. Eu geralmente oferecia oportunidades de liderança aos meus melhores funcionários e lhes ensinava a arte de liderar sem títulos de autoridade. Com o passar do tempo, tornou-se comum transferir esses líderes para posições de gerenciamento de pessoas, pois já sabiam inspirar liderança e promover decisões entre o grupo de pares. Na Jawbone, tentei algo semelhante ao contratar um executivo de RH. Expliquei como a liderança deveria preceder o título. Mas logo nas primeiras semanas ele perguntou: 'Como conseguir que façam o que eu quero se eu não tenho um título?' Durou menos de seis meses."

---

* Sim, você pode escolher o título do seu cargo no Google.

Também eliminamos outros símbolos e reforços da hierarquia. Nossos mais altos executivos recebem os mesmos benefícios, gratificações e recursos que qualquer outro funcionário. Não há refeitórios exclusivos para executivos, nem vagas especiais no estacionamento, nem planos de previdência diferenciados. Quando, em 2011, implementamos um fundo de investimentos (o Google Managed Investment Fund), que permite aos googlers investir o dinheiro dos bônus com a ajuda de nosso departamento financeiro, resolvemos oferecê-lo a todos em vez de apenas aos altos executivos, como faz a maioria das empresas. Na Europa, onde é comum os executivos receberem ajuda de custo para uso do carro próprio, nós a oferecemos a todos os funcionários e compensamos o aumento dos custos limitando o tamanho do benefício para os mais seniores. Algumas pessoas reclamaram, mas preferimos ser inclusivos a seguir as práticas setoriais.

Para desenvolver um ambiente de trabalho não hierárquico, é preciso distribuir lembretes ostensivos dos valores predominantes. Do contrário, a natureza humana acaba prevalecendo. Os símbolos e as narrativas são importantes. Ron Nessen, que foi assessor de imprensa do presidente americano Gerald Ford, contou uma história sobre o estilo de liderança do chefe: "Ele tinha um cachorro, Liberty. Certa vez, Liberty deixou uma lembrança

Patrick pedalando e eu na garupa.

no tapete do Salão Oval e alguém se apressou em removê-la. O presidente logo interveio: 'Eu faço isso. Deixe que eu limpo. Ninguém deve ser obrigado a limpar a sujeira do cachorro de outra pessoa.'"[99]

O que torna essa história tão contundente é que, nos Estados Unidos, a maioria das pessoas poderosas não só têm consciência do próprio poder, mas também faz questão de ostentá-lo.

Daí a importância de Patrick Pichette usar jeans e mochila laranja, em vez do terno e gravata e da maleta executiva típica. Ele é o diretor financeiro do Google, encarregado de equilibrar o apetite da empresa por grandes proezas com a gestão responsável das finanças da organização. E, ainda por cima, é acessível, afetuoso e humano. Ao percorrer nosso campus numa bicicleta, ele está demonstrando que até os mais altos líderes do Google são apenas pessoas.

Decida com base em dados, não na opinião dos gestores

Além de minimizar as armadilhas e as afetações do poder, confiamos em dados para tomar decisões. Omid Kordestani trabalhou na Netscape antes de vir para o Google. Ele disse que "Jim Barksdale, o lendário CEO da Netscape, afirmou durante uma reunião gerencial: 'Se vocês tiverem fatos, exponham-nos e os usaremos; mas, se tiverem opiniões, prevalecerá a minha'".

O tom do comentário de Barksdale é ao mesmo tempo engraçado e quase tirânico, mas reflete muito bem como pensam os gestores mais bem-sucedidos. Afinal, supõe-se que se tornaram gestores porque demonstraram boa capacidade de julgamento; por que, então, não confiaríamos no julgamento deles?

Ao mesmo tempo, Barksdale destaca uma grande oportunidade para todos nós como indivíduos. O procedimento de sempre confiar em dados concretos revoluciona a função tradicional dos gestores. Transforma-os de provedores de intuições em facilitadores na busca da verdade, recorrendo a fatos para justificar as decisões. Sob certo aspecto, todas as reuniões se transformam em processos dialéticos hegelianos, com os expositores apresentando uma tese e os demais participantes contrapondo antíteses, expondo opiniões, questionando fatos e testando decisões. A síntese daí resultante é mais confiável do que meras declarações.

Como me disse Hal Varian: "O uso de dados é útil para todos. Os altos executivos não devem perder tempo discutindo se a melhor cor de fundo para um anúncio é amarela ou azul. Basta fazer um experimento. Isso libera a administração para se preocupar com as coisas realmente importantes, difíceis de quantificar, fazendo um uso muito mais eficaz do tempo."

Recorremos a dados – evidências – para evitar rumores, vieses e a velha teimosia. Inspirados pelo programa *Caçadores de mitos*, do canal Discovery, procuramos testar mitos que surgem dentro da empresa e desbancá-los sempre que possível.

As pessoas partem de todos os tipos de pressupostos – palpites, na verdade – sobre como as coisas funcionam nas organizações. A maioria dessas adivinhações se baseia em amostras tendenciosas. Um exemplo típico de amostra tendenciosa é o trabalho de Abraham Wald, na Segunda Guerra Mundial. Wald, matemático húngaro, foi membro do Grupo de Pesquisa Estatística da Universidade Colúmbia que prestou serviços de estatística ao governo dos Estados Unidos durante a guerra. Perguntaram-lhe o que os militares poderiam fazer para melhorar a taxa de sobrevivência das tripulações nos bombardeiros. Wald estudou a concentração de buracos de bala nos aviões que retornavam das missões de guerra para determinar onde adicionar mais blindagem. De acordo com o National WWII Museum,[100] ele desenhou o diagrama abaixo, onde as áreas escuras do avião à direita mostram onde se situavam a maioria dos buracos.

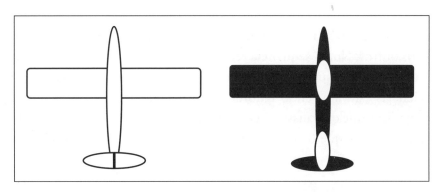

Ilustração de Wald sobre danos nos bombardeiros.

Wald concluiu então que a cabine e a cauda precisavam de mais reforço. A amostra que ele estava analisando incluía apenas bombardeiros que haviam sobrevivido, embora tivessem recebido tiros nas asas, no nariz e na fuselagem. Wald concluiu que estava olhando para uma amostra tendenciosa: os bombardeiros que receberam tiros na cabine e na cauda nunca voltaram. Eram esses os pontos onde mais se precisava de blindagem.*

As amostras tendenciosas afligem todos nós. Por exemplo, em 2010 nossa pesquisa anual dos funcionários revelou que muitos googlers da área de engenharia achavam que a empresa não era severa o bastante com os que apresentavam desempenho insuficiente. A verdade, porém, era que, numa equipe de 10 pessoas, nove estavam olhando para o mesmo colaborador em dificuldade e concluindo que ninguém fazia nada para ajudá-lo ou para demiti-lo. Não consideravam as outras cinco equipes do mesmo tamanho em que ninguém enfrentava dificuldade nem sabiam que os gestores e o pessoal de Operações de Equipe estavam trabalhando com o colaborador em questão nos bastidores. Esse é o caso clássico de amostra tendenciosa, em que alguém chega a conclusões com base em amostras pequenas e distorcidas. Nesse caso, o respeito pela privacidade da pessoa em dificuldade nos impedia de divulgar o que estava acontecendo, mas fiz questão de expor aos googlers que sempre trabalhamos nos bastidores. Também incluímos os dados reais de todos os googlers em materiais de treinamento e em conversas relacionadas com a gestão do desempenho.

Em consequência, os googlers da área de engenharia passaram a encarar de maneira muito mais positiva a questão, aumentando em 23 pontos (numa escala de 100) o nível de concordância com a afirmação "Em meu grupo de trabalho lidamos de maneira eficaz com os colegas que apresentam mau desempenho". Ainda melhor, agora eles estão explicando a dinâmica uns aos outros. Numa sequência recente de e-mails, um googler se mostrava irritado com o que, na percepção dele, era um funcionário ruim cujas deficiências estavam sendo ignoradas. Outro googler entrou na conversa para explicar que o profissional em questão provavelmente estava recebendo atenção, mas que os *lawyercats*[101] (no jargão do Google, os advogados

---

* Esse é também um exemplo do viés da sobrevivência, quando se distorce a análise considerando apenas os sobreviventes em vez de toda a população. Os analistas que estudam o desempenho de startups e de fundos hedge geralmente cometem esse erro, por considerarem apenas as empresas ainda em operação e ignorarem as que fecharam as portas no percurso. Em consequência, o desempenho parece melhor do que é na realidade. E confiar demais neste livro também pode ser um exemplo do viés da sobrevivência. Certamente há lições a serem aprendidas com os exemplos descritos, mas também é importante considerar as lições das empresas que fracassaram. No departamento de operações de pessoas, tentamos evitar o viés da sobrevivência em nossas análises. Por exemplo, testamos algumas de nossas práticas de contratação por meio de estudos duplo-cegos, contratando candidatos rejeitados para analisar o desempenho deles no cargo.

da empresa), sempre vigilantes e diligentes, não permitiam que o departamento de Operações de Equipe revelasse os detalhes a ninguém.

Os mitos também são comuns quando o assunto é promoções. Anunciamos as promoções no Google através de e-mails em que listamos os nomes e apresentamos breves biografias dos promovidos. Como, porém, somos muito grandes, é impossível conhecer todo mundo. Em geral, os googlers passam os olhos pela lista em busca de pessoas que conheçam, para cumprimentá-las. É inevitável, porém, que também façam suposições inconscientes. "Vi que Sally foi promovida, mas não David. Talvez seja porque Sally trabalha com nosso diretor financeiro." "Uau, quantas pessoas do Android foram promovidas. Não estou vendo ninguém de Infraestrutura [centros de dados]. Acho que só ligamos para a turma de interface com o usuário." As presunções habituais são de que: você precisa ter muitas pessoas de alto nível no projeto para ser promovido, uma vez que a opinião delas tende a ser mais influente; é bom trabalhar numa área de produto mais "chamativo" para avançar com rapidez; uma única avaliação negativa pode anular suas chances de promoção; como os projetos da sede são mais visíveis, quem trabalha neles tem mais chances de ser promovido. E a lista prossegue. Todos os anos, quando realizamos nossa pesquisa com os googlers, eles nos dizem que o processo de promoção não foi justo por causa de todo o favoritismo percebido em certas áreas, projetos e cargos.

Todas essas manifestações seriam preocupações legítimas se fossem inferências corretas. Mas não são.

Quando um googler se dá ao trabalho de verificar suas observações com o departamento de Operações de Equipe, nós lhe mostramos os dados. A maioria, porém, nada pergunta – e, se perguntasse, não teríamos tempo para responder a todos. E não são apenas os recém-admitidos que chegam a conclusões equivocadas, mas também muitos googlers que já estão na empresa há algum tempo e ainda mantêm certo nível de ceticismo (talvez saudável) em relação às nossas atitudes.

Entram em cena Brian Ong e Janet Cho. Brian lidera a equipe que monitora e avalia todas as partes de nosso processo de contratação, mas, anos atrás, ele era membro de nossa equipe de análise de pessoas, incumbido de garantir que baseássemos nossos julgamentos em fatos. Janet é nossa vice-presidente responsável por todas as questões de pessoas relacionadas com nossas principais áreas de produtos, como pesquisa, propaganda, centros de dados e Gmail. Ambos concluíram que uma abordagem mais eficaz e duradoura seria simplesmente compartilhar com os googlers todos os dados referentes às promoções. Com esse objetivo, processaram os números, organizaram uma série de palestras e as gravaram para que fosse possível vê-las depois e lançaram um site para nele expor todos os dados. E descobriram que:

- Trabalhar com pessoas em posições mais elevadas na hierarquia exerce apenas um pequeno efeito. Cerca de 51% de todas as pessoas indicadas para promoção foram promovidas. Quando o funcionário trabalhava com pessoas em cargos muito mais altos na hierarquia, a taxa de promoção foi de 54%. Um pouco mais alta, mas não muito.
- A área de produto não importa. Constataram-se diferenças ocasionais de alguns pontos percentuais em um ou outro ano, mas, em geral, as chances de promoção são as mesmas, não importa a área.
- O feedback negativo não é prejudicial. Na verdade, quase todas as pessoas que são promovidas contam com feedback construtivo no material para promoção. O que destrói as chances de alguém são evidências de algum erro grave, como códigos mal organizados ou sempre problemáticos. Outro sinal de advertência é a falta ostensiva de informações. Um pacote de promoção que não contenha feedback construtivo chega a ser um sinal de advertência para os comitês de revisão. Os candidatos a promoção não devem ter medo de pedir e receber feedback menos elogioso, pois isso não irá desviá-los do rumo e ainda lhes oferecerá uma orientação explícita sobre como melhorar. O fato é que, ao se defrontarem com a realidade, as pessoas querem melhorar.
- A área em que se localiza seu projeto não afeta a probabilidade de ser promovido. Por exemplo, a taxa de promoção em nossa sede, em Mountain View, é quase a mesma de outros lugares.

O site é atualizado periodicamente com os fatos mais recentes e com novas análises que tenham sido solicitadas. É muito trabalho, mas esse esforço é essencial para demonstrar que nossos processos são imparciais. Seria fácil continuar afirmando que o processo é eficaz. Muito melhor, porém, é destruir os mitos, de uma vez por todas, com fatos, e depois tornar essas informações disponíveis para todos.

Testamos com frequência a nós mesmos e os produtos do Google para ter a certeza de que nossas decisões se baseiam em fatos. Queremos fertilizar as boas ideias e erradicar as más, o que, por sua vez, nos garante espaço extra para experimentar com liberdade as mais promissoras. Em 2010, por exemplo, introduzimos 516 aprimoramentos no funcionamento da Pesquisa Google. Um exemplo de importante melhoria foi um código denominado Caffeine. O Google não pesquisa toda a rede sempre que alguém digita um termo. Em vez disso, pesquisamos antecipadamente, priorizando diferentes sites e páginas de acordo com a relevância, a qualidade e assim por diante, e então indexamos esses sites para que o pedido receba uma resposta quase instantânea. Com o Caffeine, passamos a indexar 50% mais rápido.[102]

Antes de implementar qualquer uma dessas melhorias, nós as testamos para ter certeza de que funcionam. Usamos testes A/B, mostrando aos avaliadores dois conjuntos de resultados de pesquisa, lado a lado, observando, então, o comportamento deles e recebendo feedback sobre que resultados lhes pareceram melhores. Um exemplo fácil seria testar que tipo de anúncio recebe mais cliques dos usuários: com fundo azul ou com fundo vermelho? Parece um detalhe irrelevante, mas a questão é importante caso se trate de Coca-Cola ou Pepsi. Também aplicamos testes 1%, em que submetemos uma mudança a 1% dos usuários para ver o que acontece, antes de implementar a mudança para bilhões de usuários. Só em 2010, realizamos 8.157 testes A/B e mais de 2.800 testes 1%. Em outras palavras, naquele ano rodamos todos os dias mais de 30 experimentos para descobrir o que atenderia melhor a nossos usuários. E isso apenas para nossos produtos de busca.

Adotamos a mesma abordagem em questões de pessoal. Quando implementamos nossa Upward Feedback Survey (pesquisa periódica sobre a qualidade dos gestores – mais informações no Capítulo 8), fizemos um teste A/B para ver se os googlers se disporiam a dar mais feedback sobre os gestores caso o e-mail que anunciasse a pesquisa fosse assinado por um executivo ou pelo pseudônimo genérico "Equipe UFS". Como não detectamos diferença nas taxas de resposta, optamos pelo pseudônimo genérico, somente porque é mais fácil escrever um único e-mail do que pedir a cada executivo que escreva seu próprio e-mail.

Quase todos os programas importantes que lançamos são testados primeiro com um subgrupo. Lembro-me de quando transpusemos a marca de 20 mil empregados e me perguntaram pela primeira vez se era preocupante o fato de o Google ser, sem margem de dúvida, uma grande empresa. "Sempre nos preocupamos com a cultura, mas a vantagem de ser grande é que podemos executar centenas de experimentos para descobrir o que realmente deixa os googlers mais felizes", respondi. Todo departamento, toda equipe, todo projeto é uma oportunidade de executar um experimento e aprender com ele. Essa é uma das maiores oportunidades perdidas por grandes organizações e se aplica, da mesma maneira, a empresas com centenas de funcionários, não com milhares. Com muita frequência, a administração toma decisões que afetam unilateralmente toda a organização. E se a administração estiver errada? E se alguém tiver uma ideia melhor? E se a decisão funcionar em um país mas não em outro? Parece loucura que as empresas não façam mais testes desse tipo!

Por que não destacar 10, 50 ou 100 pessoas e tentar algo diferente? Ou tentar alguma coisa pela primeira vez com um pequeno grupo?

Descubra maneiras de as pessoas moldarem o próprio trabalho e a empresa

Além de privar os líderes das ferramentas tradicionais de poder e de nos basearmos em fatos para tomar decisões, oferecemos aos googlers liberdade incomum para moldar o próprio trabalho e a empresa. E o Google não é a primeira organização a agir assim. Durante mais de 60 anos a 3M permitiu que os funcionários usassem 15% do tempo para explorar as próprias ideias: "Uma crença central da 3M é que a criatividade precisa de liberdade. Por isso é que, desde 1948, estimulamos nosso pessoal a dedicar 15% das horas de trabalho aos próprios projetos. Eles podem usar nossos recursos, montar uma equipe especial e seguir as próprias ideias na busca pela solução de um problema."[103] As notas adesivas Post-It são produto desse programa, assim como um material abrasivo inteligente, o Trizact, que, de alguma maneira, afia a si mesmo enquanto é usado.

Nossa versão estendeu a ideia original para 20% do tempo, ou seja: os engenheiros podem dispor de 1/5 da carga horária semanal para se concentrar em projetos de seu interesse, fora de suas atribuições rotineiras, mas ainda relacionados com o trabalho do Google. Fora da área de engenharia, não determinamos formalmente o tempo para esses projetos, mas os googlers em geral encontram tempo para cuidar de seus projetos paralelos, como o vendedor Chris Genteel, que resolveu ajudar donos de empresas pertencentes a minorias a fazer negócios on-line (o que acabou se tornando um trabalho em tempo integral para ele), ou Anna Botelho, ex-participante de concursos de dança de salão e membro de nossa equipe de imóveis, que conseguiu reunir outros googlers para ensinar dança de salão na empresa.

Em 2009, Caesar Sengupta, vice-presidente de gerenciamento de produtos de nossa equipe Chrome, se dedicava em tempo integral ao Google Toolbar e ao Google Desktop, versões baixáveis de nossos produtos que se situam dentro de seu browser ou no seu computador desktop. Quando a equipe do Chrome passou a desenvolver o próprio browser, Caesar e alguns outros engenheiros começaram a pensar no que aconteceria se você aplicasse o desenho do Chrome aos sistemas operacionais, os programas que dizem o que fazer a seu telefone, a seu tablet ou a seu computador. Na época, a inicialização do computador podia demorar cinco minutos ou mais, em parte porque a máquina ficava verificando hardware antigo que ninguém usava mais, como drive de disquetes. Caesar e a equipe começaram a usar os 20% de tempo para reduzir essa demora. Eliminaram todos os passos desnecessários, basearam-se na plataforma do browser Chrome e criaram o primeiro protótipo do laptop Chromebook, que inicializava em oito segundos.

O uso desse tempo varia na prática, com algumas pessoas destinando praticamente a totalidade dele a projetos paralelos e muitas outras não tendo nenhum projeto paralelo. Há quem brinque que, na verdade, é "120% do tempo", porque os projetos paralelos são desenvolvidos depois da jornada normal, e não como parte dela. O mais comum é os projetos bem-sucedidos consumirem, de início, 5% ou 10% do tempo de alguém e, à medida que vão demonstrando potencial, consumirem mais e mais tempo (e atraírem mais voluntários), até se transformarem em produtos formais.

A proporção de tempo total utilizado aumentou e diminuiu ao longo dos anos, situando-se em torno de 10% em nossa medição mais recente. Sob alguns aspectos, a ideia dos 20% do tempo é mais importante que a realidade em si. Ela funciona fora do âmbito da supervisão da administração formal, e sempre será assim, porque, em geral, as pessoas mais talentosas e criativas não podem ser obrigadas a trabalhar.

Ryan Tate, da revista *Wired*, escreveu a melhor síntese que já li a esse respeito:[104]

Eis o que os 20% do tempo não são: um elaborado programa corporativo, com as próprias normas e diretrizes detalhadas e por escrito, e com seus gestores. Ninguém recebe um pacote de "20% do tempo" ao entrar na empresa nem é induzido a se distrair com projetos paralelos. Esses 20% do tempo sempre funcionaram para um propósito específico, oferecendo uma válvula de escape para os funcionários mais brilhantes, inquietos e persistentes da empresa – para pessoas obstinadas em acompanhar uma ideia até o fim, aconteça o que acontecer.

Por exemplo, o engenheiro Paul Buchheit trabalhou no Gmail durante dois anos e meio até finalmente convencer os altos executivos da empresa, receosos de estender o Google muito além das pesquisas, a lançar o novo produto.

Os googlers não se restringem a criar produtos. Também participam das decisões sobre como dirigir a empresa. Poucos anos atrás, fornecemos a um grupo de 30 engenheiros dados anônimos sobre desempenho e remuneração de todas as pessoas da área de engenharia e pedimos que definissem como os bônus seriam distribuídos. Eles queriam que o sistema fosse por meritocracia. Por exemplo, imagine dois engenheiros que apresentem o mesmo nível de desempenho e que um deles tenha sido mais eficaz em negociar o salário inicial ao entrar na empresa. Digamos que o melhor negociador tivesse conseguido um salário de US$ 100 mil por ano, enquanto o outro tivesse fechado em US$ 90 mil anuais. Como os níveis de desempenho eram iguais, ambos receberam bônus de 20%. Isso não é justo, argumentaram os engenheiros, porque a primeira pessoa recebeu US$ 20 mil de bônus, enquanto a segunda, que contribuiu da mesma forma, embolsou somente US$ 18 mil. Portanto, a pedido dos engenheiros, mudamos a base de cálculo dos bônus, do salário individual para o salário mediano de todos os funcionários no mesmo cargo. Isso garantia que, nesse exemplo, ambos os profissionais recebessem bônus proporcionais às suas contribuições.

Essa é uma questão muito atual na maioria das empresas. Existe uma bem documentada diferença na média salarial de homens e mulheres. Uma das fontes dessa discrepância é a maior ou menor propensão de homens e mulheres para negociar quando estão sendo contratados. Por exemplo, Linda Babcock, da Universidade Carnegie Mellon, e a escritora Sara Laschever relataram que os salários iniciais de homens com MBA pela

Carnegie Mellon eram mais altos que os das mulheres nas mesmas condições, em grande parte porque eles tendiam a reivindicar salários mais altos que elas. Cerca de 57% dos homens negociavam, em comparação com 7% das mulheres.[105] Em parte graças à contribuição dos googlers, nossos sistemas de remuneração são desenvolvidos com o objetivo de eliminar esse tipo de viés e desigualdade estruturais.

Nem sempre, porém, tratamos de remuneração, aproveitamento, contratação e outras questões de pessoal de maneira tão analítica. Em 2004, quando tínhamos cerca de 2.500 googlers, Larry e Sergey sentiram que estávamos ficando tão grandes que eles não conseguiam mais ter uma percepção intuitiva do nível de satisfação das pessoas simplesmente caminhando pela empresa ou conversando com elas. Solução: Stacy Sullivan deveria entrevistar todo mundo para ver até que ponto os funcionários se sentiam felizes.

Stacy propôs a Pesquisa da Felicidade, da qual bem menos de metade da empresa participou. E os engenheiros, achando que poderiam fazer algo melhor, lançaram a própria pesquisa concorrente: a Pesquisa do Êxtase, uma vez que eles, evidentemente, tinham que adotar um padrão ainda mais elevado. Essa segunda pesquisa se voltava para as necessidades específicas dos engenheiros – por exemplo, era a única pesquisa a perguntar sobre o uso dos 20% do tempo – e, a princípio, era mais confiável entre o pessoal técnico (porque, afinal, fora projetada por engenheiros!).

Até 2007, as pesquisas foram realizadas em paralelo, mas a utilidade delas era limitada porque, com diferentes conjuntos de perguntas, não havia como fazer comparações no âmbito de toda a empresa. Michelle Donovan, que mais tarde trabalharia no Projeto Oxigênio, queria encontrar uma solução melhor. Ela passou o ano seguinte trabalhando em parceria com engenheiros, vendedores e todos os outros profissionais para desenvolver uma pesquisa que captasse os interesses de todos os googlers e que também tivesse rigor científico e pudesse ser quantificável ao longo do tempo. Nascia assim a Googlegeist.

Googlegeist (que significa "o espírito do Google" e teve o nome escolhido pelos funcionários) é uma pesquisa anual realizada com os mais de 50 mil googlers. É nosso mais poderoso mecanismo para capacitar os googlers a moldar a empresa. Ela contém cerca de 100 perguntas, cuja pontuação se distribui numa escala de um a cinco pontos, de "discordo totalmente" até "concordo totalmente", além de várias perguntas de resposta livre.

Primeira página da pesquisa Googlegeist de 2014. © Google, Inc.

A cada ano, mudamos de 30% a 50% das perguntas, conforme os temas mais prementes, mas mantemos as outras para monitorarmos as mudanças na empresa ao longo do tempo. Cerca de 90% dos googlers participam da pesquisa todos os anos.

Como queremos que os googlers sejam honestos, oferecemos duas maneiras de dar as respostas: confidencialidade e anonimato. "Confidencialidade" significa omitir o nome, mas preservar outros dados que ajudam a analisar a empresa – por exemplo, localidade, nível do cargo e área de produto, de modo que podemos saber que o googler é uma gestora do sexo feminino, no YouTube, em San Bruno, Califórnia, embora ignoremos de quem se trata, individualmente. A única equipe que vê esses dados – sem nomes, por óbvio – é o núcleo da equipe da Googlegeist, e nunca apresentamos resultados que possibilitem a identificação dos participantes. Já a apresentação anônima dá um passo adiante, não incluindo nenhuma informação associada à pessoa, a não ser que o respondente opte por fazê-lo.

A Googlegeist é diferente sobretudo por três motivos: é desenvolvida não por consultores, mas por googlers com Ph.D. em várias áreas, desde elaboração de pesquisas até psicologia organizacional; todos os resultados, bons ou maus, são divulgados em toda a empresa no prazo de um mês; e serve de base para o trabalho do ano seguinte de melhorar a cultura e a eficácia do Google. Todos os gestores que lideram mais de três pessoas recebem um relatório interativo on-line denominada MyGeist, que lhes permite visualizar e compartilhar relatórios personalizados, com um resumo da pontuação do Googlegeist nas respectivas áreas de supervisão. Tenham as suas equipes três ou trinta googlers, os gestores desenvolvem uma percepção clara do próprio desempenho, de acordo com as suas equipes. Com apenas um clique, os gestores optam por compartilhar os resultados apenas com os liderados imediatos, com a organização mais ampla, com uma lista personalizada de googlers ou até com todo o Google, sendo esta última a opção da maioria.

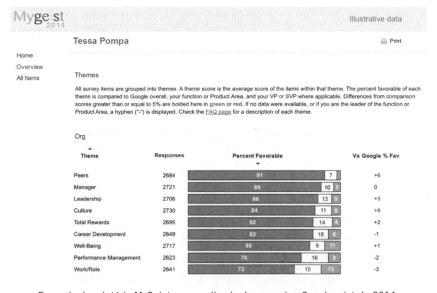

Exemplo de relatório MyGeist personalizado da pesquisa Googlegeist de 2014. Os dados são ilustrativos. © Google, Inc.

Forma-se, assim, um círculo virtuoso: agimos com base no que aprendemos com as pessoas, estimulando novas opiniões, o que, por sua vez, nos oferece ideias ainda mais precisas de onde e como melhorar. Reforçamos esse ciclo adotando um padrão de abertura: os relatórios de qualquer vice-presidente com 100 ou mais liderados são divulgados automaticamente para toda a organização. Ao mesmo tempo, as respostas dos funcionários são anônimas (para eliminar a bajulação) e os resultados dos gestores não influenciam as avaliações do desempenho nem as decisões sobre remuneração. Queremos que todos sejam rigorosamente honestos e que os gestores se mostrem abertos às melhorias em vez de se fecharem na defensiva.

Em termos críticos, a Googlegeist se concentra em medidas de resultados que importam. A maioria das pesquisas de funcionários destaca o engajamento,[106] que, como Prasad Setty explica, "é um conceito nebuloso muito apreciado pelas equipes de RH, mas que, realmente, não diz muito. Se os colaboradores estão 80% engajados, o que isso significa?". Além disso, o engajamento não indica com exatidão onde investir os recursos escassos de tempo e dinheiro destinados a pessoal.[107]

A Googlegeist foca em nossas variáveis de resultados mais importantes: inovação (manter um ambiente que valorize e encoraje tanto melhorias contínuas nos produtos existentes quanto apostas ousadas em inovações visionárias), execução (lançamento rápido de produtos de qualidade) e retenção (manter as pessoas que fazem diferença). Por exemplo, temos cinco perguntas que preveem se os funcionários estão prestes a deixar a empresa. Se as respostas de uma equipe a essas cinco perguntas caírem abaixo de 70% favoráveis, sabemos que mais gente deixará a empresa no ano seguinte caso não haja intervenção. Se os escores ficarem abaixo de 70% para apenas uma pergunta, a questão é identificada para que os googlers e os líderes se juntem aos colegas de Operações de Equipe no intuito de melhorar a experiência do grupo (mas note que os resultados nunca são ligados a um googler específico). Medimos muitos outros resultados, como o ritmo de execução e as características da cultura, mas, acima de tudo, queremos prosseguir no lançamento de coisas interessantes e garantir que as pessoas em cuja contratação tanto nos empenhamos continuem no Google durante muito tempo.

O efeito tem sido profundo. Temos conseguido identificar áreas com maior risco de perda de pessoas, a fim de manter a rotatividade sempre baixa, nos bons e nos maus tempos. Os googlers continuam a achar que a empresa é inovadora e que podem contribuir para a nossa missão. Em comparação com cinco anos atrás, porém, os googlers se mostram 20% mais confiantes em que seus objetivos profissionais podem ser alcançados no Google, 25% mais satisfeitos com a velocidade das decisões na empresa e 5% mais convictos de que são tratados com respeito (é difícil melhorar muito quando algumas pontuações já estão acima de 90%).

Ao mesmo tempo, as pesquisas revelam que temos trabalho a fazer em algumas áreas de bem-estar, sobretudo na capacidade dos googlers de se desligarem da empresa fora da jornada de trabalho. Mas estamos tentando melhorar. Nosso escritório em Dublin desenvolveu um programa denominado Dublin Goes Dark (Escurece em Dublin), em que todos são estimulados a deixar o trabalho às 18 horas e a se manter off-line. Foram criados até mesmo locais para se deixar os notebooks, para garantir que ninguém dê uma olhada nos e-mails antes de ir para a cama. O experimento funcionou. O que começou como uma iniciativa exclusiva do setor de Operações de Equipe em 2011 foi ampliado em 2013 com a participação de todo o escritório de Dublin, onde trabalham mais de duas mil pessoas. Helen Tynan, nossa líder de Operações de Equipe na Irlanda, disse o seguinte a respeito: "Havia uma pilha de laptops na minha sala, além de certa agitação e muitas risadinhas à medida que as pessoas entravam e saíam para deixá-los lá. No dia seguinte, muita gente parou para conversar sobre o que haviam feito e sobre como a noite parecera longa, com tanto tempo para fazer as coisas."

A Googlegeist também tem sido fonte de grandes mudanças que fizemos na empresa, entre elas o Projeto Oxigênio – que transformou nossa maneira de encarar a gestão, conforme explicarei com mais detalhes no Capítulo 8 – e a revolução de nosso sistema de remuneração, em 2010, que incluiu aumento salarial de 10% para todos na empresa. Até então, nossos salários eram bastante baixos, mas, à medida que os googlers começaram a comprar casa e a constituir família, contar com um salário fixo mais alto tornou-se muito importante. Percebemos que o nível de satisfação com os salários estava diminuindo e partimos para a ação. (Infelizmente, Larry e Sergey, que recebem salários de somente US$ 1,00 por ano, recusaram minha oferta de aumentar o salário deles em 10% para US$ 1,10 por ano.)

Numa empresa em que os holofotes sempre estiveram no lançamento de novos produtos, porém, a Googlegeist mostrou que estávamos negligenciando algumas necessidades fundamentais.

Em 2007 e 2008, os googlers da área técnica achavam que quem se dedicava a atividades menos visíveis, embora igualmente importantes, não recebia reconhecimento suficiente. Por exemplo, os engenheiros do Google contribuem simultaneamente para a nossa base de código. Milhares de pessoas estão mudando o funcionamento dos produtos do Google o tempo todo, e todas ao mesmo tempo. Pequenas redundâncias e deficiências podem se acumular com rapidez e tornar os produtos lentos, desnecessariamente complexos e problemáticos.

"Saúde do código" é a preservação da sustentabilidade e da escalabilidade geral dos códigos, para minimizar esse problema. (Escalabilidade é jargão técnico – significa ser capaz de partir de uma solução pequena e torná-la bastante ampla para ser eficaz em todo o mundo. Significa funcionar igualmente bem para 100 usuários e para um bilhão de usuários.) Exige regularidade nas pesquisas e no desenvolvimento de técnicas para reduzir a complexidade e uma disposição para simplificar as coisas em nosso processo de desenvolvimento de códigos. A Googlegeist revelou que não estávamos prestando atenção suficiente a esse aspecto nem estimulando a sua prática de maneira satisfatória. As recompensas se acumulavam para quem gerava os maiores volumes de códigos em vez de para quem criava os códigos de melhor qualidade.

Poderíamos ter adotado objetivos de "saúde do código" que abrangessem toda a empresa ou criado outros cargos que se concentrassem em verificar o trabalho dos outros. Ou nosso CEO simplesmente poderia ter determinado que todos focassem na saúde do código no mês seguinte.

Em vez disso, alguns engenheiros se reuniram e decidiram enfrentar o problema, depois que ele recebeu destaque na Googlegeist. Primeiro, eles se empenharam em melhorar o reconhecimento da importância da saúde do código, por meio da educação e da publicidade, inclusive mediante palestras técnicas (nossas Tech Talks), artigos na intranet e e-mails. Segundo, os engenheiros se associaram a Operações de Equipe para garantir que a saúde do código se tornasse um componente essencial de sessões de avaliação do desempenho e de comitês de promoção e para incluir na Googlegeist perguntas que verificassem uma vez por ano o avanço na conscientização. Terceiro, desenvolveram ferramentas para revisar de maneira automática a saúde do código. Por exemplo, nosso grupo de saúde do código de Munique criou meios para detectar automaticamente código mortos em C++ e Java. A localização e a erradicação de códigos mortos tornam os programas mais velozes e confiáveis. Finalmente, os engenheiros lançaram os Citizenship Awards (Prêmios de Cidadania), oportunidade para o reconhecimento de googlers que contribuem para a saúde do código pelos líderes, pelos colegas e por todos os beneficiários.

Quatro anos depois, os engenheiros se dizem 34% mais confiantes em que o esforço para melhorar a saúde do código será recompensado. Mais importante, começaram a relatar melhorias pequenas porém mensuráveis na própria produtividade, não só porque a base de código da equipe do projeto estava ficando mais forte, mas também porque os sistemas externos que dependiam deles estavam melhorando.

A Googlegeist com frequência também revela oportunidades para melhorar outras áreas do Google. Em nossa organização de vendas, detectamos uma queda acentuada na satisfação com o desenvolvimento da carreira entre os googlers recém-formados que trabalham com pequenas empresas (como uma butique no centro da cidade ou um pequeno restaurante no Brooklyn). Os próprios googlers, em parceria com a área de Operações de Equipe, desenvolveram um programa-piloto na Europa com foco em: rodízio de googlers entre vários cargos; negócios que envolviam funções específicas e treinamento em produtos; um plano de desenvolvimento de dois anos; e a construção de redes em todo o mundo.

O primeiro grupo a participar do programa melhorou em 18 pontos (do total de 100) a satisfação com o desenvolvimento da carreira e em 11 pontos os indicadores de retenção. Com base no sucesso do experimento, o programa foi aplicado oficialmente e beneficiou quase 800 googlers em todo o mundo.

Também lançamos de tempos em tempos programas rápidos voltados para questões mais direcionadas. O Bureaucracy Busters (Caçadores de burocracia) elimina todos os pequenos obstáculos irritantes que dificultam a vida. Por exemplo, não usamos mais recibos de papel nos relatórios de despesas: é só tirar uma foto e enviá-la. O Waste Fix-It (Elimine desperdícios) combate pequenas práticas que gastam dinheiro à toa, como ter mais impressoras do que o necessário. Pedimos aos googlers que sugerissem ajustes capazes de beneficiar muitos colegas e que sejam implementáveis em dois ou três meses. Em 2012, recebemos 1.310 ideias e mais de 90 mil pessoas votaram para escolher as melhores. As 20 mais votadas foram implementadas. Muitas foram reveladoras: parem de enviar contracheques de papel; evitem programas de treinamento obrigatórios sobre ética e leis no fim do ano, quando todo mundo está trabalhando com novos produtos e orçamentos para o ano seguinte; desenvolvam ferramentas de entrevistas estruturadas que forneçam perguntas confiáveis, para que você não seja forçado

Um novo jeito de trabalhar

a imaginar questões pouco adequadas; ofereçam mais acomodações em casas ou flats para os googlers em cidades como Nova York ou Londres, onde os hotéis são caros. Mas todas foram soluções simples e eficazes para práticas insignificantes e irritantes que podiam gerar a percepção de uma empresa antiquada e vagarosa.

Espere pouco das pessoas e obtenha pouco. Espere muito...

Há quem argumente que esse tipo de empoderamento em massa leva à anarquia, ou a uma situação em que, como a opinião de todos é valorizada, qualquer um pode contestar e sabotar uma iniciativa – um ambiente em que 10 mil podem dizer não mas ninguém pode dizer sim. A realidade é que todas as questões precisam de alguém que decida. Quando gerenciadas de maneira adequada, o resultado dessas abordagens não é um momento transcendente de unanimidade, mas, sim, uma discussão vigorosa, com base em dados, que traz à luz as melhores ideias, de modo que os dissidentes disponham de contexto suficiente para compreender e respeitar os motivos da decisão, mesmo que discordem do resultado.

Esse método quase sempre funciona. Quando falha, há uma regra simples a seguir: leve a questão até o próximo nível hierárquico da organização e apresente os fatos. Se não puderem decidir, avance para o seguinte. Em nossa empresa, a última instância é Larry Page, que acabará definindo uma solução.

Essa recomendação talvez pareça despropositada, uma vez que passei grande parte deste capítulo explicando por que os gestores não devem ter autoridade. Na tomada de decisões, porém, a hierarquia é importante. É a única maneira de superar impasses e, como recurso final, é uma das responsabilidades básicas da administração. O erro dos líderes é gerenciar demais. Como escreveu Olivier Serrat, do Banco de Desenvolvimento Asiático: "Microgestão é má gestão. As pessoas microgerenciam para atenuar sua ansiedade quanto ao desempenho da organização: elas se sentem melhor se dirigirem e controlarem as ações alheias o tempo todo – no fundo, isso revela insegurança emocional. Oferece aos microgestores a ilusão de controle (ou utilidade). Outro motivo é a falta de confiança na capacidade da equipe – os microgestores não acreditam que colegas completarão com êxito uma tarefa, mesmo quando dizem que assumirão a responsabilidade."[108]

Em vez disso, as decisões devem ser tomadas no nível hierárquico mais baixo possível. As únicas questões que devem escalar o organograma, prossegue Serrat, são aquelas em que, "considerando os mesmos dados e informações", os líderes de nível hierárquico mais elevado decidiriam de maneira diferente das camadas mais baixas.

Não é preciso ter o tamanho nem a potência analítica do Google para liberar a criatividade das pessoas. Como líder, dispensar os símbolos de status é a mensagem mais poderosa de que você se importa com o que as equipes têm a dizer. Quando eu trabalhava em uma empresa com apenas 50 funcionários, a atitude mais importante que o diretor de Operações, Toby Smith, tomou para que eu me sentisse dono da empresa foi dividir uma sala comigo. Ao observá-lo todos os dias, aprendi sobre os negócios e a me conectar com as pessoas (ele sempre atendia o telefone com um caloroso "Tudo bem com você?"), além de aproveitar muitas de suas dicas profissionais.

Existem ferramentas de pesquisa gratuitas, inclusive uma construída no Planilhas Google, que lhe permite perguntar aos funcionários como se sentem e o que seria melhor se fosse diferente. Fazer experiências em escala reduzida possibilita que os profissionais com mais iniciativa lidem com as complexidades da situação. É fácil se queixar à distância. Assumir a responsabilidade por implementar as próprias ideias é, em geral, muito mais difícil e pode moderar as perspectivas mais radicais e irrealistas.

Tudo isso resulta em pessoas mais felizes, capazes de propor ideias melhores. A verdade é que os indivíduos, em geral, correspondem às expectativas, sejam elas altas ou baixas. Edwin Locke e Gary Latham, no livro *A Theory of Goal Setting & Task Performance* (Uma teoria do estabelecimento de metas e do desempenho), de 1990, mostraram que objetivos difíceis e específicos ("Tente acertar em mais de 90% das vezes") eram não só mais motivadores que encorajamentos vagos ou pouco exigentes ("Dê o seu melhor"), mas também propiciavam desempenho superior. Faz sentido, portanto, esperar muito das pessoas.

Quando eu estava na McKinsey & Company, tinha um gerente chamado Andrew, que esperava perfeição nas análises de mercado que eu preparava para os clientes. Mas ele não microgerenciava meu trabalho me dizendo como escrever cada página ou como fazer minhas análises. Andrew estabelecia expectativas mais elevadas.

Em 1999, prestávamos serviços financeiros a uma empresa e estávamos desenvolvendo um de nossos primeiros projetos de e-commerce. Apresentei-lhe a versão preliminar de um relatório e, em vez de editá-lo, ele perguntou: "Você quer que eu revise isso?" Eu sabia muito bem que, embora o relatório estivesse bom, ele sem dúvida encontraria pontos a melhorar. Consciente disso, disse-lhe que o trabalho ainda não estava pronto e voltei a revisá-lo mais uma vez. Procurei-o novamente e ele de novo perguntou: "Preciso revisar isso?" Mais uma vez eu reli o trabalho. Na quarta tentativa, ele repetiu a pergunta e eu respondi: "Não. Não precisa revisá-lo. Está pronto para o cliente."

Ele respondeu: "Ótimo! Bom trabalho." E o enviou para o cliente, sem nem mesmo dar uma olhada rápida.

Quem espera pouco consegue pouco. Richard Bach, autor do bem-sucedido romance da década de 1970 *Fernão Capelo Gaivota*, depois escreveu em *Ilusões*: "Ao contestar suas limitações, você as está reconhecendo."[109] Os gestores encontram muitas razões para não confiar nas pessoas. As organizações, na maioria, são concebidas para resistir à mudança e enfraquecer os funcionários. Quando digo a presidentes de outras empresas que muitos googlers podem se autoindicar para promoção ou fazer qualquer pergunta ao nosso CEO, a resposta mais comum é que tudo isso parece ótimo na teoria, mas nunca funcionaria na empresa deles porque: "as pessoas não se concentrariam no próprio trabalho"; "reunir tantos dados para a tomada de decisão apenas serviria para nos deixar mais lentos" (!); "os advogados não nos deixariam fazer isso"; "as pessoas [as mesmas que são seus 'ativos mais importantes'] não tomarão boas decisões"; "gosto de minha vaga especial no estacionamento"...

O fato, porém, é que essas práticas funcionam. Basta resistir às artimanhas do poder e refrear os impulsos de comando e controle que caracterizam as altas posições hierárquicas. As organizações não poupam esforços para contratar as melhores pessoas, mas depois as impedem de contribuir para impactar outras áreas da empresa que estejam além de suas atribuições.

Para os gestores, talvez seja assustador soltar as rédeas. Afinal, sua carreira estará em jogo se alguma coisa sair errado. E você conquistou essa posição por supostamente ser a pessoa mais preparada para liderar.

Também foi difícil para mim abrir mão do poder. Mas descobri uma coisa engraçada. Todas as semanas, Larry pede a cada área do Google um breve resumo das atividades na semana anterior, a ser analisado por toda a equipe gerencial. Não é uma avaliação, mas apenas uma maneira de todos saberem o que está acontecendo. De início, eu mesmo redigia o relatório semanal. Depois, passei a pedir à equipe para fazê-lo, deixando que eu revisasse e editasse no final. Agora, encarrego Prasad de revisá-lo e distribuí-lo, sem minhas contribuições.

Por um lado, não é nada grandioso: é somente um memorando. Por outro, é a única exposição regular ao nosso CEO de todas as atividades do nosso setor de Operações de Equipe. Ao abrir mão de ler o texto, também renunciei à parte do controle. Recuperei, porém, um tempo valioso para me concentrar em outras questões estratégicas. E Prasad teve a oportunidade de assumir algo novo.

O que às vezes passa despercebido pelos gestores é que, ao cederem parte do controle, também criam ótimas oportunidades para o avanço da equipe, ao mesmo tempo que ganham para si mais tempo para enfrentar novos desafios.

Pegue uma área em que as pessoas estejam frustradas e deixe-as resolver os problemas. Se houver restrições, como tempo ou dinheiro limitados, diga-lhes quais são. Seja transparente com seus funcionários e garanta que tenham voz na configuração da equipe ou da empresa. Você ficará admirado com o que poderão realizar.

DICAS DO GOOGLE PARA O EMPODERAMENTO EM MASSA

- ❐ Elimine os símbolos de status.
- ❐ Decida com base em dados, não nas opiniões dos gestores.
- ❐ Encontre maneiras para que as pessoas moldem o próprio trabalho e a empresa.
- ❐ Espere muito.

7

Por que todo mundo detesta a gestão do desempenho e o que decidimos fazer a respeito

Melhore o desempenho concentrando-se no crescimento pessoal, não em avaliações e recompensas

No episódio dos *Simpsons* intitulado "A Associação de Pais e Mestres debanda", os professores da Escola Fundamental Springfield entram em greve, protestando contra o corte de despesas com salários, suprimentos e alimentos. Com a escola fechada, as crianças fazem o que querem no tempo livre. Algumas jogam videogame o dia inteiro, outras se dedicam a travessuras e trotes. Lisa Simpson entra em pânico:

Lisa: Mas sem a aprovação do estado e a realização de testes oficiais minha educação não progride nada.
Marge Simpson (a mãe): Querida, precisa relaxar um pouquinho.
Lisa: Relaxar? Eu não consigo relaxar! Nem posso ceder, nem me entregar... só dois sinônimos? Ah, meu Deus! Estou perdendo a minha perspicácia!
Homer (o pai): Não se preocupem, ela vai encontrar isso em algum lugar.

Depois de alguns dias, a situação piora para Lisa:

Lisa: Me dá uma nota! Olha para mim! Me examina! Me dá uma nota! Ah... eu sou boa, eu sou boa, eu sou boa! Eu sou tão inteligente! Me aprova!

Marge: Estou preocupada com as crianças, Homer. Lisa está ficando muito obsessiva. Esta manhã a peguei tentando dissecar a capa de chuva.

Há um pouco de Lisa Simpson em todos nós. Quando crianças, fazemos filas na escola em ordem crescente de altura. Recebemos notas e conceitos. Mais velhos, prestamos vestibular e somos comparados com alunos do país inteiro. Entramos no ensino superior conscientes da avaliação de nossa universidade. Passamos os 20 primeiros anos sendo comparados com outras pessoas.

Não admira, portanto, que, já adultos, recriemos as mesmas condições ao projetarmos os ambientes de trabalho. É tudo o que sabemos fazer.

E com o Google não foi diferente. Precisamos que as pessoas conheçam o próprio desempenho e desenvolvemos o que poderia parecer à primeira vista um sistema de alta complexidade que lhes mostra onde se situam. No percurso, aprendemos algumas coisas surpreendentes. Como se verá, trata-se de um trabalho em andamento, mas estou bastante confiante de que estamos no caminho certo. E, com um pouco de sorte, eu talvez consiga poupá-lo de alguns dos dissabores e tropeços que enfrentamos de lá para cá.

Jogando a toalha

O principal problema com os sistemas de gestão do desempenho hoje é estarem assumindo a função vital de efetivamente gerenciar pessoas. Elaine Pulakos, psicóloga com Ph.D. pela Universidade Estadual de Michigan e hoje presidente da PDRI, importante empresa de consultoria nessa área, observou que "parte importante do problema é que a gestão do desempenho se reduziu a fases definidas e prescritas, dentro de sistemas administrativos formais. Embora os sistemas formais de gestão do desempenho se destinem a impulsionar as atividades do dia a dia de comunicar as expectativas vigentes, definindo objetivos de curto prazo e fornecendo orientação contínua, esses comportamentos parecem estar predominantemente desvinculados dos sistemas formais".[110]

Em outras palavras: a gestão do desempenho, conforme praticada pela maioria das organizações, transformou-se num processo burocrático e cheio de regras considerado um fim em si mesmo em vez de se voltar para o aprimoramento almejado. Os funcionários a odeiam. Os gestores a detestam. Até os departamentos de recursos humanos a abominam.

O foco no processo em vez de no propósito cria oportunidades insidiosas para funcionários espertos manipularem o sistema. Don, líder de vendas com quem trabalhei certa vez (embora este não seja o verdadeiro nome dele), começava a fazer visitas frequentes à minha sala três meses antes do início da avaliação de executivos e da distribuição de bônus. Sempre em outubro, ele começava a preparar o terreno. "O ano está sendo difícil, mas a equipe está trabalhando duro para superar as dificuldades", relatava. Em novembro, ele avançava um pouco mais. "O pessoal de vendas está se saindo melhor do que parece, lutando contra a economia ruim." Em dezembro, entrávamos nos detalhes: "A equipe de pequenas empresas está no nível de 90%, mas todos estão lutando como heróis para alcançar esses resultados. Aliás, não concordo com as metas irreais que adotamos em janeiro. Elas são impossíveis!"

Eu não havia percebido o jogo de Don, até um ano em que resolvemos pagar o bônus um trimestre mais tarde, mas não lhe dissemos. Ele apareceu seis meses antes para as pré-negociações. O modo como ele usava os fatos a seu favor devia torná-lo um ótimo vendedor, mas o episódio também me revelou o nível de manipulação que contaminava o sistema.

Na verdade, ninguém está satisfeito com o estado atual da gestão do desempenho. A WorldatWork e a Sibson Consulting pesquisaram 750 profissionais de RH de alto nível e constataram que 58% deles classificavam os próprios sistemas de gestão do desempenho com conceito C ou pior. Somente 47% achavam que o sistema ajudava a organização a "alcançar seus objetivos estratégicos" e 30% sentiam que os funcionários confiavam no sistema.[111]

Adobe, Expedia, Juniper Networks (fabricante de hardware para computador), Kelly Services (agência de trabalhadores temporários) e Microsoft eliminaram as avaliações de desempenho. O caso da Adobe é esclarecedor:

Durante uma viagem à Índia, Donna Morris [diretora de RH da Adobe] foi entrevistada para um artigo na revista *The Economist*. Sentindo-se "mais tensa do que de costume", ela falou com franqueza sobre sua vontade crescente de abolir o sistema de avaliação do desempenho. No esforço para se antecipar ao artigo, Morris trabalhou com o departamento de comunicações da Adobe para escrever um comentário sobre o assunto, que foi postado na intranet da empresa. Os funcionários devoraram a postagem, que logo se tornou a mais lida da história da Adobe. Em toda a empresa, as pessoas se envolveram em discussões calorosas sobre a insatisfação delas com o processo de avaliação. De acordo com Morris, a mensagem subjacente foi a de que os profissionais estavam "decepcionados com o que consideravam falta de reconhecimento por suas contribuições". Para Donna, o curso de ação necessário logo ficou claro.

"Tomamos a decisão muito rápida de acabar com a avaliação do desempenho, o que significava não mais fazermos as revisões anuais por escrito", disse ela. "Além disso, eliminaríamos as classificações e os níveis de desempenho, para evitar que as pessoas se sentissem rotuladas."

No lugar da tradicional avaliação do desempenho, a Adobe lançou The Check-in – um sistema informal de feedback contínuo, em tempo real – em meados de 2012.[112]

Intuitivamente, a ideia parece atraente. Como os funcionários estão insatisfeitos, descartemos o sistema tão odioso. Simples assim.

E receber feedback em tempo real não seria melhor que esperar pelas avaliações anuais?

Não há evidências, porém, de que os novos sistemas criados para isso sejam eficazes. As pesquisas acadêmicas padecem com mensurações inconsistentes em que "tempo real" pode significar tudo, desde "imediato" até "dias depois". A maioria dos sistemas de feedback em tempo real logo se transforma em campanhas de "incentivo", em que as pessoas apenas dizem umas às outras coisas agradáveis. E com que frequência os comentários são estruturados de maneira a de fato promover mudanças de comportamento? Afirmar "Você se saiu muito bem naquela reunião" é muito mais comum que "Vi que você notou quando o cliente se afastou da mesa e pareceu desinteressado e, então, reagiu, perguntando-lhe se tinha alguma dúvida. Você fez um bom trabalho em reconquistá-lo. Deve continuar prestando atenção à linguagem corporal durante as reuniões".

Definição de objetivos

Mesmo no Google, nosso sistema estava longe da perfeição. A satisfação com a gestão do desempenho sempre foi uma das áreas com mais baixa avaliação em nosso estudo anual Googlegeist. No começo de 2013, somente 55% dos googlers viam com bons olhos o processo. Melhor que o nível médio de 30% de percepções favoráveis em outras empresas, mas, ainda assim, muito ruim. As duas principais queixas eram que o processo exigia muito tempo e carecia de transparência, o que levantava dúvidas quanto à equidade. Em que, então, estávamos acertando para que nosso percentual de satisfação fosse quase o dobro do predominante em outras empresas – embora ainda pequeno para nossos padrões de exigência? E onde estávamos errando?

O sistema de gestão do desempenho do Google sempre começou com a definição de objetivos. No começo da década de 2000, John Doerr, membro do conselho de administração do Google, nos apresentou uma prática que ele vira funcionar com muito sucesso na Intel: os OKRs, ou Objectives and Key Results (Objetivos e resultados-chave). Os resultados devem ser específicos, mensuráveis e verificáveis. Se você alcançou todos os resultados, realizou os objetivos. Por exemplo, se o objetivo for melhorar a qualidade da pesquisa em x%, os atributos que contribuirão para isso serão maior relevância (até que ponto os resultados são úteis para o usuário) e melhor latência (com que rapidez eles aparecem). É importante perseguir ambos os atributos, pois, do contrário, os engenheiros poderiam enfatizar um deles em detrimento do outro. Não basta gerar resultados perfeitos se eles demorarem três minutos. É preciso ser relevante e rápido.

Deliberadamente, definimos objetivos ambiciosos que sabemos que nem sempre serão realizados em todos os casos. Quando isso acontece, é porque eles não são agressivos o bastante. Astro Teller, que supervisiona a Google[x], nossa equipe que desenvolveu o Glass (computador montado em óculos com tela do tamanho de uma unha da mão) e nossos carros autônomos, assim o descreve: "Se você quiser que seu carro rode 20 quilômetros com um litro de gasolina, tudo bem. Você poderá melhorá-lo. Mas, se eu lhe disser que ele deve rodar 200 quilômetros por litro, você terá que reinventá-lo." Não definimos todos os nossos objetivos com essa agressividade, mas existe sabedoria nessa abordagem. Como Larry costuma observar: "Se você define um objetivo muito ambicioso e não o realiza, ainda assim você alcança um resultado marcante."

Dessa forma, no começo de cada trimestre Larry define OKRs para a empresa, levando todas as pessoas a garantir que seus OKRs pessoais são compatíveis com os do Google. Não permitimos que o perfeito seja inimigo do bom. Depois de ver os objetivos da empresa, é fácil compará-los com seus objetivos. Se forem muito discrepantes, das duas uma: ou há bons motivos, ou é preciso mudar o foco. Além disso, os OKRs de todos são visíveis para todo mundo na empresa, em nosso site interno, bem ao lado do número do telefone e do local de trabalho. É importante saber o que outras pessoas e equipes estão fazendo e é motivador ver como você se encaixa no panorama mais amplo do que o Google está tentando alcançar. Finalmente, o OKR de Larry e o relatório trimestral dele sobre o desempenho da empresa estabelecem o padrão de transparência nas comunicações e o alto nível de nossos objetivos.

Quanto à questão dos objetivos, a pesquisa acadêmica confirma o que diz a intuição: estabelecer metas melhora o desempenho.[113] Passar horas a fio desdobrando objetivos para baixo e para cima na organização, porém, é contraproducente.[114] Toma muito tempo e é difícil demais alinhar todos eles. No nosso caso, como os OKRs do topo são conhecidos e todos os demais OKRs estão acessíveis a qualquer funcionário, com o passar do tempo todos os objetivos convergem. As equipes muito fora de sincronia facilmente se destacam e é fácil gerenciar diretamente as poucas grandes iniciativas que afetam todo mundo.

Mensuração do desempenho

Até 2013, todos os googlers recebiam, no fim de cada trimestre, uma pontuação como resultado de sua avaliação do desempenho. A escala de avaliação de 41 pontos se estendia de 1,0 (péssimo) até 5,0 (extraordinário). Em termos aproximados, menos de 3,0 significava que você às vezes ou em geral ficava abaixo das expectativas; 3,0 a 3,4 indicava que você correspondia às expectativas; 3,5 a 3,9 mostrava que você superava as expectativas; 4,0 a 4,4 significava que você "ultrapassava em muito" as expectativas; 4,4 a 4,9 indicava que você "se aproximava do desempenho extraordinário"; e 5,0 denotava uma performance "extraordinária". A avaliação média se situava entre 3,3 e 3,4, e alguém que mantivesse a média de 3,7 ou mais durante alguns trimestres normalmente era promovido. Nada revolucionário aqui.

A ciência dos sistemas de avaliação é inconclusiva.[115] Não há evidências fortes no sentido de que 3, 5, 10 ou 50 pontos de avaliação fazem diferença.

Nossa escala de 41 pontos é consequência de nosso DNA de engenharia. Parece bastante exata para distinguir entre operadores 3,3 e 3,4. E, quando se calculavam as médias de muitos trimestres, chegava-se a avaliações bastante refinadas para diferenciar operadores 3,325 e 3,350. Considerando que as avaliações chegavam a três casas decimais, tínhamos um sistema de avaliação de 4.001 pontos! Desenvolvemos fórmulas de complexidade instigante para garantir que, se sua avaliação fosse um fio de cabelo mais alta, você seria recompensado com um aumento ligeiramente mais elevado. Mas isso não importava. Apesar de todo o tempo que dedicávamos às avaliações, na hora de aumentar salários ou de conceder bônus, os gerentes e os revisores alteravam nossas propostas em dois terços das vezes. Os gestores gastavam milhares de horas a cada três meses atribuindo avaliações de exatidão quase absurda, mas que não serviam de base adequada para a definição de salários.

As mesmas considerações também se aplicam à mensuração do desempenho quatro vezes por ano. Iniciamos essa prática porque nos anos de crescimento descomunal ela nos ajudava a gerenciar as atividades das pessoas, mas também porque queríamos garantir que nossas avaliações sempre refletissem a realidade com o máximo de exatidão. Constatamos, porém, que estávamos gastando até 24 semanas por ano fazendo avaliações, calibrando as avaliações (explicarei daqui a algumas páginas o que isso significa) ou comunicando as avaliações. Alguns gerentes gostavam dessa frequência, argumentando que ela os forçava a verificar as quedas de desempenho repentinas. Mas isso era uma desculpa. Nada os impedia de lidar com essas questões no momento oportuno e parecia um desperdício avaliar 50 mil pessoas para identificar cerca de 500 que enfrentavam dificuldades.

Passamos grande parte de 2013 em busca de melhores soluções. Examinamos alternativas que variavam desde não haver nenhuma hierarquia até chegar a 800 níveis de hierarquia, para que quase todos recebessem o estímulo de serem promovidos quase todos os trimestres. Consideramos as hipóteses de avaliar o desempenho a cada ano, a cada trimestre, a cada mês e em tempo real. Pensamos em sistemas de avaliação com 3 pontos e com 50 pontos. Debatemos se deveríamos rotular cada categoria de desempenho com um número ou uma palavra-chave, mesmo admitindo a ideia de palavras-chave sem sentido, para que as pessoas não focassem nos rótulos. Cheguei até a sugerir algumas que incluíam níveis de avaliação como Aquaman, triângulo vermelho ou manga:

Por que todo mundo detesta a gestão do desempenho e o que decidimos fazer a respeito ◀ 149

"Manga supera em muito as expectativas". O googler Paul Cowan criou esta imagem para ilustrar uma de minhas propostas de avaliação.

O objetivo do sistema com nomes sem sentido era levar as pessoas a ignorá-lo. É claro que os googlers acabariam atribuindo significado aos rótulos. Constituímos diferentes comitês e até submetemos algumas questões a votação.

Por fim, três coisas ficaram claras:

1. O consenso era impossível. Na falta de evidências claras, todos se tornavam especialistas e eram formados grupos de defesa de todas as variações possíveis. As pessoas manifestavam opiniões firmes sobre questões como se era preferível adotar cinco ou seis categorias de desempenho. Mesmo em se tratando dos processos menos populares no Google, era impossível encontrar uma solução que agradasse a todos. Parecia que, embora muita gente não gostasse do sistema vigente, todos detestavam ainda mais as alternativas.
2. As pessoas levavam a sério a gestão do desempenho. Por exemplo, consultamos os googlers sobre os rótulos que poderiam ser atribuídos às categorias de desempenho e contamos mais de 4.200 votos. A tendência mais nítida era o desejo de seriedade e clareza.

3. A experimentação era vital. Na ausência de comprovações externas, tínhamos que chegar às nossas próprias conclusões, trabalhando com os líderes de cada área do Google para ajudá-los a testar suas ideias. No YouTube, tentamos classificar todas as pessoas na ordem da mais eficaz para a menos eficaz, independentemente do nível, e descobrimos que um dos googlers mais eficazes era um funcionário de nível médio, que foi, então, recompensado com um dos maiores bônus em ações da área. E, embora esse prêmio específico não tenha sido divulgado, todo mundo sabia que essas reversões de nível e de remuneração estavam acontecendo.* Nas outras áreas, procuramos manter apenas cinco níveis de desempenho, o que, para os gestores, pareceu 20% mais favorável do que a abordagem anterior de 41 categorias.

Tudo isso foi difícil para o pessoal de Operações de Equipe. Nosso trabalho não é de vida ou morte, mas teve gente que gritou, que chorou, que quase se demitiu. Por concedermos tanta liberdade aos googlers, sermos tão movidos a dados e nos importarmos tanto com a equidade e com a maneira como tratamos uns aos outros, promover mudanças como essas no Google exigem esforços hercúleos. Todas as equipes que consultamos se mostravam frustradas com o sistema vigente e todas resistiam a fazer alguma coisa nova. Só em nossa divisão YouTube, havia dezenas de diferentes ideias sobre novos sistemas de avaliação a serem experimentados. Eu me senti muito orgulhoso da perseverança, da criatividade e do empenho com que a equipe de Operações de Equipe trabalhou ao longo de todas essas mudanças e ainda mais grato às equipes que colaboraram conosco para descartar 15 anos de tradição e tentar algo novo.

Com base em nossos experimentos, no começo de 2013 aumentamos a periodicidade das avaliações de trimestrais para semestrais. Enfrentamos algumas queixas, mas nada grave. Conseguimos uma economia de tempo instantânea de 50%.

No final do mesmo ano, transferimos mais de 6.200 googlers (quase 15% da empresa) para uma escala de cinco pontos: precisa melhorar, corresponde sempre às expectativas, supera as expectativas, supera em muito as

---

* Esse foi um grande lembrete da máxima de Alan Eustace segundo a qual um ótimo engenheiro vale tanto quanto 300 engenheiros medianos e que os sistemas tradicionais de desempenho e remuneração conspiram para recompensar as pessoas com base mais na hierarquia que nas contribuições.

expectativas e excelente. Semelhantes aos rótulos anteriores, mas com menos avaliações distintas.

Adotamos um dos princípios básicos da medicina: *Primum non nocere*. Primeiro, não prejudicar. Como se tratava da primeira fase dessa mudança, nosso objetivo era simplesmente alcançar os mesmos níveis de satisfação, equidade e eficiência de nossa velha escala de avaliação. Achávamos que, depois de superarmos o ceticismo inicial e percorrermos a curva de aprendizado ("Como assim não sou mais 3,8? Trabalhei duro para ser 3,8!"), pouparíamos tempo evitando as detalhistas casas decimais, e os gerentes seriam forçados a ter conversas mais construtivas com os funcionários em vez de se esconderem atrás de afirmações como "Sua pontuação subiu 0,1 neste trimestre. Bom trabalho e continue assim!".

Ficamos aliviados ao constatar que a perda de "exatidão" não era prejudicial. Comparamos como os googlers sujeitos à escala de cinco pontos se sentiam em relação aos googlers ainda sob a escala de 41 pontos. Perguntamos:

- Identificamos os operadores de baixo desempenho?
- Identificamos as pessoas certas para promoções?
- As conversas foram construtivas?
- O processo foi justo?

Em toda a organização, o novo processo foi considerado não inferior ao antigo. Embora pareça uma vitória pequena, esse resultado foi de fato um enorme alívio para nós. Alguns googlers receavam que a perda de precisão significaria que nossas avaliações seriam menos úteis e construtivas. Em vez disso, as respostas às pesquisas com os funcionários confirmaram o que suspeitávamos desde o início: os 41 pontos geravam apenas a ilusão de precisão.

A maioria dos googlers admitiu que em muitas avaliações era impossível distinguir entre mais ou menos 0,1. Por exemplo, não se sabia ao certo a diferença entre 3,1 e 3,2. Como explicou Megan Huth, membro de nosso Laboratório de Pessoas e Inovação: "Isso acarretava a possibilidade de que nossas avaliações não fossem nem confiáveis, nem válidas. Pessoas com o mesmo desempenho poderiam ser avaliadas com 3,2 ou 3,3, dependendo do avaliador e do grupo de calibragem. Isso significa que a avaliação não é confiável. E, se ela conseguisse 3,3 quando era realmente 3,2, então a avaliação também não é válida – não reflete a realidade."

Portanto, as avaliações, segundo Megan, deveriam incluir uma margem de erro, no sentido de dizermos: "Jim, seu desempenho se situa no nível entre 3,3 e 3,5." Mas não era o que acontecia na prática. Os gerentes atribuíam significado real aos números, de modo que, se alguém passasse de 3,3 para 3,5, seria porque melhorou, quando, na verdade, talvez continuasse no mesmo nível de desempenho. E pense como seria muito pior se sua avaliação caísse e lhe dissessem que foi porque seu desempenho piorou, quando, de fato, foi apenas um erro de mensuração.

Até que aconteceu algo interessante. Os 6.200 googlers se distribuíam entre oito diferentes equipes. Três equipes, no entanto, totalizando mais de mil pessoas, decidiram subdividir as cinco categorias de desempenho. Por exemplo, uma equipe adicionou três subcategorias a cada categoria, de maneira que um googler estrela poderia ser avaliado "alto extraordinário", "médio extraordinário" ou "baixo extraordinário". O gráfico abaixo mostra como as avaliações foram subdivididas, embora eu tenha agregado todas as subcategorias nas cinco principais, de modo a facilitar a visualização da diferença entre as duas abordagens. O Grupo A se limitava a 5 categorias, enquanto o Grupo B tinha 15.

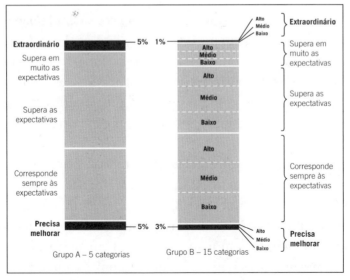

Distribuição da avaliação média dos Grupos A e B.

O Grupo B, embora tivesse mais rótulos de desempenho, o que, na suposição deles, possibilitaria mais diferenciação entre as pessoas, apresentava, na verdade, menos diferenciação que o Grupo A. Cerca de 5% do Grupo A eram "extraordinários", mas só 1% do Grupo B se enquadrava nessa categoria. Posso lhe garantir que, no geral, todas essas equipes apresentavam o mesmo nível de desempenho, contribuindo com valores similares para o Google. O Grupo B, apenas por ter mais categorias de avaliação entre as quais escolher, concluiu, de maneira inconsciente, inadvertida e incorreta, que quase não tinha profissionais estrela. Sem que essa fosse a intenção, deixaram 80% de seus melhores operadores (quatro em cada cinco) fora da categoria de melhor desempenho.

Quando você estiver lendo este livro, todo o Google terá migrado para a escala de avaliação de cinco pontos. No final de 2013, tratava-se ainda de um experimento, mas os sinais iniciais eram positivos. Primeiro, fornecia aos empregados feedback mais relevante, em lugar das diferenças nebulosas entre 3,2 e 3,3. Segundo, gerava uma distribuição do desempenho mais ampla. Ao reduzirmos a quantidade de categorias de avaliação do desempenho, os gerentes se tornaram mais propensos a usar as extremidades do sistema de avaliação. Apesar da pesquisa acadêmica inconclusiva sobre sistemas de avaliação do desempenho e do feedback neutro dos googlers, descobrimos que ter cinco categorias era melhor que ter mais categorias, pelo menos pelas duas razões acima expostas.

Em meados de 2014, obtivemos resultados ainda mais positivos. Acreditávamos que diferentes cargos têm diferentes oportunidades de impacto. Se você é engenheiro, seu produto pode beneficiar 100 pessoas ou um bilhão de pessoas. Caso seja um recrutador, por mais que tente, você simplesmente não terá horas suficientes para impactar um bilhão de pessoas. Quando deixamos de oferecer diretrizes sobre quais deveriam ser as distribuições de avaliação certas, vimos surgirem quatro padrões de avaliação distintos que refletiam melhor as características reais do desempenho de diferentes equipes e indivíduos.

Também constatamos que os gerentes dobraram o uso dos extremos do sistema de avaliação. Aumentar a proporção de pessoas no topo da escala de avaliação refletia melhor o desempenho real (no Capítulo 10 você poderá ver por que essa afirmação é verdadeira). E atenuar o estigma de se situar na base da escala de avaliação facilitava para os gestores a tarefa de manter conversas diretas e solidárias com os funcionários em dificuldade sobre como melhorar o desempenho.

Depois de muitas discussões, substituímos o sistema de avaliação inexato e perdulário por outro totalmente novo, mais simples, mais exato e que exigia o mesmo tempo para calibrar as avaliações. Para ser sincero, as discussões ainda não acabaram! Mas o que estamos vendo é que, à medida que as pessoas se sentem mais à vontade em relação ao novo sistema, mais elas o apreciam.

Eu o compartilho com você, aqui, na condição de um lançamento beta, da mesma maneira como liberamos produtos quando eles estão na iminência de se tornarem muito mais úteis do que os já disponíveis, mas antes de estarem 100% acabados.

Garantindo a equidade

Por outro lado, a alma da avaliação do desempenho é a calibragem. Sem ela, nosso processo de avaliação seria muito menos confiável e eficaz. Acredito que a calibragem é a razão pela qual os googlers se mostraram duas vezes mais favoráveis a nosso sistema de avaliação que as pessoas de outras empresas em relação aos seus.

O sistema de avaliação do Google era (e é) diferente porque não é só o supervisor imediato que toma a decisão. Um gerente atribui uma avaliação preliminar a um funcionário – digamos, "supera as expectativas" – com base não só nos OKRs, mas também em outras atividades, como o volume de entrevistas realizadas ou a existência de circunstâncias adversas (como mudanças na economia) que podem afetar a receita.* Antes da aprovação final dessa versão preliminar da avaliação, grupos de gestores se reúnem e analisam juntos todas as avaliações preliminares dos funcionários, num processo que denominamos calibragem.

A calibragem acrescenta uma camada, mas é fundamental para garantir a equidade. As avaliações de um gestor são comparadas às de outros que lideram equipes semelhantes e todos os gestores reveem em conjunto as avaliações dos respectivos funcionários: cinco a 10 gestores se reúnem e projetam na parede as avaliações de 50 a mil empregados, analisam cada caso e concordam quanto a uma avaliação justa. Dessa maneira, elimina-se

---

* Isso é importante. Os OKRs *influenciam* as avaliações do desempenho, mas não as *determinam*.

a pressão a que os gestores talvez estejam sujeitos para inflar as avaliações de sua equipe. Também garante que os resultados finais reflitam a expectativa comum de desempenho, uma vez que os gestores, geralmente, têm expectativas diferentes em relação a seu pessoal e interpretam os padrões de desempenho à sua maneira, conforme suas predisposições individuais. A calibragem diminui os vieses, forçando os gestores a justificar suas decisões uns aos outros. Também melhora a percepção de equidade entre os funcionários.[117]

Os benefícios da calibragem na avaliação do desempenho não são diferentes das vantagens da comparação de notas de diferentes entrevistadores na seleção de candidatos a emprego. O objetivo é o mesmo: eliminar fontes de julgamentos pessoais em relação a cada candidato. Mesmo que se trate de uma pequena empresa, os resultados serão melhores e os funcionários ficarão mais felizes se as avaliações se basearem em discussões em grupo, em vez de nos caprichos de um único gerente.

Mesmo nas calibragens, porém, os gestores podem tomar más decisões. Várias tendências a erros se insinuam nas avaliações do desempenho. Por exemplo, o viés da recentidade (ou da novidade) se manifesta quando as experiências recentes ganham mais peso por estarem mais frescas na memória. Se eu tive uma boa conversa com alguém esta semana e logo depois participo de uma sessão de calibragem em que essa pessoa também é avaliada, é provável que eu distorça para melhor minha percepção a respeito dela sob o impacto da interação positiva recente. Uma das maneiras de combater essas tendências é começar as reuniões de calibragem pela leitura de um texto com a descrição dos erros mais comuns cometidos pelos avaliadores e das maneiras mais eficazes para evitá-los.

Nas sessões de calibragem de que participei, observei que basta chamar a atenção dos gestores para esse fenômeno, mesmo por não mais que alguns minutos, para eliminar muitas dessas distorções. Além disso, o procedimento propicia uma linguagem e uma cultura de prevenção desses erros. Não é incomum hoje ouvir alguém numa reunião de calibragem redirecionar a conversa afirmando: "Espere um pouco. Isso é o viés da recentidade. Precisamos considerar o desempenho ao longo de todo o período em vez de apenas na semana passada."

Você pode perceber que, mesmo depois de reduzir a frequência de nossos ciclos de avaliação e de simplificar nossas escalas, ainda investimos muito

156 ▶ Um novo jeito de trabalhar

tempo nesse processo. Talvez bastem de 10 a 30 minutos para atribuir avaliações preliminares às equipes, ticando opções em nossas ferramentas de gestão do desempenho; as sessões de calibragem, porém, podem levar três horas ou até mais. Não se discutem todos os casos individuais. Passa-se algum tempo garantindo que os calibradores também sejam calibrados, comparando pessoas bem conhecidas por mais de um gerente para que esses indivíduos sejam usados como referências. Os calibradores também olham para a distribuição das avaliações entre diferentes equipes, não para forçar uma distribuição única, mas para compreender por que algumas equipes podem ter distribuições diferentes. Por exemplo, uma equipe talvez seja, de fato, mais forte que outra. Grande parte do tempo, portanto, é gasto na discussão de casos que se destacam por alguma razão, como mudanças muito rápidas para melhor ou para pior, grandes guinadas repentinas no desempenho ou casos atípicos, à margem das categorias de avaliação.

Quando tantas empresas estão abandonando totalmente as avaliações de desempenho, por que ainda insistimos no processo?

Trata-se de uma questão de equidade. As avaliações são ferramentas, dispositivos simplificadores para ajudar os gestores a tomar decisões sobre salários e promoções. Como empregado, quero ser tratado com justiça. Não me importo que alguém receba um salário superior ao meu se está contribuindo mais do que eu. Mas, se nós dois estivermos fazendo o mesmo trabalho e o salário do outro for muito mais alto que o meu, ficarei extremamente chateado. Se o sistema de avaliação é justo, não vou precisar me preocupar com coisas desse tipo. Ele garante que quem apresenta um desempenho excepcional seja visto não só pelo próprio gerente, mas também por muitos outros, na reunião de calibragem, e, juntos, eles desenvolverão e difundirão padrões consistentes em toda a empresa.

As avaliações também facilitam a movimentação de pessoas na organização. Como gestor, posso confiar que alguém que "supera em muito as expectativas" está fazendo um ótimo trabalho, não importa que seu cargo mais recente seja no Chrome, no Glass ou em vendas. Como funcionário, posso ter a certeza de que as pessoas estão sendo promovidas com base no mérito, não em considerações políticas. Para uma pequena equipe, você não precisa de toda essa infraestrutura – você conhece todo mundo. No entanto, em contextos com algumas centenas de pessoas, os funcionários se sentem mais confortáveis quando confiam em sistemas imparciais em vez de em gestores individualmente. Não porque os gestores sempre sejam injustos, mas, sim, porque os processos de avaliação que incluem calibragens combatem ativamente a tendenciosidade.

Evite que as pessoas fiquem na defensiva e promova o aprendizado com um truque simples

Um processo de avaliação justo o leva somente até certo ponto. Como gestor, você quer dizer às pessoas não só como elas estão trabalhando, mas também como melhorar no futuro. E qual seria a maneira mais eficaz de transmitir essas duas mensagens?

Resposta: Faça-o em duas conversas distintas.

A motivação intrínseca é a chave do crescimento, mas os sistemas convencionais de gestão do desempenho destroem essa motivação. Quase todas as pessoas querem melhorar. Os modelos de aprendizagem tradicional se baseiam nessa noção. Um trabalhador inexperiente quer aprender, e aprenderá melhor quando se associar a um parceiro mais experiente que o ensine. Lembra-se da primeira vez em que você andou de bicicleta, conseguiu nadar bem ou dirigiu um carro? A vibração da maestria e da realização é um motivador poderoso.

Quando, porém, se introduzem motivações extrínsecas, como a promessa de promoção ou de aumento salarial, a disposição e a capacidade de aprender do aprendiz começam a diminuir. Em 1971, Edward Deci e Richard Ryan, da Universidade de Rochester, levaram uma série de indivíduos para o laboratório.[118] Cada sujeito recebeu sete peças de um plástico tridimensional que poderiam ser montadas em "milhões de formas". Em cada três blocos de tempo de uma hora, pedia-se aos participantes que reproduzissem quatro diferentes formas, com base em desenhos que recebiam. Caso não o conseguissem depois de 13 minutos, o experimentador os ajudava, para mostrar que a tarefa era possível.

À direita deles, havia desenhos de outras possíveis formas e, à esquerda, viam-se as últimas edições de *The New Yorker*, *Time* e (como estávamos na década de 1970) *Playboy*. O experimentador se sentava no laboratório com o sujeito, exceto durante um intervalo de oito minutos, no meio de cada bloco de uma hora, quando ele se ausentava ostensivamente para computar os resultados. Ele dizia aos participantes: "Sairei apenas por uns poucos minutos. Na minha ausência, você pode fazer o que quiser." Na verdade,

158 ▶ Um novo jeito de trabalhar

esse era o principal momento do experimento. Sem supervisão, será que as pessoas continuariam trabalhando nos problemas?

Membros do grupo de controle passaram cerca de três minutos e meio (213 e 205 segundos) com o problema, durante os dois primeiros intervalos sem supervisão, e quatro minutos (241 segundos) no último intervalo. Os membros do grupo experimental passaram a média de quatro minutos (248 segundos) com o problema no primeiro intervalo. Antes do início da segunda hora, os participantes eram informados de que receberiam um dólar por cada problema que resolvessem. Com o aumento do incentivo, eles passaram mais de cinco minutos (313 segundos) no problema, 26% mais tempo que na primeira hora. Antes da terceira hora, recebiam a informação de que havia dinheiro suficiente apenas para uma rodada de pagamento, motivo pelo qual não mais receberiam dinheiro. O tempo que gastaram com cada problema caiu para menos de três minutos e meio (198 segundos), 20% menos que na primeira rodada e 37% menos que na rodada paga.

Embora tenha sido um pequeno estudo preliminar, ele demonstrou o poder dos incentivos, assim como o efeito debilitante da remoção dos incentivos. Deci e Ryan concluíram que a introdução de uma recompensa extrínseca levava as pessoas a encarar o trabalho de maneira diferente a partir desse momento, reduzindo a motivação intrínseca. E ainda demonstraram que a motivação intrínseca induz não só a um melhor desempenho, mas também a melhores resultados pessoais em termos de maior energia, autoestima e bem-estar.[119] Os locais de trabalho que concedem aos funcionários mais liberdade exploram essa motivação intrínseca natural, que, por sua vez, os ajuda a se sentirem mais autônomos e capazes.

É notada uma dinâmica semelhante quando os gestores se sentam para conversar com os funcionários sobre a avaliação anual e o aumento salarial. Os subordinados se concentram nas recompensas extrínsecas – mais dinheiro, uma avaliação melhor – e o aprendizado cessa. Já tive um membro em minha equipe – vou chamá-lo de Sam – que se mostrava obcecado em cada trimestre por sua avaliação. Se ela fosse mais alta, ele não queria saber por que conquistara uma pontuação maior nem que comportamentos devia adotar com mais frequência. Se fosse igual ou mais baixa, ele argumentava que eu não considerara todos os fatores e que errara em minha avaliação. E Sam continuava discutindo, até me deixar tão exausto que eu cedia e lhe dava uma avaliação mais alta. Tenho vergonha de admitir isso, mas sei que não estou sozinho.

Na verdade, os funcionários têm todos os motivos para lutar por melhores avaliações. Como gestor, meu incentivo é avaliá-los de maneira justa e honesta, para que os sistemas da empresa funcionem com eficácia. Como funcionário, meu incentivo é, sem dúvida, trabalhar bem, embora também seja racional que eu insista e persista com meu gerente para melhorar minha avaliação (desde que não exagere a ponto de aborrecê-lo). Para meu gerente, não custa nada, ao passo que para mim, funcionário, a avaliação mais alta significa mais dinheiro e oportunidades. Além disso, tenho condições de passar várias horas desenvolvendo meus argumentos, enquanto meu gerente não só não tem tempo para agir da mesma maneira em relação a toda a sua equipe, mas também jamais terá tantas informações quanto eu, pois não está ao meu lado o dia inteiro. Uma vez que todas as avaliações estão diretamente relacionadas com salário e oportunidades, todos os funcionários têm esse incentivo para explorar o sistema.

E, mesmo que eu não discuta com meu gerente, ele fica receoso de que eu o faça. Em um estudo realizado por Maura Belliveau, da Universidade de Long Island,[120] pediu-se a 184 gestores que distribuíssem aumentos de salários entre um grupo de colaboradores. Os aumentos foram compatíveis com as avaliações de desempenho. Os mesmos gestores, então, foram informados de que a situação financeira da empresa exigia a limitação de recursos, mas receberam a mesma quantia para distribuir. Dessa vez, os homens receberam 71% da verba para aumentos salariais, em comparação com 29% para as mulheres, embora os homens e as mulheres apresentassem a mesma distribuição de pontuação. Os gestores – de ambos os gêneros – deram mais aos homens porque presumiram que as mulheres ficariam sensibilizadas com as condições da empresa, ao passo que os homens pouco se importariam com a conjuntura adversa. E deram mais dinheiro aos homens para evitar o que receavam que viesse a ser uma conversa dura.

Temos uma solução simples, embora embaraçosa.

Nunca tenha as duas conversas ao mesmo tempo. As avaliações anuais acontecem em novembro e as discussões sobre salários ocorrem um mês depois. Todos os funcionários do Google são elegíveis para receber bônus em ações, mas essas decisões são tomadas seis meses depois.

Como explica Prasad Setty, "os sistemas tradicionais de gestão do desempenho cometem um grande erro. Combinam duas coisas que devem ser completamente segregadas: avaliação do desempenho e desenvolvimento de pessoas. A avaliação é necessária para distribuir recursos limitados, como aumentos de salários e gratificações. O desenvolvimento é igualmente necessário para que as pessoas cresçam e melhorem".[121] Se você quer que as pessoas evoluam, não tenha essas duas conversas ao mesmo tempo. Torne o desenvolvimento um intercâmbio constante entre você e os membros da equipe, em vez de uma surpresa de fim de ano.

A sabedoria das multidões... já não é mais só na hora de recrutar!

Vimos no Capítulo 5 que tomamos decisões melhores sobre contratação quando recorremos às contribuições da multidão. O mesmo princípio se aplica ao treinamento e à avaliação dos atuais funcionários.[122] De volta a Sam, que já trabalhou em minha equipe, eu, de fato, via apenas parte do trabalho dele, o que lhe dava razões para argumentar que eu não compreendia todo o contexto de seu desempenho. Sam, porém, fazia de tudo para tentar me impressionar, para descrever seu trabalho da melhor maneira possível e para denegrir o desempenho dos colegas, para que, em contraste, parecesse melhor. Tornou-se quase impossível para mim, como gestor, compreender em profundidade a contribuição de Sam.

Os colegas dele, no entanto, viam o verdadeiro Sam e o consideravam politiqueiro, belicoso e intimidador. E descobri o que pensavam porque, uma vez por ano, todo googler recebe um feedback anual não só do gerente, mas também dos colegas. Na hora de realizar as avaliações anuais, os googlers e os gerentes selecionam uma lista de avaliadores, que abrange não só colegas, mas também pessoas de nível hierárquico mais baixo.

Esse feedback pode ser poderoso. Um líder que era cauteloso ao entrar em questões fora de sua especialidade ouviu o seguinte: "Sempre que abre a boca, você acrescenta valor." Nos anos seguintes, esse estímulo de um colega o levou a ser um membro muito mais ativo da equipe. O chefe dele já o havia encorajado a se pronunciar mais, mas aquele reconhecimento, vindo de um colega, pareceu-lhe muito mais significativo.

Em 2013 também tentamos tornar mais específicos nossos padrões de feedback dos colegas. Até então, havíamos mantido o mesmo formato durante muitos anos: "Descreva de três a cinco coisas que a pessoa não faz bem. Liste três a cinco coisas em que a pessoa poderia melhorar." Agora pedimos que indiquem só uma coisa que a pessoa deveria fazer mais e uma coisa que deveria fazer de maneira diferente para exercer mais impacto. Raciocinamos que, se a pessoa tivesse que se concentrar em apenas um item, a probabilidade de que realmente conseguisse mudar seria maior do que caso se dispersasse entre diferentes esforços.

Costumávamos pedir aos funcionários que listassem todas as suas realizações no ano anterior num único campo em branco. Agora solicitamos que relacionem projetos específicos, suas funções e o que realizaram. Limitamos o espaço para descrever o que fizeram em cada projeto a 512 caracteres,[123] supondo que, se os colegas revisores precisassem ler uma explicação mais longa que isso, seria porque eles provavelmente não sabiam do que se tratava. E, se não conhecessem o projeto, os pares estariam avaliando apenas a descrição, não o trabalho efetivo. Perguntava-se, então, aos colegas revisores até que ponto conheciam aquele projeto específico e quão intenso fora o impacto do indivíduo, além de pedir-lhes para fazer comentários. Com o tempo, tivemos uma ideia de quais provedores de feedback eram confiáveis nas avaliações, da mesma maneira como fazemos com os entrevistadores. Os googlers também têm liberdade para solicitar feedback sobre tópicos específicos a qualquer momento do ano em vez de esperar por um dia específico.

Para garantir que as conversas dos funcionários com os gerentes fossem mais úteis, desenvolvemos um folheto de uma página para ser usado durante a conversa sobre desempenho. Mais uma vez o propósito era tornar a conversa mais específica e tangível. Distribuímos esses folhetos também aos subordinados, só para garantir; esperávamos que os gerentes tratassem dos tópicos certos, mas não faria mal se os funcionários também estivessem preparados para orientar a discussão.

Fiquei surpreso ao ver como pequenas mudanças podem exercer um efeito tão amplo. Tornar os modelos mais específicos reduziu em 27% o tempo gasto nas avaliações e, pela primeira vez, 75% dos colegas sentiram que as avaliações eram úteis (um aumento de 26% em relação ao ano anterior). Quem usou o guia de discussão com os gerentes avaliou a própria conversa sobre desempenho de maneira 14% mais favorável do que quem não usou. Um googler mais efusivo chegou a escrever: "Essa versão é muito mais fácil de usar e toma bem menos tempo. Obrigado por me devolver meu setembro!!!"

> go/letstalkperf
>
> **Performance & development discussion guide for managers**
>
> This guide provides a framework to help you prepare and think through performance and development conversations with your team. You can use this guide whether you're holding a full review (e.g., discussing peer feedback and your written manager assessment) or a mid-year check in (e.g., sharing the most recent rating).
>
> Development conversations as part of the official Perf review cycles are just one opportunity for you to connect with your Googlers. Sharing feedback and discussing how they can grow is an ongoing part of your role as a manager. You can also use this framework to structure performance and development conversations that you hold throughout the year, building upon past discussions.
>
> Key areas to cover:
>
> > Getting started
> > 1. Overall performance
> > 2. What to keep doing & next steps
> > 3. What to improve on & next steps
> > 4. [optional] Longer-term goals
> > 5. Recap
>
>
>
> Additional resources:
> - You may find it helpful to leverage this tracking sheet as you compile information for each individual, and/or this worksheet to share directly with your Googler
> - We have also shared this conversation guide with Googlers to help them prepare for these discussions
>
> ---
>
> **Getting started**
>
> Before you dive in, ensure the goals of the conversation are clear - are you discussing a full review incl. peer feedback, are you discussing the last 6 months and the related perf rating, or are you checking in mid cycle?
>
> | What to cover: | Things to consider: |
> |---|---|
> | • Articulate the goal and structure of the conversation
• Have examples ready to enrich the discussion
• Ask questions and encourage your Googler to speak openly | • Past development conversations with your Googler
• How does your Googler best receive and integrate feedback? If you feel unsure, this could be something to discuss
• Think about and combat any potential biases - the checklists at go/bbPerf will help |

Extraído do guia de orientação aos gerentes nas conversas sobre desempenho e desenvolvimento.* © Google, Inc.

Os experimentos nos deram confiança e credibilidade perante os googlers para, em 2014, estendermos essas mudanças a toda a empresa. E eles ficaram mais felizes também. Cerca de 80% dos funcionários hoje concordam que oferecer feedback dessa maneira significa tempo bem gasto, em comparação com 50% dois anos antes. Ainda imperfeito, mas muito melhor.

---

* Os principais tópicos das conversas sobre desempenho e desenvolvimento são: 1. Desempenho geral; 2. O que continuar fazendo e próximos passos; 3. O que melhorar e próximos passos; 4. Objetivos de prazo mais longo (opcional); e se encerram com 5. Recapitulação.

Juntando tudo para promoções

Na maioria das empresas, se a sua pontuação na avaliação for alta o suficiente, você será promovido. Geralmente, seu chefe toma a iniciativa, ou então acontece quando você muda de emprego e recebe um título mais pomposo para o cargo. No Google não é assim. Talvez, a esta altura, você já tenha concluído que as decisões sobre promoção, assim como as decisões sobre avaliação, são tomadas por comitês, que analisam as pessoas com potencial de serem promovidas e as comparam com os funcionários promovidos nos anos anteriores de acordo com padrões bem definidos, para garantir a equidade.

E não seríamos o Google se também não recorrêssemos à sabedoria das multidões. O feedback dos colegas é parte essencial do pacote de promoções técnicas analisado pelos comitês.

Existe, porém, outra diferença importante. Os googlers que trabalham em engenharia ou em gerenciamento de produtos podem indicar o próprio nome para promoções.* O curioso é que descobrimos que as mulheres são menos propensas a se autoindicar para promoções, mas, quando o fazem, são promovidas em proporções mais elevadas que os homens. Esse fato talvez se relacione com a dinâmica que se constata nas salas de aula: em geral, os garotos levantam a mão e tentam responder às perguntas. As garotas tendem a fazê-lo apenas quando estão seguras, embora acertem com tanta frequência quanto os garotos, talvez até mais.[124]

Também descobrimos que, com uma pequena cutucada (um e-mail de Alan Eustace para todos os googlers técnicos relatando essa constatação), as mulheres passaram a se autoindicar na mesma proporção dos homens. A nota mais recente dele divulgava nossas estatísticas de promoção por gênero e nível, e extraí dela o seguinte trecho:

---

* Com a advertência de que alguns de meus melhores amigos são da área de vendas, saliento que o pessoal de vendas busca muito mais promoções que os engenheiros. Por mais bizarro que possa parecer para não engenheiros, a maioria de nossos engenheiros não se motiva de modo algum pelo nível e pelo status. Só querem trabalhar em coisas legais. Não ficam obcecados pelo próximo degrau da escada, como o pessoal não técnico. Quando discuti pela última vez sobre autoindicação com alguns de nossos líderes de vendas, eles manifestaram alguma inquietação com a enxurrada de autoindicações que poderia resultar dessa abordagem. Meu contra-argumento foi que, depois de uns dois ciclos de feedback de alta qualidade sobre por que não estavam sendo promovidos, o sistema se acomodaria e funcionaria. Ainda não venci essa discussão, mas continuo lutando!

Eu queria atualizar todo mundo sobre nossos esforços para estimular as mulheres a se autoindicarem para promoção. Essa é uma questão importante. Qualquer googler que se considere pronto para promoção deve se sentir encorajado a indicar o próprio nome; e os gerentes desempenham um papel importante em garantir que eles se sintam com capacidade para tanto. Sabemos que pequenos vieses – sobre nós mesmos e sobre os outros – se acumulam ao longo do tempo, e para superá-los é necessário um esforço consciente (...). No intuito de monitorar essa situação, também revisamos os dados referentes aos últimos três ciclos de promoção, para identificar lacunas persistentes (...). Continuarei a expor esses dados, na tentativa de ser transparente e aberto sobre a questão e de manter esse impulso positivo.

Evidentemente, nem todos são promovidos, não importa o gênero. Se você não for promovido, o comitê fornecerá feedback sobre o que fazer para melhorar suas chances na próxima vez. Parece óbvio quando se lê isso, mas trata-se, na verdade, de uma prática rara, em extinção. Como é de imaginar, com nosso tamanho, precisamos de centenas de engenheiros para compor esses comitês e o processo de promoção pode facilmente levar dois ou três dias por ciclo. Constatamos que, talvez por causa da estrutura do comitê, do tempo gasto nessa atividade e do fato de os membros do comitê não terem outro incentivo a não ser tomar boas decisões (exatamente como nossos comitês de contratação), os engenheiros são mais propensos a considerar justos os processos de promoção que os não engenheiros.

Uma nova esperança

As únicas organizações que conhecemos que gastam tanto tempo com gestão do desempenho e promoções quanto nós são as faculdades e as empresas dirigidas como sociedades profissionais. Em ambos os casos, as promoções acabam levando-o a tornar-se parte permanente da família, seja como professor titular, seja como sócio. Portanto, é grande o cuidado ao assumir um compromisso duradouro com você.

Por necessidade, temos o mesmo cuidado em nossas avaliações do desempenho. A receita e o efetivo de pessoal do Google cresceram entre 20% e 30% ao ano nos últimos cinco anos. Fazemos o melhor possível para contratar pessoas que tenham capacidade comprovada para aprender e, então, nos empenhamos ao máximo para ajudá-las a crescer em alta velocidade. Garantir o progresso de nossas pessoas não é um luxo. É um requisito essencial para nossa sobrevivência. Os conceitos fundamentais que tivemos que cultivar, porém, compõem uma linguagem passível de tradução para a realidade de quase todas as empresas.

Primeiro, defina com exatidão os objetivos. Torne-os públicos. Desdobre-os em metas ambiciosas.

Segundo, recolha feedback dos colegas. Existem muitas ferramentas on-line que facilitam o desenvolvimento de pesquisas e a compilação de resultados (digite "Formulários Google" em seu buscador). As pessoas não gostam de ser rotuladas, a não ser que sejam rotuladas como extraordinárias. Mas gostam de informações úteis que as ajudem a trabalhar melhor. É isso que a maioria das empresas deixa passar. Todas elas têm algum tipo de sistema de avaliação cujos resultados servem de base para a distribuição de recompensas, mas poucas dispõem de mecanismos disciplinados para o seu desenvolvimento.

Terceiro, nas avaliações, adote algum tipo de processo de calibragem. Preferimos reuniões em que os gestores se sentam juntos e avaliam as pessoas em grupo. É mais demorado, mas oferece um processo confiável e justo para julgamento e decisão. Um efeito colateral disso é ser bom para a cultura da empresa que as pessoas se reúnam, se reconectem e reafirmem nossos valores. Reuniões presenciais são mais eficientes para empresas com até 10 mil pessoas. À medida que se supera esse limite, passa-se a precisar de uma enorme quantidade de salas de reunião para acomodar todo mundo. Nós as mantemos e as fazemos funcionar para mais de 50 mil pessoas porque são benéficas para nossos funcionários.

Quarto, separe as conversas sobre recompensas das conversas sobre desenvolvimento. A mistura das duas sufoca o aprendizado. Isso se aplica a empresas de qualquer tamanho.

Quanto a todos os outros componentes da gestão do desempenho – número das categorias de desempenho, se as categorias de desempenho são representadas por números ou palavras, a frequência das avaliações, se são feitas on-line ou no papel –, nada disso importa. Depois de muito tempo no deserto, encontramos um conjunto e um ritmo que funciona para nós, mas não temos evidências externas, em nenhum sentido, sobre todo esse material. Portanto, a não ser que você queira repetir os mesmos experimentos que fizemos, em busca de resultados diferentes, eu não me preocuparia com isso.

Concentre-se, isso sim, no que interessa: a calibragem justa do desempenho em relação aos objetivos e o treinamento persistente em como melhorar. A Lisa Simpson que habita em todos nós quer ser avaliada porque quer ser a melhor. Ela quer crescer. Basta lhe dizer como.

DICAS DO GOOGLE PARA A GESTÃO DO DESEMPENHO

☐ Defina com exatidão os objetivos.

☐ Colha feedback dos colegas.

☐ Use um processo de calibragem para finalizar as avaliações.

☐ Separe as conversas sobre recompensas das conversas sobre desenvolvimento.

8

Os dois extremos

*As maiores oportunidades estão
nos piores e nos melhores funcionários*

Qualquer coisa que possa ser medida segue algum tipo de distribuição, do mais baixo para o mais alto, do menor para o maior, do mais perto para o mais distante. Você se lembra de quando era criança e a professora organizava a fila dos alunos por ordem de altura? Numa turma de 30, havia talvez três ou quatro grandalhões que se colocavam sem hesitar no fim da fila e outro punhado de pequeninos que se postavam sem titubear no início. A maioria das crianças, no mínimo 20, mais ou menos do mesmo tamanho, com diferenças de centímetros, se amontoava no meio, nem sempre na sequência perfeita.

Ocorre que os professores gostam de classificar os alunos em grupos por altura há pelo menos um século.

Em 1914, Albert Blakeslee, da instituição hoje conhecida como Connecticut College, pediu aos alunos que se organizassem em fila com base na estatura. Da mesma maneira como em qualquer outra turma, quase todos os alunos acabaram aglomerados no meio, com uns poucos em cada extremo. A estatura dos alunos do ensino superior seguia uma distribuição, variando de 1,47 metro a 1,88 metro, com nítida concentração no centro.

Histograma vivo de 175 estudantes universitários homens.[125]

As "caudas" da distribuição são os membros da equipe que se situam nos extremos, digamos, abaixo de 1,62 metro e acima de 1,80 metro. Eles são os 10% inferiores e os 10% superiores da distribuição no exemplo abaixo.

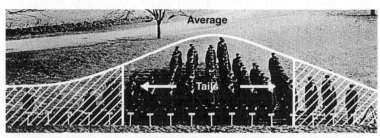

As estaturas dos alunos seguem uma distribuição normal, com cada uma das duas "caudas" compostas dos indivíduos com estaturas "extremas".

O mesmo se aplica aos googlers – pedimos que formassem filas por estatura e o resultado foi uma distribuição normal, com as mesmas duas caudas.*

---

* Os googlers se divertiram mais com essa tarefa do que imaginei.[126]

A distribuição descreve o padrão composto pelos dados. A estatura em geral se enquadra numa distribuição denominada "normal", também conhecida como "curva de sino", por sua forma, e como distribuição gaussiana, nome inspirado em Carl Friedrich Gauss, que a descreveu num trabalho de 1809.[127]

A distribuição gaussiana é popular entre pesquisadores e empresários por descrever a distribuição de muitas coisas: estatura, peso, extroversão e introversão, largura do tronco das árvores, tamanho dos flocos de neve, velocidade dos carros numa rodovia, incidência de defeitos nas peças, telefonemas recebidos pelos serviços de atendimento ao consumidor, e assim por diante. Melhor ainda, tudo o que segue uma distribuição gaussiana tem uma média e um desvio padrão, que podem ser usados para prever o futuro.

O desvio padrão descreve a probabilidade de ocorrência de certo afastamento em relação à média. Por exemplo, a estatura média das mulheres nos Estados Unidos é 1,63 metro,[128] com desvio padrão em torno dos 8 centímetros. Isso significa que 68% das mulheres têm estatura entre 1,55 metro e 1,71 metro, ou seja, um desvio padrão; 95% se situam entre dois desvios padrões da média, de 1,47 metro a 1,79 metro; e 99,7% estão a mais de três desvios padrões da média, entre 1,39 metro e 1,87 metro. Basta olhar ao redor para sentir na prática essa realidade. (Para os homens, a estatura média é 1,78 metro, com o mesmo desvio padrão de cerca de 8 centímetros para cima e para baixo. Vê-se que na foto de Blakeslee a estatura média dos homens era de mais ou menos 1,70 metro. Graças a uma nutrição melhor, os americanos ficaram mais altos nos últimos 100 anos.)

A virtude da distribuição gaussiana é também sua fraqueza. É tão fácil de usar e, à primeira vista, parece captar fenômenos tão diferentes que chega a ser aplicada a situações cuja realidade subjacente não consegue descrever. A distribuição gaussiana subestimará em grande extensão a frequência de importantes acontecimentos físicos e econômicos (terremotos de grande magnitude, tufões e guinadas no mercado de ações), a disparidade dramática dos resultados econômicos para as pessoas (o abismo crescente entre os pobres e o 1% mais rico) e o desempenho humano excepcional de um pequeno número de indivíduos (Michael Jordan em comparação com outros jogadores de basquete de seu tempo). O terremoto do Japão de 2011 (magnitude 9,0), a fortuna de Bill Gates (mais de US$ 70 bilhões) e até a população da cidade de Nova York (8,3 milhões de pessoas) estão muito longe da média para aparecerem como cenário provável num modelo gaussiano, embora saibamos que existem.[129]

Estatisticamente, esses fenômenos são mais bem descritos por uma distribuição da "lei de potência", que assim se compara com a distribuição gaussiana:

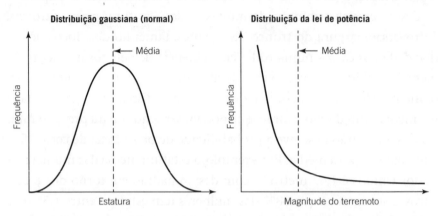

Comparação da distribuição da estatura humana e da magnitude dos terremotos. A estatura varia de maneira uniforme em torno da média, com mais ou menos metade das pessoas acima da média e metade das pessoas abaixo da média. Em contraste, a grande maioria dos terremotos se situa abaixo da magnitude média.

Usa-se o nome "lei de potência" porque a equação que descreve a forma da curva é exponencial, ou seja, um número é elevado à potência de outro número (por exemplo, em $y = x^{-1/2}$, o expoente é $-1/2$ e x é "elevado à potência de $-1/2$", gerando um gráfico mais ou menos como o da direita, acima).

A maioria das empresas gerencia as pessoas com base na distribuição normal, em que a maioria é rotulada como média e existem duas caudas de funcionários, fracos e fortes, uma em cada lado. As caudas não são tão simétricas como quando se considera a estatura, uma vez que os funcionários muito ruins são demitidos e os piores nem chegam a entrar na empresa, razão pela qual a cauda da esquerda é encurtada. As empresas também tratam as pessoas como se seus resultados efetivos seguissem o mesmo padrão de distribuição. Isso é um erro.

Na verdade, o desempenho humano nas organizações segue uma distribuição da lei de potência na maioria dos cargos. Herman Aguinis e Ernest

O'Boyle, da Universidade de Indiana e da Universidade de Iowa, explicam que "em vez de um grupo maciço de profissionais medianos dominarem com base na mera quantidade, um grupo restrito de colaboradores de elite domina com base no desempenho de excelência".[130] A maioria das organizações subestima e sub-remunera suas melhores pessoas, sem nem mesmo se darem conta do que estão fazendo. No Capítulo 10, vou explicar por que isso acontece e sugerir uma maneira melhor de gerenciar e remunerar pessoas.

Por enquanto, basta saber que todas as equipes têm caudas – pessoas que se situam em ambos os extremos da distribuição de desempenho. A maioria das empresas descarta os profissionais da "cauda inferior", que podem ser demitidos a qualquer momento. Quanto aos da "cauda superior", a vida pode ser um pouco melhor, com promoções frequentes, bônus e o reconhecimento dos colegas e dos gestores.

Ajude quem precisa de orientação

O que a maioria das organizações não percebe é que a cauda inferior oferece as melhores oportunidades de melhoria do desempenho e que a cauda superior ensina exatamente como aproveitar essa oportunidade.

Jack Welch popularizou o modelo de administração "para cima ou para fora", descrito nas primeiras páginas deste livro, no qual os funcionários da General Electric eram avaliados todos os anos e os 10% inferiores eram demitidos: ou você subia na organização, ou era mandado embora.

Tudo isso, porém, envolve custos. São necessários tempo e dinheiro para recrutar novas pessoas, que, geralmente, são mais dispendiosas que os atuais funcionários e precisam aprender as novas tarefas – e, mesmo assim, talvez não sejam bem-sucedidas depois desse esforço! Em um estudo com mais de mil analistas de pesquisas em bancos de investimento, o professor Boris Groysberg, da Harvard Business School, descobriu que os "analistas estrelas sofrem um declínio imediato e duradouro no desempenho" quando mudam de empresa.[131] O sucesso deles na empresa anterior dependia dos colegas, dos recursos disponíveis, da adaptação à cultura organizacional e até da reputação pessoal ou marca própria que tinham desenvolvido.

No mundo ideal, você, para começar, teria contratado todas as pessoas certas, e, se o seu processo de recrutamento e seleção for objetivo e bem calibrado, é muito provável que não esteja longe disso. Mesmo assim, porém, você cometerá erros e algumas pessoas afundarão no extremo inferior da curva de desempenho.

No Google, identificamos com regularidade os 5% de nossos funcionários com pior desempenho. Esses indivíduos constituem a cauda inferior da distribuição de desempenho. Observe que isso acontece fora do nosso processo formal de gestão do desempenho. Não estamos querendo demitir pessoas: estamos identificando aquelas que precisam de ajuda.

Confesso que não temos uma medida absoluta confiável para avaliar o desempenho em todas as funções, e não forçamos a distribuição de pontuação, pois diferentes equipes operam em diferentes níveis. Seria loucura forçar o gerente de uma equipe de superestrelas a classificar alguém como insatisfatório. Trata-se de um processo humano, não de um algoritmo, em que os gerentes e o pessoal de Operações de Equipe analisam os indivíduos.

Na prática, a cauda inferior de fato acaba incluindo as pessoas que "precisam melhorar", mas também capta aquelas que estão flutuando há muito tempo na camada mais baixa de desempenho. Como acompanhamos os 5% somente nos níveis organizacionais mais altos, alguns grupos acabam sem ninguém nessa categoria e outros acabam com mais de 5%. Ficamos em dúvida sobre se devemos demitir esses operadores, como fazem tantas outras empresas, mas isso significaria sacrificar 20% de nossos funcionários todos os anos (5% a cada trimestre). Também implicaria que nossos métodos de contratação não são eficazes. Se estivéssemos selecionando com sucesso profissionais capazes de se transformar em googlers brilhantes, adaptáveis e conscientes, não precisaríamos fazer cortes periódicos.

Portanto, em vez de seguir o caminho tradicional de punir o mau desempenho com a demissão, resolvemos adotar uma abordagem diferente. Informamos a todas as pessoas entre os 5% com pior desempenho que elas se encontram nessa categoria. Não é uma conversa divertida, mas a tarefa é facilitada pela mensagem que lhes transmitimos: "Sei que a sensação de estar nesse grupo de desempenho insatisfatório não é boa. Estou dizendo isso porque quero ajudá-lo a crescer e a melhorar."

Em outras palavras, não é uma conversa do tipo "toma jeito ou cai fora"; é um diálogo sensível sobre como ajudar alguém a se desenvolver. Um colega certa vez o descreveu como "pragmatismo compassivo". O mau desempenho raramente é consequência de a pessoa ser incompetente ou incapaz. É, em geral, resultado de uma lacuna de capacidade (que pode ser corrigível ou não) ou de vontade (quando a pessoa não tem motivação para fazer o trabalho). No segundo caso, pode ser uma questão pessoal ou um sinal útil de que a equipe tem um problema mais sério a ser enfrentado.

De fato, a maneira como deixamos de enfatizar o conhecimento relacionado com a função na recrutação nos deixa um pouco vulneráveis porque não fazemos questão de contratar pessoas que saibam fazer determinado trabalho. Acreditamos que quase todos os novos funcionários acabarão aprendendo suas tarefas e, no meio do caminho, estarão mais propensos a inventar novas soluções em vez de simplesmente seguir o que estava sendo feito antes.

Quando isso não acontece, primeiro oferecemos aos novos funcionários treinamento e orientação para ajudá-los a desenvolver suas capacidades. Observe que isso é muito diferente da abordagem típica de contratar as pessoas e, então, tentar treiná-las para que se transformem em estrelas. Nossas intervenções são direcionadas ao pequeno número de pessoas que enfrentam dificuldades, não a todos. Se isso não funcionar, ajudamos a pessoa a encontrar uma nova função dentro do Google. Em geral, conseguimos, assim, que o desempenho da pessoa melhore para o nível médio. Talvez não pareça muito, mas pense da seguinte maneira: em um grupo de 100 pessoas, Jim era uma das cinco piores. Depois dessa intervenção, ele passou a se situar mais ou menos no quinquagésimo lugar pela ordem de desempenho.[132] Não virou uma superestrela, mas Jim agora está contribuindo mais que 49 outras pessoas, enquanto antes ele era melhor que apenas três ou quatro. Como seria a sua empresa se todas as piores pessoas melhorassem tanto?

Quanto aos colaboradores que ainda assim não mostram progresso, alguns preferem deixar a empresa e outros devem ser demitidos. Parece duro, mas eles tendem a se sentir mais felizes, pois demonstramos sensibilidade em relação à situação deles e investimos neles, além de lhes dar tempo para encontrarem outra organização onde sejam capazes de se superar. Certa vez, quando tive que demitir um funcionário que trabalhava para mim, ele me disse: "Eu nunca conseguiria fazer o seu trabalho." Respondi-lhe: "Você consegue, mas em outro lugar onde as demandas sejam diferentes." Três anos depois, ele me telefonou para dizer que fora promovido a diretor de recursos humanos de uma empresa da Fortune 500 e estava progredindo. Acrescentou que o lugar era um pouco mais lento que o Google, mas que ele estava se adaptando bem. E se tornara um assessor de confiança do CEO exatamente por causa de seu estilo comedido e ponderado.

Esse ciclo de investir na cauda inferior da distribuição contribui para o aprimoramento da equipe – e muito. Ou as pessoas melhoram drasticamente, ou vão embora e alcançam sucesso em outro lugar.

O mais esclarecedor é que até Jack Welch atenuou a descrição do processo nos últimos anos. Em 2006, ele se estendeu sobre seu famoso método de distribuição forçada de pessoal:

> O mito da diferenciação diz que os 10% inferiores são demitidos sem contemplação. Na verdade, isso é raro. A situação mais típica é: se alguém permanece nos 10% inferiores durante algum tempo, o gerente inicia uma conversa sobre o desligamento. Algumas vezes ocorre, evidentemente, de o funcionário não querer ir embora. Ao se defrontarem, porém, com a dura realidade de como são vistas pela organização, a maioria das pessoas opta por se desligar e, com muita frequência, acaba em empresas onde suas habilidades são mais adequadas e elas são mais apreciadas.[133]

Em seguida, ele argumenta que é mais justo ser direto com o funcionário:

> Compare essa situação com a de empresas em que os gestores, querendo ser "bonzinhos", permitem que as pessoas, em especial os maus operadores, se arrastem na organização durante anos. Até que ocorre uma crise. Os funcionários de meia-idade com desempenho ruim são sempre os primeiros a receber o bilhete azul. Um a um, são convocados pelos gerentes para uma conversa, que geralmente transcorre da seguinte maneira:
> – Joe, infelizmente terei que demiti-lo.
> – O quê?! Por que eu?
> – Bem... você nunca foi muito bom.
> – Estou aqui há 20 anos. Por que você nunca me disse isso?
> De fato, por que não? Vinte anos atrás o funcionário poderia ter encontrado um emprego com futuro. Agora, aos 45 ou 50 anos, ele terá que entrar em um mercado mais competitivo do que nunca. Isso é cruel.[134]

É importante salientar mais uma vez que identificar os 5% inferiores *não* é o mesmo que forçar todos os funcionários a entrar em certas categorias de desempenho. Essa abordagem pode envenenar a cultura organizacional à medida que os colaboradores se voltam uns contra os outros numa luta feroz para não serem enquadrados na cauda inferior. Kurt Eichenwald escreveu uma acusação impiedosa contra a distribuição forçada na revista *Vanity Fair*, em 2012:[135]

> Todos os funcionários e ex-funcionários da Microsoft que entrevistei – *todos* – citaram a distribuição forçada como o processo mais destrutivo da Microsoft, responsável pela demissão de inúmeros empregados... "Se você fosse parte de uma equipe de 10 pessoas, desde o primeiro dia você saberia que, por melhor que fossem todos os profissionais, duas pessoas receberiam uma ótima avaliação, sete seriam consideradas medianas e uma seria avaliada como péssima", diz um ex-desenvolvedor de software. "Isso leva os funcionários a competirem uns com os outros em vez de competirem com outras empresas."

Quase exatamente um ano depois, em novembro de 2013, a chefe de RH da Microsoft, Lisa Brummel, enviou um e-mail aos funcionários anunciando a abolição não só da distribuição forçada, mas também de *todas* as classificações.[136]

Como escrevi no Capítulo 2, se você acredita que as pessoas são essencialmente boas e confiáveis, você deve ser honesto e transparente com elas, inclusive alertando-as de que estão ficando para trás no desempenho. Mas construir um ambiente de trabalho com propósitos claros e impulsionados pela missão também exige que se trate os funcionários com sensibilidade. A maioria das pessoas cujo desempenho é insatisfatório tem consciência dessa situação e quer melhorar. É importante dar-lhes essa oportunidade.

Ponha os melhores profissionais sob um microscópio

Ao mesmo tempo, na cauda superior, os melhores operadores experimentam a empresa de uma maneira bem diferente dos operadores medianos ou ruins. Nossos dados revelam que os melhores têm mais facilidade para executar as tarefas, sentem-se mais valorizados, percebem que seu trabalho é mais significativo e deixam bem menos a empresa que os piores funcionários (a taxa de saída dos melhores corresponde a um quinto da taxa dos piores). Isso é explicado pelo fato de os melhores profissionais viverem em um círculo virtuoso de resultados ótimos, feedback positivo, mais resultados ótimos e mais feedback positivo. Eles recebem tanto amor no dia a dia que nenhum programa extra que você oferecer poderá deixá-los mais felizes.

O mais importante é aprender com os funcionários que apresentam os melhores desempenhos.* Todas as empresas têm as sementes do sucesso futuro nas melhores pessoas, mas a maioria não as estuda com atenção. Perde-se, assim, uma grande oportunidade, pois, como demonstra Groysberg, o alto desempenho depende muito do contexto. O benchmarking** indica o que foi eficaz em outros lugares, mas não o que funcionará para você.

Em contraste, a compreensão exata do que leva suas melhores pessoas a serem bem-sucedidas em seu ambiente específico é a extensão natural das descobertas de Groysberg. Se o êxito depende de condições locais específicas, você alcançará melhores resultados estudando a interação do alto desempenho com essas condições.

Como seria de esperar, estudamos nossos melhores profissionais muito de perto no Google. Em 2008, Jennifer Kurkoski e Brian Welle cofundaram o Laboratório de Pessoas e Inovação (PiLab), equipe de pesquisa interna e centro de estudos cujo objetivo é promover a ciência de como as pessoas experimentam o trabalho. Muitos cientistas do PiLab têm Ph.D. em psicologia, sociologia, comportamento organizacional ou economia e passaram a exercer funções de liderança que lhes propiciam aplicar suas habilidades de pesquisa a questões e a desafios organizacionais complexos. Neal Patel e Michelle Donovan são exemplos típicos: Michelle tem contribuído muito para nossa mudança de abordagem na gestão do desempenho e Neal é líder de nosso laboratório de Tecnologias e Programas Avançados. Seus programas de pesquisa iniciais dão uma ideia do que é possível aprender estudando as melhores pessoas:

---

* Também é importante comparar os melhores colaboradores com os piores. Conforme explica Kathryn Dekas, do nosso Laboratório de Pessoas e Inovação: "Se você só estuda as pessoas que tenta imitar, talvez conclua que os principais comportamentos que contribuem para o sucesso são os comportamentos comuns à maioria ou a todas elas. A conclusão parece razoável. Mas também é possível que os piores operadores apresentem esses mesmos comportamentos, o que você nunca saberá ao certo se também não analisá-los. Você pode facilmente acabar identificando os comportamentos errados como indutores do sucesso se também não estudar os outros grupos. Em termos técnicos, essa tendência é denominada 'amostra da variável dependente.' Trata-se de outra forma de amostra tendenciosa, que estudamos no Capítulo 6, e outro exemplo de por que as "práticas consagradas" podem ser enganosas.

** O processo contínuo de comparação dos produtos, serviços e práticas corporativas entre os maiores concorrentes ou as empresas reconhecidas como líderes.

- O Projeto Oxigênio foi concebido de início para demonstrar que os gestores não importam e acabou comprovando que os bons gestores são cruciais.
- O Projeto Jovens Talentosos almejava explicar o que as pessoas que sustentam os mais altos padrões de desempenho durante longos períodos fazem de maneira diferente das demais. Para tanto, explorou os 4% superiores em comparação com os outros 96% e depois se aprofundou no 0,5% superior em comparação com os demais 99,5%.
- O Empreendimento Honeydew (cujo nome foi inspirado em Bunsen Honeydew, o intrépido inovador dos *Muppets*) tentou compreender os comportamentos e práticas que mais estimulavam e inibiam a inovação entre os engenheiros de software.
- O Projeto Milgram explorou as maneiras mais eficazes de garimpar as redes sociais em busca de contatos no Google. (O nome se inspirou no mesmo Stanley Milgram que estudou a obediência. Nas palavras de Jennifer Kurkoski: "Ele conduziu um experimento inicial em pequena escala, no qual se pediu a indivíduos escolhidos ao acaso, em Omaha ou em Wichita, que iniciassem uma sequência de correspondências com o objetivo final de alcançar determinado indivíduo em Boston. A média de 'passos' ou níveis dessas sequências de cartas foi 5,5, levando à aceitação popular do conceito de seis graus de separação entre quaisquer pessoas.")

O Projeto Oxigênio tem exercido um profundo impacto no Google. O nome deriva de uma pergunta feita certa vez por Michelle: "E se todos no Google tivessem um gerente incrível? Não apenas razoável ou satisfatório, mas alguém que realmente os compreendesse e fizesse com que se sentissem animados a vir para o trabalho todos os dias? Como seria o Google nessas condições?" Como Neal tinha o hábito de batizar seus projetos com base nos elementos da tabela periódica, Michelle propôs Projeto Oxigênio, porque "ter um bom gerente é tão essencial quanto respirar. E melhorar a qualidade dos gerentes seria como uma lufada de ar fresco".

Qual era, então, o objetivo do Projeto Oxigênio? Neal explicou:

Sabíamos que a equipe tinha que ser cuidadosa. O Google tem altos padrões de comprovação, mesmo no que, em outros lugares, talvez seja considerado uma verdade óbvia. Simples correlações não eram suficientes. Portanto, acabamos tentando comprovar a situação oposta – que os gerentes *não* importam. Felizmente, não conseguimos.[137]

Os engenheiros do Google acreditavam profundamente que os gestores não importam. À primeira vista, talvez pareça absurdo, mas é preciso compreender como os engenheiros detestam o gerenciamento. Eles não gostam dos gestores e, com certeza, não querem se tornar gestores.

Os engenheiros em geral acham que os gestores são, na melhor das hipóteses, um mal necessário e que só fazem criar burocracia e estragar as coisas. Essa crença era tão arraigada que, em 2002, Larry e Sergey eliminaram todos os cargos de gerente na empresa.

Na época, tínhamos mais de 300 engenheiros e todos os que exerciam funções gerenciais foram liberados dessas atribuições. Em consequência, todos os engenheiros da empresa passaram a se reportar a Wayne Rosing. Foi um experimento de curta duração. Wayne ficou assoberbado, tendo que atender a pedidos de aprovação de relatórios de despesas e solicitações de ajuda na solução de conflitos interpessoais. Seis semanas depois, os cargos gerenciais foram restabelecidos.[138]

Os gestores, sem dúvida, servem a algum propósito, mas, por volta de 2009, a desconfiança inata dos engenheiros em relação a eles voltou a se intensificar. Naquele período de sete anos, aumentamos o efetivo de pessoal em mais de 19 mil funcionários, sendo que a maioria deles vinha de ambientes tradicionais em que os gestores eram em grande parte inúteis, se não totalmente destrutivos. Também deparamos com esse problema em nosso recrutamento, sobretudo fora dos Estados Unidos. Nosso lema na contratação de pessoas era que um gerente de engenharia deveria ser pelo menos tão capaz do ponto de vista técnico quanto o restante da equipe,* caso contrário, o gerente não seria respeitado.

Embora nos Estados Unidos houvesse histórias de empresas que desenvolviam carreiras paralelas para colaboradores técnicos e para gestores (a IBM, por exemplo, foi pioneira na adoção de um plano de carreira para contribuintes individuais que oferecia os mesmos níveis de recompensa e

---

* Embora gostemos de contratar generalistas inteligentes, em algumas áreas – como engenharia, impostos ou legislação – certo nível básico de expertise é essencial.

títulos a que faziam jus os gestores, exclusivamente com base nas realizações técnicas), na Ásia e na Europa Ocidental era muito mais comum para os engenheiros serem promovidos a funções gerenciais e se afastarem das atividades rotineiras de engenharia. No Google, geralmente rejeitávamos candidatos de alto nível que poderiam ter sido bons gestores mas estavam muito afastados das questões técnicas.

Todos têm uma ideia do que seja um bom ou mau gestor, mas trata-se de um padrão subjetivo. Michelle e Neal queriam ser consistentes na maneira como enquadravam a comparação e para isso recorreram a duas fontes quantitativas: avaliações do desempenho e resultados da Googlegeist. Calcularam a média da avaliação do desempenho de cada gerente remontando aos três últimos períodos de avaliação. Para saber como as equipes avaliam a qualidade dos próprios gestores, eles analisaram os resultados da Googlegeist para a pergunta feita a todos na empresa sobre o que acham do desempenho, da conduta e do apoio do gestor. E, assim, classificaram nossos gestores em quatro quadrantes:

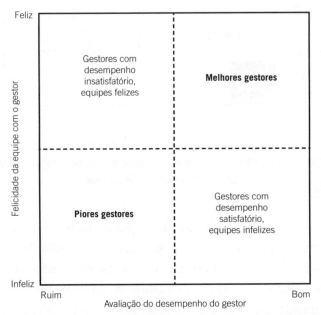

Como os gestores foram classificados inicialmente no Projeto Oxigênio.

O propósito era realmente compreender o melhor do melhor e o pior do pior. O que esses gestores faziam para conseguir resultados tão diferentes?

Para encontrar as respostas, observaram os extremos absolutos do desempenho. Entre mais de mil gestores, só 140 alcançaram pontuação nos 25% superiores como operadores individuais e na Googlegeist. O número de profissionais que se situaram nos 25% inferiores sob ambos os critérios foi ainda mais baixo: 67. Esse pelo menos foi um sinal estimulante: tínhamos pelo menos duas vezes mais gestores na categoria "melhor do melhor" que na categoria "pior do pior".

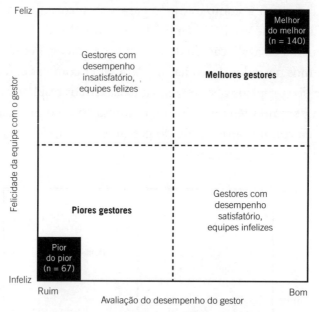

Refinamento subsequente para identificar os gestores que se situavam nos 25% superiores ou inferiores, tanto em felicidade da equipe quanto em desempenho.

Para se situar nos 25% superiores, a equipe precisava se mostrar apenas 86% positiva a respeito do gestor, pouco acima da média de 84%. E o corte para se situar no quartil inferior era 78%, também não muito longe da média. A essa altura, os engenheiros estavam aparentemente certos. Parecia não haver grande diferença entre os melhores e os piores gestores.

Então Michelle e Neal aprofundaram o olhar. Ao distinguirem os fatores que contribuem para o conceito geral de felicidade com o gestor, encontraram algumas grandes diferenças. Os googlers com os melhores gestores obtinham resultados de 5% a 18% melhores em 12 das dimensões da

Googlegeist, em comparação com os gerenciados pelos piores gestores. Entre outras coisas, eles tinham muito mais certeza de que:

- As decisões sobre carreira eram justas. Avaliava-se o desempenho com imparcialidade e as promoções eram merecidas.
- Era possível realizar os objetivos pessoais referentes à carreira e os gerentes atuavam como conselheiros e defensores úteis.
- O trabalho se desenvolvia com eficiência. As decisões eram rápidas, os recursos eram bem distribuídos e diferentes perspectivas eram levadas em consideração.
- Os membros da equipe tratavam uns aos outros de maneira não hierárquica e com respeito, recorriam aos dados em vez de à política para tomar decisões e eram transparentes sobre o próprio trabalho e suas crenças.
- Participavam das decisões de maneira adequada e tinham poderes para realizar as coisas.
- Tinham liberdade para gerenciar o equilíbrio entre trabalho e vida pessoal.

As equipes que trabalhavam para os melhores gestores também apresentavam desempenho melhor e rotatividade mais baixa. Na verdade, a qualidade dos gestores era o melhor previsor individual da permanência ou da saída dos membros da equipe, comprovando o senso comum de que as pessoas não deixam as empresas – deixam os maus gestores.

Houve quem argumentasse, porém, que havia apenas 207 "melhores" e "piores" gestores em toda a empresa, uma amostra muito pequena. Como ter certeza de que as diferenças se deviam à qualidade dos gestores? Talvez alguns gestores simplesmente viessem a liderar as equipes mais eficazes e mais felizes por acaso. A única maneira de testar se as diferenças de desempenho e de felicidade realmente eram atribuíveis aos gestores seria misturar as pessoas ao acaso, entre as equipes, e manter constantes todas as outras variáveis, para ver se só a mudança do gestor faria diferença. Mas nem mesmo o Google seria louco o bastante para misturar de maneira aleatória equipes e gestores apenas por amor ao conhecimento. Ou seria?

Felizmente, não precisamos chegar a esse extremo. Os googlers fizeram o experimento para nós trocando de equipe por iniciativa própria. Os engenheiros têm liberdade para mudar de equipes de projetos durante todo o ano, mas não podiam saber se um gestor potencial estava entre os "melhores" ou "piores". Em 2008, 65 googlers se deslocaram dos "melhores" gestores para os "piores" gestores, e 69 se movimentaram na direção oposta. Todos eram googlers típicos, apresentando bom desempenho e demonstrando satisfação com a empresa.

E os gestores realmente fizeram diferença! As 65 pessoas que passaram a trabalhar com gerentes piores deram uma pontuação bem mais baixa para 34 dos 42 itens da Googlegeist. No ano seguinte, os que passaram a trabalhar com gerentes melhores apresentaram avanços significativos em seis dos 42 itens. E as maiores mudanças ocorreram em questões que mediam retenção, confiança na gestão do desempenho e desenvolvimento da carreira. A mudança para um gestor menos eficaz era, em si, suficiente para transformar a experiência de alguém no Google, comprometendo a confiança da pessoa na empresa e levando-a a pensar em pedir demissão.

Portanto, os gestores realmente importam. E, mais que isso, os gestores notáveis importam muito mais. Agora sabíamos quais eram nossos melhores e piores gestores, mas ignorávamos o que eles faziam de maneira diferente. Nossas análises eram descritivas, mas não prescritivas. Como poderíamos descobrir o que os melhores gestores faziam de maneira diferente em comparação com os piores gestores, e como, então, explorar esse conhecimento para construir um sistema capaz de melhorar continuamente a qualidade dos gestores do Google?

Demonstrando que nem todas as pesquisas exigem equipes de pesquisadores brilhantes, adotamos um método muito simples para descobrir no que os melhores e os piores gestores eram diferentes: perguntamos a eles. Uma amostra de gestores foi entrevistada por googlers que haviam recebido guias de entrevistas como orientação básica, mas que não sabiam se os gestores a serem entrevistados eram bons, ruins ou medianos. Esse é um estudo denominado duplo-cego, pois evita que o entrevistador influencie o entrevistado, que tampouco sabe em que categoria se inclui. Michelle e Neal validaram essas descobertas comparando-as com os endossos escritos para nosso Prêmio Ótimo Gestor (programa em que são selecionados os 20 melhores gestores com base em indicações por escrito dos googlers), com os comentários dos funcionários na Googlegeist sobre seus gestores e com o feedback dos próprios gestores a respeito dos colegas.

O objetivo era verificar se os comportamentos alegados pelos gestores como razão de seu sucesso ou dificuldade eram também os comportamentos que afetavam os googlers.

As pesquisas revelaram oito atributos comuns compartilhados pelos gestores com alto desempenho, mas não apresentados pelos gestores com desempenho mais baixo:

Os oito atributos do Projeto Oxigênio

1. Ser um bom orientador.
2. Capacitar (ou empoderar) a equipe e não microgerenciar.
3. Expressar interesse/preocupação pelo sucesso e pelo bem-estar pessoal dos membros da equipe.
4. Ser muito produtivo e voltado para resultados.
5. Ser um bom comunicador – ouvir e compartilhar informações.
6. Ajudar a equipe no desenvolvimento da carreira.
7. Ter uma visão/estratégia clara para a equipe.
8. Ter competências técnicas importantes que ajudem a aconselhar a equipe.

Lista dos oito atributos do Projeto Oxigênio, do Google.

Agora tínhamos uma receita para o desenvolvimento de ótimos gestores, mas ainda era uma lista um tanto monótona, com itens nada surpreendentes. Para torná-la significativa e, mais importante, para convertê-la em algo que contribuísse para a melhoria do desempenho da empresa, teríamos que ser mais específicos. Por exemplo, é claro que os melhores gestores são bons orientadores! À primeira vista, isso parece evidente, mas os gestores, na maioria, quando chegam a manter reuniões pessoais regulares com os membros da equipe, apenas perguntam: "Como você está indo esta semana?" Muitos não adotam a prática de conversas individuais frequentes, em que trocam ideias com os funcionários para diagnosticar problemas e juntos desenvolvê-las e ajustá-las sob medida às peculiaridades de cada um. Poucos são os que combinam elogios e sugestões de melhoria. A recomendação específica aos gestores é que se preparem para as reuniões refletindo em profundidade sobre os pontos fortes individuais dos colaboradores e sobre as circunstâncias singulares em que atuam, e que explorem, então, a oportunidade para fazer perguntas em vez de dar respostas. E, contrariando nossas expectativas, descobrimos que a capacidade técnica era de fato o menos importante dos oito comportamentos que caracterizavam os ótimos gestores. Mas não se engane: é um atributo essencial. Um gerente de engenharia que não saiba desenvolver um programa de computador não será capaz de liderar uma equipe no Google. Entre os comportamentos que diferenciam os melhores, porém, as contribuições técnicas são as que fazem menos diferença para as equipes.

Além de sermos específicos, tínhamos que automatizar a boa administração. Atul Gawande escreveu de maneira convincente, no *The New York Times* e no livro *Checklist*, sobre o poder dos checklists. Em um artigo de 2009[139] ele descreveu o teste de voo do Modelo 299, uma nova geração de bombardeiros de longo alcance desenvolvida pela Boeing Corporation em 1935. A aeronave era capaz de "carregar cinco vezes mais bombas do que o Exército solicitara, voar mais rápido que os bombardeiros anteriores e tinha quase o dobro de autonomia de voo". O único problema é que ela caiu.

O avião era mais complexo que os concorrentes e, na viagem inaugural, o piloto "se esqueceu de soltar um novo mecanismo de travamento nos controles do profundor e do leme", acarretando a morte de dois dos cinco tripulantes. A solução do Exército não foi mais treinamento. Foi um checklist. Gawande conclui: "Com o checklist em mãos, os pilotos continuaram a voar com o Modelo 299, completando um total de 1,8 milhão de milhas sem um único acidente. Apelidaram-no de B-17 e conquistaram uma vantagem decisiva na Segunda Guerra Mundial, que possibilitou campanhas de bombardeio devastadoras em toda a Alemanha nazista." Em seguida o autor comenta que a medicina estava entrando nesse mesmo estágio de complexidade muito além da capacidade humana, em que os checklists seriam ferramentas fundamentais para salvar vidas.

Ao ler isso, percebi que a administração também é extremamente complexa. É demais pedir a um líder que seja um visionário de produtos, ou um gênio financeiro, ou um mago do marketing e que também atue como um gerente inspirador. No entanto, se pudéssemos reduzir a boa administração a um checklist, não teríamos que investir milhões de dólares em treinamento nem tentar convencer as pessoas de que um estilo de liderança é melhor que outro. Não precisaríamos mudar quem são. Bastaria mudar como se comportam.

Assim, Michelle, Neal e um grupo cada vez maior de Operações de Equipe criaram um sistema de sinais reforçadores para melhorar a qualidade da administração no Google. O mais visível deles, a semestral Pesquisa de Feedback Ascendente (Upward Feedback Survey – UFS), pede às equipes que ofereçam feedback anônimo aos respectivos gestores:

Amostra de Questionário de Feedback UFS

1. Meu gerente me oferece um feedback prático que me ajuda a melhorar meu desempenho.
2. Meu gerente não "microgerencia" (ou seja, se envolve em detalhes que podem ser tratados em outros níveis).
3. Meu gerente demonstra consideração por mim como pessoa.
4. Meu gerente mantém a equipe focada nos resultados prioritários.
5. Meu gerente compartilha de maneira regular informações relevantes que recebe de seu gestor e da alta liderança da empresa.
6. Meu gerente teve uma conversa importante comigo nos últimos seis meses sobre o desenvolvimento de minha carreira.
7. Meu gerente comunica objetivos claros à nossa equipe.
8. Meu gerente tem a expertise técnica (por exemplo, conhecimentos de programação na área de tecnologia, de contabilidade na área de finanças) necessária para gerenciar meu trabalho com eficácia.
9. Eu recomendaria meu gerente a outros googlers.

Amostra de relatório gerencial da Pesquisa de Feedback Ascendente do Google.

A pesquisa em si é o checklist. Se você praticar todos os comportamentos da lista, será um gerente notável.

Observe que os resultados da pesquisa são fornecidos com o objetivo de ajudar no desenvolvimento de um gestor. Eles não influenciam diretamente as avaliações do desempenho nem a remuneração do gerente. Aliás, perdi essa discussão para a minha equipe. Quando lançamos a Pesquisa de Feedback Ascendente achei que essa seria uma oportunidade para eliminar nossos piores gestores, os que causam mais sofrimento às equipes e nos puxam para baixo. Stacy Sullivan argumentou que se agíssemos assim as pessoas começariam a manipular a pesquisa, pressionando as equipes para atribuir-lhes pontuações mais altas ou realizando demissões preventivas de pessoas que parecessem insatisfeitas e propensas a lhes dar notas baixas. Stacy e outros membros da equipe explicaram que, se quiséssemos que as pessoas fossem abertas e mudassem seus comportamentos, teríamos que conferir a essa ferramenta um caráter compassivo, concentrado no desenvolvimento em vez de em recompensas e punições.

Ela estava certa. Segregar os dois tipos de feedback – para desenvolvimento e para avaliação do desempenho – é essencial. Verificamos depois as intuições de Stacy e me senti aliviado ao ver que as pessoas estavam usando a Pesquisa de Feedback Ascendente como pretendíamos: mesmo nos casos em que os gerentes atribuíam aos funcionários pontuações baixas, estes não retaliavam criticando os gerentes no ciclo seguinte de Feedback Ascendente.

E, se os gerentes precisarem de ajuda para melhorar em determinada área e o checklist não estiver resolvendo o problema, eles podem se matricular nos cursos que desenvolvemos para cada um dos atributos. Fazer o curso "Gerente como Orientador" melhora a pontuação em orientação, na média, em 13%. O "Conversas sobre Carreira" aumenta a avaliação de desenvolvimento de carreira em 10%, ao ensinar os gerentes a ter um tipo diferente de conversa sobre carreira com os funcionários. Não se trata de o googler pedir alguma coisa e o gerente concordar em atender. Em vez de um intercâmbio transacional, é um exercício de solução de problema, que acaba em um compartilhamento da responsabilidade. Há trabalho a executar tanto para o gerente quanto para o googler.

Hoje, a maioria de nossos gerentes compartilha os resultados com as equipes. Não exigimos isso deles, mas, de tempos em tempos, inserimos questões em nossas pesquisas perguntando aos funcionários se os gerentes agiram assim. Graças a nosso padrão de transparência e a esses "empurrõezinhos", a maior parte dos gestores opta por compartilhar. Eles distribuem seus relatórios e então lideram uma discussão sobre como melhorar seu desempenho, recebendo conselhos das equipes. É uma bela inversão do relacionamento típico gerente-subordinado. A melhor maneira de se aperfeiçoar é conversar com os fornecedores de feedback e perguntar a eles exatamente o que esperam que você mude na sua forma de agir.

A primeira vez que compartilhei meus resultados, que eram mais baixos que a média de minha equipe, fiquei apavorado. Sou responsável por essa área na empresa! Eu deveria ser expert nisso! Meus escores, porém, demonstraram que minha conduta não era compatível com minhas aspirações. Minha equipe foi 77% favorável a mim nas 15 perguntas que fizemos naquele ano, o que parece bom, até você se dar conta de que o grupo de gestores do quartil superior alcançou pontuações de 92% favorável, enquanto o quartil inferior não passou de 72% favorável. Por exemplo, meu escore foi muito baixo em "Meu gerente me ajudou a compreender como meu desempenho é avaliado", com 50% favorável, e somente 80% de meus subordinados diretos me recomendariam como gerente a outros googlers.

Assumi com a equipe o compromisso de que eu ofereceria um feedback mais claro; viajaria mais para me reunir com os membros da equipe mais afastados; e me empenharia em ser um líder melhor. Eles reconheceram meus esforços. Vários se adiantaram para me estimular: "Obrigado por compartilhar e por definir as expectativas certas. Eu fui um dos poucos que escreveu comentários. Será bom falar sobre tudo isso quando tivermos nossa conversa pessoal!" Com o passar do tempo, a equipe ficou mais satisfeita e funcionou melhor, e a minha pontuação melhorou. Ainda estou longe da perfeição (90% favorável no total), mas consegui aumentar minha avaliação para 100% favorável em oferecer feedback de qualidade e 100% da equipe me recomendaria como gerente.

Para o Google, o resultado foi uma melhoria substancial na qualidade dos gestores. De 2010 a 2012, o escore médio dos gerentes subiu para 88% favorável, em comparação com os 83% de antes. Mesmo nossos gestores de mais baixo desempenho avançaram, melhorando para 77% favorável, em comparação com os 70% de antes. Em outras palavras, nossos gestores do quartil inferior se tornaram quase tão bons quanto nossa média dois anos antes. Na verdade, está ficando mais difícil ser um gestor ruim. E como sabemos que a qualidade dos gestores impulsiona o desempenho, a retenção e a felicidade, a consequência é que a empresa apresentará melhores resultados no futuro.

Depois de ter lido tudo isso, é possível que você tenha pensado: "Esses caras estão se iludindo. Ninguém fornecerá avaliações honestas aos próprios gerentes. Mesmo que sejam anônimas, mesmo que não influenciem salários ou promoções e em detrimento do treinamento que todos recebem e do esforço intenso para recrutar as melhores pessoas. Essa imparcialidade não é compatível com a natureza humana e, de alguma maneira, alguém vai manipular o sistema. Se, por exemplo, um gerente reduzir a avaliação do desempenho de um funcionário, com certeza este irá dar o troco avaliando mal o chefe, certo?"

Devo admitir que há um fundo de verdade nesses receios. Mary Kate Stimmler, membro de nosso PiLab, processou os números e descobriu que, de fato, há um impacto. Sob nossa antiga escala de avaliação de 41 pontos, mudanças na avaliação do desempenho dos funcionários de mais ou menos 0,1 se correlacionavam com mudanças na avaliação UFS dos gerentes de aproximadamente 0,03, numa escala de 0 a 100. Em outras palavras, constata-se certo efeito, mas tão minúsculo que chega a ser irrelevante. A maioria das pessoas, de fato, age da maneira certa.

Gerenciando os dois extremos

Entrei em detalhes sobre o Projeto Oxigênio e sobre os 5% inferiores por três razões. Primeira, por ser um exemplo excepcional do que pode ser aprendido e realizado quando nos concentramos nos dois extremos do desempenho. Observar os gerentes medianos não ajudou, nem o benchmarking. A comparação dos extremos permitiu que percebêssemos diferenças significativas no comportamento e nos resultados, que, então, serviram de base para melhorias contínuas na forma como as pessoas experimentam o Google.

Segunda, ilustra a ideia de pragmatismo compassivo. Revelar a verdade a quem se encontra no nível mais baixo da distribuição do desempenho, sem associá-la diretamente ao salário ou à carreira, alertou e motivou os funcionários de maneira muito positiva. Centenas de gerentes se defrontaram com o fato de que não eram bons gerentes. A Pesquisa de Feedback Ascendente substituiu a intuição ("Sei que sou um bom gerente") por dados reais ("A equipe está dizendo que posso ser um gerente melhor"). Por causa da maneira como os resultados foram apresentados e em virtude de que uma ótima equipe de RH (que não só oferece apoio a centenas de googlers, mas também atua como orientadores e defensores) conversou discretamente com gerentes em dificuldade ao analisarem seus resultados, a maioria desses gestores reagiu perguntando como poderia melhorar.

Terceira, qualquer equipe pode replicar esse processo. Optei por investir recursos preciosos na construção do PiLab em vez de financiar áreas mais tradicionais de RH, como treinamento. Existe, porém, um atalho:

1. Cuide do aprimoramento da organização. Todo mundo diz que faz isso, mas poucos realmente partem para a ação. Como líder de uma equipe, como gerente ou como executivo, você deve estar disposto a agir pessoalmente em relação aos resultados obtidos, mudando o próprio comportamento, se necessário, e deve ser consistente ao longo do tempo, mantendo o foco nessas questões.
2. Reúna os dados. Classifique os gestores por desempenho e com base nos resultados das pesquisas dos funcionários, e veja se há diferenças. Em seguida, entreviste os gerentes e as respectivas equipes, para descobrir as causas. Caso se trate de uma pequena equipe ou pequena organização, simplesmente pergunte às pessoas o que valorizam nos ótimos gestores. Se nada disso funcionar, comece com o checklist de nosso Projeto Oxigênio.
3. Faça uma pesquisa com as equipes duas vezes por ano e veja qual tem sido o desempenho dos gestores. Várias empresas oferecem aplicativos de pesquisa. Confiamos, é claro, nos produtos Google, principalmente nas Planilhas, que podem gerar Formulários fáceis de usar e de exportar.
4. Aproveite os melhores profissionais em cada atributo para treinar todos os outros. Pedimos aos ganhadores de nosso Prêmio Ótimo Gestor que treinem outros gestores como condição para serem premiados.

O foco nos dois extremos é, acima de tudo, consequência de se estar sujeito a restrições: se uma organização investe alto em recrutamento (como espero que o tenha convencido a fazer), sobram menos recursos para programas de treinamento formal, para administradores de benefícios e para outras atividades de apoio tradicionais de RH. Além disso, a análise dos dois extremos é o que proporciona os maiores aprimoramentos do desempenho: poucos são os benefícios práticos em avançar de colaborador do quadragésimo percentil para colaborador do quinquagésimo percentil. Progredir, porém, do quinto percentil para o quinquagésimo é um grande avanço.

Estudar com atenção os profissionais mais eficientes e, então, desenvolver programas para medir e reforçar seus melhores atributos em toda a organização muda a empresa. Se você também conseguir melhorar substancialmente o desempenho das pessoas que enfrentam as maiores dificuldades, terá iniciado um ciclo de melhoria contínua.

Sebastien Marotte, que veio da Oracle e assumiu recentemente como vice-presidente de vendas do Google na Europa, conta como enfrentou uma situação bastante desafiadora:

As primeiras pontuações que recebi na UFS foram desastrosas. Eu me perguntei: "Sou mesmo a pessoa certa para esta empresa? Será que deveria voltar para a Oracle?" Parecia haver alguma incoerência, porque meu gerente me avaliara favoravelmente na primeira avaliação do desempenho que tive na empresa. Na Oracle, tudo o que importava era cumprir as metas. Minha primeira reação foi concluir que eu estava com a equipe errada. Achei que eles não compreendiam o que tínhamos que fazer para sermos eficientes. Até que parei para pensar e tive uma reunião com meu orientador do RH. Analisamos todos os comentários e desenvolvemos um plano. Melhorei a maneira como me comunicava com a equipe e dei mais visibilidade à nossa estratégia de longo prazo. Depois de dois ciclos de pesquisa, aumentei minhas avaliações favoráveis de 46% para 86%. Foi difícil, mas muito gratificante.[140]

Sebastien é hoje um de nossos líderes mais capazes e mais requisitados.

DICAS DO GOOGLE PARA GERENCIAR SEUS DOIS EXTREMOS

☐ Ajude quem está precisando melhorar.

☐ Analise os melhores profissionais.

☐ Use pesquisas e checklists para descobrir a verdade e para estimular as pessoas a melhorar.

☐ Dê o exemplo, compartilhando o próprio feedback recebido e agindo para aprimorar os pontos criticados.

9

Construindo uma instituição de aprendizado

Os melhores professores já trabalham para você.
Deixe-os ensinar!

As empresas americanas gastaram 156 bilhões de dólares com programas de aprendizagem em 2011,[141] uma soma impressionante. Existem 135 países com PIB inferior a essa cifra.

Mais ou menos a metade desse total se destinou a programas conduzidos pelas próprias empresas e a outra metade foi paga a fornecedores externos. Em média, os funcionários receberam 31 horas de treinamento durante o ano, o que representa mais de 30 minutos por semana.

Grande parte desse tempo e desse dinheiro é desperdiçada.

Não porque o treinamento seja ruim em si, mas porque não existe uma avaliação do que é efetivamente aprendido e das mudanças de comportamento daí decorrentes. Pense no seguinte: se você passar 30 minutos por semana praticando caratê, você não se tornará faixa preta depois de um ano, mas com certeza conhecerá alguns golpes e contragolpes.

Se, porém, você trabalha nos Estados Unidos, passou em média mais de 30 minutos por semana sendo treinado por sua empresa para fazer... alguma coisa. Se eu fizesse uma retrospectiva dos meus anos em ambientes profissionais de grandes e pequenas corporações, teria dificuldade para reconhecer alguma coisa que faço de maneira diferente hoje como consequência do treinamento. (A única exceção é o treinamento que recebi na McKinsey & Company, que seguia os princípios de ensino descritos neste capítulo.)

Em outras palavras, os Estados Unidos gastaram 638 bilhões de dólares com educação pública, da pré-escola até o ensino médio, no ano letivo

2009-2010[142] – mais ou menos quatro vezes o que as empresas gastaram com treinamento dos funcionários. No entanto, as escolas públicas, em comparação com as empresas, oferecem mais de 10 vezes a carga horária de instrução por aprendiz, além de programas de desenvolvimento complementares, como atividades esportivas e clubes acadêmicos. E aposto que qualquer leitor deste livro concordará que aprendeu muito mais em 10 anos de escola que em 10 anos de programas de treinamento nas empresas.

Então por que se investe tanto em aprendizado nas empresas se o retorno é tão baixo?

Porque grande parte do aprendizado nas empresas é mal direcionada, conduzida pelas pessoas erradas e avaliada de maneira incorreta.

Você aprende melhor quando aprende menos

Damon Dunn estudou na Universidade Stanford em meados da década de 1990, antes de se tornar jogador profissional de futebol americano e de fundar uma construtora. Certa noite, ele estava se dirigindo para uma festa da fraternidade depois das 23 horas enquanto uma chuva forte castigava o campus. Damon notou uma figura solitária praticando tacadas de golfe no gramado.[143]

Quatro horas depois, às 3h da madrugada, Damon deixou a festa rumo ao dormitório. A pessoa continuava lá, ainda praticando suas tacadas. Damon se aproximou e perguntou:

– Tiger, o que você está fazendo aqui fora dando tacadas a esta hora da madrugada?

– Não chove muito no norte da Califórnia – respondeu o garoto, que veio a se tornar um dos jogadores de golfe mais bem-sucedidos da história. – É a única chance que eu tenho de treinar na chuva.

Seria de esperar esse tipo de obstinação de um dos maiores atletas em seu campo. O mais fascinante, porém, era o foco do exercício. Ele não estava treinando diferentes modalidades de lançamentos em diversos contextos. Limitou-se a passar quatro horas dando tacadas na chuva, arremessando a bola do mesmo lugar, buscando a perfeição numa jogada altamente especializada.

Acontece que essa é a melhor maneira de aprender. K. Anders Ericsson, professor de psicologia da Universidade Estadual da Flórida, estudou a aquisição de habilidades em nível de especialização durante décadas. A sabedoria convencional diz que são necessárias 10 mil horas de esforço para se tornar um especialista. Ericsson descobriu que o importante não é quanto tempo se dedica ao aprendizado, mas, sim, como se usa o tempo de aprendizagem. Ele encontrou evidências de que as pessoas que alcançam a maestria em determinada área – não importa que sejam violinistas, cirurgiões, atletas[144] ou até campeões de soletração – [145] praticam a aprendizagem de maneira diferente das demais pessoas. Elas fragmentam as atividades em ações minúsculas, como dar tacadas de golfe na chuva durante horas, repetindo-as exaustivamente com perseverança. Em cada repetição, observam o que acontece, fazem pequenos ajustes, quase imperceptíveis, e melhoram. Ericsson se refere a esse método como prática deliberada: repetições intencionais de pequenas tarefas semelhantes, com feedback imediato, correção e experimentação.

A simples prática, sem feedback e sem experimentação, é ineficiente. Entrei para a equipe de natação da escola de ensino médio porque era mais rápido que meus amigos e porque meu tio competira na seleção nacional de polo aquático da Romênia, o que me levou a supor que talvez eu tivesse alguma predisposição natural. Porém, em comparação com os verdadeiros nadadores, crianças que participam de equipes de natação desde os 6 anos e praticam o ano inteiro, eu era terrível. De calouro a veterano, meus melhores tempos se reduziram em quase 30%; mas, no calor de uma competição típica de seis nadadores, eu ainda tinha que lutar como louco para chegar em quinto lugar.

Ericsson poderia ter dito de imediato qual era o meu problema. Eu treinava duas vezes por dia e seguia exatamente as instruções do treinador, mas não era autodidata nem sobressaía o suficiente para que o treinador investisse ainda que fossem uns poucos minutos para me ajudar a melhorar minha técnica. Nunca experimentei a prática deliberada. Em consequência, melhorei um pouco, mas jamais tive a chance de mostrar um desempenho de alto nível.

Em contraste, a McKinsey inscrevia todos os consultores com dois anos de casa em um workshop de liderança com uma semana de duração, para 50 participantes de cada vez. Uma das competências que nos ensinaram era como reagir diante de clientes furiosos. Primeiro, os instrutores nos davam os princípios (não entre em pânico, permita que eles extravasem suas emoções, etc.); depois, encenávamos a situação; e, por fim, discutíamos o desempenho de cada participante. No final, eles nos davam um vídeo da encenação para que víssemos exatamente o que fizéramos. E repetíamos o processo sucessivas vezes. Era uma maneira muito intensa e eficaz de oferecer treinamento.

Agora reflita sobre o último programa de treinamento de que você participou. Talvez tenha havido um teste no final, ou, quem sabe, você tenha sido escalado como membro de uma equipe para resolver um problema. Mas será que você teria realmente internalizado o conteúdo se houvesse recebido feedback específico e tivesse que repetir a tarefa outras três vezes?

Incluir esse tipo de repetição e de foco no treinamento talvez pareça dispendioso, mas não é. Como veremos adiante, a maioria das organizações avalia o treinamento com base no tempo despendido ou na carga horária, não na mudança de comportamento. É um investimento melhor ensinar menos conteúdo e garantir que as pessoas o memorizem do que oferecer mais horas de um "aprendizado" que é logo esquecido.

A ideia de aprendizagem deliberada também é relevante a longo prazo. Na escola de ensino médio da minha cidade, os professores ganham estabilidade após dois anos de contratados. Depois disso, os aumentos salariais se dão exclusivamente em razão do tempo de serviço. Não há padrões de desempenho significativos e é quase impossível ser demitido. Não existem incentivos para que os professores comparem notas e, não raro, eles ensinam as mesmas coisas por décadas. Eu tinha um professor de história americana que dava aulas há 25 anos, mas que não mudava o conteúdo do programa havia pelo menos 20 anos. Ele tinha um quarto de século de experiência, mas, desse total, 20 anos consistiram no mesmo ano repetido 20 vezes. Era uma repetição sem feedback e, no caso dele, também sem qualquer motivação. Ele não evoluíra nada durante duas décadas.

A não ser que seu trabalho esteja mudando com rapidez, essa é uma armadilha universal em que todos caímos. É difícil continuar aprendendo e se manter motivado quando a estrada que se estende à sua frente parece exatamente igual à que ficou para trás. Você pode evitar que o aprendizado dos membros de sua equipe fique estagnado por meio de um hábito muito simples, porém prático e eficaz.

Tive o prazer de trabalhar, em 1994, com Frank Wagner (que é hoje um de nossos principais líderes de Operações de Equipe), quando éramos consultores. Nos minutos anteriores a todos os encontros com clientes, ele me afastava do grupo e me fazia perguntas: "Quais são os seus objetivos para esta reunião?" "Como você acha que cada cliente reagirá?" "Como pretende abordar esse tópico difícil?" Conduzíamos a reunião e, ao retornarmos de carro para o escritório, ele voltava a fazer perguntas que me forçavam a aprender: "Será que sua abordagem funcionou?" "O que você aprendeu?" "O que você faria de maneira diferente na próxima vez?" Eu também perguntava a Frank sobre a dinâmica interpessoal na sala e por que ele introduzira um tema e não outro. Eu dividia com ele a responsabilidade pelo meu aprimoramento.

Todas as reuniões terminavam com feedback imediato e com um plano sobre o que manter ou mudar na próxima vez. Já não sou consultor, mas, com frequência, repito os exercícios de Frank antes e depois de reuniões de minha equipe com outros googlers. É uma maneira quase mágica de promover a melhoria contínua do desempenho do grupo, embora exija apenas alguns minutos e não precise de preparação. Essa prática também treina as pessoas para realizar experiências, fazendo perguntas, tentando novas abordagens, observando o que acontece e, então, tentando novamente.

Desenvolva professores

Não posso dizer a você o que ensinar à sua equipe ou organização, pois isso depende dos seus objetivos. Não posso afirmar que a melhor maneira de aprender é em sala de aula ou à distância, com professores ou como autodidata. Tudo isso depende de como o seu pessoal aprende melhor e se está tentando dominar competências específicas, como uma nova linguagem de programação, ou habilidades mais gerais, do tipo como trabalhar melhor em equipe.

Mas, se tem alguma coisa que posso dizer com certeza, é onde encontrar os melhores professores.

Eles estão sentados bem perto de você.

Garanto que sua organização conta com especialistas em todas as facetas do que você faz, ou, pelo menos, gente com conhecimentos suficientes para ensinar a outras pessoas. Todos estamos familiarizados com os conceitos de máximo e mínimo. Na teoria, você quer as melhores pessoas, aquelas com o máximo de expertise, para promover o treinamento.

Em matemática, porém, existe um conceito mais refinado: o máximo local. O máximo local é o valor mais alto de uma faixa de valores mais restrita. O número mais alto possível é infinito, mas o número mais alto entre

1 e 10 é 10. Yo-Yo Ma é considerado o melhor violoncelista do mundo por muita gente. Na Coreia do Sul, o excelente Sung-Wong Yang é o mais destacado violoncelista. Yang é o máximo local.

Na sua empresa, certamente há um melhor vendedor em termos de vendas totais. Ao recorrer a essa pessoa para ensinar às outras em vez de buscar alguém de fora, você conta não só com um professor que é melhor que os outros vendedores, mas também com alguém que compreende o contexto específico de sua empresa e dos seus clientes. Lembre que Groysberg descobriu que o sucesso excepcional raramente acompanha a pessoa de uma empresa para outra. Enviar seus vendedores para os mais caros seminários de vendas, conduzidos por pessoas que venderam produtos para outras empresas, dificilmente revolucionará seu desempenho, pois as especificidades de sua organização fazem diferença.

Mas talvez você não queira que seus melhores vendedores se dispersem em atividades de ensino. Afinal, não deveriam se concentrar apenas em vender? Eu diria que se trata de uma atitude limitada, pois o impacto do desempenho individual se expande em progressão aritmética, enquanto o efeito do ensino se propaga em progressão geométrica. Deixe-me explicar melhor.

Vamos supor que seu melhor vendedor gere vendas de US$ 1 milhão por ano e que você tenha 10 outros vendedores, cada um vendendo US$ 500 mil por ano. Imaginemos ainda que você tire de campo seu melhor vendedor durante 10% do tempo de trabalho – cinco semanas por ano –, para treinar outros colegas. Ele passa essas cinco semanas ensinando, acompanhando os outros vendedores e, em geral, dando-lhes orientações específicas enquanto eles se esforçam para melhorar em pequenas tarefas de vendas específicas.

Antes do treinamento, você tinha receitas de US$ 6 milhões (US$ 1 milhão + 10 X US$ 500 mil). No primeiro ano em que seu melhor vendedor dedica parte de seu tempo ao treinamento dos colegas, ele traz apenas US$ 900 mil, pois está ensinando, em vez de vendendo, durante 10% do tempo. Se ele, porém, conseguir melhorar o desempenho dos outros vendedores em 10%, cada um deles venderá, agora, US$ 550 mil e a receita total da empresa passará a ser de US$ 6,4 milhões.

No segundo ano, terminado o treinamento, seu melhor vendedor voltará a vender US$ 1 milhão; já os outros vendedores estarão 10% melhores e continuarão vendendo US$ 550 mil cada um, somando US$ 6,5 milhões. Seu melhor profissional daquela área passou menos tempo vendendo durante um ano e sua receita subiu, para sempre. Se, porém, no segundo ano, ele continuar destinando 10% do tempo ao treinamento dos colegas e eles melhorarem mais 10%, passando a vender US$ 605 mil cada um, as vendas totais serão de US$ 6,95 milhões. As vendas aumentaram 16% para toda a empresa e 21% para os novos vendedores – em dois anos. A essa taxa, os novos vendedores dobrarão seus volumes de vendas em apenas oito anos (110%, 121%, 133%, 146%, 161%, 177% e 195% no começo do oitavo ano). Essa taxa de aumento cresce em progressão geométrica.

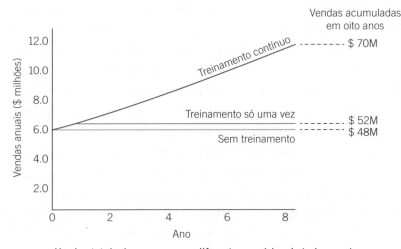

Vendas totais da empresa em diferentes cenários de treinamento.

E, como mostra essa estimativa aproximada, o aumento é gratuito. Os ganhos entre os profissionais com os piores desempenhos mais do que compensam a perda de vendas dos melhores enquanto param para ensinar.

Não é necessário nem mesmo tirar de campo o melhor vendedor para alcançar esse resultado. Caso se desdobre a capacidade de vendas em competências distintas, é provável que diferentes pessoas se destaquem na hora de fazer ligações de vendas, negociar, fechar acordos e manter relacionamentos. A melhor em cada habilidade seria escalada para ensiná-la.

Andy Grove, ex-CEO da Intel, salientou o mesmo aspecto mais de 30 anos atrás:

O treinamento é uma das atividades mais multiplicadoras que um gestor pode executar. Considere a possibilidade de oferecer uma série de quatro aulas aos membros de sua equipe. Vamos estimar três horas de preparação para cada hora de aula – 12 horas de trabalho no total. Digamos que haja 10 alunos na turma. No ano seguinte, eles trabalharão um total de mais ou menos 20 mil horas para a organização. Se o resultado do treinamento for uma melhoria de 1% no desempenho dos funcionários, a empresa ganhará o equivalente a 200 horas de trabalho como resultado do investimento de apenas 12 horas.[146]

Para o aprendiz, ter professores que praticam o que falam é muito mais eficaz que ouvir palestras de acadêmicos, orientadores profissionais ou consultores. Os acadêmicos e os orientadores profissionais tendem a ter conhecimento teórico. Sabem como as coisas devem funcionar, mas não as vivenciaram. Os consultores tendem a ter conhecimento superficial, em geral de terceira mão, extraído de relatórios de benchmarking elaborados por outro consultor ou baseados na experiência de poucos meses com um ou outro cliente, em vez de em situações duradouras.

Para ser justo, às vezes é importante ouvir especialistas para aprender com eles e para, em conjunto, ajustar as ideias deles às características da empresa. Por exemplo, Marty Linsky, da Cambridge Leadership Associates, nos ajudou na criação de nosso currículo de Liderança Adaptativa (Adaptative Leadership) e Daniel Goleman nos assessorou na construção de nosso programa de atenção plena (mindfulness), de que tratarei em breve. O que se vê por aí com muita frequência, porém, é todo o treinamento ser terceirizado para outras empresas.

Em geral, é muito melhor aprender com pessoas que executam o trabalho no dia a dia, capazes de responder a perguntas mais profundas e de usarem como base exemplos da vida real. Elas compreendem melhor o seu contexto, estão sempre disponíveis para fornecer feedback imediato e, em geral, não vão representar gasto extra para a empresa.

O googler Chade-Meng Tan, ou "Meng", como é mais conhecido,[147] foi o funcionários número 107 e trabalhou como engenheiro de software em pesquisa para dispositivos móveis de 2000 a 2008, antes de redirecionar seu trabalho e sua vida (enquanto ainda estava no Google) para alcançar a paz mundial por meio do compartilhamento e da divulgação do conceito de atenção plena. Jon Kabat-Zinn, professor emérito da faculdade de medicina da Universidade de Massachusetts, define atenção plena como "prestar atenção de determinada maneira; de propósito, no momento presente, sem julgar".[148] Um exercício simples para desenvolver a atenção plena é sentar-se em silêncio e concentrar-se na própria respiração durante dois minutos. A prática também se revelou capaz de melhorar a função cognitiva e a tomada de decisões.

Como um teste, em fins de 2013 convidei o googler Bill Duane, ex-engenheiro convertido em guru da atenção plena, a iniciar minhas reuniões semanais da equipe com um exercício. Caso funcionasse, em seguida eu tentaria experimentá-lo em grupos mais amplos de googlers e, talvez, por fim, em toda a empresa.

A primeira semana consistiu em apenas ouvir nossa respiração; na segunda, nós nos concentramos em observar os pensamentos que passavam pela cabeça enquanto respirávamos, nos esforçando para prestar atenção às emoções e em como elas se manifestavam em nosso corpo. Depois de um mês, perguntei à equipe se deveríamos continuar. Eles insistiram em que prosseguíssemos. Disseram que nossas reuniões pareciam mais focadas, mais ponderadas e menos combativas. E, embora estivéssemos consumindo tempo com a meditação, tínhamos ficado mais eficientes e estávamos terminando as reuniões cada vez mais cedo.

Para difundir os princípios da atenção plena no Google, Meng criou o curso Search Inside Yourself (Busque dentro de si). Os googlers foram mais receptivos aos ensinamentos de Meng porque ele trabalhara durante anos como engenheiro nos Estados Unidos e em Cingapura, o que lhe conferia credibilidade para lidar com o estresse na empresa e para demonstrar como a atenção plena mudara a vida dele.

Meng escreveu um livro sobre o tema e fundou o Instituto de Liderança Search Inside Yourself, que ele gerencia ao mesmo tempo que trabalha em horário parcial no Google.[149] O curso, o livro e o instituto, tudo se conjuga para "desenvolver líderes eficazes e inovadores, por meio do treinamento científico da atenção plena e da inteligência emocional".

Bill Duane, que trabalhara como engenheiro de confiabilidade do site (tradução: ele garantia que o google.com efetivamente funcionasse), gerencia a equipe de atenção plena do Google. Bill descreve o negócio como uma "máquina feita de pessoas" e a atenção plena como "o WD-40 da empresa, lubrificando os pontos de atrito entre os googlers".[150] Bill também fala com autoridade entre os engenheiros, pois já vivenciou o que eles experimentam todos os dias.

Meng e Bill não foram os únicos a concluírem que a coisa mais importante que poderiam fazer – apesar do trabalho notável deles como especialistas – era ensinar. Temos um programa mais amplo, denominado G_2G, ou Googler$_2$Googler, no qual os googlers se alistam em massa para ensinar uns aos outros. Em 2013, foram oferecidos mais de 2.200 cursos a mais de 21 mil googlers, envolvendo um corpo docente G_2G composto de quase 3 mil pessoas. Alguns cursos são oferecidos mais de uma vez e outros têm mais de um instrutor. A maioria dos googlers participou de mais de um curso e a frequência total foi superior a 110 mil.

Embora as atividades didáticas afastem os instrutores G_2G de suas atividades diárias, muitos cursos têm duração de apenas algumas horas e são oferecidos somente uma vez por trimestre, exigindo, portanto, pouco tempo dos instrutores e alunos. Os cursos propiciam uma mudança revigorante do cenário mental, deixando as pessoas mais produtivas ao retornarem ao trabalho. E, a exemplo da disponibilidade de 20% do tempo para projetos próprios, o G_2G torna o ambiente de trabalho mais criativo, divertido e fértil, fazendo com que as pessoas se sintam profundamente engajadas no que a empresa faz e é. É um pequeno investimento de recursos da empresa capaz de render enormes dividendos.

O conteúdo varia desde questões altamente técnicas (projetos de algoritmos de busca, um mini-MBA de sete semanas) até temas de mero entretenimento (*slackline*; expirar fogo; história da bicicleta). Alguns dos mais populares são:

- **Conscientização mente-corpo.** Amy Colvin, uma de nossas massagistas, dá uma aula de 30 minutos em que explica algumas posições *qigong* (prática chinesa relacionada com o tai chi), seguidas de meditação. O curso agora é oferecido em 16 cidades de todo o mundo, geralmente via Google Hangouts. Um engenheiro disse a Amy: "Ter consciência das necessidades físicas do meu corpo enquanto meu cérebro está programando me ajudou a reduzir em muito o estresse, a não me exaurir tanto e a curtir o trabalho."

- **Apresentações com carisma.** O líder de vendas Adam Green ensina aos googlers a ir além do básico no desenvolvimento de boas apresentações, explorando recursos mais sofisticados como entonação e linguagem corporal. Por exemplo: "Caso você tenda a mexer com as mãos ou a metê-las nos bolsos, tente se acomodar atrás de uma cadeira ou de um púlpito e pôr as mãos no alto da estrutura para transmitir mais confiança. A imobilização das mãos desloca a energia nervosa." Outra dica: "Para se livrar do hábito de murmurar 'é...' durante a apresentação, recorra ao deslocamento físico. Sempre que estiver se esforçando para completar a frase, faça pequenos gestos físicos, como movimentar a caneta. O esforço consciente de mexer a caneta desviará o cérebro do hábito de usar muletas verbais."

- **I$_2$P (Introdução à Programação para Não Engenheiros):** Albert Hwang é líder de nosso grupo de ferramentas de Operações de Equipe. Ele entrou no Google em 2008, com pós-graduação em economia, e foi autodidata em programação. "Assumi um projeto que envolvia relacionar os nomes de centenas de googlers com a localização do escritório e com o título do cargo. Logo concluí que um programa de computação simples poderia acelerar meu trabalho e reduzir os erros. Comecei a aprender por conta própria a linguagem de programação Python. Os colegas de equipe, ao ver que minhas novas habilidades técnicas nos haviam poupado muito tempo, me pediram que ensinasse programação a eles. Assim nasceu o I$_2$P." Desde então, mais de 200 googlers fizeram o curso de Albert. Um de seus ex-alunos usou o que aprendeu para ajudar os googlers a marcar hora para a vacinação gratuita contra gripe no próprio local de trabalho, o que ajudou milhares de outros googlers a serem vacinados. E, como para toda vacinação no local de trabalho doamos uma dose de vacina contra meningite ou pneumonia para crianças nos países em desenvolvimento, a nova ferramenta também levou à vacinação de milhares de crianças a mais.[151]

Não é preciso criar alguma coisa tão formal ou difusa quanto o G$_2$G para atrair instrutores. Os googlers têm centenas de outras oportunidades para aprender e para ensinar, qualquer uma das quais pode ser facilmente replicada por funcionários motivados no próprio ambiente de trabalho. Existem mais de 30 orientadores técnicos – líderes experientes que oferecem sessões individuais e confidenciais para apoiar googlers em nossas organizações técnicas. Esses voluntários são selecionados pelo grau de experiência e conhecimento do Google e têm a incumbência principal de ouvir. Um deles, Chee Chew, descreveu nos seguintes termos a experiência de ser um orientador técnico:

Sempre fico ansioso durante as sessões. Não tenho ideia do que irão perguntar. À medida que a sessão avança, muitas vezes você sente que estabelece um tipo de conexão simplesmente ouvindo o que o interlocutor tem a dizer. Como não tenho uma opinião forte sobre o que a pessoa deve fazer nem tenho nenhum interesse na decisão, ouço mais e me conecto mais. É muito diferente da maioria das conversas com os subordinados diretos e com os colegas de equipe. Realmente é um momento propício para a reflexão. A ligação é com a pessoa, não apenas com o projeto.

No entanto, contar com uma pessoa segura e objetiva a quem recorrer é, às vezes, tudo de que se precisa. Chee prossegue:

Lembro-me de uma engenheira de alto nível que orientei. Ela estava pensando em deixar a empresa quando alguém a convenceu a ter uma conversa com um orientador técnico. Marcamos uma conversa de 50 minutos, mas conversamos durante duas horas e meia. Ela falou sobre muitas coisas. Não assumi ares de orientador. Realmente ouvi o que ela tinha a dizer e interagi com ela em busca de ideias, estimulando-a a expor suas opiniões. Ela propôs as próprias soluções e resolveu seus problemas. Ela não precisava de alguém que lhe dissesse o que fazer, mas, sim, de quem estivesse disposto a deixá-la falar e a ouvi-la. A engenheira continua no Google.

O que mais me surpreende é que, além de beneficiar a pessoa que recebe orientação, os orientadores também se beneficiam. Por meio de reiteradas experiências, os líderes de nossa empresa estão desenvolvendo as habilidades de escuta e empatia, além da própria autoconsciência. Parece simples, mas os benefícios que os orientadores experimentam nessas sessões produzem ondas de influência. Eles contam que se tornam melhores gestores, líderes e até cônjuges em consequência do desenvolvimento dessas competências. Observe que não se trata de um programa de RH, embora sejamos responsáveis pelo gerenciamento dessas orientações.

Do mesmo modo, alguns voluntários atuam como gurus, concentrando-se menos em questões individuais e mais em temas de liderança e de gestão. Becky Cotton, que na época fazia parte da equipe de pagamentos on-line do Google, foi nossa primeira "guru de carreira" em caráter oficial, a pessoa a quem qualquer um podia recorrer em busca de orientação sobre o assunto.

Não houve processo de seleção nem treinamento. Ela simplesmente decidiu fazê-lo. Começou anunciando por e-mail que reservaria tempo no horário de trabalho para qualquer pessoa que quisesse receber orientação sobre carreira. Com o passar do tempo, a demanda cresceu e outras pessoas se voluntariaram para se juntar a Becky como gurus de carreira. Em 2013, mais de mil googlers tiveram sessões com essas pessoas.

Hoje temos gurus de liderança (entre os quais alguns vencedores de nosso Prêmio Ótimo Gestor); gurus de vendas; gurus de gestantes ou de novos pais; e, naturalmente, gurus de atenção plena. Contar com googlers que orientam uns aos outros não só economiza dinheiro (soube que alguns orientadores externos chegam a cobrar mais de US$ 300 por hora), mas também cria uma comunidade muito mais coesa.

Como diz Becky: "Você pode automatizar muitas coisas, mas não pode automatizar os relacionamentos." Ela ainda orienta 150 googlers por ano e relata que as pessoas ainda a param nos corredores para dizer: "Eu já teria saído do Google se não fosse você, Becky."

Ao longo dos anos, Becky se associou a várias empresas de tecnologia da Fortune 500 para ajudá-las a lançar os próprios programas Guru. O profissional de RH Sam Haider e a gerente de produto Karen McDaniel, ambos da Intuit, empresa de software de finanças, fizeram exatamente isso. Sam ainda se lembra: "Soubemos do programa Guru de Carreira, do Google, e achamos que aquilo poderia ser uma resposta simples e ajustável para o desafio de oferecer orientação pessoal sobre carreira em âmbito global. Fizemos experiências com pequenos grupos para validar a ideia e, então, aproveitamos algumas iniciativas já em andamento em nossa organização. Nos meses seguintes, a ideia se popularizou e se tornou global."

Para liberar o imenso potencial de ensino e aprendizado de sua organização é preciso criar as condições certas. A demanda por desenvolvimento de pessoas nas empresas sempre parece ser superior à capacidade, e no

Invista somente em cursos que mudam o comportamento

É fácil medir como se gastam os fundos e o tempo destinados a treinamento; muito mais raro e difícil, porém, é avaliar os efeitos do treinamento. Nos últimos 40 e tantos anos, os profissionais de RH mediram como se usa o tempo, concluindo que 70% do aprendizado decorrem de experiências no trabalho, 20% resultam de orientação e coaching, e 10% são consequência de instruções em sala de aula.[152] Empresas tão diferentes quanto a Gap,[153] a consultoria PwC[154] e a Dell[155] descrevem seus programas de desenvolvimento 70/20/10 em seus sites.

Mas essa regra 70/20/10, usada pela maioria dos profissionais, não funciona.

Primeiro, ela não lhe diz o que fazer. Esses 70% indicam que as pessoas devem descobrir coisas no dia a dia? Ou se referem a promover o rodízio de pessoas entre os cargos, para que aprendam novas habilidades? Ou, quem sabe, consistam em responsabilizar as pessoas por projetos difíceis? Será que alguma dessas abordagens é melhor que outra?

Segundo, mesmo que você saiba o que deve fazer, como medi-lo? Nunca vi uma empresa pedir aos gerentes que registrem o tempo que destinam ao coaching de suas equipes. As empresas podem dizer quanto tempo e dinheiro gastam no treinamento em sala de aula, mas, além disso, qualquer outra informação mais detalhada é mera adivinhação. Na pior das hipóteses, dizer que 70% do aprendizado decorrem do trabalho em si é uma evasiva. Trata-se de um subterfúgio conveniente que permite aos departamentos de RH dizer que as pessoas estão aprendendo sem provar que estão.

Terceiro, não há evidências rigorosas de que essa distribuição dos recursos ou experiências de aprendizado seja eficaz. Scott DeRue e Christopher Myers, da Universidade de Michigan, fizeram uma revisão completa da literatura: "Primeiro e acima de tudo, não há evidências empíricas que sustentem essa suposição; acadêmicos e profissionais, no entanto, a citam o tempo todo como se fosse fato."[156]

Felizmente, existe um método muito melhor para medir os resultados dos programas de aprendizado e, como muitas outras ótimas ideias sobre gestão de pessoas, não se trata de novidade. Em 1959, Donald Kirkpatrick, professor da Universidade de Wisconsin e ex-presidente da Sociedade Americana de Treinamento e Desenvolvimento, propôs um modelo que envolvia quatro níveis de mensuração dos programas de aprendizado: reação, absorção, comportamento e resultados.

O nível um – reação – pergunta ao estudante sobre sua resposta ao treinamento. É ótima a sensação de dar aula em um curso e receber feedback positivo dos alunos no final. Se você for consultor ou professor, as pessoas que apreciaram a experiência e que relatam a percepção de terem aprendido são os melhores promotores do curso, garantindo novas inscrições. Frank Flynn, professor de pós-graduação em administração de Stanford, certa vez me explicou que lecionar envolve uma alternância contínua entre engajar os alunos e transmitir conhecimento. Um bom recurso é contar histórias, pois elas saciam a fome das pessoas por narrativas enraizadas na sabedoria que se transmite entre as gerações através dos mitos e do folclore. São parte essencial do ensino eficaz. O sentimento dos alunos em relação ao curso, porém, nada diz sobre se aprenderam alguma coisa.

Além disso, os alunos em si geralmente não têm competência específica para oferecer feedback sobre a qualidade do curso. Durante as aulas, eles devem se concentrar em aprender, não em avaliar até que ponto se alcançou o equilíbrio adequado entre participação, desempenho individual e trabalho em equipe.

O nível dois – absorção – avalia a mudança no conhecimento ou nas atitudes dos alunos, em geral por meio de um teste ou pesquisa no final do programa. Qualquer pessoa que fez exame para tirar a carteira de motorista já passou por essa experiência. Trata-se de enorme melhoria em relação ao nível um, uma vez que agora estamos avaliando o efeito do curso de maneira objetiva. O problema é que nem sempre é fácil reter durante muito tempo os novos conhecimentos. Pior, se o ambiente para o qual você retornar não tiver mudado, o novo conhecimento logo desaparecerá. Imagine que você tenha finalizado há pouco um curso de cerâmica, tendo, inclusive, criado um belo vaso. Se você não tiver a oportunidade de fazê-lo de novo, perderá as novas habilidades adquiridas – e, certamente, não as recuperará nem as aprimorará.

O terceiro nível de avaliação de Kirkpatrick – comportamento – é o mais poderoso. Ele pergunta até que ponto os participantes passaram a se comportar de maneira diferente em consequência do treinamento. Algumas noções muito inteligentes estão embutidas nesse conceito simples. Avaliar a mudança comportamental exige que se espere algum tempo depois da experiência de aprendizado para que as lições se integrem na memória de longo prazo em vez de serem retidas até o exame do dia seguinte e depois logo esquecidas. Também depende da validação externa contínua.

A maneira ideal de avaliar a mudança comportamental vai além de perguntar ao estudante, questionando também o grupo de que ele faz parte. Recorrer a perspectivas externas não só fornece uma visão mais abrangente do comportamento do estudante como também o encoraja de maneira sutil a avaliar o próprio desempenho com mais objetividade. Por exemplo, se você perguntar à maioria dos vendedores até que ponto são eficazes, quase todos lhe dirão que estão entre os melhores do ramo. Se perguntar aos clientes, ou se disser aos vendedores que irá perguntar aos clientes, você obterá respostas mais modestas e honestas.

Finalmente, o nível quatro considera os resultados efetivos do programa de treinamento. Você está vendendo mais? Tornou-se um líder melhor? Seus programas de computador estão mais eficientes?

O Colégio Americano de Cirurgiões, que usa o modelo de Kirkpatrick, busca "qualquer melhoria na saúde e no bem-estar dos pacientes/clientes como resultado direto dos programas educacionais".[157] Imagine um oftalmologista que se especializou em cirurgia LASIK, em que se usa laser para remodelar a córnea e corrigir as deficiências de visão. É possível medir as mudanças nos resultados obtidos pelos pacientes depois que o médico aprende a nova técnica: registrando o tempo de recuperação, a incidência de complicações e o grau de melhoria da visão.

É muito mais difícil medir o impacto do treinamento em trabalhos menos estruturados e em habilidades mais genéricas. Você pode desenvolver modelos estatísticos de alta sofisticação para estabelecer conexões entre treinamento e resultados, o que geralmente fazemos no Google. Na verdade, sempre precisamos fazer isso, simplesmente porque, se não agirmos assim, nossos engenheiros não acreditarão em nossas afirmações!

Na maioria das organizações, porém, é possível adotar atalhos. Simplesmente compare o desempenho de grupos idênticos depois que apenas um deles recebeu treinamento.

Comece definindo o objetivo do treinamento. Digamos que seja o aumento das vendas. Divida a equipe ou organização em dois grupos tão semelhantes quanto possível. Um deles deve ser o grupo de controle, no sentido de que nada se muda nele, ou seja, não faz cursos, não recebe treinamento, nem é alvo de atenção especial. O outro é o grupo experimental, ou seja, em que se fazem mudanças, inclusive promovendo o aprendizado.

Então você espera.

Se os dois grupos forem de fato comparáveis e a única diferença entre eles tiver sido o treinamento, qualquer melhoria nas vendas do grupo experimental será consequência do treinamento.*

O frustrante nessa abordagem experimental é que, se surgir algum problema, você agora vai querer solucioná-lo em todos os casos. Como eu disse no Capítulo 8, os gestores que fazem nosso curso "Gerente como orientador" aumentam sua pontuação como orientadores em 13%. Passamos um ano esperando para ver se o curso realmente surtira efeito, e, nesse meio-tempo, milhares de googlers não se beneficiaram de um programa que sem dúvida os teria ajudado.

Quando eu trabalhava em outra empresa, a cada ano era oferecida uma nova rodada de treinamento de vendas obrigatório, de eficácia comprovada – assim nos diziam – para melhorar os resultados das vendas. Porém, submeter todo mundo a uma solução que se supõe eficaz não significa que ela o seja. Um experimento bem concebido, e a paciência para esperar e medir os resultados, revelará a realidade. Seu programa de treinamento pode funcionar ou não. A única maneira de saber ao certo é experimentá-lo em um grupo e comparar seu desempenho depois do treinamento com o de outro grupo que não recebeu treinamento.

Dever de casa

Desde antes do nascimento, os seres humanos são concebidos para aprender. Raramente, porém, pensamos em como aprender com mais eficácia.

---

* Desde que você esteja trabalhando com grupos comparáveis, outra abordagem é oferecer tipos diferentes de treinamento a cada grupo. Como não haverá grupo de controle, será possível experimentar mais intervenções ao mesmo tempo. A desvantagem será ter menos compreensão dos fatores externos que podem distorcer os resultados. Por exemplo, se ambos os grupos apresentarem melhorias semelhantes, foi porque ambos os programas de treinamento funcionaram ou porque a economia melhorou e facilitou as vendas? Também é possível que as diferenças decorram de variáveis aleatórias. Existem medidas estatísticas para testar essa hipótese; uma alternativa não quantitativa, porém, é repetir o "experimento" mais de uma vez ou aplicá-lo a outros grupos.

Como questão pragmática, você pode acelerar a taxa de aprendizado em sua organização ou equipe desdobrando as habilidades em componentes menores e fornecendo feedback imediato e específico. Várias empresas tentam ensinar habilidades amplas demais com muita rapidez. E medir os resultados do treinamento em vez de quanto as pessoas o apreciaram lhe dirá com muita clareza (com o passar do tempo!) se o que você está fazendo é eficaz.

Mas não queremos apenas aprender. Também gostamos de ensinar.

Frank Oppenheimer, o irmão mais novo do célebre físico J. Robert Oppenheimer, teria afirmado que "a melhor maneira de aprender é ensinar."[158] Ele estava certo, porque, para ensinar bem, você realmente tem que refletir sobre o conteúdo. Precisa dominar o tema e saber transmiti-lo a outras pessoas.

Há outra razão mais profunda, porém, para ter professores dentro da sua empresa. Dar aos funcionários a oportunidade de ensinar é conferir-lhes um propósito. Mesmo que não encontrem significado no trabalho regular, transmitir conhecimentos é ao mesmo tempo empolgante e inspirador.

A organização que aprende começa com o reconhecimento de que todos nós queremos crescer e ajudar os outros a crescer. No entanto, em muitas delas, os funcionários recebem os ensinamentos e os especialistas ministram os ensinamentos.

Por que não permitir que as pessoas exerçam ambas as funções?

....

DICAS DO GOOGLE PARA CONSTRUIR
UMA INSTITUIÇÃO DE APRENDIZADO

- ☐ Estimule a prática deliberada: desdobre as lições em pequenas partes assimiláveis, com feedback claro, e repita sucessivas vezes.
- ☐ Peça a seus melhores profissionais que ensinem a outros funcionários.
- ☐ Invista apenas em cursos capazes efetivamente de mudar o comportamento das pessoas.

....

10

Pague salários diferenciados

*Por que é justo pagar salários diferentes
a duas pessoas no mesmo cargo*

Nunca tive o prazer de trabalhar com Wayne Rosing, nosso primeiro vice-presidente de engenharia. Ele se aposentou antes de meu primeiro dia de trabalho. As histórias sobre ele, porém, ainda impregnam o Google. A minha preferida é sobre um discurso que ele proferiu para nossos engenheiros semanas antes da nossa oferta pública inicial de ações (IPO, do inglês Initial Public Offering). Falou sobre se manter fiel a nossos valores, concentrar-se no usuário e encarar o evento de abertura do capital da empresa como apenas mais um dia na história do Google. No dia seguinte, estaríamos de volta ao trabalho e continuaríamos produzindo coisas legais para os usuários. As pessoas ficariam mais ricas; algumas, muito mais ricas. Esse detalhe, porém, não deveria mudar nossa maneira de ser. Para salientar esse ponto, ele concluiu: "Se, depois de nos tornarmos uma empresa com ações negociadas nas bolsas de valores, surgir algum BMW no estacionamento, é melhor o dono comprar logo dois, porque eu vou quebrar com um taco de beisebol o para-brisa do primeiro que eu vir parado por aqui."

Embora nossa IPO tenha criado muitos milionários, durante muitos anos nos mantivemos relativamente imunes às extravagâncias do consumo. Essa aversão à ostentação é tanto uma consequência da histórica cultura de engenharia predominante no Vale do Silício quanto uma característica especial inerente ao Google. O jornalista David Streitfeld, do *The New York Times*, a atribui à "fundação" do Vale do Silício, em 1957,[159] quando Robert Noyce, Gordon Moore, Eugene Kleiner e outros cinco criaram a Fairchild

Semiconductor e desenvolveram uma maneira de produzir em massa transistores de silício.[160] Streitfeld a descreve como uma "nova espécie de empresa (...) que tinha tudo a ver com abertura e risco. A hierarquia rígida do Leste fora eliminada. Assim também o consumo extravagante". "O dinheiro não parece real", diria Noyce mais tarde ao pai. "É só uma maneira de marcar os resultados."[161] O espírito do Vale do Silício sempre foi: "Trabalhe duro, mas não ostente."

É claro que isso mudou um pouco nos últimos anos, mesmo no Google. A enxurrada de ofertas públicas iniciais bilionárias de empresas como Facebook, LinkedIn e Twitter, combinada ao surgimento de mercados secundários que permitem aos funcionários que já eram acionistas antes da IPO vender suas ações com ganhos multibilionários, inundou de dinheiro o Vale do Silício, sem falar nos carrões de US$ 100 mil e nas casas de US$ 1 milhão. Mesmo assim, o jornalista Nick Bilton resumiu nos seguintes termos a mentalidade predominante:

> Em Nova York, as pessoas se vestem para impressionar. Em São Francisco, as pessoas se orgulham de usar moletom e jeans em restaurantes cinco estrelas.
>
> A maioria das pessoas ricas de São Francisco tende a ocultar a riqueza, receosas de que a ostentação não seja compatível com a imagem do Vale do Silício, de que estamos aqui para tornar o mundo um lugar melhor. (Sei de um fundador bem-sucedido que tem um velho Honda 1985 que ele dirige até o hangar de seu jato particular secreto.)[162]

Os comentários de Wayne, porém, tinham motivações mais profundas que apenas dar conselhos sobre como evitar os excessos que em geral acompanham o sucesso financeiro. Preservávamos a cultura de rejeitar a ostentação, desde as mesas que fazíamos de cavaletes e portas de madeira até as cabines de teleféricos e os vagões de monotrilhos que recuperávamos e usávamos como salas de reuniões em nossas sedes de Zurique e Sidney.[163]

No caso de nossos produtos, a mais pura manifestação desse etos era nossa página de busca, limpa e desentulhada. Foi revolucionária na época. A crença predominante era que os usuários queriam um portal único (lembra-se dos portais web?) para toda a internet, reunindo dezenas de

Vagão desativado de monotrilho em nosso escritório de Sydney, Austrália. © Google, Inc.

Cabine de teleférico desativada em nosso escritório de Zurique. © Google, Inc.

outros portais. Larry e Sergey tinham uma ideia diferente. E se tudo o que você precisasse fazer fosse digitar o que procurava para que as respostas aparecessem como num passe de mágica à sua frente? Eis uma comparação da nossa página em 29 de fevereiro de 2000 com as de dois de nossos principais concorrentes.[164]

Nossa aparência simples era tão diferente que um de nossos primeiros desafios foi que os usuários olhavam para a página do Google e não digitavam nada. Não conseguíamos descobrir por quê, até que saímos a campo e fizemos uma pesquisa de usuários, numa faculdade nas proximidades, observando os estudantes que tentavam usar o Google. De acordo com Marissa Mayer, na época uma googler e hoje CEO do Yahoo, eles

Página do Lycos.com, por volta de 2000.

Página do Excite.com, por volta de 2000.

Página do Google.com, por volta de 2000. © Google, Inc.

estavam tão acostumados com páginas entulhadas que ficavam à espera de que surgisse alguma outra coisa.¹⁶⁵ Não pesquisavam porque achavam que a página não tinha acabado de ser carregada. Jen Fitzpatrick, vice-presidente de engenharia, comentou: "Acabamos adicionando um aviso de direitos autorais na base da página, não porque de fato precisássemos daquilo, mas como uma maneira de dizer: 'Isto é o fim.'" O aviso de direitos autorais resolveu o problema.

Sergey uma vez brincou que a razão pela qual a página do Google era tão vazia era o fato de ele não ser muito bom em HTML, a linguagem de programação usada para construir as páginas da rede. De acordo com Jen, na verdade, "tornou-se uma questão de orgulho e de design não dispersar os usuários com muitas distrações. Nossa tarefa era levá-los de um ponto a outro o mais depressa possível". Tratava-se de uma experiência melhor para os usuários: menos distrações, um carregamento mais rápido e um caminho mais direto até o destino.¹⁶⁶

Porém as ponderações cuidadosas de Wayne sobre como a IPO poderia mudar a cultura da organização eram importantes, porque a maneira de remunerar as pessoas – e como fazê-lo de forma justa e de acordo com nossos valores – sempre foi uma questão séria no Google. De fato, como equipe gerencial, é provável que passemos mais tempo pensando em questões de remuneração do que em qualquer outro aspecto referente a pessoas, exceto recrutamento. Recrutamento, como você se lembra, sempre vem em primeiro lugar, porque, se estiver contratando profissionais melhores do

214 ▶ Um novo jeito de trabalhar

que você, a maioria das outras questões de pessoal tende a se resolver por si mesma.

Nos primeiros dois anos, o dinheiro era curto. No entanto, mesmo depois que descobrimos a possibilidade de leiloar anúncios pela internet e a receita começou a fluir, relutamos em pagar altos salários durante grande parte de nossa história. Antes da IPO do Google, o salário médio de nossos executivos era de US$ 140 mil por ano. Por um lado, US$ 140 mil é muito dinheiro. Mas isso era somente para os cargos mais altos. E a região em que nossos funcionários moravam (Santa Clara e San Mateo) tinha um dos custos de vida mais altos do país. Como empresa, nosso salário médio era inferior à renda familiar mediana da região, de US$ 87 mil.[167]

Quase todos os novos funcionários sofriam redução salarial ao entrar no Google. Como mencionei no Capítulo 3, até usávamos esse fato como uma espécie de peneira no recrutamento, acreditando que somente os tipos empreendedores, propensos ao risco, iriam se dispor a sofrer reduções salariais de US$ 20 mil, US$ 50 mil ou até US$ 100 mil ao ano. Esses recém-contratados eram submetidos a outro teste: podiam renunciar a US$ 5 mil de salário em troca de opções de 5 mil ações. (Quem aceitou a proposta tem hoje mais de US$ 5 milhões no bolso.)*

Com o crescimento do Google, reconhecemos que teríamos que mudar a forma de remunerar as pessoas. Salários baixos e a promessa de prêmios em ações não atrairiam os melhores talentos para sempre. O jornalista Alan Deutschman entrevistou Sergey Brin sobre esse assunto em 2005:

Quando existem apenas algumas centenas de pessoas numa empresa, as ações são um forte incentivo, porque todos recebem opções suficientes para ter a chance de realmente ganhar muito dinheiro. Mas, com milhares, as ações não funcionam tão bem como incentivo, pois é tanta gente que as opções ficam muito diluídas. E as pessoas querem a chance de serem realmente bem recompensadas. Mesmo que o Google, agora, tenha cerca de 3 mil funcionários em todo o mundo, acho que a remuneração deveria ser mais como a de uma novata [com salários menores e mais opções de ações]. Mas não totalmente, porque os riscos são muito mais baixos.

---

* Como, em 2014, desdobramos nossas ações na proporção de 1 para 2, os primeiros googlers têm hoje 10 mil ações.

Também queríamos garantir que os funcionários se mantivessem com apetite e ambição suficientes de modo a continuar se esforçando para exercer grande impacto. Estudamos com atenção as experiências de outras empresas de tecnologia que haviam fabricado milionários.

Passamos basicamente a década seguinte inteira garantindo que, além de ter todos os fatores ambientais adequados e as recompensas intrínsecas indispensáveis (nossa missão; foco na transparência; forte participação dos googlers na forma de a empresa operar; liberdade para explorar, fracassar e aprender; espaços físicos que facilitavam a colaboração), também zelávamos pela sintonia fina das recompensas externas. Nossa orientação se resumia em quatro princípios:

1. Pagar salários diferenciados.
2. Comemorar as realizações, não a remuneração.
3. Facilitar a difusão do amor.
4. Recompensar o fracasso ponderado.

Atenção! Apresentarei alguns grandes números neste capítulo. Uns são arredondamentos para facilitar as contas e para evitar entrar muito em detalhes. Outros, porém, esmiúçam as oportunidades que o Google oferece aos googlers. Nossos fundadores sempre foram generosos. Eles acreditam que devem compartilhar com os funcionários o valor que a empresa cria. Em consequência, realmente é possível conquistar, ou receber como prêmio, enormes quantias no Google.

A maioria das empresas de tecnologia do nosso porte deixa de conceder grandes prêmios em ações a todos os funcionários. Em vez disso, concentram-se em oferecer recompensas maiores aos executivos, enquanto as frações que sobram para os níveis mais baixos se reduzem a quase nada. Fora de nosso setor, conheço uma empresa que adota a prática de oferecer prêmios em ações no valor de centenas de milhares ou até de milhões de dólares aos altos executivos (o 0,3% do topo); prêmios no valor de US$ 10 mil aos executivos em início de carreira (o 1% seguinte) e literalmente nada aos demais 98,7% dos colaboradores. Em vez de recompensar os profissionais mais capazes, eles simplesmente bajulam com mais dinheiro os figurões nos níveis hierárquicos mais elevados. Lembro de um executivo que me disse que não se aposentaria enquanto seu plano de previdência não chegasse a US$ 500 mil por ano (embora se diga, em sua defesa, que ele também era brilhante no trabalho).

No Google, todos são elegíveis a receber prêmios em ações, em todos os níveis da organização e em todos os países onde operamos. Existem diferenças no valor do prêmio a que você pode fazer jus, com base no cargo e no mercado local, mas o principal determinante da quantia a receber é o desempenho pessoal. Não temos que incluir todo mundo, mas o fazemos. É bom negócio e é o mais correto a se fazer.

Reconheço que o Google desfruta de uma posição privilegiada. Lembro-me de quando trabalhava por US$ 3,35 por hora e do alívio que foi quando, mais tarde, passei a receber US$ 4,25 por hora. Quando me tornei assalariado, com uma remuneração de US$ 34 mil por ano, tive a impressão de que nunca mais teria problemas financeiros. Ao receber meu primeiro contracheque, fui jantar fora e me senti no direito de pedir, além do prato principal, entrada e bebida – um luxo!

Ao mesmo tempo, empresas que atuam em setores com baixa margem de lucro descobriram que pagar bons salários – mesmo quando não precisam – pode ser bom para o negócio. A Costco e o Sam's Club, do Wal-Mart, são "atacarejos" (varejistas que vendem em grandes quantidades, com desconto). Wayne Cascio, da Universidade do Colorado em Denver, comparou as duas redes em 2006.[168]

	Sam's Club	Costco
Lojas	551	338
Funcionários	110.200	67.600
Salário médio	$ 10-12 por hora*	$ 17 por hora

Sam's Club versus Costco.

Além de oferecer salários mais altos, a Costco pagava 92% do valor do prêmio para os 82% dos funcionários que tinham plano de saúde na época. Além disso, 91% dos colaboradores participavam do plano de aposentadoria da Costco, com contribuição média da empresa de US$ 1.330 por

---

* O Wal-Mart não revela os salários do Sam's Club, mas Cascio apresenta esses valores como estimativas razoáveis.

funcionário. Apesar dessa estrutura de custos muito mais alta, a Costco, com clientes de renda mais elevada e com produtos de melhor qualidade, gerou um lucro operacional de US$ 21.805 por empregado horista, em comparação com US$ 11.615 do Sam's Club: salários 55% mais altos e lucro 88% mais alto. Cascio explicou que, "como retribuição pelos salários e benefícios generosos, a Costco conta com uma das forças de trabalho mais leais e mais produtivas de todo o setor de varejo, além dos números mais baixos em furtos praticados por funcionários. A força de trabalho estável e eficiente da Costco mais do que compensa os custos mais altos".

Vou revelar alguns dos detalhes mais delicados de como o Google tratou esse assunto tão particular, não para me gabar do sucesso do Google, mas, sim, porque cometemos muitos erros em nossa abordagem quanto à remuneração de pessoas. Ao longo do caminho, estudamos questões referentes a pagamento e equidade, justiça e felicidade. Aprendemos um pouco sobre como celebrar o sucesso sem fomentar a inveja. Aplicamos as ideias de outras pessoas e comprovamos que iniciativas consideradas capazes de deixar as pessoas felizes nem sempre correspondiam às expectativas. Minha esperança é que nossas experiências ofereçam algumas lições aplicáveis a qualquer ambiente de trabalho e promovam mais liberdade, celebração e satisfação.

Pague salários diferenciados – Suas melhores pessoas são melhores do que você supõe e valem mais do que você lhes paga

Na tentativa mal orientada de serem "justas", a maioria das empresas desenvolve sistemas de remuneração que estimulam os melhores colaboradores e as pessoas com maior probabilidade de deixar a organização. Mas o primeiro e mais importante princípio exige que você rejeite as práticas convencionais – o que talvez o leve a se sentir pouco à vontade de início.

As práticas consagradas de remuneração envolvem coletar dados do mercado para cada cargo e, depois, definir limites de quanto a remuneração de cada funcionário pode se afastar dos valores de mercado e dos salários dos colegas. Em geral, as empresas admitem que os salários variem mais ou menos 20% em relação ao mercado, com os melhores profissionais recebendo até 30% acima do mercado. O operador médio pode receber aumentos salariais de 2% a 3% por ano; o operador excepcional, aumentos salariais de 5% a 10% por ano, dependendo da empresa. O re-

218 ▶ Um novo jeito de trabalhar

sultado perverso é que os operadores excepcionais recebem uma sucessão de grandes aumentos salariais, que depois desaceleram, até que o salário finalmente se estabiliza e fica congelado, ao se aproximar da extremidade superior da faixa salarial.

Vamos imaginar, então, que você esteja fazendo um ótimo trabalho e oferecendo grandes contribuições à empresa como vendedor, contador ou engenheiro. No primeiro ano, talvez você receba um aumento salarial de 10%. Já no segundo ano, porém, o aumento salarial talvez se reduza para 7%; depois, para 5%; até que, muito em breve, você vai passar a receber os mesmos percentuais de aumento salarial dos operadores médios ou, quem sabe, atingir o limite e não receber mais aumentos salariais. Pior ainda, limites semelhantes se aplicam aos bônus e aos prêmios em ações nas organizações em geral. Uma promoção oportuna talvez lhe renda um pouco mais de tempo, mas você logo chegará ao limite superior da nova faixa salarial.

Alguma coisa nesse sistema está falhando. A maioria das empresas gerencia a remuneração dessa maneira para controlar custos e por acreditar que a faixa de desempenho em determinado cargo é um tanto estreita. Mas elas estão erradas. Robert Frank e Philip Cook previram em *Tudo ou nada* (1995) que, cada vez mais, a remuneração do trabalho se caracterizaria por uma desigualdade crescente à medida que as pessoas se tornavam cada vez mais visíveis e móveis e, portanto, mais capazes de reivindicar uma fatia maior do valor que criam para os empregadores. Isso é exatamente o que o Yankees descobriu: os melhores jogadores não só recebem as maiores remunerações como também produzem resultados excepcionais com regularidade.

O problema é a alta probabilidade de que a contribuição de uma pessoa cresça com muito mais rapidez que a remuneração. Por exemplo, uma empresa de consultoria de alto nível talvez pague a um novo consultor com MBA US$ 100 mil por ano e cobre dos clientes US$ 2 mil por dia (US$ 500 mil por ano), mais ou menos cinco vezes o salário do funcionário graduado. No segundo ano, ele talvez receba entre US$ 120 mil e US$ 150 mil, e os clientes talvez paguem uma conta de US$ 4 mil por dia (US$ 1 milhão por ano), cerca de oito vezes o salário. Independentemente de o consultor estar criando US$ 1 milhão em valor para o empregador ou para o cliente, a fatia que recebe do valor gerado se reduz a cada ano. Trata-se de um exemplo extremo, mas é um padrão que se mantém na maioria das empresas de serviços profissionais superqualificados. O economista Edward Lazear, da Universidade Stanford, argumentou que as pessoas, em média, são sub-remuneradas em relação à sua contribuição no começo da carreira e super-remuneradas em estágios mais avançados.[169] Os sistemas de pagamento internos não avançam com rapidez suficiente a fim de oferecer a flexibilidade necessária para remunerar as melhores pessoas de acordo com o que de fato valem.

A atitude mais racional para o colaborador excepcional é deixar a organização.

Numa grande indústria que aparece na lista Fortune 100, os cargos importantes de gerência mudam de titular a cada 5 a 10 anos. Se você é um profissional excepcional, de 30 ou 40 anos, é promovido mais ou menos uma vez por década nesses cargos de alto nível de sua empresa. No meio-tempo, o seu salário avançará esporadicamente, à medida que você recebe alguns grandes aumentos, e por fim colide com as políticas de RH que limitam o salário, até você receber a próxima promoção. Para quem está aprendendo e crescendo com mais rapidez e para quem está trabalhando no nível mais alto, a única maneira de garantir que o salário seja compatível com o valor que cria é procurar um novo emprego, negociar com base no que realmente vale e deixar a atual empresa. E isso é exatamente o que se vê no mercado de trabalho.

Por que uma empresa desenvolveria um sistema de remuneração que leva suas pessoas mais capazes e com maior potencial a procurar outro emprego? Porque elas se deixam levar por um erro conceitual do que é justo e não têm coragem de ser honestas com os funcionários. Pagar salários justos não significa dar a todas as pessoas que estejam no mesmo cargo o mesmo salário ou situá-las na mesma faixa salarial, com diferença de no máximo 20% entre os extremos, por exemplo.

A justiça ocorre quando a remuneração é proporcional à contribuição.* Em consequência, deve haver uma enorme variação entre os salários individuais. Lembre-se do argumento de Alan Eustace, no Capítulo 3, de que

---

* A maneira como a maioria das empresas remunera as pessoas confunde as noções de igualdade e equidade. A igualdade é de enorme importância quando se trata de direitos pessoais, mas pagar a todos com igualdade – ou perto da igualdade – significa pagar demais às piores pessoas e pagar de menos às melhores pessoas.

Um título mais exato para este capítulo seria, portanto, "Pague com desigualdade".

220 ▶ Um novo jeito de trabalhar

um engenheiro de alto nível vale 300 vezes mais que um engenheiro médio. Uma posição mais agressiva seria a frase atribuída a Bill Gates: "Um ótimo torneiro mecânico deve receber várias vezes o salário de um torneiro mecânico mediano, mas um grande programador de software vale 10 mil vezes o preço de um programador de software mediano."

Mas você não precisa se basear somente no que digo. Em 1979, Frank Schmidt, do Departamento de Gestão de Pessoal dos Estados Unidos, escreveu um trabalho pioneiro intitulado "Impact of Valid Selection Procedures on Work-Force Productivity" (Impacto de procedimentos de seleção válidos sobre a produtividade da força de trabalho).[170] Schmidt acreditava, como argumentei nos Capítulos 3 e 4, que a maioria dos processos de contratação não seleciona as pessoas realmente talentosas. Ele raciocinou que, caso pudesse comprovar que a contratação de funcionários mais capazes gerava retornos financeiros reais, as organizações se empenhariam com mais energia em fazer um trabalho de recrutamento melhor.

Schmidt estudou programadores de computador de nível médio que trabalhavam para o governo dos Estados Unidos. Ele queria saber quanto valor a mais era criado pelo que chamou de programadores superiores, em comparação com os programadores médios, definidos como os que se situavam entre o 85º e o 50º percentil de desempenho. Os programadores superiores geravam cerca de US$ 11 mil a mais em valor que os programadores médios, em dólares de 1979.

Ele tentou, então, estimar quão maior seria a criação de valor se o governo fosse mais eficiente em selecionar programadores superiores. A estimativa intermediária dele foi de US$ 3 milhões por ano. Se, como nação, fôssemos mais capazes de selecionar programadores superiores, a estimativa intermediária para todo o país seria de US$ 47 milhões em valor a mais.

Ele estava errado, porém, em uma coisa. Os melhores colaboradores geram muito mais valor do que imaginou. Alan Eustace e Bill Gates estão mais perto da verdade que Schmidt.

Schmidt presumiu que o desempenho seguia a distribuição normal. Isso não acontece.

Os professores Ernest O'Boyle e Herman Aguinis, que conhecemos no Capítulo 8, relataram no periódico *Personnel Psychology* que o desempenho humano segue a distribuição de lei de potência[171] – para recordar, retorne ao início do Capítulo 8. A maior diferença entre uma distribuição normal (também conhecida como gaussiana) e uma distribuição de lei de potência é que, para alguns fenômenos, as distribuições normais subestimam significativamente a probabilidade de eventos extremos. Por exemplo, a maioria dos modelos financeiros usados pelos bancos até a crise econômica de 2008 assumia uma distribuição normal dos retornos do mercado de ações. O'Boyle e Aguinis explicam: "Quando se prevê o desempenho do mercado de ações usando a curva normal, uma queda de 10% desse mercado em um único dia ocorreria uma vez a cada 500 anos. (...) Na realidade, ela ocorre de cinco em cinco anos." Nassim Nicholas Taleb, em seu livro *A lógica do cisne negro*, salienta exatamente esse aspecto, explicando que os eventos extremos eram muito mais prováveis do que admitia a maioria dos bancos.[172] Como consequência, as grandes oscilações acontecem com muito mais frequência do que se prevê quando se usa a distribuição normal, mas com aproximadamente a mesma frequência que seria de esperar quando se aplica a lei de potência ou distribuição semelhante.

O desempenho individual também segue uma distribuição de lei de potência. Em muitas áreas, é fácil identificar pessoas cujo desempenho supera o dos colegas por uma diferença extraordinária. Jack Welch, como CEO da GE, ou Steve Jobs, como CEO da Apple e da Pixar. Walt Disney e seus 26 Oscars, a maior quantidade de todos os tempos para um único indivíduo.[173] O escritor belga Georges Simenon escreveu 570 romances e contos (muitos apresentando seu detetive Jules Maigret), que venderam entre 500 e 700 milhões de exemplares; e Dame Barbara Cartland, do Reino Unido, publicou mais de 700 romances, vendendo entre 500 milhões e 1 bilhão de exemplares.[174] No começo de 2014, Bruce Springsteen havia sido indicado para o Grammy 49 vezes; Beyoncé, 46 vezes; e U2 e Dolly Parton, 45 vezes cada; mas todos esses são ofuscados pelo maestro Georg Solti (74 vezes) e por Quincy Jones (79 vezes).[175] Bill Russell, do Boston Celtics, ganhou 11 campeonatos da NBA em 13 temporadas;[176] Jack Nicklaus conquistou 18 torneios "Major" de golfe[177] e Billie Jean King ganhou 39 títulos Grand Slam de tênis.[178]

O'Boyle e Aguinis realizaram cinco estudos, abrangendo uma população de 633.263 pesquisadores, apresentadores, políticos e atletas. A tabela a seguir compara quantas pessoas em cada grupo seria de esperar se situarem no 99,7º percentil de desempenho, usando uma distribuição estatística normal, e quantas de fato chegaram a esse nível.

Um novo jeito de trabalhar

	Número previsto pela distribuição normal	O que se vê na realidade
Pesquisadores que publicaram 10 ou mais trabalhos	35	460
Artistas com mais de 10 indicações para o Grammy*	5	64
Membros da Câmara dos Representantes dos Estados Unidos que serviram em mais de 13 mandatos**	13	172

A distribuição normal e seu fracasso em prever alguns tipos de desempenho.

Ao recompensar as pessoas nas empresas, nossa intuição nos leva a cometer o mesmo erro em que Schmidt incorreu ao estudar os programadores do governo. Equiparamos média e mediana, assumindo que o operador mediano é também o operador médio. Na realidade, a maioria dos operadores fica abaixo da média:

- 66% dos pesquisadores estão abaixo da média em número de artigos publicados.
- 84% dos atores indicados para o Emmy estão abaixo da média em número total de indicações.
- 68% dos representantes (deputados) dos Estados Unidos estão abaixo da média em número de mandatos.
- 71% dos jogadores da NBA estão abaixo da média em número de pontos marcados.

Observe que estar abaixo da média não é tão ruim. É apenas uma questão de matemática. Como mostram os dados, as pessoas excepcionais atuam em um nível de desempenho tão acima da maioria que são capazes de puxar a média para cima, bem além da mediana.

---

* O mesmo padrão se mantém nas indicações para o Oscar, o Man Booker Prize, o Prêmio Pulitzer, as 50 melhores músicas segundo a *Rolling Stones* e 36 outros prêmios.

** O mesmo padrão se mantém nas legislaturas estaduais dos Estados Unidos e provinciais do Canadá, assim como nos parlamentos de Dinamarca, Estônia, Finlândia, Irlanda, Países Baixos e Reino Unido, e na legislatura da Nova Zelândia.

A única razão pela qual a sua organização e outras como a GE talvez apresentem uma distribuição normal das avaliações do desempenho seja o fato de o RH e a administração forçarem os avaliadores a seguir esse padrão. As empresas esperam que essa seja a distribuição do desempenho e os avaliadores são treinados para corresponder às expectativas. Em consequência, os salários seguem a mesma distribuição, o que é completamente incompatível com a efetiva criação de valor pelas pessoas.

Aplicando-se a adequada distribuição de lei de potência, o programador do 85º percentil do estudo de Schmidt não é US$ 11 mil melhor que a média, mas US$ 23 mil melhor que a média. E o programador do 99,7º percentil, em 1979, geraria espantosos US$ 140 mil a mais de valor que a média. Ajustado pela inflação, esse operador do 0,3% superior gera quase meio milhão de dólares a mais de valor.[179] A estimativa de Alan Eustace está começando a parecer bastante razoável.

O'Boyle e Aguinis desdobram a questão: "Cerca de 10% da produtividade decorre do percentil superior e 26% da produção deriva dos 5% superiores dos trabalhadores." Em outras palavras, eles descobriram que o 1% superior dos funcionários gera 10 vezes a produção média, e os 5% superiores, mais que quatro vezes a média.

Evidentemente, isso não se aplica a todas as circunstâncias. Conforme observam O'Boyle e Aguinis, "as indústrias e as organizações que dependem do trabalho manual, que têm tecnologia limitada e que estabelecem padrões rigorosos para a produção mínima e máxima" são contextos em que prevalece a distribuição normal do desempenho. Nesses ambientes, são poucas as oportunidades para realizações excepcionais. Em todos os outros lugares, porém, predomina a outra forma de distribuição.

Como dizer se você está nesse tipo de ambiente de trabalho? Alan me propôs um teste simples. Pergunte a si mesmo quantas pessoas você trocaria pelo melhor dos seus melhores profissionais. Se o número for maior que cinco, é provável que você esteja pagando mal ao seu melhor colaborador. Se for maior que 10, certamente ela ganha menos do que vale.

No Google, temos situações em que duas pessoas fazendo o mesmo trabalho podem apresentar diferenças de 100 vezes no impacto e nas recompensas. Por exemplo, já houve vezes em que uma pessoa recebeu um prêmio em ações de US$ 10 mil e outra, trabalhando na mesma área, recebeu US$ 1 milhão. Esse não é o padrão, mas a faixa de recompensas em quase qualquer nível pode facilmente apresentar variações de 300% a 500%; e, mesmo assim, ainda há muito espaço para pontos fora da curva. De fato, temos muitos casos em que profissionais em níveis iniciais ganham muito mais que operadores médios em níveis avançados. É o resultado natural de exercer maior impacto e de um sistema de remuneração que reconhece essa diferença.

Para que esses tipos de recompensas extremas funcionem, são necessários dois requisitos. Um é a compreensão muito clara do impacto decorrente da função (o que também exige consciência de quanto se deve ao contexto: o mercado está mais favorável? Quanto disso é resultado do esforço da equipe ou da marca da empresa? Essa realização é um ganho de curto ou de longo prazo?). Depois de avaliar o impacto, chega a hora de avaliar os recursos disponíveis e definir a forma da curva de recompensa. Se o melhor operador estiver gerando 10 vezes mais impacto que o operador médio, talvez não seja o caso de receber uma recompensa 10 vezes superior, mas ele deve receber pelo menos cinco vezes a remuneração do operador médio.[180] Caso você adote um sistema desse tipo, a única maneira de se manter dentro do orçamento é conceder menores recompensas aos piores operadores e até aos operadores médios. De início, isso não parecerá bom, mas saiba que você agora está dando mais uma razão para as melhores pessoas continuarem na empresa e um motivo para todas as demais mirarem mais alto.

O outro requisito é ter gestores que compreendam o sistema de recompensa com clareza suficiente para explicá-lo aos beneficiários e a outros que talvez perguntem por que certas recompensas foram tão altas e o que fazer para merecer prêmios semelhantes.

Em outras palavras, a alocação de recompensas extremas deve ser justa. Se você não for capaz de explicar aos funcionários os fundamentos de uma faixa de variação tão ampla para os prêmios nem tiver condições de oferecer maneiras específicas de melhorar o próprio desempenho para esses níveis notáveis, você estará promovendo uma cultura de inveja e ressentimento.

Talvez seja por isso que a maioria das empresas não se incomoda com a questão. É difícil adotar faixas de remuneração em que alguém possa receber duas ou até 10 vezes mais que um colega em função semelhante. Mas é muito pior ver suas melhores pessoas saírem porta afora. Isso o leva a refletir sobre que empresas realmente estão remunerando de maneira injusta: aquelas em que as melhores pessoas ganham muito mais que a média ou aquelas em que todos recebem mais ou menos as mesmas recompensas.

Comemore as realizações, não a remuneração

Em novembro de 2004, seis anos depois da fundação do Google, mas apenas três meses depois da oferta pública inicial de ações, distribuímos nossos primeiros Prêmios dos Fundadores.[181] Eis o que escreveu Sergey, em 2004, na carta dos fundadores aos acionistas:

Acreditamos com convicção na importância de sermos generosos com nossos melhores colaboradores. Em muitas empresas, as pessoas que realizam grandes feitos não são recompensadas com justiça. Às vezes, isso acontece porque a distribuição do lucro é tão ampla que a recompensa de qualquer pessoa é nivelada com as recompensas de todas as demais. Outras vezes, porque simplesmente não se reconhecem as contribuições individuais. Mas queremos ser diferentes. E é por isso que desenvolvemos o programa Prêmio dos Fundadores no trimestre passado.

O Prêmio dos Fundadores se destina a conceder recompensas extraordinárias às realizações extraordinárias das equipes. Embora não exista um critério único para medir as realizações, uma regra prática geral é que a equipe tenha realizado alguma coisa que crie um enorme valor para o Google. Os prêmios são pagos na forma de Opções de Ações do Google, exercíveis com o passar do tempo. Os membros das equipes recebem os prêmios com base no nível de envolvimento e contribuição, e os maiores prêmios individuais podem chegar a vários milhões de dólares (...).

Como uma pequena startup, o Google oferece vantagens substanciais aos funcionários com base em suas realizações. Ao contrário da maioria delas, porém, oferecemos condições e oportunidades para que essas realizações se tornem muito mais prováveis.

Naquele contexto de três meses pós-IPO, os googlers receavam que quem tivesse entrado na empresa apenas alguns meses antes estivesse criando valor para os usuários nos mesmos níveis de quem houvesse começado mais cedo, mas que não seria recompensado da mesma maneira. A administração também sabia que isso seria injusto. No fundo de nossa consciência pairava a dúvida sobre se a motivação regrediria depois da abertura do capital da empresa. Queríamos recompensar e inspirar cada equipe, compartilhando com elas parte do valor que criavam. E o que seria mais empolgante, mais motivador que a oportunidade de receber milhões de dólares?

Duas equipes, uma que tornou os anúncios mais relevantes para os usuários e outra que negociou uma parceria crucial, receberam, em novembro de 2004, prêmios em ações no valor de US$ 12 milhões.[182] No ano seguinte, oferecemos mais de US$ 45 milhões a 11 equipes.[183]

Por mais incrível que pareça, o programa deixou os googlers menos felizes. Somos uma empresa de tecnologia, e o maior valor para os usuários é gerado pelos googlers técnicos. A maioria das pessoas que não são técnicos, que também fazem coisas excepcionais, simplesmente não dispõe de infraestrutura à disposição para afetar mais de 1,5 bilhão de usuários todos os dias. À medida que lançávamos cada vez mais produtos, grande parte dos ganhadores do Prêmio dos Fundadores era composta, portanto, de engenheiros e de gerentes de produtos. Como consequência imediata, a outra metade dos googlers, que não exercia funções técnicas, considerou o Prêmio dos Fundadores desmotivador, já que dificilmente o receberiam.

Acontece que muitos dos profissionais técnicos também consideravam a recompensa inalcançável, uma vez que nem todos os produtos exercem o mesmo impacto no mundo, nem se difundem com a mesma rapidez, nem são mensuráveis com a mesma facilidade. Melhorar nosso sistema de anúncios exerce um impacto imediato, de fácil quantificação. Esse avanço seria mais valioso ou mais difícil que melhorar a resolução de nossos mapas? E quanto a desenvolver ferramentas de processamento de textos on-line, como o que está sendo usado para escrever este livro? É difícil dizer. Com o passar do tempo, muitos profissionais técnicos começaram a encarar o Prêmio dos Fundadores como um alvo inacessível, reservado principalmente para umas poucas equipes de produtos mais visados.

Nessas áreas de produtos que conquistavam o Prêmio dos Fundadores com mais frequência, havia sempre debates agressivos sobre onde traçar a linha entre os que seriam reconhecidos e os que seriam ignorados. Imagine um projeto com duração de vários anos para o lançamento de um novo produto, como o Chrome, destinado a ser o mais seguro e mais rápido navegador de internet do mundo. Não há dúvida de que alguém que tenha sido membro da equipe durante todo o tempo deve ser recompensado, mas e quem participou da equipe apenas durante um ano? Essa pessoa deveria receber alguma coisa? E quem esteve na equipe por não mais que seis meses? E quanto a um profissional da equipe de segurança que, no percurso, tenha fornecido uma contribuição valiosa para a segurança do produto? E quanto aos profissionais de marketing que produziram aqueles comerciais maravilhosos sobre o Chrome?

A administração sempre se esforçou ao máximo para identificar os mais merecedores dos prêmios, mas também sempre deixou passar uns poucos indivíduos. Consequentemente, cada premiação provocou um ranger de dentes entre os quase vencedores, aquelas pessoas que estavam trabalhando nas áreas certas mas ficaram em desvantagem com os cortes arbitrários.

Ah, sim, mas pelo menos os vencedores ficaram felizes.

Nem tanto. Por causa de todo o sensacionalismo em torno do programa, assumiu-se que todos os ganhadores receberiam US$ 1 milhão. Na verdade, os prêmios até podiam chegar a esse valor, mas a maioria não chegava. A ponta inferior da faixa era US$ 5 mil. Nada que eu recusasse, mas você pode imaginar o choque e a decepção de quem achava que receberia US$ 1 milhão e acabava recebendo apenas 0,5% dessa quantia.

Mas, sem dúvida, quem recebeu US$ 1 milhão deve ter entrado em transe.

Eles, de fato, ficaram muito felizes. É de tirar o fôlego. De mudar a vida.

E, então, alguns (embora nem todos) de nossos melhores e mais criativos tecnólogos, que haviam desenvolvido alguns dos produtos mais impactantes de nossa história, perceberam que dificilmente ganhariam um novo Prêmio dos Fundadores com o mesmo trabalho e tentaram se transferir imediatamente para novas áreas de produtos.

Sem querer, criamos um sistema de incentivos que deixou menos feliz quase todo mundo na empresa. E mesmo os poucos funcionários felizes não queriam mais fazer o trabalho inovador e essencial que lhes rendera a tão almejada recompensa!

Discretamente, deixamos de oferecer o prêmio todos os anos e passamos a distribuí-lo a cada dois anos, e, depois, com frequência ainda menor. Já tem um tempo que não fazemos a premiação, mas sempre existe a chance de retomarmos a prática.

Nessas condições, será que as dificuldades desse programa contradizem minha recomendação inicial de pagar excepcionalmente bem a pessoas excepcionais? Na verdade, não. Você, sem dúvida, precisa oferecer recompensas excepcionais. Mas é necessário fazê-lo de maneira justa.

O erro que cometemos com o Prêmio dos Fundadores foi celebrarmos o dinheiro, embora não fosse essa a nossa intenção. Anunciamos que ofereceríamos "recompensas de startups". Dissemos aos googlers que os prêmios podiam chegar a US$ 1 milhão. Poderíamos muito bem ter oferecido aos googlers algo parecido com isto:[184]

Felizmente, a remuneração é mais equitativa e justa no Google que nesse cenário de sonho.

Os sistemas de remuneração são baseados em informações imperfeitas e administrados por pessoas imperfeitas. Nessas condições, eles sempre envolvem erros e injustiças. A maneira como dirigíamos o programa jogava o foco no dinheiro, o que, naturalmente, suscitou dúvidas sobre a justiça do processo e, em consequência, gerou insatisfação.

John Thibaut e Laurens Walker, ex-professores da Universidade da Carolina do Norte em Chapel Hill e da Universidade da Virgínia, lançaram a ideia de justiça procedimental no livro *Procedural Justice*,[185] publicado em 1975. Antes, a literatura sustentava que, se os resultados fossem justos, as pessoas seriam felizes. Era a chamada justiça distributiva, no sentido de que a distribuição final de bens, prêmios, reconhecimentos ou o que quer que fosse devia ser justa.

Na prática, porém, não era bem assim. É como dizer que você só quer saber de quanto vende um vendedor, sem se importar com seus métodos. Em outra empresa, trabalhei com um vendedor que aterrorizava os colegas e mentia para os clientes, mas sempre superava em muito a quota de vendas. Como resultado, recebia enormes prêmios. A maneira como trabalhava, porém, deveria ser tão importante quanto as suas realizações.

Thibaut e Walker chamaram essa ideia de justiça procedimental. Sob a perspectiva distributiva, era justo que o vendedor antiético recebesse um enorme bônus. Os colegas, porém, ficavam furiosos porque, do ponto de vista dos procedimentos, ele fazia tudo errado. E, pior ainda, a empresa endossava implicitamente esse comportamento ao recompensá-lo.

Kathryn Dekas, Ph.D., membro de nosso PiLab, descreveu o mal que uma situação como essa pode causar: "As percepções de justiça são muito poderosas. Elas afetam a maneira como as pessoas pensam sobre quase tudo no trabalho, mas, sobretudo, em que medida se consideram valorizadas, até que ponto estão satisfeitas com o trabalho, quanto confiam nos supervisores e quão comprometidas se sentem com a organização."

Só quando muitos de seus colegas se aliaram e ameaçaram deixar a organização o vendedor foi repreendido e melhorou a própria conduta – um pouco.

Sem nos darmos conta, nosso programa de prêmios estava falhando nas duas espécies de justiça. Nem sempre acertávamos na lista de ganhadores e a faixa de recompensas parecia desproporcional para algumas pessoas, carecendo de justiça distributiva. Além disso, o processo de escolha dos vencedores era pouco transparente, gerando a percepção de que mais da metade da empresa era excluída, o que o reprovava também no teste da justiça procedimental. Não admira que o programa não tenha correspondido às expectativas.

É essencial que os sistemas de recompensa primem tanto pela justiça distributiva quanto pela justiça procedimental. Depois de reconhecer isso – ou, mais exatamente, de ter aprendido a lição da maneira mais difícil –, reformulamos nossos programas de recompensa. Decidimos que eles seriam de fato abertos para toda a empresa. Em vez de pedir indicações apenas a nossos líderes técnicos, voltamos a atenção também para os gestores de vendas, finanças, relações públicas e outros departamentos não técnicos, e os encorajamos a indicar equipes.

Também mudamos os programas para que oferecessem não só prêmios monetários, mas também recompensas na forma de experiências. Essa foi uma mudança profunda para melhor. As pessoas encaram as experiências e os presentes de maneira diferente de como veem os prêmios monetários. O dinheiro é avaliado no nível cognitivo. O valor de um prêmio em dinheiro depende de como se compara com o salário vigente ou do que é possível comprar com a quantia recebida. Equivale a um salário mensal ou é menor? Dá para comprar um telefone celular ou ajuda a comprar um carro novo? Os prêmios não monetários, seja uma experiência (um jantar para dois), seja um presente (um tablet), provocam uma resposta emocional. Quem os recebe se concentra na expectativa da experiência em vez de na estimativa dos valores.[186]

Encontramos essas reações em pesquisas acadêmicas, mas ficamos com receio de tentar incorporá-las no Google. Ao pesquisarmos junto aos googlers sobre o que queriam, eles inequivocamente preferiram dinheiro a prêmios experienciais por uma margem de 15% e revelaram que considerariam o dinheiro 31% mais importante que as experiências. Ou, mais exatamente, isso é o que os googlers achavam que os deixaria mais felizes. Como, porém, Dan Gilbert explicou em seu livro *Tropeçar na felicidade*, não somos muito bons em prever o que nos deixará felizes ou em que medida nos sentiremos assim.

E então fizemos o experimento. Durante algum tempo, em nossos grupos de controle de googlers, as pessoas que eram indicadas para prêmios em dinheiro continuaram a recebê-los. Em nossos grupos experimentais, os ganhadores recebiam viagens, festas da equipe e presentes com o mesmo valor dos prêmios em dinheiro a que fariam jus. Em vez de distribuir prêmios em ações, enviávamos equipes para o Havaí. Em lugar de prêmios menores, oferecíamos hospedagem em resorts, jantares para a equipe ou TVs Google.

Os resultados foram espantosos. Embora nos dissessem que preferiam dinheiro a experiências, o grupo experimental parecia mais feliz. Muito mais feliz. Achavam que seus prêmios eram 28% mais divertidos, 28% mais memoráveis e 15% mais adequados às suas necessidades. Esses resultados independiam de a experiência ser uma viagem com a equipe para a Disneylândia ou vouchers individuais para que fizessem alguma coisa por conta própria.

E continuavam mais felizes por mais tempo que os googlers que recebiam dinheiro. Quando de novo eram entrevistados, cinco meses depois, os níveis de felicidade de quem tinha recebido dinheiro caíra cerca de 25%. Já o grupo experimental se mostrava ainda mais feliz com o prêmio do que quando o recebera. A alegria do dinheiro é efêmera, mas as lembranças são eternas.[187]

Ainda oferecemos prêmios excepcionais em dinheiro e em ações a pessoas excepcionais. E nossos bônus anuais e nossos prêmios em ações seguem mais a distribuição de lei de potência. Ao longo dos últimos 10 anos, porém, aprendemos que a maneira como as recompensas são definidas é tão importante quanto o valor oferecido. Os programas que não passaram nos testes de justiça distributiva e de justiça procedimental foram substituídos ou aprimorados. Atribuímos uma forte ênfase ao acúmulo de experiências em vez de somente ao dinheiro. Reconhecemos publicamente por meio de prêmios experienciais e recompensamos em particular mediante uma diferenciação substancial em bônus e em ações. E, como consequência, os googlers estão mais felizes.

Facilite a difusão do amor

Até aqui, falamos sobre recompensas que são oferecidas pela administração; mas convocar os próprios funcionários para conceder recompensas também é importante. Como vimos no Capítulo 6, os colegas têm uma percepção muito mais aguçada que os gestores sobre quem realmente está contribuindo para o sucesso de um projeto. Faz sentido, portanto, encorajá-los a recompensarem uns aos outros. O gThanks é uma ferramenta que facilita o reconhecimento do trabalho de excelência.

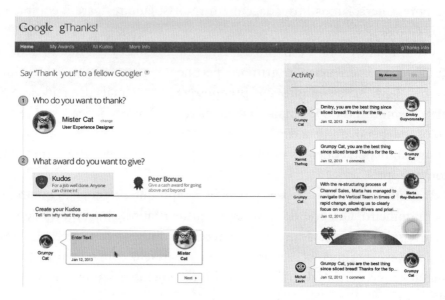

Ferramenta de reconhecimento interno do Google.* © Google, Inc.

A simplicidade do design é parte da mágica. O gThanks torna mais fácil enviar notinhas de agradecimento: basta inserir o nome de alguém e escrever o elogio. O método funciona melhor que mandar um e-mail porque o "Aplauso" é postado para todos verem e pode ser compartilhado via Google+. A divulgação de um elogio deixa as duas partes mais felizes. Para nossa surpresa, depois de lançarmos o gThanks, constatamos um aumento de 460% nos elogios públicos, em comparação com o ano anterior, quando os googlers tinham que recorrer a um site específico para isso. Hoje, mais de mil googlers visitam todos os dias a nova versão.

Isso não significa dizer que elogiar à moda antiga é ruim. Também mantenho uma "Parede da Felicidade" ao lado da minha sala, onde exponho os aplausos recebidos pelos membros de minha equipe.

---

* A tela mostra como os googlers podem agradecer e elogiar um colega. No campo número 1, o funcionário a ser reconhecido é selecionado. No campo 2, o usuário escolhe entre oferecer "Aplausos" por um "trabalho bem-feito" ou oferecer o "Bônus dos Colegas", um prêmio em dinheiro a alguém que superou as expectativas.

A Parede da Felicidade, ao lado de minha sala,
na sede do Google em Mountain View, Califórnia.*

O simples reconhecimento público é uma das ferramentas gerenciais mais eficazes e menos utilizadas.

Outra opção de reconhecimento incluída no gThanks é o "Bônus dos Colegas". Dar aos funcionários liberdade para agradecer uns aos outros é importante. Muitas empresas permitem que as pessoas indiquem o funcionário do mês e outras oferecem recursos para que elas ofereçam pequenos bônus aos colegas, com a aprovação do RH ou da administração.

Qualquer googler pode dar a outro um prêmio em dinheiro de US$ 175, sem autorização ou aprovação prévia. Em muitas organizações, isso seria considerado loucura. Não haveria o risco de os funcionários realizarem acordos entre si para trocar prêmios? Será que não poderiam manipular o sistema para ganhar milhares de dólares?

Essa não foi a nossa experiência.

Em mais de uma década, raramente constatamos abusos do sistema de bônus de colegas. Por exemplo, no verão de 2013, um googler enviou um e-mail para uma lista interna em busca de voluntários para testar um novo

---

* Um googler escreveu uma notinha para Annie Robinson, agradecendo-lhe pelo tour de cultura e inovação pelo campus de Mountain View que ela ofereceu ao seu grupo.

produto. E acrescentou que qualquer participante receberia como agradecimento um bônus de colega. Mas esses bônus só podem ser concedidos por contribuições que superam as expectativas, não como pagamento ou incentivo. Uma hora depois, o googler enviou uma segunda nota. Explicou que um colega o tinha procurado e, com jeitinho, explicara a ele a verdadeira intenção dos bônus de colegas. Confessou, então, não ter imaginado que essa reciprocidade fosse causar estranheza e se desculpou. Sem maiores consequências.

Constatamos que confiar que as pessoas vão agir bem geralmente as induz a agir bem. Permitir que recompensem os colegas facilita a formação de uma cultura de reconhecimento e serviço, além de ser uma maneira de mostrar aos funcionários que eles devem pensar como donos em vez de como subalternos. Como Carrie Laureno, ex-vice-presidente da Goldman Sachs, hoje líder de marketing do Creative Lab do Google e fundadora de nossa Veterans Network, explicou: "Quando entrei no Google, assumi o padrão de confiar primeiro. Em mais de 9 em cada 10 vezes, funcionou muito bem."

E, para nossa surpresa, apesar do aumento nos aplausos, não detectamos qualquer aumento no uso de bônus de colegas. Facilitar o reconhecimento tornou o Google um lugar mais feliz, e não custa nada.

Recompense o fracasso ponderado

Finalmente, também é importante recompensar o fracasso. Embora os objetivos e os incentivos sejam importantes, o ato em si de assumir riscos ponderados deve ser valorizado, sobretudo se for malsucedido. Do contrário, as pessoas simplesmente não assumirão riscos.

Como disse David Cote, CEO da Honeywell, a Adam Bryant, do *The New York Times*: "A coisa mais importante que aprendi ao trabalhar como pescador comercial aos 23 anos foi que o trabalho duro nem sempre vale a pena. Se você trabalha na coisa errada, por mais que trabalhe, provavelmente não fará diferença."[188] Mesmo os melhores às vezes fracassam. O importante é a maneira como você reage ao fracasso.

O Google Wave foi anunciado em 27 de maio de 2009 e lançado ao público quatro meses depois. Criado por uma equipe excepcional, que trabalhou durante anos para desenvolver um produto que substituiria o e-mail, as mensagens de texto e o bate-papo por vídeo, seria uma maneira totalmente nova de interagir on-line.

Um olhar sobre o Google Wave por volta de 2009 e sua interface inovadora. © Google, Inc.

O site Mashable, de notícias sobre tecnologia, o descreveu como "O maior lançamento de produto do Google dos últimos tempos".[189] Alguns dos atributos mais atraentes do Google Wave eram os seguintes:

- Ele acontecia em tempo real. Diferentemente de quase qualquer coisa disponível até hoje, você via as conversas e os comentários se desenrolarem à medida que eram digitados, letra a letra. E, caso você "pegasse a onda" depois, era possível reproduzir toda a conversa como tinha acontecido, oferecendo-lhe a experiência de ter estado lá.
- Era uma plataforma. Ao contrário da maioria dos produtos de e-mail e bate-papo, era possível desenvolver aplicativos na plataforma Wave. Você podia adicionar feeds de mídia, construir jogos e fazer quase qualquer coisa que se faz hoje na maioria das redes sociais.
- Era de código aberto. O código era acessível ao público e podia ser modificado e melhorado.
- Tinha a função "arrastar e soltar". Esse atributo hoje é comum, mas o Wave foi um dos primeiros produtos sociais a permitir aos usuários compartilhar arquivos e imagens simplesmente arrastando-as para a tela.

236 ▶ Um novo jeito de trabalhar

- Tinha robôs. Robôs! Era possível criar agentes automáticos que interagiriam com as conversas de maneira predeterminada. Por exemplo, você podia desenhar um robô para inserir a cotação de uma ação em tempo real sempre que a empresa fosse mencionada.

No entanto, o produto foi um fracasso retumbante. Em 4 de agosto de 2010, cerca de um ano após o lançamento, anunciamos que fecharíamos o Wave. Embora novos atributos estivessem em desenvolvimento e já houvesse uma pequena comunidade de usuários apaixonados pelo Wave, a taxa de adoção se horizontalizara e nossa equipe gerencial decidiu cancelar a iniciativa. Ele foi depois transferido para a Apache Software Foundation,[190] organização sem fins lucrativos que desenvolve softwares de código aberto gratuitos, e algumas das inovações da equipe – interação ao vivo e edição concomitante – foram incorporadas a outros produtos.

Além de desbravar um novo produto, a equipe Wave vinha operando de maneira experimental. Estávamos analisando se estabelecer marcos e permitir às equipes a possibilidade de recompensas do tipo que foram obtidas com a IPO do Google para realizações igualmente ambiciosas acarretariam maiores chances de sucesso. Eles haviam renunciado a bônus e a prêmios em ações do Google e optado pela possibilidade de receber recompensas muito maiores. A equipe trabalhara durante dois anos nesse produto, dedicando inúmeras horas ao esforço de transformar a maneira como as pessoas se comunicam on-line. Assumiram um enorme risco calculado. E fracassaram.

Mesmo assim, recompensamos a equipe.

Sob certo aspecto, era a única coisa sensata a fazer. Queríamos garantir que o ato de assumir enormes riscos não estava sendo punido.

A equipe realmente não recebeu os superprêmios que teria recebido se o produto tivesse sido o sucesso deslumbrante que todos queríamos. Mas fizemos questão de que os participantes não sofressem prejuízos financeiros por abrirem mão dos incentivos regulares do Google. Foi menos do que esperavam de início, porém mais do que o pouco que receavam no final, considerando as circunstâncias.

Tudo terminou bem, mas não o bastante. O líder da equipe pediu demissão, assim como vários outros membros. O abismo entre o que pretendiam realizar e o que de fato conseguiram foi enorme. Nosso apoio financeiro ajudou a evitar maiores danos para muitos, mas não para todos. No entanto, muitas pessoas continuaram na empresa e fizeram outras coisas maravilhosas no Google. A lição mais importante foi que recompensar fracassos inteligentes era fundamental para promover uma cultura de assumir riscos.

Chris Argyris, professor emérito da Harvard Business School, escreveu, em 1977, um artigo notável[191] em que analisou o desempenho dos graduados pela escola 10 anos depois da graduação. Em geral, eles ficaram emperrados nos níveis intermediários, embora todos esperassem tornar-se CEOs e grandes líderes. O que aconteceu? Argyris descobriu que, quando inevitavelmente deparavam com um obstáculo, a capacidade deles de aprender desmoronava:

> Além disso, os membros da organização que muitos supõem serem os mais capazes de aprender não são de fato muito bons nisso. Estou falando dos profissionais com boa formação, muita energia e alta motivação, que ocupam importantes posições de liderança (...). *Em termos simples, uma vez que muitos profissionais são quase sempre bem-sucedidos no que fazem, eles raramente experimentam o fracasso. E, como raramente fracassam, nunca aprenderam a aprender com isso* (...). Se erram, ficam na defensiva, rejeitam as críticas e atribuem a "culpa" a toda e qualquer pessoa, exceto a si mesmos. Em síntese, a capacidade de aprender se fecha no momento em que mais precisam dela.[192] [itálicos meus]

Um ano ou dois depois do Wave, Jeff Huber dirigia nossa equipe de engenharia de anúncios. Ele adotava a política de que qualquer bug ou erro notável seria discutido na reunião da equipe, numa sessão específica, denominada "O que aprendemos?". A intenção era garantir que as más notícias seriam debatidas de maneira tão aberta quanto as boas, de modo que ele e seus líderes nunca fechassem os olhos para o que realmente estava acontecendo, no intuito de reforçar a importância de aprender com os erros.

Em uma sessão, um engenheiro atormentado confessou:

– Jeff, fiz uma besteira numa linha de código e isso nos custou US$ 1 milhão em receita.

Depois de liderar a equipe na investigação do problema e nos ajustes, Jeff concluiu:

– Extraímos disso mais de US$ 1 milhão em aprendizado?

– Sim – responderam todos.

– Então, voltem ao trabalho."[193]

Essas lições também se aplicam a outros contextos. Uma escola pública da área da baía de São Francisco, a Bullis Charter School, em Los Altos, adota essa abordagem nas aulas de matemática do ensino médio. Se um aluno erra uma questão num teste, ele pode tentar de novo, por metade da pontuação. Como me disse Wanny Hersey, diretor da escola: "São crianças inteligentes, mas, na vida, vão dar com a cara na parede algumas vezes. É fundamental que dominem o conteúdo do programa escolar, mas também é importante que reajam ao fracasso tentando de novo em vez de desistir." No ano letivo 2012-2013, Bullis foi a escola com o terceiro melhor desempenho na Califórnia.[194]

Seu salto de fé: aplicando na prática os quatro princípios

Alguns números um tanto estratosféricos apareceram neste capítulo, e eu sei que em grande parte do mundo real esses níveis de remuneração são inalcançáveis. Por uma questão de honestidade, também não são comuns no Google, apesar de competirmos pelas melhores pessoas em um dos mercados globais mais competitivos.

Dito isso, a noção básica de que o desempenho segue uma distribuição de lei de potência é verdadeira em quase todos os lugares em que trabalhei, como uma escola pública, uma organização filantrópica sem fins lucrativos, um restaurante ou uma consultoria. Em todos esses contextos, havia mais pessoas excepcionais do que seria de esperar com base nas curvas normais de gestão do desempenho. E essas pessoas excepcionais eram nitidamente muito melhores que todas as demais. Professores que ganhavam prêmios todos os anos; arrecadadores de fundos que traziam três vezes mais dinheiro que os do nível imediatamente seguinte; garçons que, para fúria dos demais, recebiam todas as noites o dobro das gorjetas dos colegas. E eles eram pagos com "equidade", ou seja, não podiam ganhar muito mais que os colaboradores médios, para que estes não ficassem ofendidos. A verdade era que todos percebíamos quanto eles eram melhores e como mereciam mais. Se a melhor pessoa valer 10 vezes a pessoa média, você deve pagar um salário diferenciado. Do contrário, estará apenas lhe dando razões para ir embora.

Ao mesmo tempo, ao recompensar, faça questão de incluir experiências, em vez de somente dinheiro. Poucas pessoas olham para trás na vida e veem uma pilha de contracheques. Elas se lembram das conversas, dos almoços e dos eventos com os colegas e os amigos. Comemore o sucesso com acontecimentos, não com dinheiro.

Confie nos seus funcionários o suficiente para também deixar que reconheçam seus colegas. Pode ser com elogios ou com pequenas recompensas. Um vale-brinde para o café local ou flores. Dê aos colaboradores a oportunidade de cuidarem uns dos outros.

E, se as pessoas mirarem as estrelas e só alcançarem a Lua, não seja duro com elas. Atenue a dor do fracasso e dê espaço para o aprendizado. Como Larry sempre diz: "Se seus objetivos forem ambiciosos e ousados o bastante, até o fracasso será uma ótima realização."

DICAS DO GOOGLE PARA PAGAR SALÁRIOS DIFERENCIADOS

- ☐ Aceite grandes variações nos salários, que reflitam a distribuição de lei de potência do desempenho.
- ☐ Comemore as realizações, não a remuneração.
- ☐ Facilite a difusão do amor.
- ☐ Recompense o fracasso ponderado.

11

As melhores coisas da vida são de graça (ou quase)

A maioria dos programas de pessoal do Google
pode ser copiada por qualquer um

As pessoas podem existir sem as empresas. Mas as empresas não podem existir sem as pessoas. Em épocas de dificuldades econômicas, perdemos esse fato de vista. As empresas lutam para preservar as margens de lucro e até para manter as portas abertas, reduzindo pessoal e cortando benefícios. As pessoas passam a aceitar qualquer emprego. As condições de trabalho se deterioram ainda mais. E, quando a economia melhora, as empresas se surpreendem ao constatar o aumento da rotatividade.

Em contraste, nossa carta dos fundadores sobre nossa oferta pública inicial de ações, em 2004, diz o seguinte:

> Oferecemos muitos benefícios incomuns aos nossos funcionários, como refeições gratuitas, assistência médica e serviços de lavanderia. Temos o cuidado de considerar as vantagens a longo prazo desses benefícios para a empresa. *A expectativa é de aumentarmos esses benefícios em vez de reduzi-los com o passar do tempo.* [grifo meu]

À medida que adicionávamos programas, constatávamos com satisfação que os mais importantes para os googlers não eram os mais dispendiosos. Em parte, isso acontecia porque as ocasiões em que alguém mais podia usar a ajuda do empregador eram pouco frequentes, como explicarei em breve. E, em parte, porque o acréscimo de novos programas significa em grande parte dizer sim às ideias dos funcionários.

A maioria das pessoas presume que o Google gaste fortunas fazendo coisas especiais pelos seus colaboradores.

Além das refeições e do transporte, não é bem assim.* A maioria dos programas que usamos para agradar e para servir aos googlers são gratuitos, ou quase. E grande parte poderia ser imitada com facilidade por qualquer outro empregador. É surpreendente que outras empresas não adotem seus próprios programas. Basta ter imaginação e disposição.

Usamos nossos programas de pessoas para alcançar três objetivos: eficiência, comunhão e inovação. A razão de ser de cada um deles é promover pelo menos um desses objetivos e, geralmente, mais de um.

Encorajando a eficiência na vida profissional e pessoal

A maioria das empresas quer que os trabalhadores sejam eficientes. O Google não é diferente. Como seria de supor, medimos tudo. Monitoramos com atenção a eficiência no uso de nossos centros de dados, a qualidade dos programas de computador, o desempenho das vendas, as despesas de viagem e assim por diante. Também queremos que as pessoas sejam eficientes na vida pessoal. Os googlers trabalham pesado, e nada seria mais desanimador do que, depois de uma semana exaustiva, chegar em casa e ter que realizar tarefas triviais e que consomem tempo valioso de lazer. Portanto, oferecemos serviços no local de trabalho para facilitar a vida pessoal. Entre eles:

- Caixas eletrônicos
- Conserto de bicicletas
- Limpeza e troca de óleo do carro
- Lavanderia
- Entrega de produtos orgânicos e de carne fresca
- Feiras de artigos variados
- Salões de beleza móveis, instalados em ônibus especiais

---

* Oferecemos refeições gratuitas para todos os funcionários e convidados com o objetivo de criar uma comunidade e de gerar oportunidades para que as pessoas lancem novas ideias. Em 2013, servimos mais de 75 mil refeições gratuitas todos os dias. Nossos ônibus conduzem googlers das paradas de transporte público em torno da península de São Francisco para nossos escritórios em São Francisco e em Mountain View. Em 2013, nossos ônibus equipados com wi-fi rodaram mais de 8,5 milhões de quilômetros, transformando-nos no maior prestador de serviços de transporte de massa na área. Nossos ônibus tornam os googlers mais eficientes, reduzindo o tempo de movimentação casa-trabalho-casa e possibilitando o melhor aproveitamento desse tempo. Também tiram das ruas dezenas de milhares de carros que, do contrário, aumentariam ainda mais os congestionamentos.

- Bibliotecas móveis, serviço prestado em muitas das cidades onde temos sede

Tudo isso não custa nada para o Google, pois não pagamos por eles. Os empreendedores querem prestar esses serviços e apenas pedem permissão para oferecê-los em nossas instalações. Os googlers arcam com as despesas (embora em alguns casos negociemos descontos por volume, em nome de nossos funcionários). E, às vezes, como no caso de entregas de supermercados, os próprios googlers organizam os serviços.

Em nossa sede de Chicago, uma googler propôs à dona de um salão de beleza que uma vez por semana ela se instalasse numa sala de reuniões para oferecer serviços de manicure e pedicure no escritório. Agora, esse é mais um serviço mantido pelos googlers que não custa nada para a empresa. Tudo de que precisamos para isso foi reforçar a cultura adequada, convencendo os googlers de que poderiam sugerir novos programas e reorganizar os próprios locais de trabalho.

Certos serviços de fato custam alguma coisa para o Google, mas as quantias são relativamente pequenas e o impacto sobre os googlers é imenso. A quem usa bicicleta ou recorre ao transporte público no percurso casa-trabalho-casa, oferecemos veículos elétricos para o caso de precisarem transportar compras ou buscar alguém no aeroporto. Também dispomos de uma equipe de cinco pessoas que presta serviços de concierge aos mais de 50 mil googlers, ajudando-os no planejamento de viagens, na busca de encanadores e pedreiros, na compra de flores e presentes, fazendo com que economizem, assim, muito tempo.

Trata-se de custos que o Google pode assumir por sermos grandes o suficiente para diluir as despesas com pessoas e veículos. Mas também usamos murais de anúncios on-line, em que as pessoas recomendam serviços locais, como bombeiros hidráulicos, professores particulares para os filhos e diversos estabelecimentos comerciais. Quando se tem 50 ou 100 funcionários para formar um mercado potencial, é possível negociar descontos por volume com os negociantes locais.

Uma comunidade que envolve o Google e muito mais

O senso de comunidade ajuda as pessoas a trabalhar melhor, assim como a eliminação de pequenas tarefas e distrações aumenta a eficiência. Ao crescermos, lutamos para preservar o senso de comunidade, que tanto valorizávamos quando éramos apenas um punhado de pessoas, e expandimos nossa definição de comunidade para incluir filhos, cônjuges, parceiros, pais e até avós dos googlers.

Muitas empresas comemoram o "Dia de levar os filhos para o trabalho", como é o nosso caso há muitos anos. Em 2012, promovemos o primeiro "Dia de levar os pais para o trabalho" e demos as boas-vindas a mais de 2 mil pais e mães em nossa sede de Mountain View e a mais de 500 em nossa sede de Nova York. Cada um desses dias começa com a recepção dos convidados e segue com um olhar para o futuro do que estamos construindo ou um relato de nossa história por seus protagonistas. Em um ano, contamos com a presença de Omid Kordestani, nosso executivo de Vendas fundador, que falou sobre o crescimento do Google de 10 pessoas para 20 mil. Em outro, Amit Singhal, nosso vice-presidente de Buscas, lembrou-se de ter visto, quando era criança na Índia, o capitão Kirk, de *Jornada nas Estrelas*, operar o computador simplesmente conversando com ele, e falou sobre como é espantoso que o Google Now lhe permita fazer exatamente a mesma coisa. O resto do dia é usado para demonstrações de produtos, em que os pais podem conhecer nossos carros autônomos, se divertir numa sala com pé direito é de 7 metros e que tem o Google Earth projetado nas paredes ao redor, explorar o campus ou, então, participar de um evento TGIF (Thank God it's Friday, ou "Graças a Deus é sexta-feira"), dirigido por Larry e nossa equipe sênior. Hoje promovemos esses dias em mais de 19 sedes, inclusive em Pequim, Bogotá, Haifa, Tóquio, Londres e Nova York, e a cada ano acrescentamos mais.

O objetivo do "Dia de levar os pais para o trabalho" não é agradar os pais que ainda não conseguem desgrudar dos filhos. Mas, sim, uma chance para agradecer e ampliar a família Google. Nossos pais têm, claro, um enorme orgulho dos filhos, mas a maioria deles não faz ideia do que fazemos para ganhar a vida. Ajudá-los a compreender a importância da contribuição dos filhos, mesmo quando as "crianças" já têm 50 anos, é emocionante. Fui abordado dezenas de vezes por pais com lágrimas nos olhos, empolgados com a chance de se aproximar dos filhos e gratos por se sentirem reconhecidos por terem criado pessoas tão admiráveis. Os googlers também adoram esse evento. Tom Johnson escreveu: "Sempre sorrio quando me lembro da experiência de mostrar à minha mãe o lugar em que tenho tanto orgulho de trabalhar e de ver como ela se sentia feliz de estar comigo."

Foi o melhor de todos os meus dias no Google.

Também trabalhamos para criar uma comunidade dentro da empresa. Como analisamos no Capítulo 2, a sessão de perguntas e respostas do TGIF é a parte mais importante do encontro, quando qualquer googler pode fazer qualquer pergunta, desde "Por que minha cadeira é tão desconfortável?" até "Será que somos sensíveis o bastante às preocupações dos usuários com a privacidade?". Eventos como as apresentações do gTalent (em que você de repente descobre que uma vendedora também é campeã de acrobacia equestre ou que um engenheiro é considerado um dos melhores dançarinos de salão do país) ou como os Random Lunches (Almoços ao Acaso), em que funcionários que não se conhecem se sentam lado a lado para bater papo durante a refeição, são fáceis de coordenar e tornam o lugar menor e mais familiar. Esses programas não custam praticamente nada, exceto o tempo gasto em imaginá-los (embora ofereçamos lanchinhos em alguns deles – o que é opcional).

Temos no Google mais de 2 mil listas de e-mails,* grupos e clubes, em que se praticam atividades que variam desde monociclismo a malabarismo, passando por círculos de leitura e grupos de planejamento financeiro. Entre nossos clubes, os Employee Resource Groups (ERGs), ou grupos de afinidade, compostos de funcionários que se reúnem no local de trabalho com base em características comuns ou em experiências de vida afins, merecem menção especial. Hoje temos mais de 20, muitos dos quais contam com associados em todo o mundo, como, por exemplo:

- Rede de Índios Americanos
- Rede de Googlers Asiáticos
- Rede de Googlers Negros
- Rede de Googlers Filipinos
- Gayglers (focado em questões relacionadas com pessoas lésbicas, gays, bissexuais ou transgênero)
- Greyglers (para googlers mais velhos)

---

* Eis alguns tópicos e questões que já surgiram: um pai que precisa de ajuda para confeccionar de última hora uma fantasia de ovelha para a filha; um googler que oferece amostras de carne seca feita em casa; pessoas que querem emprestado bandejas para bolo de casamento, luvas e – certa vez – uma espada; achados e perdidos; indicações de escritórios de advocacia e pré-escolas; executivos que solicitam carona para o aeroporto; e alertas sobre pumas nas proximidades do escritório.

- HOLA (rede de googlers hispânicos)
- Rede de Googlers com Necessidades Especiais (exemplos de necessidades especiais são autismo, TDA/H ou cegueira)
- VetNet (rede de militares veteranos)
- Women@Google (rede de mulheres)

Mais de uma década atrás, percebi que a editora Time Inc. tinha as próprias versões dessas organizações. Uma delas era o Clube de Americanos Asiáticos, que distribuía folhetos anunciando aulas de feng shui, convidando todos na empresa para participar. Fiquei impressionado com isso, pois minhas experiências anteriores haviam sido com grupos que se empenhavam em servir às próprias comunidades, mas poucas vezes em promover conexões entre as várias comunidades.

Do mesmo modo, no Google todos esses grupos se reúnem de várias maneiras. Qualquer pessoa pode se associar a qualquer grupo de afinidade. Temos numerosas seções Mosaic, que reúnem pessoas de todos os ERGs em sedes pequenas demais para manterem grupos exclusivos VetNet ou Greygler. Promovemos uma série de palestras e eventos abrangendo jantares em que todos contribuem com os comes e bebes, além de noites de cinema, conversas sobre carreira e projetos de voluntariado.

Outros grupos que merecem menção incluem nossos 52 clubes culturais, que, além de preservar nossa cultura organizacional em cada sede, promovem eventos que congregam os googlers e facilitam ligações mais profundas com pessoas de fora da empresa. Alguns exemplos recentes de programas dirigidos por voluntários, por ERGs ou por clubes culturais:

- Quase 2 mil googlers participaram de marchas de orgulho nos Estados Unidos em 2014, e centenas de outros se juntaram a eventos semelhantes em Hyderabad, São Paulo, Seul, Tóquio, Cidade do México, Paris e Hamburgo.
- A Rede de Googlers Hispânicos promoveu um dia de saúde da família em Mountain View, recebendo em nosso campus mais de 300 famílias locais de baixa renda para compartilhar informações sobre tecnologia, forma física e nutrição. Médicos e nutricionistas também estavam presentes para oferecer orientações práticas e indicações profissionais.

- A Rede de Googlers Negros promove uma viagem anual para prestação de serviços comunitários a populações carentes. Em 2014, 35 membros de sete sedes se reuniram em Chicago durante três dias para a prática de atividades de voluntariado em pequenas empresas de grupos minoritários, inclusive desenvolvimento de carreiras e parcerias comunitárias. Os trabalhos se estenderam a 30 microempresários, envolvendo ajuda em áreas como marketing social e construção de websites. O grupo também recebeu mais de 40 alunos de escolas de ensino fundamental e médio, inclusive jovens em situações de risco, em nossa sede de Chicago. Os estudantes fizeram um tour pela empresa e assistiram a apresentações sobre oportunidades e sobre diversidade em ciência da computação, além de terem aulas introdutórias sobre programação.
- Todos os meses, em Cingapura, os googlers passam duas tardes oferecendo apoio a homens e mulheres asiáticos que perderam o emprego ou que precisam de ajuda para, de alguma maneira, se recuperarem. Os googlers ensinam a aspirantes a empreendedores como usar a internet e os produtos do Google para desenvolver as competências e a confiança necessárias à criação de um negócio próprio.
- A VetNet ajuda os militares veteranos a desenvolver habilidades e a conseguir emprego quando retornam à vida civil. Um exemplo recente foi o programa "Ajude um herói a encontrar trabalho", oficina para elaboração de currículos destinada a veteranos em transição da vida militar para a vida civil. A VetNet realizou 15 oficinas em 12 cidades por todo o país como parte de nossa semana GoogleServe de prestação de serviços comunitários.
- Em apoio a um googler de nossa sede de Amsterdã que estava esperado por um transplante de rim, o escritório organizou o "Dia de Pagar para Urinar", em que os googlers pagavam uma pequena quantia para ir ao banheiro, sendo o dinheiro revertido para a Fundação Holandesa do Rim.
- Os googlers de Tóquio realizaram o leilão "Venda a sua Alma", com o objetivo de angariar fundos para as vítimas do tsunami de 2011. Os googlers prestaram serviços que iam desde dicas sobre culinária e orientações sobre programação de computador até uma excursão ciclística pelo norte do Japão. E, assim, arrecadaram US$ 20 mil para auxiliar na recuperação.

- Em Mountain View, na Califórnia, os googlers ofereceram aulas de computação e de inglês aos membros da equipe de limpeza, como parte de um programa denominado Por Meio da Educação e do Diálogo.
- Em resposta aos recordes de desemprego na Espanha, nossa sede de Madri decidiu doar toneladas de alimentos durante um período de 40 dias, proporcionando 7 mil refeições a pessoas carentes. A equipe acabou coletando 4 toneladas de alimentos, duplicadas pelo Google, que foram oferecidas à Cáritas, uma organização humanitária.

Para que você não imagine que o Google é algum tipo de parque de diversões, como aquele descrito por Dave Eggers no romance distópico *O círculo*,[195] não esperamos nem exigimos que os googlers participem dessas atividades. Da mesma maneira que as crianças nas escolas, alguns se interessam por certos grupos fechados, outros são mais brincalhões e outros preferem ficar quietos, concentrados no próprio trabalho.

No Capítulo 9, explicamos como é o aprendizado no Google, mas, conforme acontece com frequência, não previmos um benefício colateral sutil, mas poderoso, desses programas. Em 2007, criamos nosso Laboratório de Liderança Avançada, programa com duração de três dias para líderes de alto nível em que deliberadamente constituímos um grupo diversificado, abrangendo uma ampla variedade de localidades, funções profissionais, gêneros, antecedentes sociais e étnicos e tempo de serviço na empresa. Stacy Brown-Philpot, na época diretora de nossa organização de vendas, que veio a ser uma empreendedora interna do Google Ventures antes de se tornar diretora de operações da TaskRabbit, estava na primeira sessão. Anos depois, ela e eu comparamos nossas impressões sobre a experiência especial de desenvolver o programa a partir do zero.

– Adorei as pessoas que conheci. Nunca imaginei que tivéssemos tanta gente sensacional, fazendo tantas coisas diferentes... – disse-me ela.

– Com quem você mantém contato? – perguntei.

– Ninguém.

– Mas...

– É estranho. Nunca tive necessidade de procurá-las. Mas me sinto melhor só de saber que elas estão por aí.

Talvez parte do valor desses grupos e redes decorra simplesmente de saber que eles estão aqui.

Impulsionando a inovação

Esses esforços geram benefícios autênticos para o mundo, mas também fazem diferença internamente. Ao se reunirem de maneiras inesperadas, as pessoas impulsionam a inovação – o terceiro objetivo que conduz nossos programas. O Google tem inúmeras abordagens para a inovação, das quais a que mais se destaca é a maneira como usamos nossos benefícios e também nosso ambiente para aumentar o número de acasos felizes que deflagram a criatividade.

David Radcliffe, nosso vice-presidente de instalações e serviços nos locais de trabalho, projeta os cafés e organiza filas deliberadamente para aumentar as chances de que ocorram "encontros casuais" entre pessoas que possam travar conversas interessantes.

Em nossos andares, espalhamos copas-cozinhas onde o funcionário consegue uma xícara de café, uma fruta orgânica ou um lanchinho e pode relaxar durante alguns minutos. Nesses espaços, sempre vemos googlers batendo papo e trocando informações enquanto comem um biscoito, jogam xadrez ou travam uma partida de sinuca. Sergey certa vez afirmou que "ninguém deve estar a mais de 60 metros da comida", mas o verdadeiro objetivo dessas copas é fazer a mesma coisa que Howard Schultz tentou criar

As copas do Google estão espalhadas pelos nossos escritórios.
Esta é uma das mais agradáveis. © Google, Inc.

com o Starbucks. Schultz percebeu a necessidade de um "terceiro lugar" entre a casa e o escritório, onde as pessoas pudessem se descontrair, recarregar as energias e se relacionar. Tentamos produzir o mesmo efeito, oferecendo aos googlers espaços para se encontrar que sejam e pareçam diferentes de suas mesas. Usamos essas copas para atrair e reunir pessoas de diferentes grupos. Muitas vezes elas se situam na fronteira entre duas equipes diferentes, com o objetivo de fazer as pessoas interagirem. No mínimo, talvez participem de uma ótima conversa. E, quem sabe, acabem deparando com uma ideia inovadora para nossos usuários.

Ronald Burt, sociólogo da Universidade de Chicago, mostrou que a inovação tende a ocorrer nas interseções estruturais entre grupos sociais. Podem ser os espaços entre unidades funcionais de organizações, entre equipes que tendem a não interagir ou até com o indivíduo tímido que se senta a um canto da mesa de reuniões e nunca fala nada. Burt o descreve de maneira fascinante: "As pessoas que se postam perto das interseções das estruturas sociais são as que têm maior chance de ter boas ideias."[196]

Os indivíduos que participam das mesmas redes sociais coesas, como as de uma unidade de negócios ou de uma equipe de trabalho, geralmente propõem ideias semelhantes ou adotam pontos de vista parecidos ao abordar problemas. Com o passar do tempo, a criatividade morre. Mas as poucas pessoas que atuam nos espaços sobrepostos entre grupos tendem a apresentar ideias mais eficazes. E, em geral, elas nem mesmo são originais. Resultam da aplicação das soluções de um grupo em outro grupo.

Burt explica: "A imagem que se faz da criatividade é a de que ela seja algum tipo de dom genético, algum ato heroico. A criatividade, porém, é um jogo de importação e exportação. Não é um jogo de criação. Rastrear a origem de uma ideia é um exercício acadêmico interessante, mas é em grande medida irrelevante. O truque é pegar em algum lugar uma ideia simples e batida e transferi-la para outro lugar onde seja capaz de gerar valor."

Esses encontros bem orquestrados não são nosso único truque. Também tentamos o tempo todo fomentar novos pensamentos e novas ideias na organização. Os funcionários são encorajados a dar Tech Talks (palestras técnicas), onde expõem seus trabalhos mais recentes a qualquer pessoa que demonstre curiosidade. Também convidamos pensadores brilhantes de fora da empresa. Susan Wojcicki e Sheryl Sandberg, vice-presidente de vendas na época e hoje diretora de operações do Facebook, foram providenciais ao desenvolver o conceito por trás dessas palestras, usando suas redes de contatos para recrutar uma ampla variedade de palestrantes para falar no Google sobre liderança, feminismo e política.

Os googlers, de início, organizaram por conta própria esses eventos e, em 2006, os transformaram em um programa mais formal quando perceberam que cada vez mais autores queriam conversar com nossas equipes do Google Books. Os voluntários começaram a pedir aos visitantes que ficassem mais tempo para conversar. Nosso primeiro convidado oficial do programa Author@Google foi ninguém menos que Malcolm Gladwell, colunista da revista *The New Yorker* e autor de *Fora de série – Outliers*.

A iniciativa se transformou em um programa mais amplo, denominado Palestras no Google, uma sucessão de apresentações em que escritores, cientistas, líderes de empresas, atores, políticos e outras figuras instigantes comparecem ao campus para compartilhar suas ideias. Com o apoio de mais de 80 voluntários, inclusive pessoas incríveis como Ann Farmer e Cliff Redeker, mais de 2 mil palestrantes visitaram o Google. Entre os convidados se destacam personalidades como os presidentes Barack Obama e Bill Clinton; Tina Fey; George R. R. Martin; Lady Gaga; o economista Burton Malkiel; Geena Davis; Toni Morrison; George Soros; Muhammad Yunus, pioneiro das microfinanças; o músico Questlove; Anne Rice; Noam Chomsky; David Beckhan; e o Dr. Oz. Mais de 1.800 dessas palestras foram gravadas e reproduzidas no YouTube, onde foram assistidas mais de 36 milhões de vezes,* com mais de 154 mil seguidores. Nada mau para um bando de voluntários usando 20% do tempo. Ann descreve o objetivo final como sendo "trazer ideias criativas de fora, semeá-las entre o público apaixonado do Google e divulgar as conversas entre bilhões de usuários do YouTube em todo o mundo. Como teria dito Malcolm, queremos ser conectores".

Acrescentem-se as dezenas de Palestras Técnicas semanais sobre tópicos internos do Google e os visitantes e as conversas criam uma atmosfera efervescente de vitalidade e criatividade constantes, ao mesmo tempo que oferecem às pessoas uma pausa no trabalho do dia a dia, para recarregar a imaginação.

---

* Você pode assistir a elas em http://www.youtube.com/user/AtGoogleTalks.

Um programa dessa escala talvez pareça inalcançável para organizações pequenas, mas não há muita diferença entre a maneira como começamos e o que qualquer empresa pode fazer. Nem todas conseguem trazer Noam Chomsky para dar uma palestra, mas qualquer uma pode telefonar para uma faculdade local e pedir a um professor de literatura que dê uma palestra sobre um escritor importante, convidar um quarteto de cordas para fazer uma apresentação durante o almoço ou chamar alguém para demonstrar como a Técnica de Alexander atenuará as dores nas costas. E não custa nada.

E ainda há benefícios imprevisíveis. Mais uma vez, quem fala é Ann Farmer:

> Fui a anfitriã de uma palestra ministrada por Jon Kabat-Zinn sobre atenção plena que já tinha sido vista 1,8 milhão de vezes quando verifiquei pela última vez. Um espectador me mandou um e-mail para dizer que o vídeo salvou a vida dele. Disse que estava a ponto de se suicidar. Por acaso, encontrou o vídeo... e começou a praticar os exercícios de atenção plena. A depressão dele foi curada, o vício que o atormentava foi superado, ele encontrou um bom emprego, foi promovido seis vezes em seis anos e hoje tem um relacionamento saudável e gratificante. Ele me escreveu seis anos depois de assistir ao vídeo, para que eu ficasse sabendo disso tudo.

Busque maneiras de dizer sim

É razoável perguntar, com todos esses estímulos e atividades em curso, quando as pessoas de fato trabalham.

É verdade que quem participar de todas essas atividades ficará ocupado o dia inteiro e não terá tempo para fazer nenhuma outra coisa. Na verdade, porém, ninguém recorre a todos os serviços, nem participa de todas as atividades, da mesma maneira que ninguém sempre destina 20% do tempo para projetos pessoais. Nunca procurei nosso serviço de lavanderia, mas há quem o use todas as semanas. No entanto, corto o cabelo em um de nossos ônibus: Max e Kwan prestam um serviço excelente[197] e 25 minutos depois estou de volta ao trabalho.

Sob certo aspecto, é como ir a um shopping center. Há muitas lojas em que você nunca entra. Mas existem lojas para todos os públicos:

Programa	Custo para o Google	Custo para o googler	Benefício para os googlers ou para o Google
Caixas eletrônicos	Gratuito	Gratuito	Eficiência
Demolidores de Burocracia	Gratuito	Gratuito	Eficiência
Espetáculos gTalent	Gratuito	Gratuito	Comunhão
Feiras	Gratuito	Gratuito	Eficiência
Bibliotecas móveis	Gratuito	Gratuito	Eficiência
Almoço ao acaso	Gratuito	Gratuito	Comunidade; inovação
TGIF	Gratuito	Gratuito	Comunhão
Conserto de bicicletas	Gratuito	Sim	Eficiência
Lavagem e troca de óleo do carro	Gratuito	Sim	Eficiência
Lavanderia	Gratuito	Sim	Eficiência
Cabeleireiros e salões de beleza	Gratuito	Sim	Eficiência
Entrega de produtos orgânicos e de mercearia	Gratuito	Sim	Eficiência
Concierge	Desprezível	Gratuito	Eficiência
Clubes culturais	Desprezível	Gratuito	Comunhão
Grupos de afinidade (ERGs)	Desprezível	Gratuito	A coisa certa a ser feita; comunhão; inovação
Igualdade nos benefícios	Desprezível	Gratuito	A coisa certa a ser feita
gCareer (programa de volta ao trabalho)	Desprezível	Gratuito	A coisa certa a ser feita; eficiência
Cadeiras de massagem	Desprezível	Gratuito	Eficiência
Nap pods (casulos para sonecas)	Desprezível	Gratuito	Eficiência
Máquinas de lavar roupa no local de trabalho	Desprezível	Gratuito	Eficiência
Dia de levar os filhos para o trabalho	Desprezível	Gratuito	Comunhão
Dia de levar os pais para o trabalho	Desprezível	Gratuito	Comunhão
Palestras no Google	Desprezível	Gratuito	Eficiência
Veículos elétricos para empréstimo	Baixo	Gratuito	Eficiência
Massagens	Baixo	Sim	Eficiência
Refeições gratuitas	Alto	Gratuito	Comunidade; inovação
Serviços de transporte (casa-trabalho-casa)	Alto	Gratuito	Eficiência
Creche subsidiada	Alto	Sim	Eficiência

Uma amostra dos serviços oferecidos pelo Google.

As melhores coisas da vida são de graça (ou quase) ◀ **253**

Quase tudo o que fazemos é gratuito ou de baixo custo. Todos esses programas contribuem paras criar eficiência, comunhão e inovação. Há quem diga que se trata de uma gaiola dourada, um truque destinado a convencer os googlers a trabalhar mais ou a ficar mais tempo na empresa. Essa interpretação, porém, é um mal-entendido fundamental não só de nossos motivos, mas também de como é o trabalho em empresas como a nossa.

A razão pela qual não apresento estatísticas sobre o valor econômico decorrente da instalação de máquinas de lavar roupa no local de trabalho é que, no fundo, não me importo. Ainda me lembro do aborrecimento, no começo de minha carreira, quando eu precisava juntar moedinhas e carregar caixas de sabão em pó, descendo e subindo as escadas entre meu apartamento e a máquina de lavar roupa, no térreo, e depois do plantão em casa durante horas, para que ninguém roubasse minhas camisas. Muito chato. Por que não instalar lavadoras de roupa e sabão em alguma sala no campus, a fim de tornar a vida dos googlers um pouco mais agradável? Por que não convidar palestrantes para falar aos googlers? Afinal, eu também gosto dessas apresentações. E, quando o Dr. Oz nos visitou, Eric (nosso CEO na época) e eu o convidamos para participar de uma de nossas reuniões da administração... mas só depois de ele autografar 300 livros para os fãs.

Ainda mais importante, o Google não é um tipo de armadilha adocicada que ilude as pessoas para que trabalhem até tarde na empresa. Por que nos preocuparíamos com a duração da jornada de trabalho se a produção delas é boa? E a realidade é que onde você trabalha não deveria ser muito importante. É absolutamente necessário que as equipes se reúnam; temos ótimas ideias sobre produtos e formamos excelentes parcerias em consequência dessa interação constante das pessoas. Mas será que eu faço mesmo questão de que os funcionários fiquem na empresa das 9 às 17 horas? Haveria algum motivo para que eu querer que cheguem mais cedo ou saiam mais tarde? As pessoas devem entrar e sair conforme suas conveniências. Muitos engenheiros só chegam depois das 10 horas ou mais tarde. À noite, porém, já em casa, inicia-se outro surto de atividade on-line, quando as pessoas de novo se interconectam. Não nos compete dizer quando os googlers devem ser criativos.

Estaríamos papparicando tanto os googlers por desejarmos que eles nunca mais procurem outro emprego? Duvido. Fazemos entrevistas quando deixam a empresa e ninguém nunca nos disse que os benefícios os seguraram no emprego ou os convenceram a trabalhar na empresa. Não há nenhum grande segredo aqui: fazemos tudo isso porque é (quase sempre) fácil, recompensador e o certo a fazer.

Seria realista, porém, afirmar que qualquer um pode fazer isso?

Lembre-se de que a maioria desses programas são de graça. Basta que alguém da empresa saia a campo e descubra um fornecedor disposto a vender para os funcionários, ou a organizar um almoço, ou a convidar um palestrante. Todos saem ganhando.

E alguns dos programas que já foram incomuns estão ficando comuns. O Yahoo agora tem um programa denominado PB&J, abreviação de "Process, Bureaucracy, and Jams",[198] que muito se parece com o nosso Demolidores de Burocracia. Twitter, Facebook e Yahoo também adotaram versões de nosso programa TGIF (Graças a Deus é sexta-feira). A ideia de promover reuniões envolvendo todos os funcionários com certeza não foi invenção do Google, mas é ótimo ver o espírito das sessões de perguntas e respostas sem restrições se difundir entre empresas maiores. O mesmo ônibus de salão de beleza que vem para o Google às segundas-feiras também vai para o Yahoo às terças-feiras. O Dropbox promoveu, em 2013, o primeiro Dia de Levar os Pais para o Trabalho, e o LinkedIn depois declarou que 7 de novembro seria o dia dele, com mais de 60 funcionários levando os pais para o escritório da empresa em Nova York.[199] Programas de maternidade estão melhorando em todo o setor. E lanchonetes no local de trabalho são hoje uma oferta padrão nas empresas do Vale do Silício.

Porém, em sua maioria, as organizações que adotam esses programas ainda parecem ser empresas dos Estados Unidos, no Vale do Silício. Para quem quer que esteja pensando em programas semelhantes, arriscarei um palpite sobre por que não se vê uma abundância de programas singulares em diferentes organizações. Primeiro, há a falsa premissa de que são muito dispendiosos. Só que não é verdade. Sim, em alguns casos há o custo de oportunidade (tempo que se passa em um grupo de afinidade é tempo que se passa longe do "trabalho"), mas, do ponto de vista prático, o retorno é mais do que compensador em termos de aumento da retenção e da satisfação.

Segundo, talvez haja o medo de gerar um clima de direitos adquiridos. "Se você convida manicures para cuidar dos googlers em nossos escritórios, os funcionários não ficariam insatisfeitos se, tempos depois, eliminássemos o programa?" É um risco, mas avisamos aos googlers de início, quando o programa é experimental, que ele só será mantido se valer a pena.

Terceiro, os gestores talvez receiem as expectativas crescentes dos funcionários. Se fizermos "isso" hoje, eles vão querer "aquilo" amanhã. Mais uma vez, o diálogo honesto pode evitar problemas antes que surjam. Por exemplo, quando estávamos desenvolvendo o Google Shopping Express, um serviço pelo qual os usuários poderiam fazer compras em lojas locais e receber os produtos no mesmo dia, demos aos googlers US$ 25 para experimentar. À medida que o serviço se desenvolvia, oferecíamos a eles, de tempos em tempos, outros US$ 25 para gastar. Em cada ocasião, explicávamos que era um teste. Portanto, nunca surgiu a expectativa de oferecermos de graça, a cada mês, US$ 25 aos funcionários. E, quando interrompemos o experimento, ninguém reclamou.

Quarto e, talvez, mais importante, é difícil dizer sim. Se um funcionário sugere que se convide um palestrante externo para um evento na empresa, pense nos riscos! O palestrante pode falar alguma coisa imprópria; talvez seja desperdício de tempo; não temos espaço adequado; estamos muito ocupados; e, o mais insidioso: "E se eu disser sim, algo der errado e eu tiver problemas?" É muito fácil encontrar razões para dizer não; mas essa é a resposta errada, pois não só sufoca a voz dos colaboradores como também os priva da oportunidade de aprender alguma coisa nova.

Descubra maneiras de dizer sim.

Os funcionários o recompensarão tornando o local de trabalho mais vibrante, divertido e produtivo.

Gopi Kallayil trabalha em nossa organização de vendas, mas também é músico kirtan, praticante de uma espécie de cântico responsorial comum em algumas religiões tradicionais da Índia. Ele me ofereceu um CD com as suas músicas e, depois que lhe agradeci, escreveu:

De nada, Laszlo. Aproveite bastante e depois me diga se a música ecoou em você e nas suas práticas. Na segunda-feira passada, desfrutamos de música ao vivo, apresentada por um grupo de músicos internacionais itinerantes denominado Kirtaniyas. Eles instalaram equipamentos acústicos no Charleston Park e meu grupo de yoglers [googlers que praticam ioga] das segundas-feiras fez exercícios em torno deles, perto da cascata. Os googlers amaram o programa. Outro ótimo programa Otimize sua Vida organizado por googlers e com custo zero. Este é o segredo de nossa cultura: grande parte das iniciativas é espontânea. Os artistas se responsabilizam pelo circo.

Esteja presente quando as pessoas mais precisarem de você

Devo confessar, porém, que nem tudo o que fazemos se enquadra em nosso referencial de eficiência, comunhão e inovação. Alguns programas se justificam porque melhoram a vida dos googlers. Simplesmente pareciam a coisa certa a ser feita quando os iniciamos.

Por exemplo, uma das realidades mais difíceis da vida, mas também uma das inevitáveis, é que um dia enfrentaremos a morte de nosso cônjuge. É um momento horrível e doloroso, não importam as condições, embora seja ainda mais trágico quando ocorre de maneira inesperada. Nessas circunstâncias, quase todas as empresas oferecem seguro de vida, mas isso nunca parece suficiente. Sempre que enfrentamos essas situações como empresa, tentamos encontrar maneiras de ajudar o cônjuge do googler que faleceu.

Em 2011, decidimos que, se o impensável ocorresse, o cônjuge sobrevivente deveria receber imediatamente o valor de todas as ações do googler. Também resolvemos continuar pagando 50% do salário do googler ao sobrevivente durante os 10 anos seguintes. E, se houvesse filhos, a família receberia mais US$ 1.000 por mês, até completarem 19 anos, ou 23 no caso de estudantes em tempo integral.

Não dissemos nada a ninguém sobre a mudança, nem mesmo aos googlers. Seria algo muito macabro para anunciar. Não a encaramos como algo para atrair ou reter pessoas. Não havia nenhum benefício para a empresa. Era apenas a coisa certa a ser feita.

Dezoito meses depois, concluí que tinha cometido um erro. Eu estava sendo entrevistado pela jornalista Meghan Casserly para um artigo na revista *Forbes* e deixei escapar que oferecíamos esse benefício. Ela imediatamente percebeu o tamanho do furo e publicou um artigo com o título chamativo: "Eis o que acontece com os empregados do Google quando morrem".[200] A reação foi enorme e o artigo foi rapidamente lido por mais de meio milhão de pessoas.

Assim que a informação vazou, fui procurado por colegas de outras empresas. A primeira pergunta era: "Isso não custa uma fortuna?"

Nem de longe. Nossos custos, por enquanto, têm sido mais ou menos de 0,1% da folha de pagamento. Em outras palavras, o total de salários das empresas americanas cresce, em média, 4% por ano: mais ou menos 3% com aumentos por mérito e 1% com promoções. Aposto que, se você perguntar aos funcionários se eles querem um programa desse tipo, ao preço de receber 2,9% em vez de 3% de aumento salarial, quase todos dirão sim.

Em 2012, nossa equipe de benefícios recebeu este e-mail anônimo de um googler:

> Sobrevivi a um câncer e a cada seis meses me submeto a exames para verificar se a doença voltou. Você nunca sabe, na verdade, se a notícia será ruim, mas nunca deixa de pensar no que fará se isso se confirmar. E assim, enquanto espero na maca do exame, escrevo e reescrevo e-mails mentais para Larry, pedindo que minhas ações continuem em nome de minha família, embora eu esteja prestes a morrer.
>
> Ao receber e-mail de vocês sobre os novos benefícios de seguro de vida, meus olhos se encheram de lágrimas. Não se passa um dia sem que eu reconheça as muitas ações atenciosas e impactantes que essa empresa faz por mim. Esse seguro de vida é uma delas, ampliando ainda mais a longa lista de razões pelas quais tenho orgulho de trabalhar no Google.
>
> Fiz um exame duas semanas depois de vocês anunciarem os novos benefícios. Não fiquei redigindo e-mails em minha cabeça.
>
> Não sei quem é o responsável por isso, mas, por favor, transmita meus mais profundos agradecimentos a quem participou desse processo. Vocês estão fazendo coisas admiráveis pela vida das pessoas.

Errei ao não anunciar esse benefício para os googlers. Não pensei no estresse e no medo à espreita, como no caso do autor dessa carta anônima. Nem na influência que podemos exercer sobre outras empresas, que agora vão explorar esse tipo de programa.

Em 2011, também mudamos nossas políticas referentes a licença-maternidade. Resolvemos conceder cinco meses de licença-maternidade em nossas unidades situadas nos Estados Unidos, numa época em que três meses era o mais comum. Mas também fizemos outra mudança mais profunda. Decidimos que os novos pais receberiam salário integral, bônus e opções de ações durante todo o tempo em que estiverem ausentes. E todos os novos pais fazem jus a um bônus de US$ 500 para facilitar a vida – usando-o, por exemplo, para pedir comida em casa durante as primeiras semanas.

Talvez esteja achando, a essa altura, que essa foi uma decisão objetiva, apoiada em dados, com base em uma análise detalhada dos níveis de satisfação e de retenção dos googlers e dos custos do programa – o tipo de tomada de decisão que venho recomendando neste livro. Como no caso dos benefícios em caso de morte de um googler, porém, tomamos essa decisão movidos pelo instinto. Eu estava voltando para casa certo dia, pensando enquanto dirigia, nas diferenças de desenvolvimento de uma criança entre o terceiro e o quinto mês de vida. Não sou, de modo algum, especialista nesse assunto, mas me lembro de observar o crescimento de meus filhos. Os bebês começam a responder com mais intensidade às interações apenas alguns meses depois do nascimento, e só então os novos pais deixam de entrar em pânico a cada tosse ou espirro, certos de que não há nada de errado com os filhos. Ao chegar ao trabalho, eu disse à equipe: "Vamos fazer a mudança."

Só depois analisei os dados.

Descobri que a taxa de rotatividade entre as funcionárias depois da maternidade é duas vezes maior que a média. As mães que retornam ao trabalho 12 semanas depois do nascimento do filho se sentem estressadas, cansadas e, às vezes, culpadas. Após estendermos a duração da licença-maternidade, a discrepância desapareceu. E as mães nos disseram que geralmente usavam os dois meses adicionais para realizar uma transição mais suave, o que as deixava mais felizes e produtivas quando retornavam ao trabalho.

Quando finalmente fizemos os cálculos, descobrimos que o programa não custava nada. O custo de manter a mãe fora do escritório durante dois meses adicionais era mais que compensado pelo valor de não perder seus conhecimentos e sua experiência e pela economia do custo de contratar e treinar um novo funcionário.

Fiquei muito feliz ao constatar que o Facebook e o Yahoo, tempos depois, seguiram nossos passos, oferecendo benefícios semelhantes aos novos pais. Espero que mais empresas ajam da mesma maneira. Você deve se lembrar do que falamos no Capítulo 2 sobre a importância do espírito de missão, de seu trabalho ser a sua vocação. Poucas coisas esclarecem e enfatizam mais esse aspecto que receber uma mensagem como a de Gopi ou de Ann, ou uma nota de agradecimento anônima. Imagine como você se sentiria no trabalho se, em vez de as pessoas o procurarem ansiosas e desesperadas, elas lhe agradecessem por facilitar a vida delas e por estar presente quando mais precisavam de apoio.

O melhor exemplo que já vi de como tornar especial o local de trabalho sem quebrar a empresa é o de Michele Krantz, diretora de uma escola de ensino médio de Santa Clarita, na Califórnia. Michele é o tipo de líder que começa a semana diante do portão da escola, cumprimentando cada aluno pelo nome e recebendo-os com um aperto de mão. Ela caminha pela escola "com vales-almoço na bolsa, para oferecer a crianças que se destacaram". Na reunião mensal da equipe, os participantes se presenteiam com barras de cereais, "para terem a oportunidade de agradecer uns aos outros". E ela ainda envia cartões de aniversário a todos os funcionários.

Resultado? Os alunos vão à sala dela na hora do almoço e se abrem, os professores colaboram mais do que nunca e a equipe está engajada. Um jardineiro que trabalhava na escola havia mais de 10 anos ficou tão comovido ao receber dela um cartão pessoal pelo seu aniversário que lhe escreveu de volta. "Ele se mostrou tão grato", disse-me ela, "que prometeu que trabalharia com afinco para mim durante o resto de sua carreira."[201]

Esse não era o objetivo dela, evidentemente. Mas é um lembrete comovente de como os menores investimentos em atenção e recursos podem produzir resultados incríveis.

DICAS DO GOOGLE PARA ALCANÇAR EFICIÊNCIA, COMUNHÃO E INOVAÇÃO

- ❑ Facilite a vida dos funcionários.
- ❑ Descubra maneiras de dizer sim.
- ❑ As piores coisas da vida acontecem raramente – esteja ao lado de seu pessoal nessas ocasiões.

12
Dê um empurrãozinho

*Pequenos sinais podem provocar grandes mudanças no comportamento.
Como um e-mail pode aumentar a produtividade em 25%*

O Templo de Apolo em Delfos, na Grécia.

O geógrafo grego Pausânias, que viveu de 110 a 180 d.C., visitou o Templo de Apolo em Delfos. Lá ele descobriu uma pedra no átrio com a inscrição *gnothi seauton*: conhece-te a ti mesmo.

Conselho sábio, mas difícil de praticar. Achamos que nos conhecemos, e essa suposição é, de fato, parte do problema. No livro *Rápido e devagar*, Daniel Kahneman, professor emérito da Universidade de Princeton e ganhador do Prêmio Nobel, diz que temos dois cérebros. Um é lento, ponderado, reflexivo, objetivo e se baseia em dados. O outro é rápido, intuitivo, impulsivo e se baseia em instintos. O segundo cérebro é aquele em que mais confiamos, razão pela qual, mesmo quando supomos estar sendo racionais, o mais provável é que estejamos nos deixando levar pela emoção.

Por exemplo, quanto valem US$ 5 para você? Você estaria disposto a não comprar alguma coisa numa loja e dirigir 20 minutos para economizar essa importância em outra loja?

Em 1981, Kahneman e o colega Amos Tversky[202] quiseram investigar se éramos consistentes ao avaliarmos o dinheiro e o tempo. Eles fizeram a 181 pessoas uma das seguintes perguntas:

1. Imagine que você esteja a ponto de comprar um casaco por US$ 125 e uma calculadora por US$ 15. O vendedor da calculadora lhe diz que a mesma máquina está em promoção por US$ 10 em outra filial da loja localizada a 20 minutos de carro. Você iria à outra loja?
2. Imagine que você esteja a ponto de comprar um casaco por US$ 15 e uma calculadora por US$ 125. O vendedor da calculadora lhe diz que a mesma máquina está em promoção por US$ 120 em outra filial da loja localizada a 20 minutos de carro. Você iria à outra loja?

Lembre-se de que estamos falando de dólares de 1981. Corrigidos pela inflação,[203] os valores quase triplicariam. (Certamente também seria necessário substituir os produtos, pois ninguém com menos de 20 anos saberia o que é uma calculadora.)

Tversky e Kahneman descobriram que 68% das pessoas "estavam dispostas a fazer a viagem extra para economizar US$ 5 numa calculadora de US$ 15, mas apenas 29% estavam dispostas a despender o mesmo esforço quando o preço da calculadora era US$ 125".[204] Embora a economia fosse de US$ 5 em ambos os casos, as pessoas fariam alguma coisa apenas quando o desconto de US$ 5 parecesse grande em comparação com o preço de compra. O enquadramento dos descontos mudava a percepção de valor pelas pessoas.

E quanto a uma questão mais fundamental? Por exemplo, com que clareza você consegue ver uma coisa bem à sua frente? Em *Truques da mente*, Stephen Macknik e Susana Martinez-Conde, diretores do laboratório do Instituto de Neurologia Barrow, mostram que, embora a visão humana seja de fato péssima, acreditamos que enxergamos bem porque nosso cérebro preenche as lacunas (e então explicam como os mágicos exploram essa deficiência para nos enganar). Eles sugerem o seguinte teste:

Pegue um baralho, separe apenas as cartas com figura e embaralhe--as. Fixe o olhar em alguma coisa na outra extremidade do cômodo em que você está e não movimente os olhos. Tire da pilha, ao acaso, uma carta com figura e a mantenha à distância de um braço esticado, bem no limite de sua visão periférica. Em seguida, lentamente, dobre o braço para a frente, em direção ao centro de seu campo visual, sem desviar o olhar do ponto de convergência distante. Supondo que você seja capaz de resistir ao impulso de afastar o olhar do objeto distante e ver de relance a carta com figura, você constatará que esta deverá se aproximar muito do centro de seu campo visual para que você seja capaz de identificá-la.

Conforme explicam os autores: "Os olhos percebem os detalhes apenas num círculo do tamanho de um buraco de fechadura bem no centro do olhar, abrangendo 0,1% da retina (...). Ou seja, a nossa visão é 99,9% lixo." Essa, porém, não é a nossa percepção, por causa das sacadas oculares: movimentos rápidos e intermitentes dos olhos à medida que o olhar se desloca de um ponto para outro. O cérebro "edita os rastros de movimento" e cria a ilusão de realidade contínua.[205]

Se você ainda não acredita em mim, vá ao YouTube e digite "selective attention test". O primeiro resultado deve ser um vídeo de Daniel Simons, da Universidade de Illinois, de 1 minuto e 22 segundos. Logo no início, você será instruído a contar quantas vezes os jogadores vestindo blusa branca passam a bola de basquete. Vá em frente. Eu espero.

...

...

...

A maioria das pessoas não percebe o que está acontecendo (embora eu já tenha dado a dica de que talvez seja alguma coisa engraçada). Achamos que vemos o que está ocorrendo ao nosso redor, mas em geral estamos errados. Incontáveis obras já foram escritas sobre as falhas de nosso *wetware* (o sistema nervoso humano, em oposição a hardware e software), as quais não só distorcem nossas decisões, mas também, felizmente, nos mantêm inconscientes dessas deficiências. Sem nos darmos conta, somos cutucados e golpeados o tempo todo pelo contexto, por outras pessoas e até por nossa mente inconsciente.

Como cervos correndo pelos bosques, escolhendo os caminhos de menor resistência, geralmente seguimos pistas que detectamos no nível do inconsciente para nos orientar na vida. Ao dirigir numa rodovia, você escolhe de maneira consciente a velocidade, observando as placas de sinalização e ajustando o velocímetro? Ou apenas segue o fluxo? Ao comprar roupas numa loja, quase sempre os vendedores lhe entregam as compras no outro lado do balcão. A Nordstrom, rede varejista de luxo, exige que eles saiam de trás do balcão ao entregar as roupas aos clientes, para que estes tenham a percepção de um atendimento mais pessoal (e, portanto, se sintam mais propensos a voltar à Nordstrom). Quando eu era garçom, costumava me abaixar ao lado das mesas para conversar com os clientes. Olhar para eles na mesma altura em vez de observá-los de cima para baixo os levava a se sentir mais à vontade e a oferecer gorjetas mais generosas.

No terceiro semestre de 2012, a galeria Curve, no Barbican Centre, em Londres, promoveu uma exposição artística denominada *Rain Room* (Sala da Chuva), projetada pela Random International. No verão seguinte, a mostra foi transferida para o Museu de Arte Moderna de Nova York (MoMa). A Sala da Chuva era um espaço fechado de 100 metros quadrados com água caindo de cima – a sensação era de que estava chovendo no ambiente. À medida que você caminhava pela sala, a chuva parava de cair em torno de seu corpo, controlada por sensores que detectavam o seu percurso.

O público esperava até 12 horas para ver a exposição em ambas as cidades; em Londres, porém, os visitantes demoravam sete minutos, em média, na Sala da Chuva, enquanto em Nova York – onde o museu pedia que se limitasse a visita a 10 minutos e até dava um "tapinha educativo" nos ombros de quem demorava demais – muita gente ficou 45 minutos ou mais. As duas cidades são cosmopolitas; nada indicava que os espectadores de Londres estivessem menos interessados em arte ou na chuva; e os tempos de permanência foram diferentes. O que aconteceu?

A exposição era gratuita em Londres, mas custava US$ 25 em Nova York.[206] Complementando o que vimos no Capítulo 7 (no qual os professores Deci e Ryan constataram a queda da motivação intrínseca e da produtividade depois que passavam a pagar às pessoas para executar certas tarefas), quando se cobra por alguma coisa, os pagantes passam a encarar a situação de maneira diferente. Querem "receber o valor do dinheiro". Sem intenção, e apesar dos pedidos para que limitassem a duração das visitas,

Exposição *Sala da Chuva*.

o MoMA instituiu um sistema de incentivos que provocou exatamente o comportamento oposto ao que pretendia evitar.*

Até a disposição física de um lugar nos afeta de maneira imperceptível. Lembro de minha visita em 2011 à sede da Hewlett-Packard – um mar de cubículos acinzentados com divisórias altas que se estendia a perder de vista. Não era de modo algum um ambiente propício a pedir ajuda a um vizinho: na verdade, você nem via o vizinho. Em contraste, Mike Bloomberg, fundador da Bloomberg L.P. e ex-prefeito de Nova York, organizou o próprio espaço de trabalho como um "escritório panorâmico", dividido em "cercados" de paredes baixas em que os funcionários podem ver e ouvir uns aos outros, inspirado nas tradicionais salas de redação dos jornais, com o objetivo de estimular a rápida troca de ideias e de informações.

O gabinete de Bloomberg na prefeitura de Nova York.[207]

Bloomberg ocupava uma mesa no meio do cômodo. Não deixavam de ser cubículos de novo, mas que diferença! Como um ex-funcionário disse a Chris

---

* Suponho que, com o limite de 10 minutos por pessoa, o objetivo do MoMA fosse fazer com que a maior quantidade possível de pessoas visse a exposição. A experiência de Londres sugere que esse objetivo poderia ter sido alcançado em Nova York com a renúncia ao ingresso pago, optando pela gratuidade. Por outro lado, se o objetivo era, principalmente, maximizar a receita, eles não se saíram mal. Os 55 mil visitantes que compareceram nos primeiros 47 dias da exposição geraram uma receita de US$1.375.000 só em ingressos.

Smith, da revista *New York*: "Como espaço de trabalho, é algo inconcebível, com que você acha que nunca irá se acostumar (...). Mas, ao ver o prefeito em reuniões com a alta cúpula, à vista de todos, você começa a compreender que esse modelo de comunicação aberta não é besteira. E funciona."[208]

O tema comum aqui é que somos muito menos consistentes, objetivos, justos e autoconscientes em relação ao modo como navegamos no mundo do que supomos. E, por isso, as organizações podem ajudar as pessoas a tomar melhores decisões.

No livro *Nudge – O empurrão para a escolha certa*, Richard Thaler e Cass Sunstein, professores da Universidade de Chicago e da faculdade de Direito de Harvard, analisam extensamente como a consciência das falhas de nosso cérebro pode contribuir para melhorar a vida. Eles definem esse "empurrão" como "qualquer aspecto da arquitetura da escolha que altera o comportamento das pessoas de maneira previsível, sem impedir qualquer opção nem alterar de maneira significativa seus incentivos econômicos (...) Para que se caracterize como um empurrão, a intervenção deve ser fácil e barata de evitar. Os empurrões não são imposições. Colocar as frutas no nível dos olhos é um empurrãozinho. Proibir que se coma junk food não é".[209]

Em outras palavras, os empurrões consistem em influenciar as escolhas, não em determiná-las. Há quem argumente que são antiéticos, induzindo as pessoas a fazer escolhas que, do contrário, descartariam ou rejeitariam. Esses contestadores, porém, ignoram a realidade de que alguém primeiro fez a escolha de *não* pôr as frutas no nível dos olhos. David Hume, filósofo escocês, descreveu esse problema, denominado falácia "ser-dever ser", ou Guilhotina de Hume, por cortar a conexão entre "é" e "deve ser". Só porque alguma coisa hoje é feita de certa maneira não significa que *deva ser* feita dessa maneira. Aliás, muitos pequenos empurrões são mudanças em condições atuais mal escolhidas, que resultam em menos saúde, menos riqueza ou menos felicidade.

Por exemplo, os comerciantes colocam os produtos mais essenciais e perecíveis, como leite, no fundo do mercado, exigindo que atravessemos corredores bem abastecidos em todas as visitas. E arrumam os itens de compra por impulso, com alta margem de lucro, como chocolates, salgadinhos e outros itens de conveniência, nas proximidades das caixas, mesmo que esses itens também estejam expostos em outros lugares da loja – pois isso nos leva a estender o braço e apanhar o produto. Se, ao contrário, se colocassem frutas perto da saída, isso seria algo errado ou perverso? Com certeza seria menos lucrativo, porém mais saudável para os compradores. Mas o propósito dos supermercados não é melhorar o bem-estar dos clientes. É ganhar dinheiro. Uma dura realidade, talvez, mas sem lucro o supermercado deixa de existir. Até um hortifrúti comunitário ou cooperativo que só comercialize produtos orgânicos precisa gerar receita suficiente para pagar o aluguel, a mão de obra e as mercadorias.

Mesmo que você aceite que os empurrões podem melhorar o bem-estar e que não há razão para preservar a situação vigente como se fosse sagrada, ainda resta alguma coisa que consideramos repulsiva na decisão detestável da administração de manipular os funcionários por meio desses toques. Sob certo aspecto, é mais reconfortante saber que os horríveis cubículos em que vivemos são o resultado de simples ignorância e de mau planejamento do que reconhecer que o escritório panorâmico de Bloomberg foi uma tentativa deliberada de manipular suas equipes para que fossem mais abertas e colaborativas. Como o meu chefe/o departamento que cuida das instalações/o governo ousa tentar me iludir?

Por outro lado, não seriam os empurrõezinhos nada mais que outra ferramenta entre as muitas de que dispõe a administração? Pode-se argumentar que a administração em si é uma tentativa de tornar as pessoas mais produtivas, embora eu admita que o aumento da felicidade não é um objetivo universal da administração (embora devesse ser, pois funciona). Ou os empurrões no escritório seriam completamente diferentes de um plano de bônus que imponha quotas de vendas aos vendedores?[210] Ou de permitir a entrada de mais luz natural, por acreditar que nessas condições as pessoas serão mais produtivas? Por que nos sentiríamos mais desconfortáveis se nos dissessem que os cubículos foram concebidos e instalados de propósito para nos isolar uns dos outros?[211]

Acho que duas são as razões pelas quais os empurrões incomodam algumas pessoas.

Primeiro, o espectro dos "gênios" de avental branco tentando nos influenciar é assustador. No entanto, os empurrões não precisam ser secretos. No Google, acreditamos na transparência como um dos pilares de nossa cultura. Em geral, não conversamos com os googlers sobre nossos experimentos enquanto estão em andamento, pois isso poderia influenciar o comportamento deles. Depois do experimento, porém, divulgamos nossas conclusões e explicamos como pretendemos avançar.

Segundo, as pessoas não gostam de ser lembradas dos limites de nosso livre-arbítrio. Os pequenos empurrões suscitam todos os tipos de questões sobre desejo ("Quero aquele carro novo porque preciso, ou porque a GM[212] gastou uma fortuna em propaganda com o novo Cadillac Escalade?"),* sobre escolhas (a Coca-Cola tinha 17% do mercado americano em 2012, em comparação com 9% da Pepsi,[213] embora um estudo baseado em imagens de ressonância magnética tenha demonstrado que as pessoas mal percebem a diferença)[214] e até sobre identidade ("Se minhas escolhas são produtos de meu contexto e minha história, essas escolhas seriam de fato livres?"). Essas são questões bastante profundas, muito além do escopo deste livro. A adoção de atitudes defensivas, no entanto, é uma reação natural quando somos confrontados com ameaças à nossa autopercepção e à própria identidade.[215]

No Google, damos empurrõezinhos para interferir de várias maneiras em momentos decisivos. A maioria deles são aplicações de pesquisas acadêmicas a contextos do mundo real. Nossa abordagem é partir de descobertas acadêmicas interessantes, misturá-las com nossas próprias ideias e então ver o que acontece quando são experimentadas em milhares de pessoas no trabalho do dia a dia. Ao agir assim, e ao escrever a esse respeito, minha esperança é que outras pessoas se beneficiem de nossos estalos ou lampejos, não importa que estejam em empresas grandes ou pequenas.

Um senso de humanidade nos impele a sermos atenciosos, compassivos e, acima de tudo, transparentes em nossos empurrões. O objetivo não é impor uma decisão, mas, sim, substituir contextos inadequados por estruturas que melhorem a saúde e a riqueza, sem restringir a liberdade.

Até o mais sutil dos lembretes pode fazer diferença. O empurrão não precisa ser dispendioso nem elaborado. Basta ser oportuno, relevante e simples de pôr em prática.

Boa parte de nosso trabalho nessa área se enquadra num programa denominado Otimize sua Vida, liderado por Yvonne Agyei, em parceria com Prasad Setty (Operações de Equipe), Dave Radcliffe (Serviços no Local de Trabalho – ele é o responsável pelo transporte e pelas lanchonetes, por exemplo) e suas respectivas equipes. E os googlers, evidentemente, também são ótimas fontes de ideias e de inspirações.

---

* A propaganda é, obviamente, a principal fonte de receita do Google; portanto, como acionista, agradeço por cada um desses dólares!

Dando empurrõezinhos para ajudar as pessoas a se tornarem saudáveis, ricas e sábias: a sabedoria primeiro

Recorremos aos empurrões para tornar as pessoas mais felizes e mais eficazes. Já vimos que algo tão simples quanto um e-mail aumentou a proporção de mulheres que se autoindicam para promoção. E estamos sempre em busca de oportunidades para oferecer conselhos e informações na hora certa, no intuito de melhorar a maneira como trabalhamos juntos.

Às vezes, basta mostrar os fatos às pessoas. Por exemplo, uma equipe de liderança desenvolvera a reputação de que não se entendia, com alguns membros se recusando a trabalhar em parceria e até se sabotando mutuamente ao reter recursos e informações. A "gestão do desempenho" não funcionava porque, por pior que fosse a conduta coletiva, a produção total de cada pessoa era muito boa. O "coaching" também não dava resultados porque toma muito tempo e dois indivíduos, em especial, se recusavam a assumir qualquer responsabilidade pela dinâmica: "Eu não sou o problema", disse-me um. "Os outros é que não estão me ajudando!"

O que de fato deu certo foi criar uma pesquisa trimestral com apenas dois itens: "No último trimestre, essa pessoa me ajudou quando eu a procurei" e "No último trimestre, essa pessoa me envolveu quando eu podia ser útil ou quando eu estava sujeito ao impacto do trabalho dela ou de sua equipe". Cada membro da equipe avaliava os demais e as avaliações e os resultados anônimos eram apresentados a todos. As pessoas sabiam onde tinham caído na avaliação, mas ignoravam onde os demais haviam regredido. Os dois funcionários mais rebeldes, é claro, ficaram nas últimas posições, e se mostraram desolados com o resultado. Sem precisarem de qualquer outra intervenção, eles se empenharam em melhorar a qualidade da colaboração. O mais notável é que, em oito trimestres, a equipe progrediu de 70% para 90% em opiniões favoráveis nesses quesitos.

Embora não se trate exatamente de um empurrão, os resultados são compatíveis com as conclusões de trabalhos que mostram o poder das comparações sociais.[216] Eu me sentia curioso e ansioso para ver de que maneira apenas apresentar as informações e confiar na natureza das pessoas – tanto competitiva quanto altruísta – poderia transformar uma equipe disfuncional. Já havíamos constatado esses efeitos nos gestores por meio de nossa Pesquisa de Feedback Ascendente, mas essa era a primeira vez em que a replicávamos em um grupo de pares.

Mas e se conseguíssemos formar uma equipe para começar da maneira certa, para que não se tornasse disfuncional? Assim, não teríamos que fazer acertos posteriores. Resolvemos explorar essa ideia focando em pessoas que eram ao mesmo tempo novas na equipe e novas na empresa: os nooglers.

Todos os funcionários recém-admitidos efetivamente destroem valor. Imagine Ivan, um vendedor que ganha US$ 60 mil por ano. Ivan custa US$ 5 mil por mês até começar a vender e, mesmo depois de já estar vendendo, ainda precisará de algum tempo para que sua produtividade supere o custo. Além disso, ele consome recursos de treinamento e o tempo das pessoas próximas, às quais recorre em busca de orientação.

E não se trata de um problema apenas do Google. No livro *Topgrading*,[217] Bradford D. Smart revela que metade das pessoas recém-contratadas de alto nível fracassa nos 18 meses seguintes à contratação. Na outra ponta do espectro, a consultora Autumn Krauss descobriu que metade dos trabalhadores horistas deixa os novos empregos depois de 120 dias.[218]

Dificultando ainda mais as coisas, os gerentes do Google, já ocupados, adotaram uma série de medidas para ajustar os novos funcionários às equipes, sem chegar a um consenso sobre qual seria a mais eficaz. Nosso melhor estudo de caso durante muito tempo foi o de Kent Walker, que entrou no Google em 2006 como vice-presidente e assessor do departamento jurídico. Nós o adotamos como exemplo de contratação de alto nível pela rapidez com que se integrou na empresa, em menos tempo do que qualquer outra pessoa que eu já tenha visto. Bastaram seis meses, em comparação com nada menos que um ano para a maioria do pessoal sênior. Kent era excepcionalmente humilde, curioso e autoconsciente.*

Resolvemos oferecer aos gestores um lembrete das pequenas coisas capazes de exercer o maior impacto sobre os nooglers e, portanto, de gerar o mais alto retorno sobre o valioso investimento de seu tempo.

No programa-piloto, os gestores recebiam e-mails de orientação no domingo anterior à entrada do novo funcionário. Como o checklist do Projeto Oxigênio, que destacava os oito comportamentos dos gestores

---

* O segredo de Kent: "Passo quase o tempo todo ouvindo." A maioria das pessoas começa no novo emprego ansiosa por fazer alguma coisa. Sem, porém, compreender como fazer acontecer *no Google*, elas lutam com dificuldade. Era o que eu chamava "crise no Google", algum momento entre três e seis meses depois da admissão, quando o novo líder descobria que a natureza colaborativa, de baixo para cima, de nossa cultura não permite que ele se limite a latir ordens e a esperar que as pessoas se submetam. Agora, enfatizamos esse aprendizado na primeira semana de orientação aos nooglers.

bem-sucedidos, as cinco ações agora propostas eram quase constrangedoras de tão simples:

1. Converse sobre as funções e atribuições.
2. Associe o seu noogler a um colega amigo.
3. Ajude o seu noogler a construir uma rede de contatos.
4. Faça verificações mensais da adaptação dos nooglers nos primeiros seis meses.
5. Estimule o diálogo aberto.

E, como no Projeto Oxigênio, constatamos melhoras substanciais. Os nooglers cujos gerentes seguiram as recomendações do e-mail se tornaram plenamente eficazes 25% mais rápido que seus pares, economizando um mês inteiro de tempo de aprendizado. Fiquei impressionado com os resultados. Como era possível que um único e-mail surtisse tanto efeito?

Acontece que os checklists realmente são eficazes, mesmo quando a lista chega a ser simplória. Somos humanos e, às vezes, esquecemos as coisas mais elementares. Atul Gawande, mencionado no Capítulo 8, desenvolveu um checklist de segurança em cirurgias que começa com "Paciente confirmou identidade, local da intervenção [isto é, onde no corpo a cirurgia deve ser executada], procedimento e consentimento."[219] O checklist todo tem 19 itens. Em 2007 e 2008, um hospital em cada um de oito países* experimentou o checklist em 7.728 pacientes. A taxa de complicações caiu de 11% para 7%. A taxa de mortalidade foi reduzida para quase a metade, de 1,5% para 0,8%.[220] Graças a um checklist.

Admito que, em nosso caso, o risco era muito mais baixo. Ninguém morre fisicamente por má gestão (embora talvez perca a alma, pelo menos um pouco). No entanto, apenas o envio desses cinco passos a nossos gestores não foi suficiente. É preciso enviar o checklist na hora certa, destacar sua importância e facilitar sua aplicação prática. Sabíamos que o e-mail era oportuno, pois o remetíamos na noite anterior à chegada do novo funcionário. Também tínhamos certeza de que era relevante, pois o gerente provavelmente estava pensando em como agir com o novato. Convertê-lo em ação era o mais difícil.

---

* Os hospitais eram de Amã, na Jordânia; Auckland, na Nova Zelândia; Ifakara, na Tanzânia; Londres, no Reino Unido; Manila, nas Filipinas; Nova Délhi, na Índia; Seattle, nos Estados Unidos; e Toronto, no Canadá.

Primeiro, era preciso garantir a credibilidade dos dados, o que nos levou a incluir no e-mail citações acadêmicas, resultados de estudos internos e outras informações básicas. Afinal, os googlers são movidos a dados. Em seguida, era necessário recomendar que o gerente executasse tarefas inquestionáveis. Nossos funcionários são inteligentes, mas muito ocupados. Reduziremos a carga cognitiva deles se oferecermos instruções claras em vez de pedir-lhes que inventem práticas originais ou internalizem novos comportamentos, o que também reduz as chances de que algum passo adicional os desencoraje a partir para a ação. Até o presidente dos Estados Unidos restringe o volume de coisas em que tem que pensar para se concentrar nas questões mais importantes, como ele explicou a Michael Lewis, da revista *Vanity Fair*: "'Você vê que eu só uso ternos cinza ou azuis', disse Obama. 'Estou tentando reduzir minhas decisões. Não quero resolver o que como ou visto. Tenho muitas outras decisões a tomar.' Ele mencionou pesquisas segundo as quais o simples ato de decidir compromete a capacidade de tomar outras decisões. Por isso fazer compras é tão cansativo. 'É preciso concentrar sua energia para tomar decisões. É necessário criar rotinas. Você não pode passar o dia disperso em trivialidades.'"[221]

Eis, então, nossas sugestões do que os gerentes devem fazer na primeira interação crucial com os novos googlers. Mantive as remissões a notas de rodapé e os hiperlinks para que você veja o que os googlers efetivamente recebem:

> **1. Converse sobre funções e atribuições.**
> As pesquisas mostram que compreender com clareza o próprio trabalho está associado a níveis de satisfação mais elevados.[1] Aqui no Google, um estudo revelou que os novos contratados com pós-graduação que não compreendiam as expectativas em relação ao cargo deixavam a empresa no primeiro ano de trabalho com frequência cinco vezes superior à dos que compreendiam o próprio trabalho.[2] **O que você pode fazer?** Reunir-se com o noogler na primeira semana de trabalho. Redigir a pauta da reunião é ainda melhor (ver <u>aqui</u> um modelo). Algumas questões a esclarecer ao noogler: 1) Quais são os Objetivos e Principais Resultados (OKRs) e quais devem ser os OKRs no primeiro trimestre desse googler?; 2) Como a função desse noogler se relaciona com os objetivos de negócios do Google? Com os objetivos da equipe?; 3) Quando será a primeira conversa com o noogler sobre desempenho e como será a avaliação?

À primeira vista, todos esses detalhes talvez pareçam um pouco infantis, mas nossos gerentes nos informam que eles são providenciais. Lembre-se de que nem todos são gestores natos. Ao dizer aos gerentes exatamente o que fazer, nós, de fato, retiramos de sua lista de afazeres um item incômodo. Como consequência, eles passam a ter menos com que se preocupar e podem se concentrar em ações práticas. Pouco tempo atrás, os resultados levaram um gerente a enviar uma breve nota de agradecimento à equipe de orientação dos novos funcionários: "A operação que você e sua equipe desenvolveram é EXTRAORDINÁRIA! O e-mail com orientações para a adaptação dos nooglers é emblemático de toda a experiência. Reconhecemos como vocês facilitaram o nosso trabalho."

De volta ao e-mail: há muita coisa nesse item inicial "funções e atribuições". A primeira linha cita o trabalho da Dra. Talya Bauer,[222] professora da Universidade Estadual de Portland que realizou pesquisas convincentes sobre o que torna as pessoas felizes e eficazes e como esses resultados se relacionam com as primeiras experiências em um novo emprego. A segunda linha mostra que no Google vemos os mesmos efeitos, que são enormes e devem ser enfatizados: "Os novos contratados com pós-graduação que não compreendiam as expectativas em relação ao cargo deixavam a empresa no primeiro ano de trabalho com frequência cinco vezes superior à dos que compreendiam o próprio trabalho."

Descrevemos, então, ações muito específicas – um checklist dentro de um checklist, seguidas de um link que remete a um modelo e, para os muito ocupados ou muito preguiçosos para clicar no link, algumas perguntas como ponto de partida.

Os outros quatro itens do checklist seguiam um formato semelhante. O importante é que todos se destinavam a ajudar o noogler a construir uma rede de apoio e a desenvolver um padrão de comunicações claras. Todos os detalhes deixaram o e-mail com uma página e meia de extensão. E funcionou muito bem.

Atendíamos, assim, aos gerentes dos novos funcionários, mas e quanto ao novos funcionários em si? As pesquisas sobre como as pessoas entram em equipes ou em empresas mostram que alguns profissionais não ficam sentados à toa, esperando que alguém os "recepcione a bordo". Eles próprios se orientam, procurando colegas, buscando recursos, fazendo perguntas e programando almoços para construir as próprias redes. As pessoas que

274 ▶ Um novo jeito de trabalhar

adotam esses comportamentos mais proativos e agressivos desenvolvem a eficácia plena com mais rapidez e apresentam um desempenho melhor nos testes de aculturação.[223]

Como experimento, acrescentamos um segmento de 15 minutos à orientação dos nooglers, explicando os benefícios de ser proativo, sugerindo cinco ações específicas para atender a certas necessidades e reiterando como esse comportamento se encaixa na mentalidade empreendedora do Google:

1. Faça perguntas, muitas perguntas!
2. Marque reuniões regulares com seu gerente.
3. Conheça a sua equipe.
4. Tome a iniciativa de pedir feedback – não fique esperando recebê-los!
5. Aceite o desafio (ou seja, assuma riscos e não tenha medo de falhar... outros googlers o apoiarão).

Duas semanas depois, eles recebiam um e-mail de acompanhamento, lembrando-os das cinco ações.

Mais uma vez, isso não parece muito complexo, certo?

Isso porque, ao projetar alguma coisa para os usuários, você se empenha em criar o produto mais simples e mais elegante capaz de alcançar os objetivos almejados. Se você quiser que as pessoas mudem de comportamento, não lhes entregue um trabalho acadêmico de 50 páginas nem um livro de 400 páginas (ops!).

Portanto, onde está a complexidade? Ela consiste na identificação da categoria genérica de atributos que causam o desempenho superior – nesse caso, a proatividade – que decorre do estudo minucioso do que os dois extremos fazem de maneira diferente; em isolar o conjunto específico de comportamentos que exemplificam a proatividade a ser seguida por todos os googlers; em desenvolver uma maneira de transmitir esses comportamentos a quem não os demonstra como condição inata; e, finalmente, em medir seu impacto.

Como vimos no Capítulo 5, todos achamos que somos ótimos em entrevistar e em avaliar as pessoas, mas, por definição, poucos são os indivíduos realmente capazes de fazê-lo com eficácia. A maioria é medíocre nessa atividade. Em quase todas as áreas da prática gerencial e das relações humanas, cada um se considera no extremo superior. E, por ser essa a nossa crença, continuamos a desenvolver maneiras de gerenciar pessoas com base no instinto. O resultado é que seguimos concebendo sistemas gerenciais de qualidade média, que rendem resultados médios.

A boa notícia é que podemos aprender e melhorar. Basta prestar atenção. Quais foram, então, os resultados desse experimento do empurrãozinho?

Os nooglers que receberam o empurrãozinho se mostraram mais propensos a pedir feedback, tornaram-se produtivos com mais rapidez e, em geral, desenvolveram uma percepção mais exata do próprio desempenho, em comparação com os membros do grupo de controle. O subconjunto de pessoas que mais precisavam dessa intervenção – as que, por natureza, eram menos proativas – alcançou índices 15 pontos mais altos em adoção de comportamentos proativos do que outras, durante o primeiro mês.

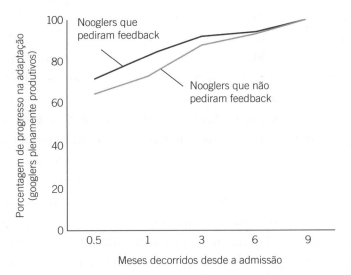

Porcentagem de nooglers que são plenamente produtivos.

A diferença nas duas linhas resulta num aumento de 2% na produtividade de toda a força de trabalho. Equivale ao acréscimo gratuito de um funcionário para cada 50 contratados, ou, no nosso caso, 100 funcionários gratuitos para cada 5 mil que contratamos. Nada mau para uma apresentação de 15 minutos e um e-mail.[224]

Existe um benefício extra de dar um empurrãozinho nos nooglers que complementa o que fazemos pelos gestores. Mesmo que o gerente deixe passar um item do checklist, o noogler o recupera. Estamos explorando o conceito "à prova de erros" desenvolvido por Shigeo Shingo como parte do Sistema Toyota de Produção na década de 1960,[225] que tem sido aplicado em muitos produtos modernos. Na maioria dos carros, não afivelar o cinto de segurança dispara um alarme, sinalizando a falha. O iPod Shuffle desliga automaticamente quando você desconecta os fones de ouvido, preservando a bateria. Um liquidificador da Cuisinart só liga se a tampa estiver travada com segurança, protegendo seus dedos. Do mesmo modo, queremos minimizar o número de erros na adaptação dos nooglers, e a melhor maneira de fazê-lo é incluir lembretes em ambos os lados do processo.

Os empurrõezinhos nos nooglers e nos gerentes, junto com outras mudanças que fizemos no processo de adaptação, possibilitaram que reduzíssemos de meses para semanas o "tempo para se tornar plenamente eficaz".

Outro desafio que enfrentamos foi o dos googlers que se matriculavam em cursos de treinamento e acabavam não os frequentando. Na primeira metade de 2012, nossa taxa de não comparecimento foi de 30%, não só alongando sem necessidade as listas de espera por cursos, mas também nos levando a iniciar cursos com turmas incompletas, com até 50% da capacidade. Tentamos quatro empurrões diferentes por e-mail, apelando desde à boa intenção de não prejudicar os outros (mostrando fotos de pessoas nas listas de espera, para que os matriculados vissem quem seria prejudicado pelo não comparecimento) até à força da identidade (incentivando os matriculados a serem "googley", ou seja, a agirem de acordo com o estilo Google e a fazerem a coisa certa). Os empurrõezinhos provocaram o duplo efeito de reduzir o não comparecimento e de aumentar a proporção de desistentes que cancelavam a matrícula com antecedência, permitindo que oferecêssemos a vaga a outros googlers. Os efeitos de cada empurrão, no entanto, eram diferentes. Mostrar fotografias de matriculados em listas de espera aumentava a frequência em 10%, mas era menos eficaz no estímulo ao cancelamento da matrícula. Os apelos à força da identidade surtiam mais efeito no cancelamento das matrículas, aumentando-o em 7%. Desde então, incluímos esses empurrões em todos os lembretes de cursos, aumentando a frequência e reduzindo as listas de espera.

Esses toques também se mostraram úteis na mudança das normas de conduta e dos padrões de comportamento no Google. Considerando a quantidade de informações que compartilhamos dentro da empresa, o controle do acesso a nossos prédios é fundamental. Além disso, não se pode dizer que no

Vale do Silício ninguém nunca tenha entrado nos prédios para furtar laptops e outros aparelhos eletrônicos, ou até para ter acesso aos sistemas das empresas. Para evitar essas invasões, todas as portas externas só se abrem com a passagem de um crachá por um leitor eletrônico. Mas também temos uma cultura cordial e gentil, e constatamos que os googlers seguravam as portas uns para os outros, porque foi o que nossos pais nos ensinaram. Enviamos e-mails pedindo que as pessoas verificassem os crachás umas das outras, geralmente pendurados de maneira visível, antes de lhes dar passagem, mas isso pareceu rude e estranho. Ninguém, de fato, agia assim. Até que nossa equipe de segurança afixou esses adesivos em todas as portas externas:

Os googlers são lembrados de se manterem atentos quanto à segurança do campus através de avisos como este em todos os acessos ao prédio. *

---

* Tradução: "Qualquer um pode ser um impostor. Peça o crachá!"

278 ▶ Um novo jeito de trabalhar

Esse pequeno cartum ingênuo quebrou o gelo, tornando aceitável que as pessoas pedissem para ver os crachás e verificassem as identidades. Como resultado, a quantidade de furtos e de invasões despencou.

Dando empurrõezinhos para ajudar as pessoas a se tornarem saudáveis, ricas e sábias: ficando mais ricas

Steven Venti e David Wise, professores da Dartmouth College e da Faculdade de Políticas Públicas Kennedy, de Harvard, escreveram em 2000 um trabalho fascinante que examinou por que as famílias tinham diferentes níveis de riqueza na aposentadoria.[226]

A renda obviamente é um fator muito importante. Faz todo o sentido que uma família que produziu mais dinheiro durante 30 anos tenha mais poupança que uma família que conseguiu menos dinheiro. Os médicos, sem dúvida, acumulam mais poupança que os garçons, por exemplo.

Venti e Wise classificaram as famílias em 10 grupos do mesmo tamanho, denominados decis, com base na renda vitalícia relatada à Administração da Previdência Social dos Estados Unidos até 1992. Os 10% das famílias com as rendas mais baixas estavam no primeiro decil; os 10% seguintes, no segundo decil; e assim por diante, até os 10% superiores das famílias, que compunham o décimo decil. As famílias no quinto decil informaram renda vitalícia de US$ 741.587 – 20 vezes mais alta que as do primeiro decil (US$ 35.848) e menos da metade da renda das do décimo decil (US$ 1.637.428).[227,*]

No entanto, ao olharem para a variação de riqueza dentro dos decis, o que lhes permitia comparar pessoas com rendas vitalícias semelhantes, os resultados foram surpreendentes.[228]

Sim, as famílias no quinto decil tinham renda média de US$ 741.587. Mas a riqueza acumulada, ou seja, as poupanças, os investimentos e os imóveis, se estendia de US$ 15 mil a US$ 450 mil. Em outras palavras, quando se mantêm constantes os rendimentos e se consideram apenas as famílias com mais ou menos a mesma renda vitalícia, os mais ricos acumularam 30

---

* Observe que os dados sobre renda estão enviesados para baixo por várias razões. Primeiro, a amostra é composta de pessoas com idade entre 51 anos e 61 anos, a maioria delas com muitos anos de atividade remunerada pela frente (embora sua renda também venha a aumentar). Segundo, a amostra também inclui pessoas que tiveram renda zero no período (indivíduos que cuidam da casa e da família). Os dados são de 1992. Isso não muda os resultados, mas a correção monetária para valores de 2014 seria de 69%, ou seja, os valores devem ser multiplicados por 1,69.

vezes o patrimônio dos menos ricos. E esse padrão geral persiste em todos os níveis de renda. Veja a distância entre os níveis de riqueza mais altos e mais baixos em cada decil. Mesmo no primeiro (ou mais baixo) decil, em que quase toda a renda decorre de ajuda do governo, algumas famílias são capazes de acumular riqueza de US$ 150 mil. É uma proeza fenomenal, exigindo tremenda disciplina nesse nível de renda.

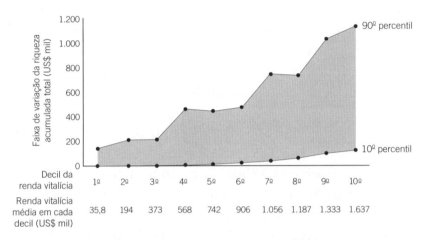

Relação entre renda vitalícia e acumulação de riqueza.

Como isso é possível? Algumas famílias seriam mais eficazes em seus investimentos? Teriam menos filhos e dependentes? Teriam recebido alguma herança? Será que certas famílias seriam mais propensas ao risco e, portanto, a buscarem investimentos menos seguros e mais rentáveis? Ou, quem sabe, as famílias com menos riqueza tivessem enfrentado problemas de saúde e outros imprevistos que acarretaram grandes despesas? Seriam muito perdulárias?

Nada disso. Nenhum desses fatores exerceu efeito significativo.

Em vez disso, Venti e Wise explicam, "grande parte da dispersão poderia ser atribuída a escolhas; algumas pessoas economizaram quando eram jovens, enquanto outras não tiveram esse cuidado".[229] Douglas Bernheim, professor de Stanford, e seus colegas analisaram essas questões e chegaram às mesmas conclusões. As famílias "diferem na extensão em que são capazes de exercer a autodisciplina em relação às pressões para gastar as receitas correntes".[230]

280 ▶ Um novo jeito de trabalhar

Eu estava cético em relação aos resultados dessa pesquisa, por parecerem muito óbvios. O segredo de acumular maior riqueza seria apenas poupar mais dinheiro na juventude? Mesmo nos níveis de renda mais baixos, no entanto, algumas pessoas eram capazes de acumular uma riqueza desproporcional à renda, inclusive quando os pesquisadores controlavam os efeitos de ganhos financeiros fortuitos e de tragédias pessoais imprevistas, a que todos estamos sujeitos.

Bernheim nos dá uma pista: "Se, por exemplo, as famílias seguem regras práticas experimentais simples para determinar os níveis de poupança para a aposentadoria, seria de esperar que se observassem os padrões [de acúmulo de riqueza] descritos neste trabalho." Em outras palavras, as famílias tendem a seguir alguns critérios instintivos sobre poupança, e essas regras não mudam.*

Portanto, para aumentar a poupança no começo da vida, que é o principal determinante da riqueza na aposentadoria, as famílias precisam renunciar, de alguma maneira, aos hábitos de consumo. Em outro trabalho,[231] os professores James Choi (Universidade Yale) e Cade Massey (Universidade da Pensilvânia), junto com Jennifer Kurkoski, do Google, e Emily Haisley, do Barclays Bank, argumentam que "uma parcela não desprezível da variação da riqueza acumulada pelas famílias pode resultar da variação das orientações sobre poupança recebidas pelos indivíduos ao longo da vida". Isso significa que diferenças muito pequenas nas informações disponíveis podem mudar em muito o comportamento das pessoas.

Para testar essa ideia, Jennifer se associou a Choi e Massey em um experimento para o Google. O objetivo era dar empurrõezinhos para aumentar a riqueza dos googlers na aposentadoria.

Nos Estados Unidos, oferecemos planos de previdência privada 401 (K). Em 2013, o Código Tributário Nacional permitia que os funcionários eco-

---

* É provável que essa afirmação mereça mais que uma nota de rodapé, mas é contraintuitivo e espantoso a intensidade com que a poupança na juventude pode afetar o nível de riqueza. Imaginemos que você comece a poupar aos 25 anos e pretenda se aposentar aos 55 anos, e consiga retorno anual de 8% com os seus investimentos. Para acumular US$150 mil nesse período, basta poupar US$110 por mês. Mas é possível conseguir o mesmo resultado poupando apenas durante 10 anos se você aumentar a poupança mensal para US$180. Por outro lado, se você esperar até os 45 anos para começar a poupar, precisará reservar US$460 por mês para chegar a US$150 mil. A dica é começar a poupar cedo, investir o máximo possível e não tocar na poupança acumulada. Os juros compostos são muito poderosos. São a diferença entre se aposentar com conforto e não se aposentar.

nomizassem até US$ 17.500 por ano e adiassem o pagamento dos impostos até a aposentadoria. O Google entra com 50% do aporte dos funcionários, acrescentando até US$ 8.750 ao fundo de aposentadoria dos googlers.

Mesmo assim, nem todos participavam. Para ser justo, nem todos têm condições de poupar US$ 17.500 por ano. Até entre os que dispunham de recursos, a participação ficou bem aquém do limite.

De acordo com a sabedoria convencional, isso acontece porque as pessoas têm contas a pagar ou preferem gastar o dinheiro em bens e serviços não indispensáveis, ou simplesmente porque a aposentadoria ainda está muito distante. Porém, se os resultados das pesquisas estiverem certos, as causas do problema não se situam em nenhum desses fatores. É só questão de receber um empurrãozinho para contribuir na hora certa.

Em 2009, os mais de 5 mil googlers que ainda não contribuíam com o máximo e não pareciam dispostos a agir assim receberam um e-mail informando suas contribuições acumuladas até a data para o fundo 401 (K) e incluindo uma das quatro mensagens a seguir:

1. Um lembrete básico sobre o programa 401 (K), que era nosso meio de controle do estudo.
2. O mesmo que em (1), mas com um aumento ilustrativo de 1%.
3. O mesmo que em (1), mas com um aumento ilustrativo de 10%.
4. O mesmo que em (1), mas com um lembrete adicional de que poderiam contribuir com até 60% em qualquer período de pagamento para alcançar o limite.

O que não esperávamos era que cada um desses e-mails provocasse uma reação. Cerca de 27% dos googlers que receberam um e-mail mudaram suas taxas de contribuição e a taxa de poupança média aumentou de 8,7% para 11,5%, qualquer que tivesse sido o e-mail recebido. Considerando uma taxa de rendimento anual de 8%, esse ano de contribuição adicionará um total de US$ 32 milhões aos fundos de aposentadoria desses googlers. Supondo que continuem na empresa e que contribuam com a mesma proporção da renda todos os anos, todos esses googlers se aposentarão com mais US$ 262.000 em seus fundos 401 (K). Ainda melhor, as pessoas com as taxas de poupança mais baixas foram as que mais aumentaram as contribuições, com incrementos, em média, 60% superiores aos do grupo de controle. Como escreveu um googler: "Obrigado! Eu não tinha ideia de que estava poupando tão pouco!"

Desde então, continuamos a dar nossos empurrões, insistindo com os googlers para que aumentem ainda mais as taxas de poupança. E, a cada ano, os googlers poupam mais.

O lembrete em si é barato, embora acarrete maiores despesas para a empresa, na medida em que também aumentamos nossas contribuições para a aposentadoria. Dito isso, é dinheiro que o Google gasta com prazer.

Richard Thaler, da Universidade de Chicago, e o professor Shlomo Benartzi, da Universidade da Califórnia (campus de Los Angeles), conduziram uma série de experimentos ainda mais sutis.[232] Ofereceram aos funcionários de três empresas – uma indústria anônima de porte médio, a siderúrgica do Meio-Oeste Ispat Inland e duas divisões da Phillips Electronics – a oportunidade de predestinar parte dos aumentos salariais futuros à poupança para a aposentadoria. O programa deles, o Save More Tomorrow (Poupe mais amanhã),[233] tinha quatro características:

1. Os funcionários recebiam a sugestão de aumentar a contribuição para o plano de aposentadoria bem antes do aumento salarial programado.
2. O aumento das contribuições começava com o recebimento do primeiro contracheque depois do aumento salarial.
3. A taxa de contribuição aumentava a cada aumento salarial programado, até chegar ao limite máximo predeterminado.
4. O funcionário podia sair do plano a qualquer momento.

No período que abrangeu os quatro aumentos salariais subsequentes, 78% dos funcionários que receberam a sugestão aceitaram a proposta. Desses, 80% persistiram. E a taxa de poupança média aumentou de 3,5% para 13,6% do salário em 40 meses.

É um resultado notável, ainda mais porque o contexto é muito diferente do ambiente do Google. Essas são empresas tradicionais, com mão de obra tradicional. É inspirador e tranquilizante constatar um efeito tão profundo. Em conjunto, essas intervenções sugerem que aumentar a poupança e preparar melhor os indivíduos para a aposentadoria são iniciativas ao alcance da maioria das organizações. Basta um pequeno empurrão.

Dando um empurrãozinho para ajudar as pessoas a se tornarem saudáveis, ricas e sábias: *Mens sana in corpore sano**

Em 2013, nosso líder de RH Todd Carlisle disse a uma multidão no Commonwealth Club, em São Francisco, que o slogan de recrutamento do Google passaria a ser "Trabalhe no Google e viva mais".

Ele não estava brincando.[234]

Há anos experimentamos maneiras de melhorar a duração e a qualidade da vida dos googlers, como parte do nosso programa Otimize sua Vida.

E, como oferecemos refeições e lanches gratuitos aos googlers, tínhamos condições únicas de testar se as ideias das pesquisas acadêmicas se aplicavam ao mundo real. Oferecemos refeições no Google de duas maneiras: nas lanchonetes, que geralmente servem duas refeições por dia (café da manhã e almoço ou almoço e jantar), e nas copas, postos em que os funcionários se servem de bebidas (refrigerantes, sucos, chá, café, etc.) e lanches (frutas secas e frescas, biscoitos, batatas fritas, chocolate, doces, etc.).

Dependendo do tamanho de cada sede, também oferecemos academias para atividades físicas, médicos, quiropraxia, fisioterapia, personal trainer, aulas de ginástica, ioga e dança, quadras esportivas e até pistas de boliche. Os serviços médicos e o personal trainer custam o equivalente ao que é cobrado fora do Google, mas os cursos e as instalações estão disponíveis para todos.

Fizemos experimentos com muitos desses serviços, mas me concentrarei aqui em apenas alguns dos resultados relacionados com comida. Esse é, sem dúvida, um assunto em que todos temos muita experiência, mas também é um exemplo básico muito simples de como nossos impulsos podem atropelar nossos raciocínios conscientes. A maioria das ideias inspiradas por nossos experimentos relacionados com comida se convertem diretamente em questões mais amplas sobre como o espaço físico ao nosso redor molda o comportamento, sobre quantas de nossas decisões são inconscientes e sobre como pequenos empurrões podem produzir grandes impactos.

Outro motivo pelo qual estou falando em comida é o fato de os hábitos alimentares serem um dos fatores controláveis mais importantes a afetar a saúde e a longevidade nos Estados Unidos. Mais de um terço dos adultos

---

* "Mente saudável em corpo saudável", de *Sátira* X, do poeta romano Juvenal.

é obeso – segundo os Centros para Controle de Doenças, aqueles que têm índice de massa corporal (IMC) de 30 ou mais[235] –, gerando gastos superiores a US$ 150 bilhões por ano em assistência médica.[236] Considerando as pessoas com sobrepeso (IMC entre 25 e 29,9), a proporção se eleva para 69% dos americanos.

O IMC é a relação entre peso e estatura. Não é, de modo algum, uma medida perfeita. Por exemplo, indivíduos com desenvolvimento muscular superior à média podem apresentar IMC que sugere sobrepeso, quando, na realidade, isso acontece porque os músculos são mais densos que outros tecidos do corpo. Trata-se, porém, de um ponto de partida simples de calcular. Se você estiver interessado, os calculadores de IMC são fáceis de encontrar na internet.

Controlar a saúde, e o peso, em especial, tem todas as características de uma missão impossível. Os resultados demoram a aparecer e são difíceis de observar, razão pela qual você recebe pouco feedback positivo. Exige força de vontade constante, atributo que todos temos em quantidade limitada.[237] Além disso, somos bombardeados o tempo todo por pressões e mensagens sociais que nos estimulam a consumir mais. Rob Rosiello, que dirigiu o escritório da McKinsey em Stanford, Connecticut, quando eu trabalhava lá, dizia que a frase mais lucrativa em inglês era "Would you like fries with that?" (Você quer batata frita para acompanhar?).

Este não é um livro de dieta, e estou longe de ser especialista em saúde e nutrição, mas as técnicas que implementamos no Google me ajudaram a perder 15 quilos em dois anos e a manter o peso. Mesmo que não haja lanchonetes em seu escritório, você talvez tenha uma pequena sala para refeições, uma máquina de vendas automática ou uma pequena geladeira. E com certeza você tem cozinha em casa. Portanto, o que aprendemos talvez seja útil para você.

Resolvemos testar três tipos de intervenção:* fornecer informações para que as pessoas fizessem escolhas melhores de alimentos, limitar as ofertas a escolhas saudáveis e dar empurrõezinhos. Das três, os empurrões foram a mais eficaz.

---

* Observe que nossos experimentos não são perfeitos. O acesso constante e fácil a alimentos contribui para o excesso de consumo. E nossa população não é representativa dos lugares em que moramos. Mas, de fato, adotamos o mesmo rigor e os mesmos testes de validade estatística considerados em publicações avaliadas pelos cientistas.

Um estudo testou se avisos chocantes reduziriam o consumo de bebidas com muito açúcar. A ideia foi inspirada pelo trabalho do professor David Hammond, da Universidade de Waterloo, no Canadá.[238] A partir de 2000, os maços de cigarros canadenses foram obrigados a expor avisos sobre danos à saúde, acompanhados de ilustrações gráficas e de textos contundentes sobre os riscos do fumo, como pode ser visto na figura. Hammond pesquisou 432 fumantes sobre os efeitos desses rótulos sobre seu hábito de fumar durante um período de três meses. Cerca de 19% deles relataram que fumaram menos em consequência dos avisos. Os fumantes que experimentaram medo (44%) ou repugnância (58%) ao olhar para os rótulos se mostraram muito mais propensos a reduzir o fumo e a superar o vício.

Indagamos se poderíamos reduzir a taxa de consumo de bebidas adoçadas caso adotássemos métodos semelhantes, embora, é claro, os efeitos de refrigerantes e de cigarros sejam totalmente diferentes.

Avisos chocantes em embalagem de cigarros canadense.*

---

* No topo da foto se lê: "Aviso: Cigarros provocam doenças na boca." E mais abaixo: "O fumo causa câncer de boca, doenças na gengiva e perda de dentes."

Se você beber uma lata de refrigerante de segunda a sexta, durante um ano:

140 calorias por lata X 260 dias
= 36.400 calorias por ano

3.500 calorias extras = 0,450 quilo de peso corporal

Faça as contas!*

* Se você não quiser fazer, saiba que são quase **5 quilos** por ano.

Amostra adaptada de um aviso chocante usado em nosso experimento com refrigerantes.

Afixamos esses cartazes nas copas de uma de nossas sedes e monitoramos o consumo de bebidas durante duas semanas antes e depois da instalação deles. Os cartazes não produziram impacto significativo, talvez por não terem sido bastante chocantes, ou talvez porque a força da marca do refrigerante tenha superado o medo de engordar cinco quilos por ano, ou porque os riscos fossem menores que os do fumo.

Também tentamos codificar em cores os alimentos em nossas lanchonetes, usando rótulos vermelhos para comidas nocivas e rótulos verdes para comidas saudáveis. Os googlers nos disseram que gostaram da iniciativa, mas não mudaram de maneira mensurável seus hábitos de consumo. Essa constatação é compatível com as descobertas de Julie Downs, professora pesquisadora da Universidade Carnegie Mellon, e Jessica Wisdom, Ph.D., membro de nossa equipe do People Analytics, que estudaram se a divulgação de informações sobre calorias em dois estabelecimentos do McDonald's, em Manhattan e no Brooklyn, faria qualquer diferença no consumo. Não fez.[239] O simples fornecimento de informações não foi suficiente para mudar comportamentos.[240]

Como as informações em si foram insuficientes, e se reduzíssemos as faixas de opções para incluir apenas escolhas saudáveis? Suspeito que esse seja o tipo de método mais temido pelos opositores dos empurrõezinhos. Além disso, a redução das escolhas ia contra nossos impulsos democráticos, mas também queríamos ser sensíveis às demandas dos googlers que eram entusiastas de ajudar as pessoas a serem mais saudáveis hoje.

A redução das escolhas, porém, não funcionou tão bem.

Nosso programa-piloto "Segunda sem Carne" parou de servir carne de animais terrestres em duas lanchonetes às segundas-feiras, durante um mês. A frequência em uma delas caiu, e a principal razão, segundo os depoimentos dos googlers, foi não gostarem que lhes impusessem escolhas. Como veremos no próximo capítulo, também houve reações muito mais fortes.

Os googlers também afirmaram que prezavam a possibilidade de escolher. Cerca de 58% dos comentários em seis estudos realizados nas copas apoiavam alimentos mais saudáveis só como complementos das ofertas já disponíveis. Os googlers estavam dispostos a se alimentar de maneira mais saudável, mas não à custa da livre escolha.

Até então tínhamos constatado que as pessoas queriam ter mais opções e mais informações, mas ninguém estava se comportando de maneira diferente em consequência disso. Partimos, então, para os empurrõezinhos, mudando de maneira sutil a estrutura do ambiente sem limitar as escolhas.

A ideia foi deflagrada por um artigo de David Laibson, professor de economia da Universidade Harvard. No trabalho "A Cue-Theory of Consumption" (Uma teoria do indício sobre o consumo),[241] ele demonstrou matematicamente que os sinais em nosso ambiente contribuem para o consumo. Certamente comemos porque estamos com fome, mas também o fazemos porque é hora do almoço ou porque as pessoas ao redor estão comendo. E se removêssemos alguns desses sinais que nos levam a comer?

Em vez de eliminar os doces, passamos a expor os lanches mais saudáveis em balcões abertos e no nível dos olhos e das mãos, para torná-los mais acessíveis e atraentes. E deslocamos os lanches mais prejudiciais para prateleiras mais baixas, além de os colocarmos em recipientes opacos.

Em nossa sede de Bolder, no Colorado, medimos o consumo de lanches nas copas durante duas semanas, para gerar um padrão, e depois transferimos todos os doces para recipientes opacos. Embora os contêineres fossem rotulados, não era possível ver as embalagens com cores vívidas. Os googlers, assim como qualquer pessoa, preferem doces a frutas, mas o que aconteceria se tornássemos os doces só um pouco menos visíveis e mais difíceis de alcançar?

Ficamos espantados com os resultados. A proporção de calorias totais consumidas na forma de doces diminuiu 30% e a proporção de gordura consumida caiu 40% à medida que as pessoas optavam pelas barras de cereais e pelas frutas, mais visíveis. Animados pelo resultado, fizemos a mesma coisa em nossa sede de Nova York, onde trabalham mais de 2 mil googlers. Lanches saudáveis, como frutas secas e castanhas, foram colocados em recipientes de vidro, enquanto os doces eram escondidos em recipientes coloridos e opacos. Depois de várias semanas, os googlers de nosso escritório de Nova York haviam ingerido 3,1 milhões de calorias a menos – o suficiente para não engordarem 400 quilos.

Voltamos às nossas lanchonetes para ver se empurrõezinhos semelhantes poderiam mudar o comportamento. Numa série de estudos, os professores Brian Wansink (Universidade Cornell) e Koert van Ittersum (Georgia Tech) demonstraram que o tamanho do prato em que os alimentos são servidos exerce impacto poderoso sobre a quantidade consumida.[242] Para tanto, recorreram, inteligentemente, à ilusão de Delboeuf, invenção do filósofo e matemático belga Joseph Delboeuf em fins da década de 1860. Trata-se do seguinte:[243]

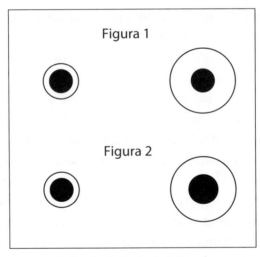

Ilustração da ilusão de Delboeuf.

Na figura 1, os círculos negros são do mesmo tamanho ou um deles é maior que o outro? E quanto à figura 2?

Na figura 1, mesmo que o círculo à esquerda pareça maior, ambos são do mesmo tamanho. Na Figura 2, embora os círculos negros pareçam do mesmo tamanho, o círculo à direita é 20% maior. Agora, imagine que o círculo branco seja um prato, e o negro, a comida.

Nesse caso, é ver para crer. Nossa avaliação de quanto comemos e de quando estamos satisfeitos é muito influenciada pelo tamanho do prato em que se serve a comida. Quanto maior for o prato, mais comemos e menos satisfeitos nos sentimos.

Os professores apresentaram seis estudos, um dos quais considerou o café da manhã num spa. Os participantes eram adolescentes com sobrepeso que haviam sido instruídos sobre controle de porções alimentares e sobre como monitorar o consumo. Especialistas, certo?

Nem de longe. Os participantes que receberam tigelas menores para cereais não só consumiram 16% menos que os colegas que receberam tigelas maiores, como também acharam que tinham consumido 8% mais que eles. Comeram menos, mas ficaram mais satisfeitos, embora tivessem sido treinados para medir e moderar o consumo.

Outro estudo foi realizado, sem limitação de consumo, em um bufê chinês, onde Wansink e o professor Mitsuro Shimizu (Universidade Estadual do Sul de Illinois) observaram o comportamento dos clientes, que podiam escolher entre pratos pequenos e grandes. Os dois grupos de clientes eram comparáveis, sem diferença na composição de gênero, de idade estimada, de IMC estimado ou de número de idas à mesa para se servir. A essa altura, você não se surpreenderia caso lesse que os que escolheram pratos maiores comeram mais. De fato, 52% mais. Porém também desperdiçaram, 135% mais, em parte porque tinham pratos maiores, que comportavam mais alimentos, e também porque deixaram mais sobras.

Essas descobertas nos pareceram tão fascinantes que tentamos fazer experimentos semelhantes no Google. Nosso principal objetivo era melhorar a saúde dos googlers, mas, como nossas lanchonetes são, de fato, restaurantes do tipo bufê com tudo liberado, também imaginamos que poderíamos reduzir o desperdício.

As amostras dos estudos, no entanto, eram pequenas e muito diferentes de nossos funcionários: 139 adolescentes no spa e 43 clientes no restaurante chinês. Será que os resultados se repetiriam para milhares de googlers?

Selecionamos uma cafeteria e substituímos nossos pratos de 30,48 centímetros por outros de 22,86 centímetros. Como já ocorrera em outros casos em que impusemos mudanças sem oferecer escolhas, os googlers ficaram insatisfeitos. "Agora tenho que me servir duas vezes", queixou-se um deles.

Oferecemos, então, a possibilidade de escolha, disponibilizando pratos grandes e pequenos. As reclamações cessaram. E 21% dos googlers começaram a usar os pratos pequenos. Progresso!

Acrescentamos, então, algumas informações. Afixamos cartazes nas paredes e colocamos cartões nas mesas citando as pesquisas segundo as quais as pessoas que comem em pratos menores consomem, em média, menos calorias, mas se sentem igualmente satisfeitas. A proporção dos googlers que pegavam pratos menores aumentou 32%, com apenas uma pequena minoria relatando que com os pratos menores precisavam se servir uma segunda vez.

Na primeira semana, servimos mais de 3.500 almoços naquela lanchonete, reduzindo o consumo total em 5% e o desperdício em 18%. Um retorno nada mau para o custo de alguns pratos novos.

Projete com deliberação e intenção

Os empurrõezinhos são um mecanismo extremamente poderoso para aperfeiçoar as equipes e as organizações. Também são muito convenientes a experimentações, podendo ser testados em populações menores para aprimorar os resultados. O primeiro-ministro David Cameron, do Reino Unido, constituiu em 2010 uma "unidade de empurrões" que aumentou em 30% a arrecadação de impostos sobre a propriedade de veículos enviando avisos de cobrança de tributos vencidos com a ameaça incisiva "Pague seu imposto ou perca seu carro" e uma foto do veículo. A iniciativa também aumentou a receita com multas em 33%, remetendo avisos por mensagem de texto em vez de pelo correio. E, em 2011, substituíram o subsídio para isolamento térmico de sótãos pelo subsídio para a limpeza de sótãos, com descontos para o desentulhamento caso se instalasse depois o isolamento térmico. Embora o custo total fosse maior, a taxa de adesão triplicou.[244]

Até 60% das pessoas que precisam de reabilitação física não completam os programas ou não cumprem com rigor os protocolos de reabilitação, de acordo com Britton Brewer, da Springfield College.[245] Uma clínica de fisioterapia da área da baía de São Francisco, a PhysioFit, parece conseguir resultados muito melhores. O que eles fazem de maneira diferente? Enviam uma mensagem de texto a todos os pacientes: "A PhysioFit Physical Therapy and Wellness oferece lembretes por mensagem de texto. Responda com

'SIM' para receber." Os pacientes que respondem positivamente passam a receber por mensagem de texto lembretes das consultas, além de avisos diários sobre os exercícios a serem feitos em casa. Simples, barato e eficaz.

Richard Thaler relatou como o estado de Illinois mudara a maneira de gerenciar os registros de doação de órgãos.[246] Na maioria dos outros estados, como em Illinois antes de 2006, ao renovar a carteira nacional de habilitação, você pode preencher um formulário indicando que gostaria de doar seus órgãos. Cerca de 38% dos motoristas americanos adotaram essa providência para se registrarem como doadores de órgãos. Illinois tornou o processo um pouco mais fácil. Ao renovar a carteira nacional de habilitação, perguntam: "Você quer ser doador de órgãos?" Em vez de esperar que você se manifeste, eles fazem a pergunta. Três anos depois, a taxa de adesão em Illinois era de 60%. Na Áustria, onde os motoristas precisam se recusar a doar órgãos, a taxa de adesão é de 99,98%. O mesmo acontece em países como França, Hungria, Polônia e Portugal.[247] Como argumentou Hume, a maneira como alguma coisa é hoje pode ser diferente do que *deveria* ser. E, às vezes, basta um pequeno empurrão para chegar lá.

Em última instância, não somos totalmente racionais nem totalmente coerentes. Somos influenciados por inúmeros pequenos sinais, que nos empurram em uma ou outra direção, em geral sem nenhuma intenção profunda por trás desses toques. As organizações tomam decisões sobre como estruturar os espaços de trabalho, as equipes e os processos. Todas essas decisões nos influenciam para sermos abertos ou fechados, saudáveis ou doentes, felizes ou infelizes.

Qualquer que seja o porte da organização, também é importante ser cuidadoso em relação ao ambiente que se cria. Nosso objetivo é dar um empurrãozinho na direção que os googlers consideram mais propícia para melhorar a vida deles – não eliminando as escolhas, mas facilitando as boas escolhas.

DICAS DO GOOGLE PARA DAR UM EMPURRÃOZINHO RUMO À SAÚDE, À RIQUEZA E À FELICIDADE

- ☐ Reconheça a diferença entre o que é e o que deve ser.
- ☐ Faça muitos pequenos experimentos.
- ☐ Não imponha: dê pequenos empurrões.

13

Nem tudo é um conto de fadas

Os maiores erros na gestão de pessoas do
Google e o que fazer para evitá-los

A o longo de todos esses anos, dezenas de executivos céticos me disseram que o Google parece bom demais para ser verdade. Não é possível ser completamente aberto com os funcionários, pois alguém acabará vazando seus planos para os concorrentes. Se você permitir que os colaboradores participem da administração da empresa, eles acabarão tomando iniciativas que desagradarão os gestores. Os funcionários nunca reconhecem quando se faz alguma coisa boa por eles. E tudo isso custa muito.

Em parte, esses argumentos são verdadeiros.

Qualquer ideia levada ao extremo se desvirtua. "Seu direito de balançar os braços termina exatamente onde começa o nariz do outro", escreveu o advogado Zechariah Chafee Jr. quase 100 anos atrás.[248] Ao avaliar as restrições à liberdade de expressão nos Estados Unidos durante a Primeira Guerra Mundial, Chafee argumentou que "existem interesses individuais e interesses sociais, que devem ser equilibrados uns com os outros caso sejam conflitantes, para definir, nas circunstâncias específicas, quais interesses serão sacrificados e quais serão protegidos".

Um dos desafios da administração do Google – mais do que isso, da administração de qualquer organização movida a valores – é chegar a uma compreensão comum de "onde começa o nariz do outro". E é nas organizações com os valores mais fortes que essas distinções se tornam mais importantes. O site da McKinsey & Company inclui "cultivar a obrigação de discordar" como valor central.[249] Atribui-se a Marvin Bower, diretor administrativo da McKinsey em 1950, a compilação e a formulação dos valores da empresa, criando condições para que a organização servisse aos clientes com integridade durante mais de 50 anos.[250] Por muito tempo, os novos associados receberam um exemplar de seu livro *Perspective on McKinsey* (Um olhar sobre a McKinsey). Quando entrei na empresa, em 1999, o livro não era mais distribuído, mas encontrei um velho exemplar na sala de alguém. Ele detalhava os primórdios da história da empresa e as crenças centrais que moldavam sua ética. Todo associado tinha o dever de divergir, de falar com franqueza, de se manifestar com clareza se achasse que uma ideia era imprópria ou que seria um desserviço para o cliente e para a empresa.

Cerca de um ano depois, eu estava atendendo a um cliente de mídia cuja fusão viria a se revelar um desastre. O cliente pedira orientação sobre como constituir uma empresa de capital de risco. Os dados eram muito claros. Com exceção de alguns exemplos notáveis, como o da Intel Capital, a maioria das iniciativas de empresas tradicionais em negócios de capital de risco redundara em fracasso, pois elas careciam de expertise, de clareza de propósitos e de proximidade física em relação a onde e como se incubavam as melhores oportunidades em novos empreendimentos. Eu disse ao sócio sênior que a iniciativa era má ideia. Mostrei-lhe os dados. Expliquei que quase não havia exemplos de projetos bem-sucedidos desse tipo. E nenhum que se encontrasse a milhares de quilômetros do Vale do Silício e que fosse dirigido por pessoas sem formação e experiência em engenharia.

Ele respondeu que o cliente estava perguntando como formar a empresa, não se deveria constituir uma empresa, e que eu deveria me concentrar em responder à pergunta do cliente.

Talvez ele estivesse certo. Ou talvez ele tivesse alguma ideia mais esclarecida sobre a questão que invalidasse meus dados. Também é possível que ele já tivesse apresentado esses mesmos argumentos ao cliente, que os rejeitara.

Para mim, porém, a impressão foi a de que falhei. Achei que a obrigação de discordar exigia que eu me manifestasse com franqueza e clareza, razão pela qual foi doloroso ver meus questionamentos descartados de pronto, sem maiores considerações. Quanto maior era o vigor com que a empresa proclamava seus valores, maior era a intensidade com que eu e meus colegas sentíamos o abismo entre os valores alardeados e os valores vivenciados.

Não que a McKinsey seja uma organização ruim. Ao contrário, é excepcional. Sou testemunha pessoal de sua inabalável integridade, de seu zelo incansável pelos clientes acima de tudo e do nível de respeito e de cooperação entre as pessoas, em todos os escalões. Era uma empresa excelente e um campo de treinamento notável. Esse incidente, porém, foi marcante para mim porque, num ambiente com um foco tão intenso nos valores, até as mais leves transigências costumam ser percebidas de maneira desproporcional pelas pessoas na organização.

A mesma percepção ocorre no Google.

Falamos sobre valores. E muito. E enfrentamos todos os dias novas situações que testam esses valores. Temos responsabilidade perante os funcionários, os usuários, os parceiros e o mundo. Sempre queremos tomar as decisões certas, mas, no final das contas, somos um conjunto de 50 mil pessoas. Às vezes, algumas dessas pessoas cometem erros, e, às vezes, como líderes, também cometemos erros. Não somos de modo algum perfeitos.

Quando a empresa e o estilo gerencial proposto neste livro são testados, o resultado esperado não deve ser perfeição. Deve ser a comprovação de que nos mantemos fiéis a nossos valores e continuamos a fazer as coisas certas, mesmo em situações difíceis. E se enfrentamos esses desafios com um compromisso mais vigoroso, compartilhado entre todos os googlers, em relação às nossas crenças.

O preço da transparência

Depois de entrar no Google, não precisei esperar muito para testemunhar o teste do compromisso da administração com seus valores. Meu primeiro evento TGIF começou com Eric Schmidt no palco, apontando para um diagrama de 3 metros projetado na parede atrás dele. "Estes são os projetos do Google Mini", anunciou. E nos explicou o funcionamento de um de nossos primeiros equipamentos: um produto que você poderia comprar, conectar em sua rede e com o qual teria de imediato sua própria versão da Pesquisa Google rodando na intranet de sua empresa.

Havia centenas de googlers na sala, e 30 ou 40 deles completando a primeira semana na empresa. Eu estava entre os nooglers, e nenhum de nós esperava o que aconteceu em seguida.

"Esses esboços vazaram da empresa. Descobrimos quem os revelou. E essa pessoa foi demitida." Acreditamos que funcionaremos melhor como empresa se todos puderem saber o que todos estão fazendo, explicou Eric, por isso compartilhamos tantas informações entre nós mesmos antes de divulgá-las para o público. E essa era a razão pela qual ele estava mostrando o diagrama a todos os presentes naquele dia. Declarou confiar que todos iriam manter a confidencialidade daquelas informações. Era evidente que quem não correspondesse a essa confiança seria demitido no dia seguinte.

Portanto, os críticos estão certos em princípio, mas não na prática. Sofremos mais ou menos um grande vazamento por ano. Sempre realizamos uma investigação e sempre, não importa se a ocorrência tenha sido deliberada ou acidental, bem-intencionada ou não, o responsável é demitido. Não revelamos o nome da pessoa, mas divulgamos a todos na empresa o que vazou e qual foi a consequência. Quando muita gente tem acesso a muita informação, sempre há quem pise na bola. Mas vale a pena, porque os custos do vazamento acabam sendo pequenos em comparação com a abertura de que todos desfrutamos.

Rejeite a presunção de direitos adquiridos

A presunção de direitos adquiridos, a crença insidiosa em que só porque você recebe alguma coisa você faz jus a ela, é outro risco de nossa abordagem. Até certo ponto, é algo inevitável. Somos inclinados biológica e psicologicamente a nos habituarmos com as novas experiências. As pessoas rapidamente se acostumam com o que lhes é oferecido, e essa liberalidades logo se convertem em uma promessa a ser cumprida em vez de uma generosidade. Isso pode resultar numa espiral de exigências crescentes e de satisfação decrescente. É por essa razão que gostamos de trazer convidados ao Google, principalmente crianças. É constrangedora a facilidade com que nos esquecemos de como é incomum contar com refeições gratuitas, de alta qualidade, todos os dias, mas despertamos para a realidade ao percebermos o brilho nos olhos de nossos convidados ao depararem com uma de nossas sobremesas.

Quando entrei no Google, minha função era cuidar dos restaurantes, e era uma maravilha trabalhar com chefs maravilhosos, como Quentin Topping, Marc Rasic, Scott Giambastiani, Brian Mattingly e Jeff Freburg, além de Sue Wuthrich, líder das equipes dos restaurantes e responsável pelos benefícios aos funcionários.

Em 2010, porém, os restaurantes passaram a ser encarados como um direito adquirido por um grupo pequeno, mas repulsivo, de googlers. Em vez de simplesmente comer no escritório, alguns começaram a levar comida para casa. Uma tarde, vi um googler colocar quatro quentinhas de comida na mala do carro, depois do almoço (o que me fez pensar: até que ponto seria saudável ingerir comida que ficou trancada no calor durante seis horas?). Outro funcionário foi flagrado enchendo a mochila com garrafas de água e barrinhas de cereais numa tarde de sexta-feira. Ele faria uma excursão no sábado e queria levar suprimentos suficientes de comida e bebida para os amigos. Uma googler, furiosa por termos ousado substituir os pratos por outros menores, escreveu contando que começara a jogar fora os nossos garfos, como forma de protesto. Os chefs disseram que alguns googlers até atiraram comida na equipe dos restaurantes depois de serem servidos.

A última gota d'água, porém, foi a Segunda sem Carne.

A Segunda sem Carne, que mencionei no capítulo anterior, é uma iniciativa patrocinada pela Monday Campaigns, em associação com a Faculdade de Saúde Pública da Universidade Johns Hopkins. Ela estimula as pessoas a evitar a ingestão de carne às segundas-feiras como uma forma de melhorar a saúde e de consumir alimentos cuja produção exija menos recursos. Em setembro de 2010, dois de nossos mais de 20 restaurantes pararam de servir carne de animais terrestres às segundas-feiras, oferecendo apenas peixe. Monitoramos a frequência aos restaurantes nesses dias e a comparamos com os números de agosto. Também fizemos pesquisas entre os googlers nos dois que aderiram à Segunda sem Carne, em dois restaurantes de controle e on-line. Algumas pessoas acharam que seria ótimo ingerirem refeições vegetarianas nesses dias. Outras, nem tanto.

Alguns googlers mais ruidosos de nosso escritório de Mountain View ficaram indignados, desencadeando discussões calorosas e promovendo um churrasco de protesto. A fúria decorreu, em parte, da limitação das escolhas nos restaurantes e, em parte, da percepção de que o Google estava impondo a crença de que o consumo de carne era prejudicial à saúde.

Não houve nada de errado com o churrasco de protesto. Além de engraçado e inteligente, foi uma crítica mordaz. Por ironia, pelo menos um "manifestante" perguntou a um chef não só se ele poderia emprestar uma churrasqueira, mas também se forneceria um pouco de carne para o churrasco. E, como se sabe, em frente à nossa sede em Mountain View, no outro lado da estrada, há um In-N-Out Burger e um monte de restaurantes que ofereciam muitas opções de carne a quem estivesse disposto a pagar pelo próprio almoço.

No fim do mês, pedimos feedback sobre as Segundas sem Carne. Os protestos dos poucos que se julgavam detentores de direitos adquiridos se tornavam cada vez mais intensos, levando-me a subir ao palco numa TGIF para expor o que eu havia visto. Falei sobre o fato de algumas pessoas estarem saqueando as copas, sobre a maneira como as equipes da cozinha vinham sendo tratadas por algumas pessoas petulantes e sobre a funcionária que estava jogando nossos garfos no lixo. E apresentei um feedback anônimo oferecido por um googler:

> Parem de dizer como viver minha vida. Se vocês não querem fornecer o benefício das refeições tradicionais, fechem todos os restaurantes (...). Falando sério, parem com essa m**** ou eu vou para a Microsoft, o Twitter ou o Facebook, onde não f**** a gente.

Ninguém se mexia. A maioria silenciosa dos googlers, que não tinha ideia do que estava acontecendo, ficou atônita. E logo reagiu, por meio de centenas de e-mails, nas TGIFs e através de mensagens pessoais de agradecimento e apoio à equipe dos restaurantes. Entre esses apoiadores, também se destacaram vozes que nos lembraram, com sabedoria, de acreditar nas boas intenções e de ficar atentos à caça às bruxas. Até a mulher que jogava fora garfos esclareceu que ela, obviamente, não tinha falado sério.

Ninguém foi demitido, mas as manifestações de abusos e de expectativas indevidas perderam a força. Os ventos mudaram.

Um sistema como o nosso, que confia nas pessoas e garante o benefício da dúvida, é vulnerável a maus exemplos. O meu relato em público, reforçado pelas palavras chocadas de um colega, deixou transparente o que estava acontecendo e ampliou a aceitação social das cutucadas dos googlers uns nos outros. Agora, quem carregar ao mesmo tempo quatro quentinhas de comida será assediado com um gentil "Você deve estar com muita fome!". E quem separar lanches para levar às sextas-feiras será visto com maus olhos.*

---

* A questão dos direitos adquiridos não é peculiaridade do setor de tecnologia nem do Google. Quase todas as pessoas que conheço no Vale do Silício são atenciosas e sensatas. Mas também há alguns idiotas que preferem se segregar das comunidades locais vibrantes. Em São Francisco, principalmente, a proliferação de empresas de tecnologia empurrou para cima os aluguéis, e há quem argumente que a tendência dessas empresas de fornecer refeições e transporte aos funcionários levou pequenos negócios locais a perder vendas em consequência da redução do trânsito de pedestres e de clientes. No Google, nem sempre acertamos, mas tentamos ser bons vizinhos através do voluntariado, do apoio financeiro a escolas e a instituições filantró-

Outra maneira de não deixar as pessoas mal acostumadas é não ter medo de ajustar ou eliminar os benefícios quando as circunstâncias mudam. Por exemplo, em 2005, começamos a oferecer um reembolso de US$ 5 mil aos funcionários que adquiriam carros híbridos. O Toyota Prius acabara de ser lançado e era considerado um carro experimental, mas queríamos estimular os colaboradores a assumir responsabilidade pelo meio ambiente. Além disso, como os carros híbridos tinham permissão para rodar nas faixas de rolamento para Veículos com Alta Ocupação (em geral, com o motorista e um ou mais passageiros), poderíamos reduzir o impacto que nossa crescente força de trabalho estava exercendo no trânsito e na comunidade. O Prius, na época, custava cerca de US$ 5 mil a mais que os carros da mesma categoria.

Três anos mais tarde, anunciamos, em outubro, que cessaríamos o programa no fim do ano. Os Prius se tornaram comuns e os preços se igualaram – àquela altura, só estávamos subsidiando a Toyota e não tínhamos qualquer evidência de que esse benefício em especial estava ajudando a atrair e a reter pessoas. Os googlers ficaram muito aborrecidos com a mudança, porque, mesmo após apenas poucos anos, já se sentiam com direito adquirido a esse benefício. Descontinuá-lo serviu para lembrar que oferecemos vantagens aos funcionários por motivos específicos e, quando as circunstâncias mudam e as razões desaparecem, mudamos nossos programas. Atenuamos um pouco o golpe anunciando que também aumentaríamos nossas contribuições para o plano de previdência.

Mas ainda me lembro de os revendedores locais relatarem que as encomendas de Prius pelos googlers triplicaram em dezembro, pouco antes da extinção do benefício.

"A coerência tola é o bicho-papão das mentes pequenas"[251]

Sempre que alteramos o sistema de gestão do desempenho no Google duas verdades ficam evidentes:

1. Ninguém gosta do sistema.
2. Ninguém gosta das mudanças propostas no sistema.

---

picas locais, e da compra preferencial de nossos gêneros alimentícios com produtores e comerciantes da região. Nos últimos anos, doamos US$ 60 milhões a organizações sem fins lucrativos da área da baía de São Francisco.

Costumávamos iniciar nosso processo anual de avaliação do desempenho em dezembro. Era uma tarefa descomunal: todos na empresa recebiam feedback dos colegas e dos gerentes, as classificações eram distribuídas e calibradas por grupos de gestores e tudo culminava com a definição dos bônus.

Nossas equipes de vendas não gostavam da época em que isso acontecia. Dezembro é o último mês do último trimestre do ano, quando todos se esforçam para fechar negócios e cumprir as metas. Outros googlers também achavam o timing péssimo. Com muita razão, não queriam passar os feriados de fim de ano às voltas com as avaliações.

Então nos perguntamos: precisamos mesmo fazer as avaliações no fim do ano? A época não parecia adequada para ninguém e tinha jeito de "tradição", o que a tornava ainda mais detestável para os googlers. Resolvemos transferir a avaliação anual para março, época bem distante das pressões do fim do ano. Testei a ideia com nosso grupo gerencial, que, depois de alguma discussão, foi solidário. O pessoal de Operações de Equipe a submeteu aos clientes internos, que também a apoiaram.

Numa quinta-feira, 21 de junho de 2007, às 17h04, enviei uma nota para a lista de e-mails de gestores, o que incluía milhares de gerentes, anunciando antecipadamente a mudança. Escrevi que, no dia seguinte, enviaria um e-mail para toda a empresa.

E recebemos uma tonelada de e-mails em resposta.

Antes de disparar o meu e-mail, consultei dezenas de pessoas, inclusive a alta administração, pedindo contribuições, e recebi aprovação.

Agora, milhares de pessoas, ao serem informadas da mudança, não concordavam de modo algum com aquilo.

Às 18h, passei para minha assistente uma lista de 40 pessoas com quem precisava conversar naquela noite, com base na qualidade de suas objeções e na capacidade de influência. Procurei cada uma delas, ouvi, debati, respondi às suas principais preocupações e testei alternativas. Inúmeras eram as razões pelas quais os gerentes não gostaram da proposta. Algumas pessoas preferiam fazer grande parte do trabalho mais cedo para que pudessem relaxar nos feriados. Outras eram mais ocupadas em diferentes épocas do ano e dezembro não era a pior época para elas. Outras preferiam a ortodoxia de fazer avaliações criteriosas antes de distribuir bônus, mesmo que isso significasse muito mais trabalho para elas.

Enquanto eu dava os telefonemas e respondia a e-mails, um googler extremamente insatisfeito me enviou um e-mail às 23h55. Ele escreveu que nossa proposta era exatamente o oposto do que queriam os engenheiros, na opinião dele.

Liguei para ele e conversamos por meia hora.

O que aprendi naquela noite foi que a proposta original estava errada. Sem dúvida, a administração concordara com ela e eu recebera a informação de que vários grupos de interesse também estavam de acordo. Mas essa não era a realidade.

No dia seguinte, enviei um e-mail aos gerentes informando-os de que, em vez de adiar as avaliações para março, nós as anteciparíamos para outubro. Dessa maneira, não só diminuiríamos as pressões no fim do ano como também faríamos avaliações detalhadas antes do planejamento dos bônus. Como haveria um intervalo entre essas duas atividades, daríamos aos gerentes liberdade para ajustar as avaliações em casos extremos se ocorressem mudanças significativas no desempenho dos googlers.

À primeira vista, pareceu que um grupo mais eloquente dos googlers mudara o resultado para toda a empresa. Na verdade, chegamos a uma solução mais adequada exatamente porque esses googlers eram mais estridentes. Não foi fácil mudar de rumo, diante de milhares de pessoas, mas era a coisa certa a ser feita.

A experiência salientou não só a importância de ouvir as pessoas, mas também a necessidade de ter canais confiáveis para a manifestação de opiniões bem antes de tomar decisões.

Acabamos reunindo um grupo que chamamos de Canários, engenheiros com diferentes níveis de experiência e tempo de casa, selecionados com base na capacidade de representar as opiniões de vários profissionais da área de engenharia e de comunicar com credibilidade como e por que uma decisão foi tomada. O grupo recebeu esse nome por causa da prática da indústria de mineração no século XIX de soltar canários no interior das minas de carvão para detectar acúmulos de gases tóxicos. Esses pássaros, por serem mais sensíveis ao metano e ao dióxido de carbono, sucumbiam muito antes dos mineiros. A presença de um canário morto era indício de que a mina devia ser evacuada. Do mesmo modo, nossos canários nos oferecem indícios preliminares de como os engenheiros reagirão, atuando como parceiros e orientadores confiáveis na elaboração de programas de RH.

O que mais me impressionou, porém, foi a intensidade com que as pessoas a quem telefonei respeitaram e apreciaram o meu esforço de comunicação. Jonathan Rosenberg me disse certa vez: "As crises são oportunidades para exercer impacto. Esqueça tudo e cuide das crises." Mudar a época das avaliações de desempenho talvez seja uma crise trivial, mas deixei tudo de lado e passei as oito horas seguintes dando telefonemas, até depois da meia-noite. Conseguimos uma resposta melhor, moldada pelas pessoas mais impactadas, e construímos uma rede mais ampla à qual eu poderia recorrer em busca de conselho e ajuda.

Valorize o bizarro

Sempre encontramos um grupo de engenheiros em todas as TGIFs. Eles geralmente se sentam na primeira fila e fazem perguntas longas e confusas. Todas as semanas. Os novatos às vezes se entreolham com expressões de enfado quando os mesmos indivíduos se levantam todas as sextas-feiras e fazem os mesmos tipos de perguntas. "Esses caras mais experientes já deviam saber disso..."

Um desses inquisidores era um homem pequeno, de cabelos castanhos. Com fisionomia gentil, sempre parecia formular as perguntas na forma de narrativa. "Larry", começava ele, "ouvi há pouco tempo uma história interessante... [cinco minutos de digressão] e então fiquei pensando se o Google poderia... [cinco minutos de indagação]." As questões eram às vezes tolas, às vezes proféticas. Ele perguntou sobre o processo de autenticação de dois fatores* anos antes de sua adoção.

Até que um dia, depois de 10 anos, ele se aposentou. Na semana seguinte, havia outra pessoa sentada na primeira fila, na mesma poltrona, durante a TGIF.

Acontece que ele fora um de nossos primeiros googlers. Falei da partida dele a Eric Schmidt, que perguntou se não ficamos um pouco mais pobres por termos perdido alguns daqueles caras um pouco diferentes que estavam conosco desde o início.

Sim, ficamos.

---

* A autenticação de dois fatores é um tipo de segurança em que, além da senha, você precisa inserir uma segunda informação para comprovar sua identidade. Por exemplo, ao comprar gasolina, além de passar o cartão de crédito, você também deve informar o CEP de sua casa. Do mesmo modo, ao ativar a autenticação de dois fatores no Gmail, você terá que inserir a senha e também um código numérico gerado por seu telefone ou por outro dispositivo móvel para fazer o login.

Concentre os recursos, mantenha o foco

Você se lembra do Google Lively? O produto em que era possível criar um avatar animado de você mesmo, on-line, e conhecer outras pessoas em contextos simulados?

E do Google Audio Ads, anúncios de rádio que eram apresentados pelo Google? Ou do Google Answers, no qual você podia postar uma pergunta oferecendo uma gratificação a qualquer pessoa que oferecesse uma resposta satisfatória?

Esses produtos foram abandonados entre 2006 e 2009. Estão entre os mais de 250 produtos que o Google lançou nos últimos 15 anos – de cuja maioria nem mesmo eu ouvi falar.

O efeito colateral dessa liberdade toda é uma enxurrada de ideias. Além das centenas de produtos, tínhamos uma base de dados de projetos onde os googlers registravam os milhares de experimentos que desenvolviam nos 20% de tempo livre. Tínhamos um quadro de ideias em que mais de 20 mil ideias foram lançadas e analisadas.

Apesar desse ritmo de atividade febril, tinha-se a impressão de que não dispúnhamos de pessoas suficientes para alcançar a qualidade almejada. Eram tantos os projetos interessantes em andamento que quase nenhum recebia investimentos suficientes para se tornar realmente ótimo.

Em julho de 2011, nosso então vice-presidente de Pesquisa e Infraestrutura de Sistemas, Bill Coughran, explicou que estávamos fechando o Google Labs,[252] um site onde permitíamos que os usuários se registrassem para experimentação preliminar de alguns de nossos produtos.

Nos bastidores, mais coisas estavam acontecendo. Larry reunira cerca de 200 dos principais líderes da empresa e explicou que estávamos tentando fazer muitas coisas ao mesmo tempo e, em consequência, não estávamos fazendo nada tão bem quanto poderíamos. E passou a liderar um programa de faxina anual, descartando produtos que não estavam progredindo (como o Google Health, site de armazenamento de informações pessoais sobre saúde), que eram produzidos com mais eficácia por outras empresas (como o Knol, tentativa de enciclopédia on-line) ou que simplesmente perderam a relevância (Google Desktop, um produto para ser baixado que melhorava as buscas no próprio computador, mas que perdeu a importância depois que a maioria dos sistemas operacionais passou a incluir suas próprias tecnologias de busca).

Porém nenhum dos cancelamentos foi fácil, uma vez que todos esses produtos tinham fãs e pessoas que trabalhavam neles. Houve quem indagasse se esse novo foco "*top-down*", de cima para baixo, na decisão sobre que produtos viveriam ou morreriam implicava uma mudança em nossos valores.

Na verdade, redescobrimos um princípio que sabíamos ser verdadeiro em nossos primeiros dias: a inovação floresce em meio à criatividade e à experimentação, mas também exige podas cuidadosas. Com dezenas de milhares de funcionários e bilhões de usuários, as oportunidades de criar não têm limites. E atraímos pessoas que querem fazer exatamente isso. A liberdade, entretanto, não é absoluta, e ser parte de uma equipe, de uma organização, significa que, em algum nível, você concorda em renunciar a algum grau de liberdade pessoal em troca da promessa de realizar mais em grupo do que sozinho.

Ninguém sozinho teria condições de criar o Pesquisa Google. Mesmo no começo, eram Sergey e Larry. E tínhamos discussões ferozes sobre como operar o Pesquisa Google. Ao longo de nossa história, substituímos nosso modelo de pesquisa diversas vezes, basicamente descartando o velho sistema (em cuja criação pessoas brilhantes, dedicadas e criativas trabalharam milhares de horas) para substituí-lo por outro melhor.

A chave para equilibrar liberdades individuais com diretrizes gerais é a transparência. Daí a necessidade de compreender as razões por trás de cada ação que poderia parecer um retrocesso na encosta escorregadia que o afasta de seus valores. E quanto mais fundamentais forem os seus valores para sua maneira de atuação, mais você precisará se explicar.

Tão importante quanto explicar cada ação é explicar o contexto mais amplo. Em outubro de 2013, um googler me perguntou se o descarte anual de produtos era um sinal de que nos importávamos menos com as ideias individuais. Respondi que o pêndulo de permitir o desabrochar de mil flores,[253] de incubar todas as ideias, fora longe demais e não estávamos progredindo tanto quanto nossos usuários mereciam. Nosso portfólio de produtos, como qualquer jardim, precisava de cortes regulares e cuidadosos. E, agindo assim, tornaríamos nossa empresa mais saudável.

Não se pode agradar a todos o tempo todo

No Google, temos listas de e-mails em que qualquer googler pode se inscrever. Às vezes, nessa lista de discussão, um tópico pode gerar mais de 100 respostas. A primeira discussão com mais de mil respostas foi disparada por uma torta.

Um dia, em 2008, um de nossos restaurantes ofereceu a seguinte sobremesa no cardápio do almoço:

Torta gratuita de creme de chocolate e *goji* do Tibete, com crosta de chocolate, macadâmia, coco e tâmaras. Ingredientes: creme de macadâmia, cacau em pó, favas de baunilha, agave, flocos de coco, *goji berry*, óleo de coco, xarope de agave com morango, tâmaras *medjool*, sal marinho.

Pouco depois da divulgação do menu, um googler enviou um e-mail a Eric e, basicamente, escreveu: "Isso é do cardápio de hoje. Se a resposta ou a reação da empresa não for boa, pedirei demissão, em protesto."

O funcionário divulgou o e-mail em várias listas de discussão menores e um engenheiro a reenviou para a lista de correspondência de toda a empresa, destinada a assuntos diversos.

Logo a questão bateu o recorde de velocidade em superar 100 respostas e se tornou o primeiro tópico a atrair mais de mil respostas. Um googler contou mais de 1.300 e-mails sobre o assunto.

Agora segue um pouco de contexto.

A *goji*, também conhecida como *wolfberry*, é oriunda do sudeste da Europa e da China e hoje é cultivada no Canadá, nos Estados Unidos e em vários outros lugares.[254] Cresce em arbustos de 1 a 3 metros de altura, com flores roxas. Os frutos vermelho-alaranjados são pequenos, com 1 ou 2 centímetros de comprimento, ricos em antioxidantes, e têm sabor doce e azedo.

Naquele dia de abril, um chef decidiu fazer uma torta usando *goji berries* provenientes do Tibete. Todas as refeições no Google são gratuitas. Então, era uma torta gratuita. Com *goji*. Do Tibete.

Para muitos googlers, porém, aquilo era muito diferente de "Torta gratuita de creme de chocolate e *goji* do Tibete", ou, em inglês, "Free Tibet goji-chocolate crème pie".

O Google opera em todo o mundo e temos vários escritórios na China Continental. Para muitos chineses continentais, o Tibete era, é e sempre será parte da China. Para muitos outros, o Tibete era e deve ser um país independente.

A palavra em inglês *"free"*, porém, dependendo do contexto, pode significar "gratuito", "de graça", ou "livre", "que goza de independência política". Houve googlers, então, como o que enviou o e-mail a Eric e a uns poucos milhares de amigos mais próximos, que se sentiram profundamente ofendidos pela implicação ou conotação, no nome da sobremesa, de que o Tibete deveria ser "livre", como se tivéssemos falado em "Torta do Tibete Livre".

Uma das contestações, repetida com a mesma veemência por centenas de pessoas, foi a de que se tratava simplesmente de liberdade de expressão. Um chef deve ter condições de dar o nome que quiser às suas sobremesas. Passou-se a discutir, então, se havia mesmo liberdade de expressão nas empresas e se estávamos respeitando as crenças e os valores de todos.

Outra vertente do debate foi questionar se o chef deveria ser punido. Ele foi mandado para casa e suspenso pelo gerente por três dias, com base na reação inicial dos googlers, mas muita gente questionou se a suspensão era justa e se ela não inibiria a liberdade de expressão na empresa. Afinal, se alguém é suspenso por algo desse tipo, até que ponto as pessoas se sentiriam à vontade para se manifestarem nos debates? O Google se tornara, finalmente, uma "grande empresa", onde era proibido pensar ou dizer certas coisas?

Muitos googlers acharam que toda a questão era ridícula. Estávamos falando do nome de uma torta!

O debate não testou apenas os limites da liberdade de expressão, mas também como nos comportamos diante de questões intensamente pessoais e emocionais. Ao ler as centenas de e-mails, constatei que ambos os lados apresentavam argumentos baseados em fatos. Também percebi que praticamente ninguém conseguiria convencer o outro a mudar de opinião. As pessoas entravam no debate acreditando que o Tibete era parte da China ou acreditando que o Tibete não era parte da China e saíam do debate pensando da mesma maneira. Algumas pessoas achavam que isso era liberdade de expressão; outras, que era uma terrível falta de sensibilidade – e assim pensavam do começo ao fim. Até que a intensidade do debate diminuiu e a corrente de e-mails chegou ao fim.

Nada foi resolvido.

Concluí que esses debates intensos, calorosos e ferozes eram parte de uma cultura de transparência e de participação. Nem todos os problemas podem ser resolvidos com dados. Pessoas sensatas às vezes olham para o mesmo conjunto de fatos e discordam entre si, sobretudo quando a questão envolve valores. Mas os googlers que questionavam se a punição do chef esfriaria o debate na empresa estavam no caminho certo. O nome da sobremesa não importa no grande esquema das coisas. Se os googlers, porém, achassem que poderiam ser castigados por alguma coisa tão trivial quanto essa, como, então, esperar que continuassem fazendo ao nosso CEO perguntas difíceis, como aquela sobre se nos manteríamos fiéis à nossa missão de pôr os usuários em primeiro lugar? As pessoas sabiam que tinham liberdade para conversar sobre certos temas. E, por mais doloroso que seja enfrentá--los, esses debates são sinais de que estamos acertando em alguma coisa.

Na verdade, pelo menos uma coisa se resolveu. Interferi na suspensão do chefe e a cancelei. Ele voltou ao trabalho no dia seguinte. Suas intenções eram boas e ele não provocou nenhum dano. O gerente dele teve uma reação exagerada, o que foi compreensível, em face das centenas de e-mails.

Anunciei essa decisão em uma das últimas respostas à sequência de e-mails e recebi mais de 20 mensagens de agradecimento, a mim e à administração, por fazer a coisa certa. O debate era importante. E provocar um debate nunca deve ser crime.

O salto de fé

Somos seres complexos, belicosos e confusos. Mas são essas qualidades que não podem ser quantificadas que tornam tudo mágico. O propósito deste capítulo é revelar as paixões e as mesquinharias que definem nossos melhores e piores momentos. Ao longo de todo este livro, tentei ser honesto sobre o que deu certo e não deu certo no Google, mas me inclinei para o que funcionou, pois essa é a melhor diretriz para os outros.

Em todos os passos da caminhada, porém, nossa escolha deliberada de nos orientarmos pela missão, de sermos transparentes e de dar poderes às pessoas também acarretou tensão, frustração e fracasso. Pode existir um abismo entre o ideal a que aspiramos e a dura realidade em que vivemos. Nunca seremos cem por cento transparentes. Nenhum googler, nem mesmo Larry ou Sergey, será capaz de exercer tanta influência a ponto de determinar como se executará cada operação da empresa, simplesmente porque, se tentarem exercer tanto controle, muita gente pedirá demissão. Mas, ao contrário de outros contextos que conheço, reconhecemos que nossas aspirações sempre superarão nossa capacidade. Por isso é que alcançar 70% de nossos principais objetivos e resultados em cada trimestre é muito bom. E é por isso que Larry acredita em mirar as estrelas para alcançar a Lua, o que o leva a realizar mais no fracasso do que conseguiria se almejasse objetivos mais modestos.

Qualquer equipe ou organização que tente implementar as ideias propostas neste livro irá deparar com obstáculos no percurso, assim como acontece com o Google. Poucos passos depois, você também terá o seu "momento *goji*", em que as pessoas se aborrecem, geram péssimas ideias ou exploram a generosidade da organização. Ninguém é perfeito, e alguns de nós não jogam para o time.

São esses momentos de crise que determinam o futuro.

Algumas organizações reconhecerão a derrota, apontando para os pequenos revezes como prova de que as pessoas não merecem confiança, de que os funcionários precisam de regras e de supervisão para forçá-los a servir a empresa. "Nós tentamos isso", declararão, "e veja o que aconteceu. Os colaboradores se enfureceram/esbanjaram dinheiro/desperdiçaram o nosso tempo..."

Outros líderes comprovarão que são feitos de outro estofo. Aqueles que, ao se defrontarem com o medo e o fracasso, perseveram e se mantêm à altura de seus princípios, que se opõem às forças que assolam a organização, são esses que moldarão a instituição com suas palavras e seus feitos. E essas serão as empresas em que as pessoas almejarão trabalhar.

DICAS DO GOOGLE PARA LIDAR COM OS FIASCOS

- ☐ Admita o erro. Seja transparente.
- ☐ Peça conselhos de todas as esferas.
- ☐ Conserte o que quebrou.
- ☐ Descubra a lição a aprender com o erro e a ensine.

14

O que fazer para começar amanhã

Dez passos para transformar sua equipe e seu ambiente de trabalho

Meu videogame favorito de todos os tempos é o *Planescape: Torment*. Lançado em 1999, ele começa com o personagem caminhando por um necrotério, desmemoriado. Você passa o resto do jogo se aventurando pelo Universo e acaba descobrindo que (***alerta de spoiler***) em vidas anteriores praticou grandes benefícios ou grandes malefícios, vagando por aí depois de cada vida como uma folha em branco, com a oportunidade de escolher mais uma vez como viver. Em certo momento do jogo, você se defronta com a questão decisiva: "O que pode mudar a natureza do homem?" Sua resposta e sua conduta alteram os rumos do jogo.

Escrevi este livro porque, para o bem ou para o mal, o Google é alvo de muita atenção. Em 2007, tive uma conversa muito interessante com o então líder da Google.org, nossa entidade filantrópica, o Dr. Larry Brilliant, que, décadas antes, ajudara a erradicar a varíola na Índia como membro da Organização Mundial da Saúde. Nesse nosso encontro, ele repetiu um comentário de Bill Gates, algo no sentido de que "a Fundação Gates pode doar US$ 100 milhões para combater a malária sem chamar muita atenção. O Google lança um produto para monitorar a gripe e atrai os holofotes da mídia em todo o mundo. Não é justo". Por algum motivo, as pessoas se interessam mais pelo que o Google faz do que seria justificável pelo nosso tamanho.

Esse nível de atenção aumenta nossa responsabilidade. Nossos fracassos são mais visíveis e, como somos dirigidos por pessoas comuns, falíveis, também temos nossas fraquezas e vulnerabilidades. Sempre nos desculpamos por nossos erros e tentamos repará-los sem maiores danos. Como nossas ideias também se difundem em contextos mais amplos, temos a oportunidade de compartilhá-las com públicos muito maiores do que talvez mereçamos.

Ainda mais importante, até nossas afirmações menos revolucionárias são alvos de excesso de atenção.

Durante esses anos no Google e ao escrever este livro, constatei que muitas das ideias fundamentais que adotamos não foram tão desbravadoras. Ainda assim, merecem atenção.

Ou você acredita que, no fundo, as pessoas são boas, ou não acredita.

Quem acredita na bondade primordial dos seres humanos deve agir de maneira compatível com essa crença ao atuar como empreendedor, membro de equipe, líder de equipe ou CEO.

Se as pessoas são boas, elas devem ser livres.

O trabalho é muito menos significativo e agradável do que deveria ser porque líderes bem-intencionados não acreditam que, essencialmente, as pessoas são boas. As organizações constroem burocracias imensas para controlar os funcionários. Essas estruturas de controle decorrem do reconhecimento implícito de que as pessoas não são confiáveis. Ou, na melhor das hipóteses, sugerem que a natureza humana deve ser controlada e direcionada por figuras esclarecidas, com sabedoria suficiente para saber o que é melhor. Em outras palavras, partem do pressuposto de que a natureza humana é má e deve ser moldada através de regras, recompensas e punições.

Jonathan Edwards, orador americano que desempenhou um papel importante no avivamento religioso dos Estados Unidos na década de 1730 conhecido como o Grande Despertar, escreveu um sermão que resume essa filosofia. Fiquei arrepiado quando o li pela primeira vez em uma aula de literatura no ensino médio:

> Os seres humanos, em estado natural, são sustentados pela mão de Deus à beira da cratera do Inferno; eles mereceram as chamas ardentes e já estão a elas condenados (...). O fogo confinado em seu próprio coração luta para irromper (...) e não se dispõe de meios alcançáveis que possam lhes oferecer alguma segurança.[255]

Deixando de lado o contexto religioso, sobre o qual não tenho qualificações para opinar, a premissa básica de Edward era que os humanos, "em estado natural", são maus e precisam de intervenções para não terem um fim terrível.

Steven Pinker, em *Os anjos bons da nossa natureza*, argumenta que o mundo melhorou com o passar do tempo, pelo menos quando avaliado com base nos níveis de violência. Antes da criação das nações, na era caçadora-coletora, 15% das pessoas morriam de maneira violenta, proporção que diminuiu para 3% nos impérios romano, islâmico e britânico. No século XX, os homicídios na Europa caíram com a mesma intensidade. Hoje, as taxas de morte violenta são ainda mais baixas. Pinker explica que a "natureza humana sempre teve inclinações para a violência e propensões no sentido contrário – como autocontrole, empatia, justiça e razão (...). A violência declinou porque as circunstâncias históricas favoreceram cada vez mais nossos melhores anjos".[256] Os Estados se expandiram e se consolidaram, reduzindo os riscos de conflitos tribais e regionais. As pessoas desenvolveram vínculos umas com as outras por meio do comércio, situação que tornou a guerra ainda mais irracional. "O cosmopolitismo – a expansão dos pequenos mundos paroquiais por meio do alfabetização, da mobilidade, da educação, da ciência, da história, do jornalismo e da mídia de massa – levou os indivíduos a assumirem as perspectivas de outras pessoas e a expandir seu círculo de simpatia para também incluí-las."

Pinker vive em um mundo muito diferente do de Edwards. O planeta está mais interconectado e interdependente. Nossas práticas gerenciais, porém, ainda estão atoladas na mentalidade de Edwards e de Frederick Winslow Taylor, que declarou ao Congresso americano, em 1912, que a administração precisava exercer um controle rigoroso sobre os trabalhadores, cujas mentes eram muito débeis para que pensassem por si mesmos:

> Posso afirmar, sem a menor hesitação, que a ciência do manuseio do ferro-gusa é tão complexa que o homem fisicamente capaz de manuseá-lo e bastante embotado e estúpido para escolher esse ofício raramente consegue compreender a ciência por trás disso.[257]

Muitos gestores e organizações funcionam como se, na falta de uma imposição esclarecida, as pessoas fossem muito obtusas para tomar decisões sensatas e inovadoras.

Não se trata aqui de construir um sistema gerencial capaz de mudar a natureza do homem, mas, sim, de conceber um sistema gerencial capaz de transformar a natureza do trabalho.

Na Introdução deste livro, afirmei que há dois modelos extremos de como as organizações devem ser dirigidas. O cerne deste livro é a minha crença em que é possível escolher o tipo de organização que se pretende criar, e apresentei algumas das ferramentas para fazê-lo. O extremo de "baixa liberdade" é a organização de comando e controle, em que os funcionários são gerenciados com rigidez, explorados de maneira abusiva e descartados sem maiores considerações. O extremo de "alta liberdade" se baseia no livre-arbítrio, em que os colaboradores recebem tratamento digno e dispõem de meios para participar do desenvolvimento da organização.

Ambos os modelos podem ser muito lucrativos, mas este livro presume que as pessoas mais talentosas do planeta querem ser parte de empreendimentos impulsionados pela liberdade. Essas organizações movidas a liberdade, por se beneficiarem das ideias mais brilhantes e das paixões mais intensas de todos os seus profissionais, são mais resilientes e mais capazes de sustentar o sucesso. Tony Hsich, da Zappos; Reed Hastings, da Netflix; Jim Goodnight, do SAS Institute; e muitos outros lhe descreverão com satisfação os resultados decorrentes de dar liberdade às pessoas,[258] como o fizeram os líderes da Wegmans e da Brandix. Essas empresas de tecnologia há anos desfrutam de crescimento contínuo. A Wegmans cresce sem ser muito afetada pela economia e continua a ser um ótimo lugar para trabalhar. O melhor é que tratar bem as pessoas é ao mesmo tempo um meio para alcançar certos objetivos e um fim em si mesmo.

A boa notícia é que qualquer equipe pode ser desenvolvida em torno desses princípios do Google.

Ao longo do livro, ao fim de cada capítulo, apresentei pequenas listas de "Dicas do Google", para o caso de você pretender se concentrar em uma área ou em outra. Se quiser, porém, cultivar um ambiente de alta liberdade, eis aqui os 10 passos que transformarão sua equipe ou seu ambiente de trabalho:

1. Dê significado ao trabalho.
2. Confie nas pessoas.
3. Contrate apenas pessoas que sejam melhores que você.

4. Não confunda desenvolvimento com gestão do desempenho.
5. Concentre-se nos dois extremos.
6. Seja frugal e generoso.
7. Pague salários diferenciados.
8. Dê um empurrãozinho.
9. Gerencie as expectativas crescentes.
10. Aproveite! Volte, então, ao número um e comece tudo de novo.

1. Dê significado ao trabalho

O trabalho consome pelo menos um terço de sua vida e metade de suas horas despertas. Ele pode e deve ser mais que um meio para alcançar um fim. As organizações sem fins lucrativos há muito exploram o significado como maneira de atrair e de motivar as pessoas. Por exemplo, Emily Arnold-Fernández, fundadora da Asylum Access, organização sem fins lucrativos que ajuda refugiados, desenvolveu equipes globais de alto nível com base na visão comum de capacitar os refugiados a encontrar trabalho, a matricular os filhos em escolas e a reconstruir a vida em novos países.

Em muitos contextos, o trabalho é apenas um contracheque. No entanto, como demonstram as pesquisas de Adam Grant, mesmo uma pequena ligação com as pessoas que se beneficiam de seu trabalho não só melhora a produtividade como também aumenta a felicidade delas. E todos querem que o seu trabalho tenha propósito.

Conecte o trabalho a uma ideia ou a um valor que transcenda o dia a dia e que também reflita com honestidade o que você está fazendo. O Google organiza as informações do mundo e as torna acessíveis e úteis. Todos que trabalham aqui contribuem para essa missão, por menos importante que pareça ser seu cargo. Isso atrai as pessoas para a empresa e as inspira a continuar trabalhando aqui, a assumir riscos e perseguir um desempenho elevado.

Tudo o que você faz é importante para alguém. E também deve ser importante para você. Como gestor, seu trabalho é ajudar as pessoas a encontrar significado no próprio trabalho.

2. Confie nas pessoas

Se você acredita que as pessoas, em essência, são boas, aja dessa maneira. Seja transparente e honesto com elas, permita que participem do funcionamento do esquema mais amplo.

Não é problema começar pequeno. Na verdade, quanto menor for a confiança demonstrada, mais significativo será cada um dos seus gestos. Para uma empresa com uma história de administração nada transparente, a instalação de uma caixa de sugestões que realmente sejam levadas em consideração parecerá revolucionária. Permita que as equipes lhe perguntem o que motivou suas últimas decisões. Indague sempre dos funcionários o que eles mudariam para melhorar as coisas ou o que eles fariam diferente se a empresa fosse deles.

Porque é assim que você quer que eles se sintam. Como se a empresa fosse deles.

E a única maneira de despertar esse sentimento é abrir mão de um pouco de sua autoridade, dando aos funcionários espaço para crescer.

Isso talvez pareça ousado, mas, na realidade, não é muito arriscado. A administração sempre pode desativar a caixa de sugestões, ou dizer aos colaboradores que as ideias deles não são mais bem-vindas, ou até demitir algumas pessoas. Se você estiver receoso de precisar recuperar sua autoridade, deixe claro que a mudança é um teste com duração de alguns meses. Se der certo, você a manterá. Senão, a situação anterior será restabelecida. As pessoas irão apreciar até mesmo a tentativa.

E, se você for membro de uma equipe, faça o seguinte apelo ao seu chefe: "Me dê uma oportunidade. Me ajude a compreender quais são os seus objetivos e me deixe pensar em como ajudá-lo a alcançá-los."

Pequenos passos como esses abrem a trilha para a mentalidade de dono.

3. Contrate apenas pessoas que sejam melhores que você

As organizações muitas vezes agem como se preencher as vagas com rapidez fosse mais importante do que contratar as melhores pessoas. Já ouvi de alguns empresários que eles preferem a receita mais baixa produzida por um vendedor medíocre, que só realiza 70% da quota, a não ter nenhuma receita por não ter uma pessoa em determinado território.

Fazer concessões quanto à qualidade de um novo funcionário, porém, é um erro grave. A má contratação é tóxica, não só pelo mau desempenho do novato em si, mas também por arrastar para baixo a motivação e a energia das demais pessoas ao seu redor. Se o receio é que a falta de uma pessoa signifique mais trabalho para todos no curto prazo, basta lembrá-los do último incompetente com que tiveram que conviver.

314 ▶ Um novo jeito de trabalhar

Selecione por meio de comitês, defina padrões objetivos com antecedência, nunca faça concessões e verifique de tempos em tempos se os novos colaboradores são melhores que os antigos.

A prova de estar contratando bem é o fato de 9 em cada 10 novos funcionários serem melhores que você.

Se não forem, pare de contratar até encontrar pessoas melhores. Você avançará mais devagar no curto prazo, mas, no final das contas, terá uma equipe muito mais forte.

4. Não confunda desenvolvimento com gestão do desempenho

Chris Argyris nos mostrou como até as pessoas mais bem-sucedidas não conseguem aprender. E se mesmo esses indivíduos brilhantes não aprendem, que esperança haveria para as pessoas comuns? Simplesmente não é agradável enfrentar as próprias fraquezas. Se você associar críticas e punições e se os profissionais acharem que as próprias carências podem acarretar prejuízos na carreira ou na remuneração, eles vão sempre contestar o feedback negativo em vez de se abrirem para o aprendizado e para o crescimento.

Torne as conversas sobre desenvolvimento abertas e produtivas repetindo-as com frequência, da mesma maneira como meu gerente agia quando saíamos de qualquer reunião. Sempre comece querendo saber como você pode ajudar a melhorar. Do contrário, as defesas se erguerão e o aprendizado estará comprometido.

As conversas sobre desenvolvimento podem ser mais seguras se ocorrerem no percurso para alcançar um objetivo. Discutam se determinado objetivo foi atingido. Ao fim de um período de avaliação do desempenho, tenha uma conversa direta sobre os objetivos almejados e o que foi alcançado e sobre como as recompensas se vinculam ao desempenho. Essas conversas, porém, devem se concentrar só nos resultados, sem envolver processos. Os objetivos podem não ter sido alcançados, ou podem ter sido alcançados ou até superados. E cada uma dessas situações acarreta diferentes recompensas e estímulos.

Se você estiver conduzindo as conversas sobre o desempenho da maneira certa, elas nunca terão surpresas, porque você já teve conversas semelhantes ao longo de todo o caminho e os funcionários terão sentido o seu apoio em cada uma delas.

Em todo caso, não confie apenas nos gerentes para lhe apresentarem uma imagem exata do desempenho das pessoas. Com vistas ao desenvolvimento, solicite informações aos colegas, mesmo que de maneira tão simples quanto fazer uma pergunta ou enviar um pequeno questionário. Para a avaliação do desempenho, peça aos gerentes que se reúnam e calibrem suas avaliações em grupo, a fim de garantir avaliações justas.

5. Concentre-se nos dois extremos

Ponha suas melhores pessoas sob as lentes de um microscópio. Por meio de uma combinação de circunstâncias, competências e garra, elas já descobriram como alcançar a excelência. Identifique não só os melhores profissionais generalistas, mas também os melhores especialistas. Não encontre o melhor vendedor; encontre a pessoa que vende melhor para novos clientes de certo porte. Encontre a pessoa que supera as expectativas em tacadas de golfe à noite, sob chuva. Quanto mais específico você for em distinguir a expertise, mais fácil será estudar as estrelas e descobrir por que são melhores que os outros.

Então, use-as não só como exemplos para os outros, criando checklists com base no desempenho delas, mas também como instrutores. Uma das melhores maneiras de desenvolver uma habilidade é ensiná-la. Ao convocar as estrelas como professores, mesmo que seja para uma palestra de 30 minutos durante o café da manhã, você as forçará a definir como alcançam esses resultados, processo que também as ajuda a crescer. Se você se relaciona com essas pessoas na execução de uma tarefa, observe-as com atenção, faça perguntas e aproveite a oportunidade para extrair delas até a última gota de conhecimento.

Ao mesmo tempo, tenha compaixão de seus piores colaboradores. Se você estiver contratando as pessoas certas, a maioria das que enfrentam dificuldades deve estar apresentando resultados ruins porque você as pôs no lugar errado, não porque são incompetentes. Ajude-as a aprender novas competências ou a encontrar novas funções.

No entanto, se isso não der certo, desligue-as imediatamente. Você não será compassivo mantendo-as na empresa – essas pessoas serão mais felizes em um ambiente onde não sejam os piores colaboradores.

6. Seja frugal e generoso

Grande parte do que fazemos pelas pessoas não custa nada. Permita que empreendedores autônomos prestem serviços aos seus funcionários no endereço da empresa ou negocie descontos ou entregas de comida com os restaurantes próximos. As TGIFs ou as palestras requerem apenas uma sala e um microfone. No entanto, os resultados são amplos: os googlers estão sempre descobrindo novos serviços ou promovendo discussões instigantes.

Guarde os cheques polpudos para as ocasiões em que as pessoas mais precisarem deles, os momentos de grandes tragédias e alegrias. Sua generosidade produzirá maior impacto quando alguém necessitar de atendimento médico de urgência ou quando as famílias tiverem aumentado. O foco nesses momentos mais humanos demonstra que sua organização se importa pessoalmente com cada funcionário. E todos se sentirão bem se souberem que, ao depararem com os piores e os melhores momentos da vida, contarão com o apoio de uma organização solidária.

Isso funciona mesmo nas menores empresas. Meu pai fundou uma firma de engenharia e a liderou durante mais de três décadas. Ele se importava profundamente com cada uma das pessoas que trabalhava com ele, oferecendo-lhes não só salários justos, mas também palavras amáveis, conselhos sábios e orientação. Quando alguém da equipe completava cinco anos na empresa, ele chamava a pessoa para uma conversa pessoal. Dizia-lhe, então, que a empresa tinha um plano de previdência e que os funcionários adquiriam direitos integrais depois de cinco anos. Além de qualquer coisa que viessem poupando, a empresa também depositaria dinheiro em suas contas. Alguns gritavam, outros choravam e todos agradeciam. Ele não contara nada a eles antes porque não queria que ficassem apenas pelo dinheiro. Preferia que continuassem na empresa porque queriam construir alguma coisa e porque gostavam da equipe. Meu pai era generoso nos momentos mais importantes, o que fazia toda a diferença.

7. Pague salários diferenciados

Lembre-se de que o desempenho segue uma distribuição da lei de potência na maioria dos cargos, não importa o que o departamento de recursos humanos lhe diga. Cerca de 90% do valor gerado pelas equipes decorrem dos profissionais qualificados entre os 10% superiores. Em consequência, as pessoas brilhantes valem muito mais que as pessoas medíocres. Elas podem valer 50% mais que as medíocres, ou talvez 50 vezes mais; as melhores, porém, sem dúvida valem muito mais. Faça questão de que elas sintam que são valorizadas. Mesmo que você não tenha recursos financeiros para pagar muito mais às mais brilhantes, aumentar a diferença já significará alguma coisa.

Os operadores de segundo nível talvez fiquem um pouco insatisfeitos, mas você pode abordar a questão com honestidade: explique-lhes por que a remuneração deles é tão mais baixa e o que podem fazer para mudar essa situação.

Seja generoso nos reconhecimentos em público. Comemore as realizações da equipe e não deixe de enaltecer os fracassos quando lições importantes puderem ser extraídas deles.

8. Dê um empurrãozinho

A ideia deste livro com o maior potencial de melhorar substancialmente o resto de sua vida é mudar quanto você economiza do salário.

Ao comparar pessoas que tiveram a mesma renda total durante 30 anos, você talvez constate diferenças de 3.000% na riqueza acumulada, uma discrepância que se justifica quase inteiramente por quanto pouparam. E é difícil guardar economias, porque cada tostão que você poupa será uma escolha. Compro o produto de marca ou o produto genérico? Peço aquela mousse deliciosa ou dispenso a sobremesa? Troco de carro ou fico com o meu por mais um ano?

Em meu primeiro ano depois de formado, quando trabalhava como ator e garçom, eu frequentava a Hostess Thrift Shop perto de minha cidade, que vendia pão e bolos com prazo de validade quase vencido. Eu conseguia comprar minhas guloseimas e ainda economizar alguma coisa toda semana. Lembre-se de que levar os googlers a aumentar suas taxas de poupança em menos de 3% acrescentará US$ 262 mil ao fundo de aposentadoria de cada um.

Estou insistindo nesse ponto porque as pessoas tendem a não mudar suas taxas de poupança. Veja quanto de sua renda que você poupa hoje e poupe um pouco mais. Nunca é fácil, mas sempre vale a pena.

Esse é um conselho pessoal para você.

Agora, olhe em volta e descubra como o ambiente ao redor influencia não só você, mas também todos que estejam por perto. Até que ponto é fácil ver e se conectar com as outras pessoas? Na geladeira, os alimentos menos saudáveis são os primeiros a serem vistos? Qual é a sua intenção ao enviar e-mails ou mensagens a colegas e amigos? Dar boas notícias ou criticá-los? O fato é que somos influenciados o tempo todo pelo ambiente e também exercemos influência sobre as pessoas próximas. Explore essa realidade e aumente a felicidade e a produtividade – sua e de sua equipe.

Arrume o espaço físico de maneira a encorajar os comportamentos desejados: se você quer que as pessoas colaborem, mas as mantém presas em cubículos, derrube as paredes. Seja cuidadoso ao enviar mensagens para a equipe. Divulgue informações sobre o que está dando certo, como o número de pessoas que prestam serviços voluntários em instituições filantrópicas locais, para encorajar os outros a também se envolverem. Você se surpreenderá com a intensidade das mudanças.

9. Gerencie as expectativas crescentes

Você tropeçará algumas vezes e terá que dar um passo para trás. Prepare-se para comer sua torta de *goji berry*. Sabendo disso, avise às pessoas de antemão que você experimentará as ideias deste livro. Esse gesto vai ajudar você a transformá-las de críticos em apoiadores, e elas lhe concederão o benefício da dúvida se alguma coisa não der certo.

10. Aproveite! Volte, então, ao número um e comece tudo de novo

Larry e Sergey se comprometeram a criar o tipo de lugar onde ambos gostariam de trabalhar. Você pode fazer a mesma coisa. Mesmo que passe a trabalhar numa empresa logo que sair da faculdade ou que seja o milionésimo contratado, você ainda pode atuar como fundador ao escolher como interagir com as pessoas ao seu redor, como organizar o espaço de trabalho e como liderar. Ao agir assim, você ajudará a criar uma organização que atrairá as pessoas mais talentosas do planeta.

Esse não é um esforço isolado, que só se faz uma vez. A construção de uma cultura e de um ambiente de excelência exige aprendizado e renovação constantes. Não se preocupe em fazer tudo de uma vez e ao mesmo tempo. Experimente uma ideia ou uma dezena de ideias deste livro, aprenda com o experimento, ajuste o programa e tente de novo.

O mais maravilhoso nesse método é que um ambiente de excelência reforça a si mesmo de maneira contínua: todos esses esforços se apoiam uns aos outros e juntos criam uma organização criativa, divertida, diligente e altamente produtiva.

Se você acredita que as pessoas são boas, aja de acordo com as suas crenças no próprio trabalho.

O Google foi eleito o melhor lugar para trabalhar mais de 30 vezes pelo Great Place to Work Institute e recebeu centenas de outras honrarias de organizações de defesa das mulheres, de afro-americanos, de veteranos, entre outras, assim como de governos e de organizações não governamentais. Não somos, porém, o primeiro "melhor lugar", nem seremos o último. Não somos nem mesmo o único hoje.

Uma coisa em que o Google de fato se especializa é operar em escala, desenvolvendo sistemas que servem a 2 bilhões de usuários com o mesmo nível de atenção e credibilidade com que atende a 10 usuários. Nossas inovações em operações de equipe foram propiciadas por um conjunto de fundadores visionários, de guardiões ferozes da cultura, de pesquisadores acadêmicos ponderados e de empresas e governos criativos. Milhares de googlers contribuíram para o nosso estilo, induziram-nos a encontrar soluções cada vez mais criativas e equitativas para problemas referentes a pessoas e nos incumbiram de melhorar cada vez mais. Eu, pessoalmente, ao me ver cercado por colegas no setor de Operações de Equipe tão inteligentes, comprometidos e criativos, aprendi a ser humilde e o tempo todo luto para me manter à altura deles, minhas fontes inesgotáveis de inspiração.

Dezenas de milhares de pessoas visitam nossas instalações todos os anos e perguntam: "Por que as pessoas aqui são tão felizes?", "Qual é o segredo do Google?", "O que posso fazer em minha organização para torná-la mais inovadora?".

A resposta está em suas mãos.

....

O JEITO GOOGLE DE TRABALHAR

1. Dê significado ao trabalho.
2. Confie nas pessoas.
3. Contrate apenas pessoas que sejam melhores que você.
4. Não confunda desenvolvimento com gestão do desempenho.
5. Concentre-se nos dois extremos.
6. Seja frugal e generoso.
7. Pague salários diferenciados.
8. Dê um empurrãozinho.
9. Gerencie as expectativas crescentes.
10. Aproveite! Volte, então, ao número um e comece tudo de novo.

....

Epílogo só para os nerds de recursos humanos: Construindo o primeiro departamento de Operações de Equipe do mundo

O projeto de um novo tipo de RH

Alguns leitores talvez estejam interessados em saber como tudo isso acontece no Google. Embora o impulso básico de como o Google trata as pessoas tenha origem nos fundadores, compete à equipe de Operações de Equipe garantir que estamos correspondendo às nossas aspirações e superando-as.

Até 2006, a equipe era denominada Recursos Humanos e o cargo para o qual fui contratado tinha o título de vice-presidente de RH. Quando recebi a proposta de emprego, porém, o título do cargo já era vice-presidente de Operações de Equipe. Por mais incrível que isso pareça hoje, não vibrei com essa virada. Os executivos tendem a fracassar nos novos cargos cerca de um terço das vezes, e eu estava prestes a me mudar com a minha jovem família de Nova York para a Califórnia, onde trabalharia em uma organização que o CEO de minha divisão na GE certa vez chamou de "empresinha jeitosa". Eu receava que um título estranho como Operações de Equipe tornasse mais difícil encontrar outro emprego se as coisas não dessem certo.

Telefonei para Shona Brown, então vice-presidente sênior de operações comerciais (e também ex-sócia da McKinsey e bolsista da Rhodes), e perguntei se eu poderia manter o título original. Só agora confesso que não lhe disse o motivo.

Shona explicou que no Google a linguagem de negócios convencional não era bem vista. "RH" poderia ser interpretado como administrativo e burocrático. Em contraste, "operações" tinha uma conotação mais confiável para os engenheiros, sugerindo habilidades específicas para fazer acontecer. E, atributo importante para um cargo de RH, "operações" também sugeria que eu era de fato capaz de fazer algumas contas!

Shona e eu concordamos que eu começaria com o título "vice-presidente de Operações de Equipe" e que, depois de seis meses, eu poderia voltar a mudar o nome para RH, se assim preferisse.

Quando comecei no Google, reuni-me com cada um dos 12 principais líderes da empresa em encontros individuais para me apresentar e para compreender suas necessidades. Urs Hölzle, que conhecemos no Capítulo 4, era o vice-presidente sênior de Infraestrutura na época, e uma das 10 primeiras contratações do Google. Era um professor brilhante de ciência da computação e já havia fundado e vendido uma startup, a Animorphic Systems. Urs foi atraído do magistério para o design e construiu os centros de dados do Google.

Em nossa primeira reunião, Urs apertou minha mão, olhou para o meu currículo e disse: "Belo título!"

E eu não quis mais mudá-lo.

Desde então, construímos Operações de Equipe com base em quatro princípios:

1. Busque o nirvana.
2. Use dados para prever e moldar o futuro.
3. Melhore sempre.
4. Escale uma equipe não convencional.

Busque o nirvana

Para os profissionais de RH que lerem este livro, grande parte do que fazemos no Google talvez pareça o nirvana, um ideal quase inalcançável, mas tudo começou com muita simplicidade. Preparei-me para minha primeira reunião individual com Eric Schmidt com ideias grandiosas sobre os tipos de programas que poderíamos elaborar para gerenciar as carreiras e ajudar os líderes seniores a se desenvolverem. Eric não estava muito interessado em minha visão estratégica. As preocupações dele eram mais prementes.

O Google tinha quase dobrado o número de funcionários – de cerca de 3 mil, em 2004, para 5.700, em 2005. Eric sabia que, no ano seguinte, mais uma vez quase duplicaríamos a quantidade de funcionários, para quase

10.700 pessoas. Precisávamos aumentar as contratações semanais, de 50 para quase 100 pessoas, sem comprometer a qualidade. Esse era o nosso maior desafio na área.

Eu cometera um erro de amador. Antes de Eric desenvolver qualquer ideia complexa, Operações de Equipe tinha de cuidar da questão mais importante do Google. Aprendi que, para ter o privilégio de trabalhar com os temas futurísticos mais fascinantes, era preciso, primeiro, conquistar a confiança da organização. Em 2010, consagramos essa ideia em um gráfico que resumia nossa abordagem. A forma de pirâmide era uma reverência à hierarquia das necessidades do psicólogo Abraham Maslow,[259] que a apresentou sob essa forma, com as mais fundamentais na base (ar, alimentos, água), e, em seguida, as necessidades de segurança, pertencimento, amor e, finalmente, de autorrealização. Depois de ver nossa versão, alguns membros da equipe passaram a chamá-la de hierarquia de Laszlo.

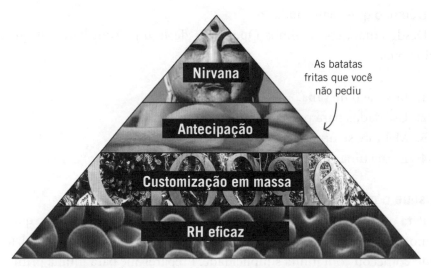

Hierarquia de Laszlo. © Google, Inc. Imagem de Elizabeth Yepsen.

Esse foi o nosso caminho para atingir o nirvana em RH, o lugar privilegiado onde todos os googlers cresciam aparentemente sem esforço conforme nossos programas atuavam nos bastidores para preencher todas as vagas, criar oportunidades de aprendizado e ajudar os googlers a serem mais produtivos, mais saudáveis e mais felizes.

Escolhi a imagem das células sanguíneas como pano de fundo do "RH eficaz" para salientar que nossos programas estão presentes em todos os lugares e precisam ser tão confiáveis quanto o sistema circulatório do corpo humano. Temos que entregar o básico, sem falhas, o tempo todo. Nada de erros nas propostas de emprego nem na distribuição de bônus; todas as vagas preenchidas a tempo, com o melhor candidato; processos de promoção regulares e justos; soluções rápidas para os problemas dos funcionários; e assim por diante. Com esse nível de consistência e de alta qualidade em todas as nossas atividades, conquistamos o direito de fazer mais. Quaisquer que sejam as suas próprias aspirações, esse é o ponto de partida. Do contrário, não entregar o básico, mesmo que as falhas sejam esporádicas, o impedirá de transmitir confiança e autoridade quando quiser partir para algo maior.

Nossa equipe de remuneração, para o bem ou para o mal, sempre recebeu enorme atenção da equipe gerencial. Para garantir a eficácia de tudo e para nos mantermos à frente das expectativas da administração, promovemos uma sessão formal de informações e instruções ao fim de todos os processos, como no de planejamento de bônus, na qual perguntamos: "O que devemos fazer de maneira diferente? O que aprendemos? O que nos sugeriram que preferimos ignorar e não fazer?" (Nem todas as ideias da administração são boas – um de nossos líderes do mais alto escalão sugeriu que tivéssemos 800 níveis de cargos e que promovêssemos todo mundo quatro vezes por ano!) E, então, quando iniciamos o processo mais uma vez, a primeira conversa da equipe de remuneração com a equipe de liderança do Google começa assim: "Eis o que concordamos em fazer na última vez e eis o que fizemos. Essas foram as coisas que vocês recomendaram que fizéssemos e que não faremos, e esses são os motivos. E, agora, vamos adiante." A equipe de remuneração até desenvolveu uma "folha de cola" referente a cada membro da equipe gerencial, descrevendo como lidar melhor com ele ou com ela, para que os novos membros da equipe possam trabalhar sem sobressaltos com nossos principais líderes desde o começo.

A customização em massa, o segundo passo a caminho do nirvana, foi um afastamento de nosso método anterior. A ideia é originária do autor Stan Davis, que escreveu um livro intitulado *Futuro perfeito*, em 1987, descrevendo um mundo em que as empresas produziriam bens e serviços para atender às necessidades individuais dos clientes com eficiência próxima à da produção em massa. E isso é o que tentamos fazer. A metáfora visual foi uma floresta: todas as plantas são singulares em tamanho e forma e mesmo assim compartilham mais semelhanças do que diferenças.

Sempre adotamos uma filosofia coerente em nossos processos de RH, mas ajustamos os detalhes de cada processo com base nas necessidades dos grupos específicos do Google. Anos antes, exigíamos que os processos referentes a pessoas, como as decisões sobre promoções e até sobre a revelação das avaliações do desempenho aos funcionários, seguissem o mesmo protocolo. Tiffany Wu, analista de nossa equipe, mantinha afixado na parede um checklist de observância das normas e práticas, com base na qual atribuía boas ou más notas a cada vice-presidente, monitorando se haviam distribuído as avaliações para todos os googlers ou se tinham seguido a distribuição recomendada dos aumentos salariais. À medida que crescíamos, a preservação dessa homogeneidade extrema deixava de fazer sentido, pois alguns grupos eram muito diferentes de outros. Embora nossos melhores engenheiros sejam capazes de exercer impactos centenas de vezes mais intensos que os dos engenheiros medíocres, nosso melhor recrutador não produz efeitos centenas de vezes mais fortes que os dos recrutadores medíocres. Não fazia sentido aplicar o mesmo tipo de distribuição de recompensas a ambas as populações.

Ou considere nosso processo de promoção de engenheiros, em que as promoções potenciais são analisadas por um comitê e ratificadas por outro. Se um googler discordar da decisão, há um comitê de recursos. Quando descrevi esse processo para John Doerr, membro do conselho de administração e diretor administrativo da empresa de capital de risco Kleiner Perkins Caufield & Byers, ele reagiu: "Mesmo como engenheiro, estou perplexo com o fato de alguém ter imaginado alguma coisa tão intricada." Mas funciona, porque essas verificações garantem que os processos sejam justos e que se mantenham tão transparentes quanto possível – qualidades profundamente importantes para os engenheiros. Em algumas equipes de vendas, os líderes, em vez disso, podem dizer "Sabe de uma coisa? Só vamos dar um telefonema e a decisão será definitiva", e não existe instância de recurso. Isso também é viável, pois, nesses casos, Operações de Equipe trabalha nos bastidores para garantir que os processos sejam justos ao adotar os mesmos padrões de talento em toda a empresa. São os mesmos padrões na retaguarda, mas diferentes manifestações na linha de frente, onde são mais visíveis. E, então, seguindo o critério da transparência, divulgamos as informações sobre os resultados de cada processo de promoção junto com os dados históricos.

Na maioria dos departamentos de RH, há uma inclinação para a consistência como atributo para garantir a equidade, mas Ralph Aldo Emerson (escritor, filósofo e poeta americano, 1803-1882) nos lembra de que há uma diferença entre consistência e consistência tola. Por exemplo, na GE, conceder bônus especiais acima de certa quantia (US$ 5 mil ou algo parecido, se me lembro bem) exigia a aprovação do CEO, Jeff Immelt. Isso talvez tenha feito todo o sentido para o braço industrial da empresa, onde só os executivos faziam jus a bônus e a concessão a não executivos era realmente uma ocorrência excepcional. Na GE Capital, o braço de serviços financeiros, porém, os bônus eram muito mais comuns, refletindo as práticas do setor. Aplicar os mesmos padrões de aprovação à GE Capital irritava os gestores e fazia com que os profissionais de RH, incumbidos de endossar as normas, parecessem uns burocratas. Caso você seja um profissional de RH, deve indagar constantemente se o princípio subjacente a cada norma é relevante para a situação em questão e abandonar sem medo a prática e a política se as circunstâncias justificarem.

A área da pirâmide de necessidades com o fundo ilustrado por batatas fritas, denominada "antecipação", requer algumas explicações. Extraí o nome de um episódio da série de TV *30 Rock*. Ambientada na sede da NBC, no Rockefeller Center, a comédia segue o elenco e a equipe de um programa de variedades estrelado pelo comediante Tracy Jordan (representado pelo comediante da vida real Tracy Morgan). Nesse episódio, Tracy fica furioso porque a equipe trouxe para ele um hambúrguer, mas se esqueceu das batatas fritas que ele *não pediu*: "Onde estão as batatas fritas que eu não pedi?! Quando vocês vão aprender a se antecipar ao que eu quero?"

Quando vi pela primeira vez o episódio, achei que Tracy era um ególatra hilário. Então percebi que ele estava certo. Ele não era um psicopata. Era um executivo!

As pessoas ficam satisfeitas quando você lhes dá o que elas pedem, mas ficam exultantes quando você se antecipa ao que elas nem pensaram em pedir. É uma prova de que são plenamente visíveis para você como pessoas, não só como trabalhadores de quem você tenta espremer o máximo de produtividade.

Antecipação tem a ver com entregar aquilo de que as pessoas precisam antes de saber do que precisam para pedi-lo. Graças a esse seriado, chamamos de "momentos batata frita" esses exemplos de antecipação perfeita.

Considere os US$ 500 que damos a cada googler depois do nascimento de um filho para gastar com a entrega de refeições em casa. Os dias e semanas subsequentes à chegada do bebê são exaustivos. A última coisa que alguém quer fazer é cozinhar. Mesmo que os googlers tenham recursos para pedir uma pizza, a contabilidade mental é diferente quando alguém lhe dá US$ 500 especificamente para encomendar refeições em domicílio. E os novos pais nos dizem que adoram a ajuda.

Ironicamente, nossos primeiros programas de desenvolvimento executivo, como os que propus a Eric em nossa primeira reunião, acabaram sendo casos clássicos de "momentos batata frita". Quando Evan Wittenberg (na época, membro de nossa equipe de Aprendizado e hoje vice-presidente de Vendas da People at Box, empresa de armazenamento de dados on-line), Paul Russell (um dos primeiros líderes da nossa equipe de Aprendizado, hoje aposentado) e Karen May (então consultora e hoje nossa vice-presidente de Desenvolvimento de Pessoas) criaram o primeiro Laboratório de Liderança Avançada do Google, em 2007, a iniciativa foi muito controversa, porque naquele tempo a empresa era organizada por funções – engenharia, vendas, finanças e jurídico, por exemplo – e os grupos não interagiam, a não ser quando necessário.

A maioria dos líderes sabia quais eram as pessoas-chave em cada função e tinha acesso a elas, se preciso. Os googlers não percebiam a importância de reunir pessoas de diferentes funções em programas de treinamento e, por certo, também não achavam necessário afastar os líderes de suas atividades importantes, arrastando-os para fora da empresa durante três dias. Porém, quando chegamos a 20 mil funcionários, em fins de 2008, já não era possível que todos os nossos líderes conhecessem uns aos outros, e as relações forjadas em laboratório se tornaram vitais. Evan, Paul e Karen se anteciparam à necessidade desse programa em quase dois anos e, assim, tiveram tempo de sintonizá-lo a ponto de, ao se tornar essencial, muitos googlers afirmarem que esse foi um dos programas de desenvolvimento mais cruciais e eficazes que já haviam experimentado.

Ao pensar em criar seus próprios "momentos batata frita", lembre-se, porém, de que, em geral, eles não despertam gratidão. Poucas vezes você é elogiado por evitar um problema. É por isso que, em política, você nunca ganha pontos ao argumentar, por exemplo, que "a recessão seria muito pior se não tivéssemos adotado essas medidas". Mas você e sua equipe saberão, sua empresa funcionará melhor e as pessoas ficarão mais felizes.

Depois de escalar essa pirâmide, que não é tão diferente da de Maslow, você atinge o nirvana em RH. Para os funcionários, isso significa que você aproveita o que parece ser um passeio ao acaso no Google: tem entrevistas incríveis com pessoas interessantes, se integra e se sente bem-vindo, se torna produtivo em poucas semanas por ter conhecido pessoas solidárias e se surpreende o tempo todo com as oportunidades que se abrem à sua frente. É como um daqueles livros em que a cada página o leitor deve fazer uma escolha para continuar a história. No percurso, você se torna um líder melhor e um empreendedor melhor. Esse é o sentido do nirvana em RH para os googlers. E, nos bastidores, a aspiração de Operações de Equipe é ter analisado minuciosamente a experiência, removendo todos os obstáculos de seu caminho para que nada o leve a tropeçar.

Use dados para prever e moldar o futuro

Se você já chegou a este ponto do livro, por certo ficará surpreso ao descobrir que trabalhar com dados é essencial para a maneira como construímos e dirigimos Operações de Equipe. Começamos, porém, muito pequenos. Nosso grupo de Análise surgiu quando pedimos a três analistas que trabalhavam em diferentes grupos (provimento de pessoal, benefícios e operações) que juntassem forças e comparassem anotações. De início, eles resistiram, demonstrando pouco interesse pelas áreas uns dos outros. Em pouco tempo, no entanto, o analista de operações estava ensinando aos outros a programar e o analista de provimento de pessoal estava ensinando aos outros técnicas estatísticas avançadas. Juntos, eles fincaram os pilares de nossa atual função de análise.

Prasad Setty descreve a evolução da análise como um avanço da descrição para a análise e do insight para a previsão, usando a rotatividade dos funcionários como exemplo.

Na maioria das empresas é muito difícil informar sobre questões à primeira vista fáceis, como "Quem já deu aviso prévio mas ainda não deixou a empresa?", "Quantos funcionários temos?" ou até "Onde está todo mundo?". Os dados sobre os funcionários são armazenados em vários sistemas de computadores, que se atualizam com frequências diferentes e podem não se comunicar entre si. O sistema de folha de pagamento precisa saber onde as pessoas estão localizadas para fins tributários, mas isso pode ser diferente de onde estão trabalhando – por exemplo, se um colaborador inglês estiver passando dois meses em Nova York a trabalho.

Até definições de conceitos básicos como "efetivo de pessoal" podem ser diferentes entre os departamentos. Finanças talvez inclua no "efetivo de pessoal" qualquer pessoa que trabalhe na empresa mais de uma hora por semana, mas é provável que o departamento de Benefícios só enquadre nessa definição profissionais cujas jornadas sejam superiores a meio expediente e, portanto, façam jus a benefícios. A equipe de Provimento de Pessoal, enquanto isso, talvez considere as pessoas que aceitaram nossa oferta de emprego, mesmo que ainda não tenham começado a trabalhar, uma vez que esse critério mostra com mais clareza até que ponto se cumpriram as metas de contratação.

Assim, a primeira providência, que já é um grande passo, é adotar um conjunto comum de definições de todos os dados sobre pessoas. Só então é possível descrever com exatidão a empresa. As análises e os insights exigem que se decomponham ainda mais os dados para identificar as diferenças. Por exemplo, as análises mostrariam que a retenção diminui com o tempo de emprego. É uma constatação interessante, mas não reveladora. Obviamente, as saídas são mais frequentes entre funcionários mais antigos. Os insights surgem quando você começa a comparar grupos muito semelhantes para descobrir o que poderia estimular a retenção em um mas não em outro. Entre novos vendedores, mantendo-se constantes os efeitos do desempenho, da remuneração e do nível hierárquico, o fator que mais contribui para a queda da retenção é a falta de promoção.

Com esse insight, é possível começar a prever o futuro. Agora sabemos que quem passa mais tempo que os colegas sem ser promovido tende a pedir demissão. Além disso, uma análise mais sofisticada talvez revele quão maior é a probabilidade de a pessoa pedir demissão e que risco se intensifica depois de sete ou oito trimestres. Então você pode agir.

A maioria das empresas, inclusive o Google, até alguns anos atrás, comemora as promoções, mas não faz nada em relação às pessoas que não foram promovidas. Essa é a grande falha. Precisa-se de não mais que uma ou duas horas para identificar os funcionários que talvez venham a ficar ressentidos por não terem recebido nada e depois conversar com eles sobre o que fazer para continuarem crescendo. Essa é a maneira como você gostaria de ser tratado. Além disso, é um procedimento mais justo, o que leva as pessoas a considerar o processo mais aberto e honesto. E com certeza é muito melhor que deixar a pessoa ir embora, ficando sem suas contribuições enquanto procura um substituto, recruta alguém e então o treina até se tornar produtivo. Ainda por cima, em um momento muito vulnerável da carreira daquele profissional, você o está ajudando a compreender a situação e aproveitando uma circunstância negativa para impulsionar uma reação.

Embora a construção desse tipo de capacidade seja demorada, é fácil iniciar o processo, qualquer que seja o tamanho da organização. Comece pequeno. Contrate um ou dois Ph.D.s em psicologia organizacional, em psicologia individual ou em sociologia. Ou traga alguém de Finanças ou Operações e o desafie a demonstrar que seus programas fazem diferença. Apenas se certifique de que são ótimos em estatística e curiosos sobre questões de pessoal.

Mantenha-se aberto a ideias malucas. Encontre maneiras de dizer sim. A mais importante fonte de inovação para nós são os googlers. A Googlegeist gera centenas de milhares de comentários e ideias e os googlers não hesitam em nos dizer o que acham durante todo o ano. Programas vitais, como a equalização dos benefícios para os parceiros, as creches e os cursos de meditação, todos foram ideias dos funcionários.

Experimente. Uma das virtudes do tamanho é criar mais oportunidades para fazer experiências com as informações coletadas. Com cerca de 50 mil funcionários, podemos criar amostras de 200 e até de 2 mil pessoas para testar ideias. Quando mudamos nosso sistema de gestão do desempenho, conforme discutimos no Capítulo 7, constituímos grupos experimentais de algumas centenas de googlers, no primeiro teste, e de 5 mil, no segundo, antes de estender as mudanças para toda a empresa. Mas até um experimento com 5 ou 10 pessoas é melhor do que nada. Teste a ideia em apenas uma equipe. Ou experimente a ideia em toda a empresa de uma vez, mas anuncie que é um teste com duração de um mês, e então, com base na reação das pessoas, decida se a mudança será permanente. Seja qual for o resultado do experimento de Donna Morris na Adobe, de abandonar o sistema de gestão do desempenho, eu a aplaudo por correr o risco.

Melhore sempre

Em cada um dos últimos cinco anos, aumentamos em 6% a produtividade de Operações de Equipe, medida pelo número de membros da equipe atendendo a cada centena de googlers. Talvez não pareça muito, mas significa que estamos prestando mais serviços, de melhor qualidade, para cada googler com 73% da estrutura de custos que tínhamos cinco anos atrás. (No total, estamos investindo mais, porém muito menos que no passado, proporcionalmente ao tamanho da empresa.) Quase tudo o que fazemos mais de uma vez é medido e melhorado com o passar do tempo.

Realizamos tudo isso sem terceirizar nem aumentar o uso de consultores e outros prestadores de serviços. Na verdade, passamos a prestar mais serviços com recursos próprios, o que tem duas virtudes. Primeiro, quase sempre é mais barato, sobretudo em áreas como recrutamento e treinamento. Segundo, muitas são as informações úteis disponíveis quando a própria empresa gerencia os processos. Em recrutamento, por exemplo, temos um sistema central em que os recrutadores registram as entrevistas com os candidatos, facilitando novos contatos com pessoas que talvez tenham recusado nossa proposta de emprego no passado. Também identificamos padrões que revelam fraudes, como, por exemplo, quando um candidato submete mais de um currículo com nomes diferentes, usando variações do primeiro nome e dos nomes intermediários, na esperança de aumentar as chances de conseguir uma entrevista.

Dirigir o seu departamento ou a sua equipe de RH com os mesmos padrões de objetivos claros, melhoria contínua e integridade inequívoca que adotamos em todo o Google tornará a sua empresa merecedora de crédito e de confiança.

Escale uma equipe não convencional

Para ser sincero, a carreira em RH não é das mais bem conceituadas. Em 2012, colaborei com o professor Frank Flynn em um breve curso da Escola de Pós-Graduação em Administração da Universidade Stanford, onde conheci uma aluna de MBA que queria entrar em RH porque "gostava de pessoas". Durante a conversa, concluímos que ela era a única aluna de MBA, entre as centenas daquele ano, que tinha esse objetivo. Eu disse, meio de brincadeira, que ela talvez tivesse sido admitida no MBA para tornar a turma mais diversificada. Certamente há exemplos de excelentes líderes e equipes de RH, mas essa, em geral, não é a área preferida dos melhores profissionais. Na infância, queremos ser bombeiros, médicos ou astronautas. Ninguém quer trabalhar com administração de pessoal.

Meu diagnóstico, em parte, é que a profissão não conta com a composição adequada de talentos, o que gera um círculo vicioso no qual as pessoas mais talentosas, que querem trabalhar com outras como elas, se afastam da área. Em muitas empresas, o RH é o departamento em que se acomodam os funcionários gente boa que não deram muito certo em outros lugares. Embora os profissionais de RH, na maioria, sejam atenciosos e diligentes, todos logo nos lembramos de colegas cujo principal atributo parecia ser o de se deixar levar pelos ventos, mantendo-se abaixo do radar da administração. Em 2004, eu tinha uma dessas colegas na GE. Ela estava preparando uma planilha eletrônica para enviar ao chefe e eu a lembrei de ajustar o salário de alguém de US$ 100 mil para US$ 106 mil por ano. Ela digitou "100" na planilha, e depois "106" na célula abaixo. Então pegou a calculadora e dividiu 106 por 100, olhou para o resultado e, manualmente, digitou "6%" na planilha. Ela não tinha ideia de que uma das funções da planilha eletrônica é fazer cálculos. Também devemos ficar atentos e agir em relação aos dois extremos da nossa profissão.

Essa história explica por que cada vez mais as empresas estão contratando pessoas fora de RH para funções gerenciais em RH. Jodee Kozlak, diretora de RH da Target, é advogada por formação, assim como Allen Hill, que recentemente se aposentou no mesmo cargo na UPS. (Ambos são amigos meus e ambos são brilhantes na profissão.) A chefe de RH da Microsoft, Lisa Brummel, começou em gerência de produtos; Beth Axelrod, do eBay, foi consultora; e Michael Lopp, da Palantir, é engenheiro. Os CEOs querem pessoas com orientação para negócios e habilidades analíticas, competências mais difíceis de encontrar em RH do que seria desejável.

No Google, construímos uma espécie diferente de departamento de Operações de Equipe, aplicando um modelo de contratação não convencional, do tipo "três terços". Não mais que um terço dos funcionários de Operações de Equipe tem experiência na área tradicional de RH. Mas a expertise básica de recursos humanos que trazem consigo é insubstituível. Além disso, são excelentes em reconhecer padrões (como sentir a diferença entre uma equipe que está infeliz porque o novo gerente está em cima de um grupo de maus operadores tentando fazê-los progredir e outra equipe que está infeliz porque o novo gerente é um idiota) e em construir fortes relacionamentos em todos os níveis da organização, além de se destacarem pela extraordinária inteligência emocional.

Outro terço de nossos contratados vem de empresas de consultoria especializadas, de preferência em estratégia em vez de em RH. Prefiro consultores em estratégia por compreenderem em profundidade as empresas e os mercados e por serem excelentes em tratar e em resolver problemas difíceis. Como já exploramos o conhecimento e a experiência em RH das pessoas que trabalharam como profissionais da área, não precisamos dobrar a dose com consultores. Estes também tendem a ser excelentes comunicadores, mas, nesse caso, não podemos negligenciar a inteligência emocional. Como já fui consultor, sei que as empresas de consultoria contratam mais com base no QI que no QE.* Esse critério é razoável para as consultorias, mas, em Operações de Equipe, precisamos de profissionais capazes não só de resolver problemas, mas também de cultivar relacionamentos profundos com uma ampla variedade de pessoas em toda a empresa. Os indivíduos com inteligência emocional mais elevada também tendem a ser mais autoconscientes e, portanto, menos arrogantes. Além disso, essa característica facilita a mudança para uma nova área de atividade.

O terço final é composto de profissionais com grande capacidade de análise, pós-graduados com pelo menos mestrado em campos analíticos, de psicologia organizacional a física. Eles preservam nossa honestidade. Mantêm o alto padrão de pesquisa de nosso trabalho e ensinam a toda a equipe técnicas que, do contrário, seriam inacessíveis para as equipes de RH tradicionais, como o uso de linguagens de programação SQL ou R, ou métodos de codificação de dados qualitativos extraídos das entrevistas com funcionários.

Os consultores e os analistas também são ótimas fontes de conhecimento do setor, por estarem familiarizados com um vasto conjunto de outras empresas e universidades, o que nos proporciona um ponto de partida para nosso próprio trabalho. Até certo ponto, não precisamos contratar empresas de consultoria porque já as temos desenvolvido em nossa própria organização.

E então, obviamente, misturamos os grupos. Quaisquer que sejam as experiências anteriores deles, todos têm a oportunidade de trabalhar em

---

* QE, ou "quociente emocional", é outra forma de se referir a "inteligência emocional".

todas as funções, tornando seus dias mais estimulantes, suas carreiras mais realizadoras, nossas equipes mais eficazes e nossos produtos melhores. A ex-consultora Judy Gilbert gerenciou as áreas de recrutamento e de aprendizado e hoje é líder de Operações de Equipe no YouTube e no Google[x]. Janet Chou, que trabalhou em Finanças antes de se transferir para RH, dirigiu nossas equipes de fusões e aquisições e é líder de Operações de Equipe em nossas organizações técnicas. Nancy Lee era advogada e sua primeira função em Operações de Equipe foi liderar o grupo que dava suporte a Gerência de Produtos, em parceria com Susan Wojcicki, Salar Kamangar, Marissa Mayer e Jonathan Rosenberg. Hoje ela lidera nossas iniciativas de diversidade e educação.

Ao aplicar esse modelo de três terços, recrutamos um portfólio de capacidades. Os profissionais de RH nos ensinam a reconhecer e a influenciar padrões em pessoas e em organizações; os consultores melhoram nossa compreensão do negócio e reforçam nossa capacidade de solução de problemas; o pessoal de análise aprimora a qualidade de tudo o que fazemos.

Poucas são as coisas descritas neste livro que poderíamos ter feito sem essa combinação de talentos. É um erro recrutar apenas profissionais de RH para a área de RH.

Todos os profissionais que trabalham em Operações de Equipe, porém, têm alguns traços em comum. São habilidosos em solução de problemas; caracterizam-se por alguma dose de humildade intelectual, que os torna abertos para as possibilidades de estar errados e para as oportunidades de aprender com os erros; e cada um deles é extremamente preocupado com os outros, se importando profundamente com os googlers e com a empresa.

E, assim, compõem um grupo diversificado. O departamento de Operações de Equipe, em conjunto, fala mais de 35 línguas e inclui ex-atletas profissionais, participantes de Olimpíadas, recordistas mundiais e militares veteranos. Aqui estão presentes representantes das principais nacionalidades, religiões, orientações sexuais e níveis de capacidade física. Há pessoas que constituíram as próprias empresas, que trabalharam em organizações sem fins lucrativos, como Teach for America e Catalyst, e que saíram de outras empresas e de outros setores de tecnologia, e algumas que sempre e apenas trabalharam no Google. Antes de trabalhar em Operações de Equipe, algumas atuavam como engenheiros, vendedores;

tem gente das áreas de finanças, relações públicas, jurídica. Temos pessoas com vários Ph.D.s e pessoas sem ensino superior, e dezenas de outras que foram as primeiras da família a frequentar faculdade. É um grupo fenomenal. Trabalhar nesse contexto é um privilégio e um exercício de humildade.

Começamos, porém, como um punhado de pessoas. Ao aplicar com diligência padrões de alta qualidade e ao persistir em nosso modelo de três terços, construímos algo especial nesses últimos nove anos. Você também pode fazer o mesmo. Tudo começa com a avaliação objetiva do atual portfólio de habilidades e com a identificação de onde já se é forte e de onde é possível melhorar. Então, cabe a você decidir quem irá contratar.

Operações de Equipe versus RH

A sensibilidade de Shona para marcas era notável. Desde que criou o termo Operações de Equipe, o título se popularizou para designar departamentos de RH: Dropbox, Facebook, LinkedIn, Square, Zynga e mais de 20 outras empresas o adotaram.

Conheci pouco tempo atrás o chefe de Operações de Equipe de outra empresa de tecnologia. Perguntei o que o levou a usar o nome. Ele respondeu: "Ah, é o mesmo que RH. Apenas gostamos de chamá-lo assim."

É claro que cada um pode usar o nome que preferir. A mudança de nome, porém, é uma oportunidade para criar alguma coisa diferente, algo talvez melhor.

Mais que qualquer outra coisa, o que nos une em Operações de Equipe é a visão de que o trabalho pode ser enobrecedor, energizante e vibrante. Isso é o que nos impulsiona.

Não estamos afirmando com isso que temos todas as respostas. Não temos. Na verdade, temos muito mais perguntas do que respostas. Aspiramos, porém, a promover mais discernimento, inovação e antecipação para os googlers e para suas experiências no trabalho. Sentimo-nos extasiados e, ao mesmo tempo, humildes ao sermos reconhecidos em tantos países e em tantas comunidades como o melhor lugar para trabalhar. É um prazer imenso ver as pessoas saírem do Google e aproveitarem os pilares que aprenderam aqui para criar as próprias versões de lugares incríveis para trabalhar, como Randy Knaflic (diretor de Recursos Humanos da Jawbone), Michael DeAngelo (chefe de Pessoal do Pinterest), Renee Atwood (chefe de

Pessoal do Uber), Arnnon Geshuri (chefe de RH da Tesla) e Caroline Horn (sócia da empresa de capital de risco Andreessen Horowitz).

Certa vez um googler me perguntou: "Se contarmos a todo mundo nossos segredos referentes a pessoas, será que não vão nos copiar? Será que não perderemos nossa vantagem?"

Respondi a ele que isso não nos prejudicaria. "Se alguém melhorar em recrutamento, por exemplo, não significa que contratará mais pessoas. Significa que será mais capaz de identificar as pessoas que terão mais sucesso na sua empresa. Queremos os profissionais que darão o melhor de si aqui, não os que atuarão melhor em outros lugares."

E se, ao longo do caminho, trabalhar em algumas empresas deixar de ser um meio para alcançar um fim e se tornar uma fonte de realização e de felicidade? E se, no final do dia, as pessoas se sentirem entusiasmadas e orgulhosas de suas conquistas?

Isso também seria ótimo.

Dicas do Google
para melhorar o trabalho

Capítulo 1
PARA SE TORNAR UM FUNDADOR

- ❏ Escolha se ver como um fundador.
- ❏ Agora aja como tal.

Capítulo 2
PARA CONSTRUIR UMA ÓTIMA CULTURA

- ❏ Pense no trabalho como uma vocação, uma missão importante.
- ❏ Dê às pessoas um pouco mais de confiança, liberdade e autoridade, além do limite do que você consideraria confortável. Se não ficar nervoso com isso, você não lhes deu o suficiente.

Capítulo 3
PARA CONTRATAR PESSOAS

- ❏ No caso de dispor de recursos limitados, invista as verbas de RH primeiro em recrutamento e seleção.
- ❏ Para contratar apenas as melhores pessoas: não acelere o processo, selecione somente quem seja melhor do que você em alguma área importante e não permita que os gestores tomem sozinhos a decisão na hora de contratar novos membros para a equipe.

Capítulo 4
PARA ENCONTRAR CANDIDATOS EXCEPCIONAIS

- ❏ Consiga as melhores indicações dos seus funcionários, sendo exaustivamente específico na descrição do que está procurando.
- ❏ Torne o recrutamento parte do trabalho de todos.
- ❏ Não tenha medo de experimentar coisas malucas para chamar a atenção das melhores pessoas.

Dicas do Google para melhorar o trabalho ◄ **337**

Capítulo 5
PARA SELECIONAR NOVOS FUNCIONÁRIOS
- ❏ Adote altos padrões de qualidade.
- ❏ Encontre seus próprios candidatos.
- ❏ Avalie-os com objetividade.
- ❏ Dê a eles razões para se juntarem à empresa.

Capítulo 6
PARA O EMPODERAMENTO EM MASSA
- ❏ Elimine os símbolos de status.
- ❏ Decida com base em dados, não nas opiniões dos gestores.
- ❏ Encontre maneiras para que as pessoas moldem o próprio trabalho e a empresa.
- ❏ Espere muito.

Capítulo 7
PARA A GESTÃO DO DESEMPENHO
- ❏ Defina com exatidão os objetivos.
- ❏ Colha feedback dos colegas.
- ❏ Use um processo de calibragem para finalizar as avaliações.
- ❏ Separe as conversas sobre recompensas das conversas sobre desenvolvimento.

Capítulo 8
PARA GERENCIAR SEUS DOIS EXTREMOS
- ❏ Ajude quem está precisando melhorar.
- ❏ Analise os melhores profissionais.
- ❏ Use pesquisas e checklists para descobrir a verdade e para estimular as pessoas a melhorar.
- ❏ Dê o exemplo, compartilhando o próprio feedback recebido e agindo para aprimorar os pontos criticados.

338 ▶ Um novo jeito de trabalhar

Capítulo 9
PARA CONSTRUIR UMA INSTITUIÇÃO DE APRENDIZADO

- ❏ Estimule a prática deliberada: desdobre as lições em pequenas partes assimiláveis, com feedback claro, e repita sucessivas vezes.
- ❏ Peça a seus melhores profissionais que ensinem a outros funcionários.
- ❏ Invista apenas em cursos capazes efetivamente de mudar o comportamento das pessoas.

Capítulo 10
PARA PAGAR SALÁRIOS DIFERENCIADOS

- ❏ Aceite grandes variações nos salários, que reflitam a distribuição de lei de potência do desempenho.
- ❏ Comemore as realizações, não a remuneração.
- ❏ Facilite a difusão do amor.
- ❏ Recompense o fracasso ponderado.

Capítulo 11
PARA ALCANÇAR EFICIÊNCIA, COMUNHÃO E INOVAÇÃO

- ❏ Facilite a vida dos funcionários.
- ❏ Descubra maneiras de dizer sim.
- ❏ As piores coisas da vida acontecem raramente – esteja ao lado de seu pessoal nessas ocasiões.

Capítulo 12
PARA DAR UM EMPURRÃOZINHO RUMO À SAÚDE, À RIQUEZA E À FELICIDADE

- ❏ Reconheça a diferença entre o que é e o que deve ser.
- ❏ Faça muitos pequenos experimentos.
- ❏ Não imponha: dê pequenos empurrões.

Capítulo 13
PARA LIDAR COM OS FIASCOS

- ❏ Admita o erro. Seja transparente.
- ❏ Peça conselhos em todas as esferas.
- ❏ Conserte o que quebrou.
- ❏ Descubra a lição a aprender com o erro e a ensine.

Capítulo 14

O JEITO GOOGLE DE TRABALHAR

- ☐ Dê significado ao trabalho.
- ☐ Confie nas pessoas.
- ☐ Contrate apenas pessoas que sejam melhores que você.
- ☐ Não confunda desenvolvimento com gestão do desempenho.
- ☐ Concentre-se nos dois extremos.
- ☐ Seja frugal e generoso.
- ☐ Pague salários diferenciados.
- ☐ Dê um empurrãozinho.
- ☐ Gerencie as expectativas crescentes.
- ☐ Aproveite! Volte, então, ao número um e comece tudo de novo.

Agradecimentos

Este livro, em termos muito literais, não teria sido possível sem a visão, a ambição e o apoio inigualáveis de Larry Page e Sergey Brin. É um privilégio aprender e trabalhar com eles. E sou grato pela disposição de permitir que algumas lições do Google sejam compartilhadas com o mundo.

Eric Schmidt me ensinou lições valiosas em cada uma de nossas reuniões da equipe. Uma conversa de cinco minutos com ele no corredor é uma aula magna sobre liderança. Jonathan Rosenberg, David Drummond e Shona Brown me ajudaram a entender o Google, impulsionando a mim e à equipe a alcançar padrões cada vez mais elevados que pareciam inatingíveis no começo, mas que, em retrospectiva, eram exatamente aquilo de que o Google precisava. Alan Eustace, Bill Coughran, Jeff Huber e Urs Hölzle sempre foram generosos em relação ao próprio tempo e ponderados em seus argumentos convincentes. Patrick Pichette tem sido um grande parceiro em sessões de brainstorming. Sou grato a Susan Wojcicki, Salar Kamangar, Stacy Sullivan, Marissa Mayer e Omid Kordestani por construírem este lugar a partir da estaca zero e por sempre defenderem nossa cultura. E eu estaria perdido durante todos esses anos sem as orientações sábias de Bill Campbell e Kent Walker.

Três googlers foram loucos o suficiente para achar que valeria a pena dedicar seu tempo pessoal a um projeto como este. Este livro não estaria nas mãos dos leitores sem a acuidade de Annie Robinson para linguagem e pesquisa, sem o brilho analítico de Kathryn Dekas e sem a sensibilidade para o design e a clareza de Jen Lin. Eu poderia escrever outro livro só para agradecer a Hannah Cha por tudo o que faz para me apoiar pessoalmente e ao departamento de Operações de Equipe. Meu trabalho e minha vida seriam um desastre sem você. E obrigado a Anna Fraser, Tessa Pompa, Craig Rubens, Prasad Setty, Sunil Chandra, Becky Bucich, Carrie Farrell, Marc Ellenbogen, Scott Rubin, Amy Lambert, Andy Hinton, Kyle Keogh, Rachel Whetstone e Lorraine Twohill pelo apoio e pelos conselhos.

Ken Dychtwald me encorajou a procurar Amanda Urban, a melhor agente literária do planeta. Binky, sua atuação, suas ideias e sua garra são ímpares. Obrigado. (E meus agradecimentos a Ken Auletta, pela bondade de nos apresentar!)

Courtney Hodell, que dispara e-mails mais bem escritos que as páginas que levo horas para escrever, foi uma editora inestimável, com palavras de estímulo sempre na ponta da língua. Se você gostou de ler este livro, agradeça a ela. Se não gostou, culpe a mim por não ouvi-la!

Sou grato a Sean Desmond e a Deb Futter, da Twelve (http://twelvebooks. com/), por se arriscarem com este autor de primeira viagem. A prosa lúcida da *The New Yorker* foi meu exercício de aquecimento, todas as manhãs, antes de começar a escrever.

Ao pequeno grupo de amigos que torturei com os primeiros rascunhos, obrigado. Craig Bida, Joel Aufrecht e Adam Grant provavelmente escreveram mais palavras de feedback do que escrevi no livro inteiro. E Cade Massey e Amy Wrzesniewski ofereceram ótimas sugestões.

Gus Mattammal, obrigado por me ajudar a construir uma tese coerente a partir de um emaranhado de ideias. Jason Corley, nunca pensei que esses anos de trabalho conjunto escrevendo 1ACs seriam tão úteis! Eu não conseguiria melhores amigos que vocês dois, John Busenberg e Craig.

Meus pais, Susan Bonczos e Paul Bock, literalmente arriscaram tudo para nos dar liberdade. Tudo o que fiz é consequência daquele momento de coragem, na Romênia, e do trabalho e do apoio incansáveis de vocês durante todos esses anos. Steve, obrigado por estar ao meu lado desde o começo. Eu sempre soube que você estaria a postos se eu precisasse. Amo vocês todos.

Na vida, temos duas famílias: aquela em que nascemos e aquela que escolhemos. Sou o cara mais feliz do planeta porque Gerri Ann me escolheu para fazer parte da dela. Parafraseando certo filme, percebi, desde que conheci você, que todos os dias da minha vida são melhores que a véspera. Isso significa que cada dia que você me vê é o dia mais feliz da minha vida. Você e as meninas deixaram que eu roubasse noites e fins de semana de nosso convívio para escrever este livro. Amo vocês mais que qualquer outra coisa. E não posso esperar pelo próximo fim de semana!

Finalmente, obrigado a todos os googlers sensacionais com quem trabalho todos os dias e ao fantástico grupo de Operações de Equipe. Já disse antes e continuo repetindo: é um privilégio trabalhar com vocês, aprender com vocês e criar com vocês. Não existe no mundo outra equipe assim, e é uma dádiva desfrutar da companhia de vocês.

Créditos das imagens

Página 37: Google Images & Tessa Pompa

Página 38: Google & Burning Man

Página 38: Equipe do Doodle do Google

Página 41: Google Maps

Página 41: Google Maps

Página 42: Google Maps

Página 42: Google Maps (maps.google.com/oceans)

Página 43: Google Maps

Página 44: Google Maps

Página 48: Change.gov

Página 74: Google

Página 75: Google

Página 93: Google

Página 101: Google

Página 105: Google

Página 107: Google

Página 112: Google Creative Lab

Página 121: Cortesia de Brett Crosby

Página 123: Inspirado por Adam Wald

Página 132: Google

Página 133: Google

Página 149: Paul Cowan

Página 162: Google

Página 168: Cortesia de Arquivos e Coleções Especiais do Centro de
Pesquisa Thomas J. Dodd, Bibliotecas da Universidade de Connecticut

Página 168: Cortesia de Arquivos e Coleções Especiais do Centro de
Pesquisa Thomas J. Dodd, Bibliotecas da Universidade de Connecticut

Página 168: Tessa Pompa

Página 170: Google
Página 197: Google
Página 211: Google
Página 211: Google
Página 212: Lycos
Página 212: Mindspark/Excite
Página 213: Google
Página 228: Tessa Pompa & Diana Funk
Página 232: Google
Página 233: Craig Rubens & Tessa Pompa
Página 235: Google
Página 248: Google
Página 260: Imagem da Photo Sphere, cortesia de Noam Ben-Haim
Página 264: Cortesia de rAndom International
Página 265: Foto de Hiroko Masuike, *The New York Times*, 22/03/2013
Página 275: Google
Página 277: Cortesia de Manu Cornet
Página 279: Editora Hachette
Página 285: Cortesia do professor David Hammond, Ph.D., Universidade de Waterloo
Página 286: Google
Página 288: Inspirado pela ilusão de Delboeuf
Página 322: Google
Página 354: Tessa Pompa

Notas

1. Agência Americana de Estatísticas do Trabalho, "Charts from the American Time Use Survey", modificado pela última vez em 23 de outubro de 2013, http://www.bls.gov/tus/charts/.
2. John A. Byrne, "How Jack Welch Runs GE", *Business Week*, 8 de junho de 1998, http://www.businessweek.com/1998/23/b3581001.htm.
3. (Nome protegido), comunicação confidencial com o autor, 2006-2007.
4. Will Oremus, redator sênior de tecnologia da Slate, acrescentou o seguinte sobre o quanto o Gmail foi revolucionário: "Dez anos depois, os rivais do Google copiaram a tal ponto o Gmail que chega a ser difícil lembrar de como eram terríveis os webmails antes do surgimento do Gmail. As páginas eram pesadas e lentas, as funções de busca eram horríveis e os spams chegavam em profusão. Não havia como organizar as mensagens por conversa. A capacidade de armazenamento era anêmica e, se lhe faltasse espaço, você tinha que passar horas deletando velhos e-mails ou comprando mais espaço do provedor. O Gmail, que foi projetado usando o Ajax em vez do velho HTML, mostrou que os aplicativos de web podem rodar com tanta suavidade quanto os aplicativos de desktop. E agora está ensinando o poder da armazenagem na nuvem." 1º de abril de 2014, http://www.slate.com/blogs/future_tense/2014/04/01/gmail_s_10th_birthday_the_google_april_fool_s_joke_that_changed_tech_history.html.
5. James Raybould, "Unveiling LinkedIn's 100 Most InDemand Employers of 2013", *LinkedIn* (blog oficial), 16 de outubro de 2013, http://blog.linkedin.com/2013/10/16/unveiling-linkedins-100-most-indemand-employers-of-2013/.
6. Nossos números reais referentes a contratação variam de ano para ano.
7. "Harvard Admitted Students Profile", Universidade Harvard, acessado em 23 de janeiro de 2014, https://college.harvard.edu/admissions/admissions-statistics.
8. "Yale Facts and Statistics" , Universidade Yale, acessado em 23 de janeiro de 2014, http://oir.yale.edu/sites/default/files/FACTSHEET(2012-13)_3.pdf.
9. "Admission Statistics", Princeton University Undergraduate Admission, acessado em 23 de janeiro de 2014, http://www.princeton.edu/admission/applyingforadmission/admission_statistics/.
10. Fonte: Google, Inc.
11. "Fortune's 100 Best Companies to Work For®", Great Place to Work Institute, acessado em 23 de janeiro de 2014, http://www.greatplacetowork.net/best-companies/north-america/united-states/fortunes-100-best-companies-to-work-forr/441-2005.
12. "Wegmans Announces Record Number of Employee Scholarship Recipients in 2012", Wegmans, 7 de junho de 2012, https://www.wegmans.com/webapp/wcs/stores/servlet/PressReleaseDetailView?productId=742304&storeId=10052&catalogId=10002&langId=-1.

346 ▶ Um novo jeito de trabalhar

13. Sarah Butler e Saad Hammadi, "Rana Plaza factory disaster: Victims still waiting for compensation", theguardian.com, 23 de outubro de 2013, http://www.theguardian.com/world/2013/oct/23/rana-plaza-factory-disaster-compensation-bangladesh.
14. *Como enlouquecer seu chefe*, dirigido por Mike Judge (1999; 20th Century Fox).
15. Richard Locke, Thomas Kochan, Monica Romis e Fei Qin, "Beyond Corporate Codes of Conduct: Work Organization and Labour Standards at Nike's Suppliers", *International Labour Review* 146, nº 1-2 (2007): 21-40.
16. Kamal Birdi, Chris Clegg, Malcolm Patterson, Andrew Robinson, Chris B. Stride, Toby D. Wall e Stephen J. Wood, "The Impact of Human Resource and Operational Management Practices on Company Productivity: A Longitudinal Study", *Personnel Psychology* 61 (2008): 467-501.
17. Os quatro foram Francis Upton, Charles Batcheldor, Ludwig Boehm e John Kruesi. Ver "Six teams that changed the world", *Fortune*, 31 de maio de 2006, http://money.cnn.com/2006/05/31/magazines/fortune/sixteams_greatteams_fortune 061206/.
18. Nicole Mowbray, "Oprah's path to power", *The Observer*, 2 de março de 2003, http://www.theguardian.com/media/2003/mar/02/pressandpublishing.usnews1.
19. Adam Lashinsky, "Larry Page: Google should be like a family", *Fortune*, 19 de janeiro de 2012, http://fortune.com/2012/01/19/larry-page-google-should-be-like-a-family/.
20. Discurso de Larry Page em cerimônia de formatura na Universidade de Michigan, http://googlepress.blogspot.com/2009/05/larry-pages-university-of-michigan.html.
21. Mark Malseed, "The Story of Sergey Brin", *Moment*, fevereiro-março de 2007, http://www.momentmag.com/the-story-of-sergey-brin/.
22. Steven Levy, *Google – A biografia* (São Paulo: Universo dos Livros, 2012).
23. John Battelle, "The Birth of Google", *Wired*, agosto de 2005, http://www.wired.com/wired/archive/13.08/battelle.html. "Our History in Depth", Google, http://www.google.com/about/company/history/.
24. Esses investimentos acabariam sendo superiores a US$ 1 bilhão cada. Os investimentos de Bechtolsheim e Cheriton não foram as fontes originais de apoio para o que viria a se tornar o Google. Os investimentos da Fundação Nacional para a Ciência (National Science Foundation, NSF) ocorreram ainda mais cedo, embora de forma indireta, através de seu programa para uma biblioteca digital, Digital Libraries Initiative (DLI). Os professores Hector Garcia-Molina e Terry Winograd receberam subsídio da DLI em 1º de setembro de 1994 para criar o Projeto Integrado de Biblioteca Digital de Stanford, cuja missão era "desenvolver as tecnologias capacitadoras de uma biblioteca única, integrada e 'universal', oferecendo acesso uniforme a um grande número de novas fontes e coleções de informações em rede... [incluindo] tudo, como coleções de informações pessoais, outras coleções que hoje se encontram nas bibliotecas convencionais e grandes coleções de dados compartilhadas por cientistas. A tecnologia a ser desenvolvida nesse projeto fornecerá a 'cola' que possibilitará o uso dessa coleção mundial como entidade unificada, de maneira ampliável, além de viável do ponto de vista econômico".

Os estudos de pós-graduação de Larry receberam apoio desse subsídio, assim como alguns dos primeiros trabalhos que se converteriam no Google. Os estudos de Sergey também foram financiados por uma bolsa de pesquisa da NSF. Ver "On the Origins of Google", National Science Foundation, http://www.nsf.gov/discoveries/disc_summ.jsp?cntn_id=100660.

25. "Code of Conduct" (Código de Conduta), Google, http://investor.google.com/corporate/code-of-conduct.html#II.

26. Henry Ford, *Minha vida e minha obra* (São Paulo: Cultor, 2013).

27. Hardy Green, *The Company Town: The Industrial Edens and Satanic Mills That Shaped the American Economy* (Nova York: Basic Books, 2010).

28. "About Hershey: Our Proud History", Hershey Entertainment & Resorts, http://www.hersheypa.com/about_hershey/our_proud_history/about_milton_hershey.php.

29. *American Experience*: "Henry Ford", WGBH Educational Foundation, transmitido pela primeira vez em março de 2013. Escrito, produzido e dirigido por Sarah Colt. Ver também: Albert Lee, *Henry Ford and the Jews* (Nova York: Stein and Day, 1980). Ford também era dono do *Dearborn Independent*, semanário que publicava com regularidade artigos e editoriais antissemitas, alguns com a assinatura de Ford, muitos dos quais foram compilados em quatro volumes, conhecidos, em conjunto, como *The International Jew: the World's Problem* (1920-1922).

30. Michael D. Antonio, *Hershey: Milton S. Hershey's Extraordinary Life of Wealth, Empire, and Utopian Dreams* (Nova York: Simon & Schuster, 2007). O jornal da cidade de Hershey, impresso pela primeira vez quando contava apenas 250 habitantes, também dava conselhos ocasionais, como "suicídio da raça [ou seja, casamento inter-racial] é o maior mal do dia", de uma coluna descrevendo "a Sra. George Herrick, mãe do primeiro 'bebê eugênico' da Nova Inglaterra" (*Hershey's Weekly*, 26 de dezembro de 1912).

31. Jon Gertner, "True Innovation", *The New York Times*, 25 de fevereiro de 2012, http://www.nytimes.com/2012/02/26/opinion/sunday/innovation-and-the-bell-labs-miracle.html?pagewanted=all&_r=0.

32. Jon Gertner, *The Idea Factory: Bell Labs and the Great Age of American Innovation* (Nova York: Penguin, 2013).

33. John R. Pierce, "Mervin Joe Kelly, 1894-1971" (Washington: National Academy of Sciences, 1975), http://www.nasonline.org/publications/biographical-memoirs/memoir-pdfs/kelly-mervin.pdf.

34. "Google Search Now Supports Cherokee", *Google* (blog oficial), 25 de março de 2011, http://googleblog.blogspot.com/2011/03/google-search-now-supports-cherokee.html.

35. "Some Weekend Work That Will (Hopefully) Enable More Egyptians to Be Heard", *Google* (blog oficial), 31 de janeiro de 2011, http://googleblog.blogspot.com/2011/01/some-weekend-work-that-will-hopefully.html.

36. Lashinsky, "Larry Page: Google should be like a family".

37. Edgar H. Schein, *Cultura organizacional e liderança* (São Paulo: Atlas, 2009).

38. Googlegeist (nossa pesquisa anual dos funcionários), 2013.

39. O blog *Rescue Time* estimou que, naquele dia, os visitantes do nosso site passaram um total de 5.350.000 horas (26 segundos cada um) tocando a guitarra de Les Paul. "Google Doodle Strikes Again! 5.35 Million Hours Strummed", *RescueTime* (blog), 9 de junho de 2011, http://blog.rescuetime.com/2011/06/09/google-doodle-strikes-again/.

40. Compare isso com o Projeto Integrado de Biblioteca Digital de Stanford [Stanford Integrated Digital Library] da nota 24. Parece familiar, certo?

348 ▶ Um novo jeito de trabalhar

41. "IBM Mission Statement", http://www.slideshare.net/waqarasif67/ibm-mission-statement.
42. "Mission & Values", McDonald's, http://www.aboutmcdonalds.com/mcd/our_company/mission_and_values.html.
43. "The Power of Purpose", Procter & Gamble, http://www.pg.com/en_US/company/purpose_people/index.shtml.
44. *Wikipédia*, "Timeline of Google Street View", modificado pela última vez em 19 de maio de 2014, http://en.wikipedia.org/wiki/Timeline_of_Google_Street_View.
45. South Base Camp, Mt. Everest, https://www.google.com/maps/@28.007168,86.86105,3a,7 5y,92.93h,87.22t/data=!3m5!1e1!3m3!1sUdU6omw_CrN8sm7NWUnpcw!2e0!3e2.
46. Heron Island, https://www.google.com/maps/views/streetview/oceans?gl=us.
47. Philip Salesses, Katja Schechtner e César A. Hidalgo, "The Collaborative Image of the City: Mapping the Inequality of Urban Perception", *PLOS ONE*, 24 de julho de 2013, http://www.plosone.org/article/info%3Adoi%2F10.1371%2Fjournal.pone.0068400.
48. Transparência total: a Google Capital investiu no Uber. E, desde que comecei a escrever este livro, o Google adquiriu o Waze.
49. "Google Developers", Google, 15 de maio de 2013, https://plus.sandbox.google.com/+GoogleDevelopers/posts/NrPMMwZtY8m.
50. Adam Grant, *Dar e receber* (Rio de Janeiro: Sextante, 2014).
51. Adam M. Grant, Elizabeth M. Campbell, Grace Chen, Keenan Cottone, David Lapedis e Karen Lee, "Impact and the Art of Motivation Maintenance: The Effects of Contact with Beneficiaries on Persistence Behavior", *Organizational Behavior and Human Decision Processes* 103, nº 1 (2007): 53-67.
52. Corey Kilgannon, "The Lox Sherpa of Russ & Daughters", *The New York Times*, 2 de novembro de 2012, http://www.nytimes.com/2012/11/04/nyregion/the-lox-sherpa-of-russ--daughters.html?_r=0, 11/2/12.
53. A. Wrzesniewski, C. McCauley, R. Rozin e B. Schwarz, "Jobs, Careers, and Callings: People's Relation to Their Work", *Journal of Research in Personality* 31 (1997): 21-33.
54. Roger More, "How General Motors Lost its Focus – and its Way", *Ivey Business Journal*, maio-junho de 2009, http://iveybusinessjournal.com/topics/strategy/how-general-motors--lost-its-focus-and-its-way#.UobINPlwp8E.
55. Marty Makary, *Unaccountable: What Hospitals Won't Tell You and How Transparency Can Revolutionize Health Care* (Nova York: Bloomsbury Press, 2012).
56. Daniel Gross, "Bridgewater May Be the Hottest Hedge Fund for Harvard Grads, but It's Also the Weirdest", *Daily Beast*, 7 de março de 2013, http://www.thedailybeast.com/articles/2013/03/07/bridgewater-may-be-the-hottest-hedgefund-for-harvard-grads--but-it-s-also-the-weirdest.html.
57. "Radical Transparency", *LEADERS*, julho-setembro de 2010, http://www.leadersmag.com/issues/2010.3_Jul/Shaping%20The%20Future/Ray-Dalio-Bridgewater-Associates-Interview-Principles.html.
58. Tara Siegel Bernard, "Google to Add Pay to Cover a Tax for Same-Sex Benefits", *The New York Times*, 30 de junho de 2010, http://www.nytimes.com/2010/07/01/your-money/01 benefits.html?_r=2&.

59. Ethan R. Burris, "The Risks and Rewards of Speaking Up: Managerial Responses to Employee Voice", *Academy of Management Journal* 55, nº 4 (2012): 851-875. Robert S. Dooley e Gerald E. Fryxell, "Attaining Decision Quality and Commitment from Dissent: The Moderating Effects of Loyalty and Competence in Strategic Decision-Making Teams", *Academy of Management Journal* 42, nº 4 (1999): 389-402. Charlan Jeanne Nemeth, "Managing Innovation: When Less Is More", *California Management Review* 40, nº 1 (1997): 59-74. Linda Argote e Paul Ingram, "Knowledge Transfer: A Basis for Competitive Advantage in Firms", *Organizational Behavior and Human Decision Processes* 82, nº 1 (2000): 150-169.

60. "China Blocking Google", BBC News World Edition, 2 de setembro de 2002, http://news.bbc.co.uk/2/hi/technology/2231101.stm.

61. Laszlo Bock, "Passion, Not Perks", Google, setembro de 2011, http://www.thinkwithgoogle.com/articles/passion-not-perks.html.

62. De acordo com Bridget Lawlor, arquivista do Drucker Institute, "[essa] citação... é atribuída com frequência a Drucker, mas não temos uma fonte definitiva. Por certo é possível que ele tenha dito isso em discurso ou palestra, mas não temos transcrição dela".

63. Stacy estava no caminho certo. Simon Lam, da Universidade de Hong Kong, e John Schaubroeck, da Universidade Estadual de Michigan, descobriram que selecionar "líderes de opinião" da linha de frente para implementar mudanças e reforçar os costumes produz maior impacto que usar gestores ou subordinados escolhidos ao acaso. Basearam-se em três agências de bancos que estavam lançando programas de treinamento em novos serviços. Quando selecionaram "líderes de opinião" como "líderes em qualidade de serviços", os clientes, os supervisores e os caixas perceberam melhorias significativas na qualidade dos serviços, embora o conteúdo do treinamento, em si, sob os demais aspectos, fosse idêntico. Simon S. Lam e John Schaubroeck, "A Field Experiment Testing Frontline Opinion Leaders as Change Agents", *Journal of Applied Psychology* 85, nº 6 (2000): 987-995.

64. Os dados sobre salários anteriores a 2013 são de http://www.stevetheump.com/Payrolls.htm e de http://www.baseballprospectus.com/compensation/cots/.

Os dados sobre salários de 2013 são de *USA Today*, acessado em 15 de dezembro de 2013, http://www.usatoday.com/sports/fantasy/baseball/salaries/2013/all/team/all/.

Os dados sobre os vencedores são de http://espn.go.com/mlb/worldseries/history/winners.

65. David Waldstein, "Penny-Pinching in Pinstripes? Yes, the Yanks Are Reining in Pay", *The New York Times*, 11 de março de 2013, http://www.nytimes.com/2013/03/12/sports/baseball/yankees-baseballs-big-spenders-are reining-it-in.html?pagewanted=all&_r=0.

66. "Milestones in Mayer's Tenure as Yahoo's Chief", *The New York Times*, 16 de janeiro de 2014, http://www.nytimes.com/interactive/2014/01/16/technology/marissa-mayer-yahoo-timeline.html?_r=0#/#time303_8405.

67. Brian Stelter, "He Has Millions and a New Job at Yahoo. Soon, He'll Be 18", *The New York Times*, 25 de março de 2013, http://www.nytimes.com/2013/03/26/business/media/nick-daloisio-17-sells-summly-app-to-yahoo.html?hp&_r=0. Kevin Roose, "Yahoo's Summly Acquisition Is About PR and Hiring, Not a 17-Year-Old's App", *New York*, 26 de março de 2013, http://nymag.com/daily/intelligencer/2013/03/yahoos-summly-acquisition-is-about-image.html.

350 ▶ Um novo jeito de trabalhar

68. "Yahoo Acquires Xobni App", Zacks Equity Research, 5 de julho de 2013, http://finance.yahoo.com/news/yahoo-acquires-xobni-app-154002114.html.

69. Professor Freek Vermeulen, "Most Acquisitions Fail – Really", *Freeky Business* (blog), 3 de janeiro de 2008, http://freekvermeulen.blogspot.com/2007/11/random-rantings-2.html.

70. Ambady e Rosenthal, "Thin Slices", entre muitos outros. Citações detalhadas constam do capítulo seguinte e começam com a nota 80. Alguns pesquisadores descobriram que as impressões se formam em não mais que 10 segundos.

71. Caroline Wyatt, "Bush and Putin: Best of Friends", BBC News, 16 de junho de 2001, http://news.bbc.co.uk/2/hi/1392791.stm.

72. Embora os especialistas discordem sobre quanto exatamente se desperdiça com treinamento, eles são quase unânimes em concordar que uma parte muito pequena do treinamento de fato produz efeito. John Newstrom (1985) pesquisou membros da Sociedade Americana de Treinamento e Desenvolvimento, segundo os quais cerca de 40% do treinamento são aplicados logo em seguida ao aprendizado, mas que, um ano depois, apenas 15% continuam sendo aplicados. E saliento que os treinadores em si são mais propensos a ser otimistas nas estimativas. Quando Newstrom e Mary Broad (1992) olharam de novo, descobriram que cerca de 20% dos aprendizes aplicavam o treinamento, embora Broad (2005) depois tenha esclarecido que a maioria dos programas fica mais perto de 10% de transferência do aprendizado para o desempenho real. Tim Baldwin e Kevin Ford (1988) também concluem que "embora as indústrias americanas gastem por ano até US$ 100 bilhões em treinamento e desenvolvimento, não mais que 10% dessas despesas de fato resultam em impacto sobre o trabalho". Scott Tannenbaum e Gary Yukl (1992) foram ainda menos entusiastas, estimando que somente 5% dos aprendizes aplicam o que aprenderam. Pesquisas recentes de Eduardo Salas, Tannenbaum, Kurt Kraiger e Kimberly Smith-Jentsch (2012) oferecem alguma esperança. O treinamento pode ser muito mais eficaz, argumentam, desde que se preencham certas condições, como ambiente de trabalho propício, reforços formais e informais das habilidades aprendidas no treinamento, autonomia no trabalho, compromisso da organização com a qualidade, além de flexibilidade para que os funcionários experimentem e apliquem no trabalho os novos comportamentos aprendidos. Em suma, exatamente o tipo de ambiente que estamos analisando aqui.

73. "Einstein at the Patent Office", Instituto Federal Suíço de Propriedade Intelectual, modificado pela última vez em 21 de abril de 2011, https://www.ige.ch/en/about-us/einstein/einstein-at-the-patent-office.html.

74. Corporate Executive Board, Corporate Leadership Council, HR Budget and Efficiency Benchmarking Database, Arlington VA, 2012.

75. Pui-Wing Tam e Kevin Delaney, "Google's Growth Helps Ignite Silicon Valley Hiring Frenzy", *The Wall Street Journal*, 23 de novembro de 2005, http://online.wsj.com/article/SB113271436430704916.html, e conversas pessoais.

76. Malcolm Gladwell, "The Talent Myth: Are Smart People Overrated?", *The New Yorker*, 22 de julho de 2002, http://www.newyorker.com/archive/2002/07/22/020722fa_fact?currentPage=all.

77. "Warning: We Brake for Number Theory", *Google* (blog oficial), 12 de julho de 2004, http://googleblog.blogspot.com/2004/07/warning-we-brake-for-number-theory.html.

78. "Google Hiring Experience", *Oliver Twist* (blog), modificado pela última vez em 17 de janeiro de 2006, http://google-hiring-experience.blogspot.com/.

79. "How Tough Is Google's Interview Process", *Jason Salas' WebLog* (blog), 5 de setembro de 2005, http://weblogs.asp.net/jasonsalas/archive/2005/09/04/424378.aspx.

80. A primeira pesquisa sobre isso é de B. M. Springbett, da Universidade de Manitoba, publicada em 1958. Embora usando uma amostra muito pequena de entrevistadores, ele descobriu que as decisões, em geral, eram tomadas nos primeiros quatro minutos da entrevista. As pesquisas subsequentes incluem Nalini Ambady e Robert Rosenthal, "Thin Slices of Expressive Behavior as Predictors of Interpersonal Consequences: A Meta-Analysis", *Psychological Bulletin* 111, nº 2 (1992): 256-274; M. R. Barrick, B. W. Swider e G. L. Stewart, "Initial Evaluations in the Interview: Relationships with Subsequent Interviewer Evaluations and Employment Offers", *Journal of Applied Psychology* 95, nº 6 (2010): 1.163-1.172; M. R. Barrick, S. L. Dustin, T. L. Giluk, G. L. Stewart, J. A. Shaffer e B. W. Swider, "Candidate Characteristics Driving Initial Impressions During Rapport Building: Implications for Employment Interview Validity", *Journal of Occupational and Organizational Psychology* 85, nº 2 (2012): 330-352.

81. J. T. Prickett, N. Gada-Jain e F. J. Bernieri, "The Importance of First Impressions in a Job Interview", trabalho apresentado na reunião anual da Midwestern Psychological Association, Chicago, maio de 2000.

82. *Wikipedia*, "Confirmation bias", http://en.wikipedia.org/wiki/Confirmation_bias#CITE-REFPlous1993, citando Scott, Plous, *The Psychology of Judgment and Decision Making*, (Nova York: McGraw-Hill, 1993), 233.

83. Gladwell, "The New-Boy Network", *The New Yorker*, 29 de maio de 2000: 68-86.

84. N. Munk e S. Oliver, "Think Fast!", *Forbes*, 159, nº 6 (1997): 146-150. K. J. Gilhooly e P. Murphy, "Differentiating Insight from Non-Insight Problems", *Thinking & Reasoning* 11, nº 3 (2005): 279-302.

85. Frank L. Schmidt e John E. Hunter, "The Validity and Utility of Selection Methods in Personnel Psychology: Practical and Theoretical Implications of 85 Years of Research Findings", *Psychological Bulletin* 124, nº 2 (1998): 262-274. Os valores de r^2 apresentados neste capítulo foram calculados com base nos coeficientes de correlação (r) corrigidos que foram relatados.

86. Phyllis Rosser, *The SAT Gender Gap: Identifying the Causes* (Washington: Center for Women Policy Studies, 1989).

87. Estudos subsequentes validaram a diferença de gênero no SAT e também demonstraram viés racial. Ver, por exemplo, Christianne Corbett, Catherine Hill e Andresse St. Rose, "Where the Girls Are: The Facts About Gender Equity in Education", Associação Americana de Mulheres Universitárias (2008). Ver também Maria Veronica Santelices e Mark Wilson, "Unfair Treatment? The Case of Freedle, the SAT, and the Standardization Approach to Differential Item Functioning", *Harvard Educational Review* 80, nº 1 (2010): 106-134.

88. Alec Long, "Survey Affirms Pitzer Policy Not to Require Standardized Tests", *The Student Life*, 28 de fevereiro de 2014.

89. Michael A. McDaniel, Deborah L. Whetzel, Frank L. Schmidt e Steven D. Maurer, "The Validity of Employment Interviews: A Comprehensive Review and Meta-Analysis", *Journal*

352 ▶ Um novo jeito de trabalhar

of Applied Psychology 79, nº 4 (1994): 599-616.Willi H. Wiesner e Steven F. Cronshaw, "A Meta-Analytic Investigation of the Impact of Interview Format and Degree of Structure on the Validity of the Employment Interview", *Journal of Occupational Psychology* 61, nº 4 (1988): 275-290.

90. Como qualquer característica positiva, a integridade levada a extremos pode se tornar negativa quando descamba do planejamento cuidadoso, da definição de objetivos e da persistência para a inflexibilidade e para o perfeccionismo compulsivo. Até agora, ainda não o encaramos como uma questão importante, mas prepare-se para explorar esse tema no futuro.

91. Correspondência pessoal, 7 de outubro de 2014.

92. Abraham H. Maslow, *The Psychology of Science: A Reconnaissance* (Nova York: Joanna Cotler Books, 1966), 15.

93. Cada candidato recebia um escore de cada entrevistador, que variava numa escala de 0,0 a 4,0; desses escores se extraía a média para chegar ao escore final. Um escore de 3,0 significava que, rigorosamente, deveríamos contratar a pessoa, mas, em termos práticos, quase todos os candidatos contratados alcançavam escores entre 3,2 e 3,6. Ninguém jamais chegou a 4,0.

94. David Smith, "Desmond Tutu Attacks South African Government over Dalai Lama Visit", *The Guardian*, 4 de outubro de 2011, http://www.theguardian.com/world/2011/oct/04/tutu-attacks-anc-dalai-lama-visa.

95. Eis o vídeo emocionante: http://www.youtube.com/watch?v=97bZu-tXLq4.

96. John Emerich Edward Dalberg, Lord Acton, "Letter to Bishop Mandell Creighton, 5 de abril de 1887", in *Historical Essays and Studies*, org. John Neville Figgis e Reginald Vere Laurence (Londres: Macmillan, 1907), 504.

97. Discovering Psychology with Philip Zimbardo, PhD, edição atualizada, "Power of the Situation", a referência começa aos 10 minutos e 59 segundos do vídeo, http://www.learner.org/series/discoveringpsychology/19/e19expand.html.

98. Dispõe-se de amplas pesquisas explorando, expandindo e criticando as descobertas de Milgram. Por exemplo, ver trabalhos de Alex Haslam (Universidade de Queensland) e Stephen Reicher (Universidade de St. Andrews).

99. Richard Norton Smith, "Ron Nessen", Gerald R. Ford Oral History Project, http://geraldrfordfoundation.org/centennial/oralhistory/ron-nessen/.

100. "SciTech Tuesday: Abraham Wald, Seeing the Unseen", post de Annie Tete, STEM Education Coordinator do Museu Nacional da Segunda Guerra Mundial, *See & Hear* (blog do museu), 13 de novembro de 2012, http://www.nww2m.com/2012/11/scitech-tuesday--abraham-wald-seeing- the-unseen/. A reedição do trabalho de Wald se encontra aqui: http://cna.org/sites/default/files/research/0204320000.pdf.

101. "*Lawyercat*" é um jargão dos googlers para designar os googlers vigilantes e diligentes de nosso departamento jurídico. E, sim, os googlers em geral usam a foto de um gato de verdade (com paletó e gravata e colarinho branco rígido) para acompanhar as discussões internas que podem descambar para o território sombrio das pendengas legais.

102. "Our New Search Index: Caffeine", *Google* (blog oficial), 8 de junho de 2010, http://googleblog.blogspot.com/2010/06/our-new-search-index-caffeine.html.

Notas ◀ **353**

103. "Time to Think", 3M, http://solutions.3m.com/innovation/en_US/stories/ time-to-think.

104. Ryan Tate, "Google Couldn't Kill 20 Percent Time Even If It Wanted To", *Wired*, 21 de agosto de 2013, http://www.wired.com/business/2013/08/20-percent-time-will-never-die/.

105. Linda Babcock, Sara Laschever, Michele Gelfand e Deborah Small, "Nice Girls Don't Ask", *Harvard Business Review*, outubro de 2013, http://hbr.org/2003/10/nice-girls-dont-ask/. Linda Babcock e Sara Laschever, *Women Don't Ask: Negotiation and the Gender Divide* (Princeton, NJ: Princeton University Press, 2003).

106. "Employee Engagement: What's Your Engagement Ratio?", Gallup Consulting, Employment Engagement Overview Brochure, baixado em 17/11/2013.

107. William H. Macey e Benjamin Schneider, "The Meaning of Employee Engagement", *Industrial and Organizational Psychology* 1, nº 1 (2008): 3-30.

108. Olivier Serrat, "The Travails of Micromanagement" (Washington: Asian Development Bank, 2011), http://digitalcommons.ilr.cornell.edu/cgi/viewcontent.cgi?article=1208&context =intl.

109. Richard Bach, *Ilusões – As aventuras de um messias indeciso* (Rio de Janeiro: Record, 1977).

110. Elaine D. Pulakos e Ryan S. O'Leary, "Why Is Performance Management Broken?" *Industrial and Organizational Psychology* 4, nº 2 (2011): 146-164.

111. "Results of the 2010 Study on the State of Performance Management", Sibson Consulting, 2010, http://www.sibson.com/publications/surveysandstudies/2010SPM.pdf.

112. Julie Cook Ramirez, "Rethinking the Review", *Human Resource Executive HREOnline*, 24 de julho de 2013, http://www.hreonline.com/HRE/view/story.jhtml?id=534355695.

113. Edwin A. Locke e Gary P. Latham, *A Theory of Goal Setting & Task Performance* (Upper Saddle River, NJ: Prentice Hall, 1990).

114. Xander M. Bezuijen, Karen van Dam, Peter T. van den Berg e Henk Thierry, "How Leaders Stimulate Employee Learning: A Leader-Member Exchange Approach", *Journal of Occupational and Organizational Psychology* 83, nº 3 (2010): 673-693. Benjamin Blatt, Sharon Confessore, Gene Kallenberg e Larrie Greenberg, "Verbal Interaction Analysis: Viewing Feedback Through a Different Lens", *Teaching and Learning in Medicine* 20, nº 4 (2008): 329-333.

115. Elaine D. Pulakos e Ryan S. O'Leary, "Why Is Performance Management Broken?", *Industrial and Organizational Psychology* 4, nº 2 (2011): 146-164.

116. Para qualquer googler que esteja lendo isto, o uso desse meme foi aprovado por Paul Cowan e Colin McMillen, assim como pelo GCPA. O que acontece em Memegen fica em Memegen!

117. Susan J. Ashford, "Feedback-Seeking in Individual Adaptation: A Resource Perspective", *Academy of Management Journal* 29, nº 3 (1986): 465-487. Leanne E. Atwater, Joan F. Brett e Atira Cherise Charles, "Multisource Feedback: Lessons Learned and Implications for Practice", *Human Resource Management* 46, nº 2 (2007): 285-307. Roger Azevedo e Robert M. Bernard, "A Meta-Analysis of the Effects of Feedback in Computer-Based Instruction", *Journal of Educational Computing Research* 13, nº 2 (1995): 111-127. Robert A. Baron, "Criticism (Informal Negative Feedback) As a Source of Perceived Unfairness in Organizations: Effects, Mechanisms, and Countermeasures", in *Justice in the Workplace: Approaching Fairness in Human Resource Management* (Applied Psychology Series), org. Russell Cropanzano (Hillsdale, NJ: Lawrence Erlbaum Associates, Inc., 1993), 155-170. Donald B. Fedor, Walter D. Davis, John M. Maslyn e Kieran Mathieson, "Performance Improvement

Efforts in Response to Negative Feedback: The Roles of Source Power and Recipient Self-Esteem", *Journal of Management* 27, nº 1 (2001): 79-97. Gary E. Bolton, Elena Katok e Axel Ockenfels, "How Effective Are Electronic Reputation Mechanisms? An Experimental Investigation", *Management Science* 50, nº 11 (2004): 1.587-1.602. Chrysanthos Dellarocas, "The Digitization of Word of Mouth: Promise and Challenges of Online Feedback Mechanisms", *Management Science* 49, nº 10 (2003): 1.407-1.424.

118. Edward L. Deci, "Effects of Externally Mediated Rewards on Intrinsic Motivation", *Journal of Personality and Social Psychology* 18, nº 1 (1971): 105-115.
119. Edward L. Deci e Richard M. Ryan, *Intrinsic Motivation and Self-Determination in Human Behavior* (Nova York: Plenum, 1985). E. L. Deci, R. Koestner e R. M. Ryan, "A Meta-Analytic Review of Experiments Examining the Effects of Extrinsic Rewards on Intrinsic Motivation", *Psychological Bulletin* 125, nº 6 (1999): 627-668. R. M. Ryan e E. L. Deci, "Self-Determination Theory and the Facilitation of Intrinsic Motivation, Social Development, and Well-Being", *American Psychologist* 55, nº 1 (2000): 68-78.
120. Maura A. Belliveau, "Engendering Inequity? How Social Accounts Create vs. Merely Explain Unfavorable Pay Outcomes for Women", *Organization Science* 23, nº 4 (2012): 1.154-1.174, publicado on-line em 28 de setembro de 2011, http://pubsonline.informs.org/doi/abs/10.1287/orsc.1110.0691.
121. Conversa pessoal.
122. Atwater, Brett e Charles, "Multisource Feedback". Blatt, Confessore, Kallenberg e Greenberg, "Verbal Interaction Analysis." Joan F. Brett e Leanne E. Atwater, "360° Feedback: Accuracy, Reactions, and Perceptions of Usefulness", *Journal of Applied Psychology* 86, nº 5 (2001): 930-942.
123. Os engenheiros que desenvolveram um precursor desse sistema optaram por 512 caracteres. Queriam, de início, 256 caracteres, em parte porque um byte (que é um conjunto de dígitos binários, ou "bits") pode armazenar 1 de 256 valores diferentes. Mas eles então imaginaram que 256 caracteres provavelmente não seriam suficientes e dobraram o valor.
124. Drew H. Bailey, Andrew Littlefield e David C. Geary, "The Codevelopment of Skill at and Preference for Use of Retrieval-Based Processes for Solving Addition Problems: Individual and Sex Differences from First to Sixth Grades", *Journal of Experimental Child Psychology* 113, nº 1 (2012): 78-92.
125. Albert F. Blakeslee, "Corn and Men", *Journal of Heredity* 5, nº 11 (1914): 511-518. Ver Mark F. Schilling, Ann E. Watkins e William Watkins, "Is Human Height Bimodal?", *The American Statistician* 56, nº 3 (2002): 223-229, http://faculty.washington.edu/tamre/IsHumanHeightBimodal.pdf.
126.

127. Carl Friedrich Gauss, *Theory of the Motion of the Heavenly Bodies Moving about the Sun in Conic Sections: A Translation of Gauss's "Theoria Motus"*, tradução Charles Henry Davis (1809; reimpressão, Boston: Little, Brown & Co., 1857).

128. Margaret A. McDowell, Cheryl D. Fryar, Cynthia L. Ogden e Katherine M. Flegal, "Anthropometric Reference Data for Children and Adults: United States, 2003-2006", *National Health Statistics Reports* 10 (Hyattsville, MD: National Center for Health Statistics, 2008), http://www.cdc.gov/nchs/data/nhsr/nhsr010.pdf.

129. Aaron Clauset, Cosma Rohilla Shalizi e M. E. J. Newman, "Power-Law Distributions in Empirical Data", *SIAM Review* 51, nº 4 (2009): 661-703.

130. Herman Aguinis e Ernest O'Boyle Jr., "Star Performers in Twenty-First Century Organizations", *Personnel Psychology* 67, nº 2 (2014): 313-350.

131. Boris Groysberg, Harvard Business School, http://www.hbs.edu/faculty/Pages/profile. aspx?facId=10650.

132. Observe que melhorar para o nível "médio" não é necessariamente o mesmo que tornar-se o quinquagésimo melhor operador (ou seja, o operador mediano), mas é bastante próximo para propósitos ilustrativos. Média e mediana são medidas de tendência central diferentes.

133. Jack e Suzy Welch, "The Case for 20-70-10", *Bloomberg Businessweek*, 1º de outubro de 2006, http://www.businessweek.com/stories/2006-10-01/the-case-for-20-70-10.

134. Ibid.

135. Kurt Eichenwald, "Microsoft's Lost Decade", *Vanity Fair*, agosto de 2012, http://www.vanityfair.com/business/2012/08/microsoft-lost-mojo-steve-ballmer.

136. Tom Warren, "Microsoft Axes Its Controversial Employee-Ranking System", *The Verge*, 12 de novembro de 2013, http://www.theverge.com/2013/11/12/5094864/microsoft-kills-stack-ranking-internalstructure.

137. David A. Garvin, Alison Berkley Wagonfeld e Liz Kind, "Google's Project Oxygen: Do Managers Matter?", Harvard Business School Case 313-110, abril de 2013.

138. Não veríamos nada como isso até 2008, quando Bill Coughran, nosso vice-presidente de Pesquisa e Sistemas de Infraestrutura até 2011, acumulou 180 subordinados diretos.

139. Atul Gawande, "The Checklist", *The New Yorker*, 10 de dezembro de 2007, http://www. newyorker.com/reporting/2007/12/10/071210fa_fact_gawande.

140. De entrevistas internas.

141. Equipe da ASTD, "$156 Billion Spent on Training and Development", *ASTD* (blog), American Society for Training and Development (agora Association for Talent Development), 6 de dezembro de 2012, http://www.astd.org/Publications/Blogs/ASTD-Blog/2012/12/156--Billion-Spent-on-Training-and-Development.

142. "Fast Facts", National Center for Education Statistics, http://nces.ed.gov/fastfacts/display. asp?id=66.

143. Damon Dunn, história contada na festa de batizado do William V. Campbell Trophy, Universidade Stanford, Palo Alto, 8 de setembro de 2009; http://en.wikipedia.org/wiki/Damon_Dunn.

144. K. Anders Ericsson, "Deliberate Practice and the Acquisition and Maintenance of Expert Performance in Medicine and Related Domains", *Academic Medicine* 79, nº 10 (2004): S70-

356 ▶ Um novo jeito de trabalhar

-S81, http://journals.lww.com/academicmedicine/Fulltext/2004/10001/Deliberate_Practice_and_the_Acquisition_and.22.aspx/.

145. Angela Lee Duckworth, Teri A. Kirby, Eli Tsukayama, Heather Berstein e K. Anders Ericsson, "Deliberate Practice Spells Success: Why Grittier Competitors Triumph at the National Spelling Bee", *Social Psychological and Personality Science* 2, nº 2 (2011): 174-181, http://spp.sagepub.com/content/2/2/174.short.

146. Andrew S. Grove, *Administração de alta produtividade* (Rio de Janeiro: Record, 1983).

147. Chade-Meng Tan, *Meng's Little Space* (blog), http://chademeng.com/.

148. Jon Kabat-Zinn, *A mente alerta* (Rio de Janeiro: Objetiva, 2001).

149. Lucy Kellaway, "The Wise Fool of Google", *Financial Times*, 7 de junho de 2012, http://www.ft.com/intl/cms/s/0/e5ca761c-af34-11e1-a4e0-00144feabdc0.html#axzz2dmOsqhuM.

150. Conversa pessoal.

151. "Teaching Awareness at Google: Breathe Easy and Come into Focus", *Google* (blog oficial), 4 de junho de 2013, http://googleblog.blogspot.com/search/label/g2g.

152. Michael M. Lombardo e Robert W. Eichinger, *The Career Architect Development Planner* (Minneapolis: Lominger, 1996), iv. Allen Tough, *The Adult's Learning Projects: A Fresh Approach to Theory and Practice in Adult Learning* (Toronto: OISE, 1979).

153. "Social & Environmental Responsibility Report 2011-2012", Gap Inc., http://www.gapinc.com/content/csr/html/employees/career-development.html.

154. "U.S. Corporate Responsibility Report 2013", PricewaterhouseCoopers, http://www.pwc.com/us/en/about-us/corporate-responsibility/corporate-responsibility-report-2011/people/learning-and-development.jhtml.

155. "Learning at Dell", Dell Inc., http://www.dell.com/learn/au/en/aucorp1/learning-at-dell.

156. D. Scott DeRue e Christopher G. Myers, "Leadership Development: A Review and Agenda for Future Research", in *The Oxford Handbook of Leadership and Organizations*, org. David V. Day (Nova York: Oxford University Press, 2014), http://www-personal.umich.edu/~cgmyers/deruemyersoxfordhandbookcha.pdf.

157. "Kirkpatrick Hierarchy for Assessment of Research Papers", Divisão de Educação, Colégio Americano de Cirurgiões, http://www.facs.org/education/technicalskills/kirkpatrick/kirkpatrick.html.

158. Yevgeniy Dodis, "Some of My Favorite Sayings", Departamento de Ciência da Computação, Universidade de Nova York, cs.nyu.edu/~dodis/quotes.html.

159. David Streitfeld, "Silicon Valley's Favorite Stories", *Bits* (blog), *The New York Times*, 5 de fevereiro de 2013, http://bits.blogs.nytimes.com/2013/02/05/silicon-valleys-favorite-stories/?_r=0.

160. "William Shockley Founds Shockley Semiconductor", Fairchild Semiconductor Corporation, http://www.fairchildsemi.com/about-fairchild/history/#.

161. Tom Wolfe, "The Tinkerings of Robert Noyce: How the Sun Rose on the Silicon Valley", *Esquire*, dezembro de 1983.

162. Nick Bilton, "Why San Francisco Is Not New York", *Bits* (blog), *The New York Times*, 20 de março de 2014, http://bits.blogs.nytimes.com/2014/03/20/why-san-francisco- isnt-the--new-new-york/.

163. Jogue no Google "Marge vs. the Monorail", para saber por que nossa sala de reuniões em Sydney é chamada de North Haverbrook.
164. Todas as imagens são do Internet Archive, http://archive.org/web/web.php.
165. Comentários feitos durante uma entrevista, em março de 2012, com Josh Tyrangiel, editor da *Bloomberg Businessweek*, em 92nd Street Y, Manhattan. Ver Bianca Bosker, "Google Design: Why Google.com Homepage Looks So Simple", *The Huffington Post*, 27 de março de 2012, http://www.huffingtonpost.com/2012/03/27/google-design-sergey-brin_n_1384074.html.
166. Bosker, "Google Design".
167. Silicon Valley Index, http://www.siliconvalleyindex.org/index.php/economy/income.
168. Wayne F. Cascio, "The High Cost of Low Wages", *Harvard Business Review*, dezembro de 2006, http://hbr.org/2006/12/the-high-cost-of-low-wages/ar/1.
169. Edward P. Lazear, "Why Is There Mandatory Retirement?", *Journal of Political Economy* 87, nº 6 (1979): 1.261-1.284.
170. Frank L. Schmidt, John E. Hunter, Robert C. McKenzie e Tressie W. Muldrow, "Impact of Valid Selection Procedures on Work-Force Productivity", *Journal of Applied Psychology* 64, nº 6 (1979): 609-626.
171. Ernest O'Boyle Jr. e Herman Aguinis, "The Best and the Rest: Revisiting the Norm of Normality of Individual Performance", *Personnel Psychology* 65, nº 1 (2012): 79-119.
172. Nassim Nicholas Taleb, *A lógica do cisne negro* (Rio de Janeiro: Best Seller, 2011).
173. Storyboard, "Walt Disney's Oscars", The Walt Disney Family Museum, 22 de fevereiro de 2013, http://www.waltdisney.org/storyboard/walt-disneys-oscars% C2%AE.
174. *Wikipedia*, "List of Best-Selling Fiction Authors", modificado pela última vez em 19 de abril de 2014, http://en.wikipedia.org/wiki/List_of_best-selling_fiction_authors.
175. Correspondência com a Recording Academy.
176. Página de Bill Russell, *NBA Encyclopedia: Playoff Edition*, National Basketball Association, http://www.nba.com/history/players/russell_bio.html.
177. http://www.golf.com/tour-and-news/tiger-woods-vs-jack-nicklaus-major-championship-records.
178. "Billie Jean King", International Tennis Hall of Fame and Museum, http://www.tennisfame.com/hall-of-famers/billie-jean-king.
179. "Inflation Calculator", *Davemanuel.com*, http://www.davemanuel.com/inflation-calculator.php.
180. Trabalhei com um líder de vendas que gostava de argumentar que suas comissões deveriam ser calculadas com base na receita total da empresa, que era da ordem de bilhões de dólares. Sim, ele era um vendedor fantástico, mas teria vendido muito menos se não contasse com a marca da empresa para lhe abrir as portas e lhe dar credibilidade, com a classificação de crédito AAA para oferecer baixos custos e com o apoio da infraestrutura da empresa. O desempenho dele, portanto, não se devia exclusivamente a seus esforços. Ao adotar "recompensas extremas", é essencial discernir quanto do desempenho excepcional é decorrência do indivíduo e quanto é consequência de outros fatores.
181. Katie Hafner, "New Incentive for Google Employees: Awards Worth Millions", *The New York Times*, 1º de fevereiro de 2005, http://www.nytimes.com/ 2005/02/01/technology/01google.html?_r=0, http://investor.google.com/corporate/ 2004/founders-letter.html.

358 ▶ Um novo jeito de trabalhar

182. "2004 Founders' Letter", Google: Investor Relations, 31 de dezembro de 2004, http://investor.google.com/corporate/2004/founders-letter.html.

183. "2005 Founders' Letter", Google: Investor Relations, 31 de dezembro de 2005, http://investor.google.com/corporate/2005/founders-letter.html.

184. "The Hollywood Money Machine", Fun Industries Inc., http://www.funindustries.com/hollywood-money-blower.htm.

185. John W. Thibaut e Laurens Walker, *Procedural Justice: A Psychological Analysis* (Mahwah, NJ: Lawrence Erlbaum Associates, 1975), http://books.google.com/books?id=2l5_QgAACAAJ&dq=thibaut+and+walker+1975+Procedural+justice:+A+psychological+analysis.

186. Scott A. Jeffrey, "The Benefits of Tangible Non-Monetary Incentives" (manuscrito não publicado, Faculdade de Administração da Universidade de Chicago, 2003), http://theirf.org/direct/user/site/0/files/the%20benefits%20of%20tangible%20non%20monetary%20incentives.pdf. Scott A. Jeffrey and Victoria Shaffer, "The Motivational Properties of Tangible Incentives", *Compensation & Benefits Review* 39, nº 3 (2007): 44-50. Erica Mina Okada, "Justification Effects on Consumer Choice of Hedonic and Utilitarian Goods", *Journal of Marketing Research* 42, nº 1 (2005): 43-53. Richard H. Thaler, "Mental Accounting Matters", *Journal of Behavioral Decision Making* 12, nº 3 (1999): 183-206.

187. Essa constatação é compatível com os trabalhos acadêmicos, que focam em compras em vez de em presentes. As pessoas se sentem mais felizes quando compram experiências (viagens, jantares) do que quando compram coisas (roupas, produtos eletrônicos). Travis J. Carter e Thomas Gilovich, "The Relative Relativity of Material and Experiential Purchases", *Journal of Personality and Social Psychology* 98, nº 1 (2010): 146-159.

188. Adam Bryant, "Honeywell's David Cote, on Decisiveness as a 2-Edged Sword", *The New York Times*, 2 de novembro de 2013, http://www.nytimes.com/2013/11/03/business/honeywells-david-cote-on-decisiveness-as-a-2-edged-sword.html.

189. Ben Parr, "Google Wave: A Complete Guide", *Mashable*, 28 de maio de 2009, modificado pela última vez em 29 de janeiro de 2010, http://mashable.com/2009/05/28/google-wave-guide/.

190. "Introducing Apache Wave", Google, *Google Wave Developer Blog*, 6 de dezembro de 2010, http://googlewavedev.blogspot.com/2010/12/introducing-apache-wave.html.

191. Chris Argyris, "Double Loop Learning in Organizations", *Harvard Business Review*, setembro de 1977, http://hbr.org/1977/09/double-loop-learning-in-organizations/ar/1.

192. Chris Argyris, "Teaching Smart People How to Learn", *Harvard Business Review*, maio de 1991, http://hbr.org/1991/05/teaching-smart-people-how-to-learn/.

193. Isso lembra uma citação atribuída a Thomas J. Watson Sr., fundador da IBM: "Pouco tempo atrás me perguntaram se eu não demitiria um funcionário que havia cometido um erro que custara à empresa US$ 600 mil. 'Não', respondi, 'acabei de gastar US$ 600 mil com o treinamento desse profissional. Por que deixaria que outra empresa contratasse essa pessoa com essa experiência?'"

194. "California Middle School Rankings", *SchoolDigger.com*, http://www.schooldigger.com/go/CA/schoolrank.aspx?level=2. A metodologia da SchoolDigger classifica as escolas com base na soma dos escores médios em matemática e inglês nos testes estaduais padronizados.

195. Dave Eggers, *O círculo* (São Paulo: Companhia das Letras, 2014).

196. Ronald S. Burt, "Structural Holes and Good Ideas", *American Journal of Sociology* 110, nº 2 (2004): 349-399.

197. Pego o primeiro que estiver disponível. Não preciso de duas pessoas para cortar meu cabelo.

198. Nicholas Carlson, "Marissa Mayer Sent a Late Night Email Promising to Make Yahoo 'the Absolute Best Place to Work' (Yahoo) ", *SFGate*, 27 de agosto de 2012, http://www.sfgate.com/technology/businessinsider/article/Marissa-Mayer-Sent-A-Late-Night-Email-Promising-3817913.php.

199. Jillian Berman, "Bring Your Parents to Work Day Is a Thing. We Were There", *Huffington Post*, 11 de novembro de 2013, http://www.huffingtonpost.com/ 2013/11/11/take-parents-to-work_n_4235803.html.

200. Meghan Casserly, "Here's What Happens to Google Employees When They Die", *Forbes*, 8 de agosto de 2012, http://www.forbes.com/sites/meghancasserly/2012/08/08/heres-what-happens-to-google- employees-when-they-die/. A compreensão de Meghan a esse respeito e sobre outros assuntos foi tão ponderada e impressionante que, na primeira oportunidade, encorajei nossa equipe a recrutá-la para o Google, e ela aceitou nossa proposta.

201. Conversa particular.

202. Kahneman conquistou o Prêmio Nobel por um trabalho realizado com Tversky, mas Tversky faleceu antes desse reconhecimento. Infelizmente, o Nobel não é concedido postumamente. No discurso de aceitação do Nobel, as primeiras palavras de Kahneman foram: "O trabalho em que se baseou o prêmio foi feito em conjunto com Amos Tversky durante um período de colaboração estreita incomum. Ele deveria estar aqui." Palestra de Premiação de Daniel Kahneman, Universidade de Estocolmo, 8 de dezembro de 2002, http://www.nobelprize.org/mediaplayer/?id=531.

203. "Inflation Calculator".

204. Amos Tversky e Daniel Kahneman, "The Framing of Decisions and the Psychology of Choice", *Science* 211, nº 4481 (30 de janeiro de 1981): 453-458, http://psych.hanover.edu/classes/cognition/papers/tversky81.pdf.

205. Stephen Macknik e Susana Martinez-Conde, *Truques da mente* (Rio de Janeiro: Zahar, 2011), 76-77.

206. Julie L. Belcove, "Steamy Wait Before a Walk in a Museum's Rain", *The New York Times*, 17 de julho de 2013, http://www.nytimes.com/2013/07/18/arts/steamy-wait-before-a-walk-in-a-museums-rain.html.

207. Michael Barbaro, "The Bullpen Bloomberg Built: Candidates Debate Its Future", *The New York Times*, 22 de março de 2013, http://www.nytimes.com/2013/03/23/nyregion/bloombergs-bullpen-candidates-debate-its-future.html.

208. Chris Smith, "Open City", *New York*, 26 de setembro de 2010, http://nymag.com/news/features/establishments/68511/.

209. Richard H. Thaler e Cass R. Sunstein, *Nudge – O empurrão para a escolha certa* (Rio de Janeiro: Elsevier, 2008).

210. Uma diferença óbvia entre um empurrãozinho e um plano de bônus é que o empurrão, em geral, não é explícito, enquanto o plano de bônus é explícito, com o objetivo específico de estimular certos comportamentos. No entanto, ao se admitir que uma empresa possa

360 ▶ Um novo jeito de trabalhar

influenciar com legitimidade os comportamentos dos funcionários, surge uma questão mais difícil, de quando exatamente a empresa cruza a linha entre a "boa" e a "má" influenciação. Eu diria que a localização da linha depende em parte do grau de transparência da organização em seus empurrões.

211. Foram. George Musser, um dos editores da *Scientific American*, escreveu na edição de 17 de agosto de 2009 que os cubículos foram uma reação aos escritórios panorâmicos tradicionais, totalmente abertos, comuns na década de 1950 e antes. O objetivo dos cubículos era oferecer mais privacidade às pessoas. George Musser, "The Origin of Cubicles and the Open-Plan Office", *Scientific American*, 17 de agosto de 2009, http://www.scientificamerican.com/article.cfm?id=the-origin-of-cubicles-an/.

212. Bradley Johnson, "Big U.S. Advertisers Boost 2012 Spending by Slim 2.8% with a Lift from Tech", *Advertising Age*, 23 de junho de 2013, http://adage.com/article/news/big-u-s-advertisers-boost-2012-spending-slim-2-8/242761/.

213. Edição especial: U.S. Beverage Results for 2012, *Beverage Digest*, 25 de março de 2013, http://www.beverage-digest.com/pdf/top-10_2013.pdf.

214. Samuel M. McClure, Jian Li, Damon Tomlin, Kim S. Cypert, Latané M. Montague e P. Read Montague, "Neural Correlates of Behavioral Preference for Culturally Familiar Drinks", *Neuron* 44, nº 2 (2004): 379-387.

215. Nyla R. Branscombe, Naomi Ellemers, Russell Spears e Bertjan Doosje, "The Context and Content of Social Identity Threat", in *Social Identity: Context, Commitment, Content*, orgs. Naomi Ellemers, Russell Spears e Bertjan Doosje (Oxford, UK: Wiley-Blackwell, 1999), 35-58.

216. Robert B. Cialdini, "Harnessing the Science of Persuasion", *Harvard Business Review* 79, nº 9 (2001): 72-81, http://lookstein.org/leadership/case-study/harnessing.pdf.

217. Bradford D. Smart, *Topgrading: How Leading Companies Win by Hiring, Coaching, and Keeping the Best People* (Upper Saddle River, NJ: Prentice Hall, 1999).

218. Autumn D. Krauss, "Onboarding the Hourly Workforce". Cartaz apresentado na Sociedade de Psicologia Industrial e Organizacional dos Estados Unidos (SIOP), Atlanta, 2010.

219. "Surgical Safety Checklist", Organização Mundial da Saúde, http://www.who.int/patientsafety/safesurgery/tools_resources/SSSL_Checklist_finalJun08.pdf.

220. Alex B. Haynes et al., "A Surgical Safety Checklist to Reduce Morbidity and Mortality in a Global Population", *New England Journal of Medicine* 360 (2009): 491-499, http://www.nejm.org/doi/full/10.1056/NEJMsa0810119.

221. Michael Lewis, "Obama's Way", *Vanity Fair*, outubro de 2012, http://www.vanityfair.com/politics/2012/10/michael-lewis-profile-barack-obama.

222. Talya N. Bauer, "Onboarding New Employees: Maximizing Success", SHRM Foundation's Effective Practice Guidelines (Alexandria, VA: SHRM Foundation, 2010), https://docs.google.com/a/pdx.edu/file/d/0B-bOAWJkyKwUMzg2YjE3MjctZjk0OC00ZmFiLWFiMmMtYjFiMDdkZGE4MTY3/edit?hl=en_US&pli=1.

223. Susan J. Ashford e J. Stewart Black, "Proactivity During Organizational Entry: The Role of Desire for Control", *Journal of Applied Psychology* 81, nº 2 (1996): 199-214.

224. Muitas são as comprovações de que os funcionários proativos são melhores operadores em diferentes setores. B. Fuller Jr. e L. E. Marler, "Change Driven by Nature: A Meta-Analytic Review of the Proactive Personality", *Journal of Vocational Behavior* 75, nº 3 (2009): 329-

345. (Meta-análise de 107 estudos.) Jeffrey P. Thomas, Daniel S. Whitman e Chockalingam Viswesvaran, "Employee Proactivity in Organizations: A Comparative Meta-Analysis of Emergent Proactive Constructs", *Journal of Occupational and Organizational Psychology* 83, nº 2 (2010): 275-300. (Meta-análise de 103 amostras.)

225. *Wikipedia*, "Poka-yoke", modificado pela última vez em 11 de maio de 2014, http:// en.wikipedia.org/wiki/Poka-yoke.

226. Steven F. Venti e David A. Wise, "Choice, Chance, and Wealth Dispersion at Retirement", in *Aging Issues in the United States and Japan*, orgs. Seiritsu Ogura, Toshiaki Tachibanaki e David A. Wise (Chicago: University of Chicago Press, 2001), 25-64.

227. *Wikipedia*, "Household Income in the United States", http://en.wikipedia.org/wiki/Household_income_in_the_United_States. Carmen DeNavas-Walt, Bernadette D. Proctor e Jessica C. Smith, "Income, Poverty, and Health Insurance Coverage in the United States: 2011", US Census Bureau (Washington, DC: US Government Printing Office, 2012). "Supplemental Nutrition Assistance Program (SNAP)", United States Department of Agriculture, http://www.fns.usda.gov/pd/snapsummary.htm. J. N. Kish, "U.S. Population 1776 to Present", https://www.google.com/fusiontables/DataSource?dsrcid=225439.

228. Gráfico de Venti e Wise, "Choice, Chance, and Wealth".

229. Ibid., 25.

230. B. Douglas Bernheim, Jonathan Skinner e Steven Weinberg, "What Accounts for the Variation in Retirement Wealth among U.S. Households?", *American Economic Review* 91, nº 4 (2001): 832-857, http://www.econ.wisc.edu/~scholz/Teaching_742/Bernheim_Skinner_Weinberg.pdf.

231. James J. Choi, Emily Haisley, Jennifer Kurkoski e Cade Massey, "Small Cues Change Savings Choices", National Bureau of Economic Research Working Paper 17.843, revisado em 29 de junho de 2012, http://www.nber.org/papers/w17843.

232. Richard H. Thaler e Shlomo Benartzi, "Save More Tomorrow: Using Behavioral Economics to Increase Employee Savings", *Journal of Political Economy* 112, nº 1 (2004): S164--S187, http://faculty.chicagobooth.edu/Richard.Thaler/research/pdf/SMarTJPE.pdf.

233. Sim, é de fato marca registrada.

234. Todd não tinha como saber que ainda naquele ano anunciaríamos o Calico, novo negócio do Google liderado por Art Levinson, ex-CEO da Genentech, cujo objetivo era atenuar as consequências debilitantes e inevitáveis do envelhecimento.

235. "Obesity and Overweight", Centro Nacional de Estatísticas de Saúde dos Estados Unidos, Centros para o Controle e a Prevenção de Doenças, atualizado pela última vez em 14 de maio de 2014, http://www.cdc.gov/nchs/fastats/overwt.htm.

236. "Overweight and Obesity: Adult Obesity Facts", Centros para o Controle e a Prevenção de Doenças, atualizado pela última vez em 28 de maio de 2014, http://www.cdc.gov/obesity/data/adult.html.

237. M. Muraven e R. F. Baumeister, "Self-Regulation and Depletion of Limited Resources: Does Self-Control Resemble a Muscle?", *Psychological Bulletin* 126, nº 2 (2000): 247-259.

238. D. Hammond, G. T. Fong, P. W. McDonald, K. S. Brown e R. Cameron, "Graphic Canadian Cigarette Warning Labels and Adverse Outcomes: Evidence from Canadian Smokers", *American Journal of Public Health* 94, nº 8 (2004): 1.442-1.445.

362 ▶ Um novo jeito de trabalhar

239. Julie S. Downs, Jessica Wisdom, Brian Wansink e George Loewenstein, "Supplementing Menu Labeling with Calorie Recommendations to Test for Facilitation Effects", *American Journal of Public Health* 103, nº 9 (2013): 1.604-1.609.
240. "McDonald's USA Nutrition Facts for Popular Menu Items", McDonalds.com, de 27 de maio de 2014, http://nutrition.mcdonalds.com/getnutrition/nutritionfacts.pdf.
241. David Laibson, "A Cue-Theory of Consumption", *Quarterly Journal of Economics* 116, nº 1 (2001): 81-119.
242. Colleen Giblin, "The Perils of Large Plates: Waist, Waste, and Wallet", revisão de "The Visual Illusions of Food: Why Plates, Bowls, and Spoons Can Bias Consumption Volume", de Brian Wansink e Koert van Ittersum (*FASEB Journal* 20, nº 4 [2006]: A618), Cornell University Food and Brand Lab, 2011, http://foodpsychology.cornell.edu/outreach/large--plates.html.
243. Wansink e Ittersum, "Visual Illusions of Food".
244. Leo Benedictus, "The Nudge Unit – Has It Worked So Far?" *The Guardian*, 1º de maio de 2013, http://www.theguardian.com/politics/2013/may/02/nudge-unit-has-it-worked.
245. Britton Brewer, "Adherence to Sport Injury Rehabilitation Regimens", in *Adherence Issues in Sport and Exercise*, org. Stephen Bull (Nova York: Wiley, 1999), 145-168.
246. Richard H. Thaler, "Opting In vs. Opting Out", *The New York Times*, 26 de setembro de 2009, http://www.nytimes.com/2009/09/27/business/economy/27view.html.
247. Eric J. Johnson e Daniel Goldstein, "Do Defaults Save Lives?", *Science* 302, nº 5649 (2003): 1.338-1.339.
248. Zechariah Chafee Jr., "Freedom of Speech in War Time", *Harvard Law Review* 32, nº 8 (1919): 932-973, http://www.jstor.org/stable/1327107?seq=26&.
249. "Our Work: What We Believe", McKinsey & Company, http://www.mckinsey.com.br/our_work_belive.asp.
250. Andrew Hill, "Inside McKinsey", *FT Magazine*, 25 de novembro de 2011, http://www.ft.com/cms/s/2/0d506e0e-1583-11e1-b9b8-00144feabdc0.html#axzz2iCZ5ks73.
251. Ralph Waldo Emerson, *Ensaios* (1841), (São Paulo: Cultrix, 1966).
252. http://googleblog.blogspot.com/2011/07/more-wood-behind-fewer-arrows.html.
253. Metáfora mista, eu sei. Uso-a porque acho que poucas práticas gerenciais são completamente binárias. Por exemplo, poucas empresas dizem "Inove sempre em tudo o que fazemos" ou "Nunca inove". Em vez disso, as práticas gerenciais se reforçam ao longo do tempo antes de se calcificarem e se tornarem disfuncionais. As empresas se organizam por geografia e depois constatam que seus produtos não funcionam de todas as maneiras em todas as regiões e se tornam muito dispendiosos, o que as leva a se reorganizarem por produto. Então os produtos deixam de ser adequados para as necessidades locais, o que de novo as induz a se reorganizarem. A administração executiva é a arte de saber quando é hora de mudar o sentido do pêndulo.
254. *Wikipedia*, "Goji", http://en.wikipedia.org/wiki/Goji.
255. Jonathan Edwards, "Sinners in the Hands of an Angry God. A Sermon Preached at Enfield, July 8th, 1741", org. Reiner Smolinski, Electronic Texts in American Studies Paper 54, Bibliotecas da Universidade de Nebraska-Lincoln, http://digitalcommons.unl.edu/cgi/viewcontent.cgi?article=1053&context=etas.

256. Steven Pinker, "Violence Vanquished", *The Wall Street Journal*, 24 de setembro de 2011, http://online.wsj.com/news/articles/SB10001424053111904106704576583203589408180.

257. Congresso dos Estados Unidos, Comissão Especial da Câmara dos Representantes para investigar o Sistema Taylor e outros de administração de oficinas, *The Taylor and Other Systems of Shop Management: Hearings before Special Committee of the House of Representatives to Investigate the Taylor and Other Systems of Shop Management* (Washington: US Government Printing Office, 1912), 3: 1.397, http://books.google.com/books?id=eyrbAA-AAMAAJ&pg=PA1397&lpg=PA1397&dq=physically+able+to+handle+pig-iron.

258. Tony Hsieh: "Vejo-me menos como o líder e mais como o arquiteto de um ambiente que capacita os funcionários a expor suas ideias e onde eles podem reforçar a cultura e promover sua evolução ao longo do tempo." (Adam Bryant, "On a Scale of 1 to 10, How Weird Are You?", *The New York Times*, 9 de janeiro de 2010.) Reed Hastings: "As pessoas responsáveis florescem na liberdade e merecem a liberdade. Nosso modelo é ampliar a liberdade dos funcionários à medida que crescemos em vez de limitá-la, para continuar a atrair e a fomentar pessoas inovadoras a fim de termos melhores chances de alcançar o sucesso sustentável." ("Netflix Culture: Freedom and Responsibility" , 1º de agosto de 2009, http://www.slideshare.net/reed2001/culture-1798664)

Durante a recessão que começou em 2008, Jim Goodnight pediu aos funcionários da SAS que descobrissem as próprias maneiras de conduzir a empresa naquele período difícil: "Disse-lhes que não teríamos demissões em todo aquele ano – mas que eles teriam que se esforçar, reduzir despesas e diminuir as contratações de pessoal, ou cortá-las completamente, se possível. Todos se empenharam e a produtividade de fato aumentou em 2009. Foi um de nossos três anos mais produtivos." ("SAS Institute CEO Jim Goodnight on Building Strong Companies – and a More Competitive U.S. Workforce", *Knowledge@ Wharton*, Faculdade de Administração Wharton da Universidade da Pensilvânia, janeiro de 2011, http://bit.ly/1dyJMoJ.)

259. Abraham H. Maslow, "A Theory of Human Motivation", *Psychological Review* 50, nº 4 (julho de 1943): 370-396. A pirâmide de Maslow, embora bem conhecida, não foi comprovada pelos dados mais recentes. Outros estudiosos trabalharam para refinar a teoria de Maslow, como Douglas T. Kenrick, Vladas Griskevicius, Steven L. Neuberg e Mark Schaller, que ofereceram um referencial atualizado em 2010 ("Renovating the Pyramid of Needs", *Perspectives on Psychological Science* 5, nº 3 [2010]: 292-314, http://pps.sagepub.com/content/5/3/292.short).

CONHEÇA OUTROS TÍTULOS DA EDITORA SEXTANTE

MOTIVAÇÃO 3.0
Daniel H. Pink

Publicado em 37 línguas e um dos livros mais vendidos e influentes dos últimos tempos, *Motivação 3.0* mudou a compreensão das pessoas a respeito do que realmente nos move.

Muita gente acredita que a melhor maneira de motivar alguém é oferecer algum tipo de recompensa, como prêmios, promoções ou dinheiro.

Esta visão está errada, diz Daniel Pink. Segundo ele, o segredo da alta performance e da satisfação está ligado à necessidade essencialmente humana de aprender e criar coisas novas, ter autonomia e melhorar o mundo para nós e para os outros.

Com base em décadas de pesquisas científicas, Pink expõe neste livro o descompasso entre a ciência da motivação e as práticas corporativas, e explica como isso afeta todos os aspectos de nossa vida.

Examinando os três elementos da verdadeira motivação – autonomia, excelência e propósito –, o livro apresenta técnicas inteligentes e surpreendentes para colocar esses princípios em ação.

Além disso, traz histórias de empresas que adotaram estratégias inovadoras para motivar seus funcionários e de empreendedores que vêm trilhando caminhos alternativos na busca da realização e do alto desempenho.

Comece pelo porquê
Simon Sinek

Por que algumas pessoas e organizações são mais inovadoras, admiradas e lucrativas do que outras? Por que algumas despertam grande lealdade por parte de clientes e funcionários?

Para Simon Sinek, a resposta está no forte senso de propósito que as inspira a darem o melhor de si para uma causa expressiva – o porquê.

Ao publicar este livro, o autor iniciou um movimento que tem ajudado milhões de pessoas a encontrar um sentido maior no próprio trabalho e, assim, inspirar colegas e clientes.

Ilustrando suas ideias com as fascinantes histórias de Martin Luther King, Steve Jobs e os irmãos Wright, Simon mostra que as pessoas só irão se dedicar de corpo e alma a um movimento, ideia, produto ou serviço se compreenderem o verdadeiro propósito por trás deles.

Neste livro, você verá como pensam, agem e se comunicam os líderes que exercem a maior influência, e também descobrirá um modelo a partir do qual as pessoas podem ser inspiradas, movimentos podem ser criados e organizações, construídas. E tudo isso começa pelo porquê.

Gerenciando pessoas

Coleção 10 leituras essenciais – Harvard Business Review

Gerenciar pessoas é uma tarefa extremamente desafiadora, mesmo para quem já tem alguma experiência. Este livro vai ajudar você a lidar com esses desafios.

Se você não tiver tempo para ler mais nada sobre como gerenciar pessoas, leia estes 10 artigos. Eles foram selecionados pela Harvard Business Review entre centenas de textos publicados para maximizar o desempenho e a satisfação de sua equipe.

São textos ricos e transformadores, escritos com clareza e objetividade por professores e pensadores que se tornaram referências mundiais pela qualidade de suas pesquisas e a força de suas ideias.

Este livro vai inspirar você a:

- adequar seu estilo de gestão à necessidade de seu pessoal
- motivar dando mais responsabilidade e não mais dinheiro
- ajudar os gestores e líderes de equipe de primeira viagem
- desenvolver confiança pedindo a opinião e a colaboração dos outros
- ensinar pessoas inteligentes a aprender com os próprios erros
- desenvolver equipes de alta performance
- gerenciar o seu chefe

A RIQUEZA DA VIDA SIMPLES
Gustavo Cerbasi

Neste livro, Gustavo Cerbasi usa toda a experiência adquirida ao longo de 20 anos dedicados à educação financeira para propor um novo modelo de construção de riqueza, baseado em escolhas sustentáveis.

Em vez de abrir mão de qualidade de vida para manter um padrão incompatível com a sua realidade, o autor propõe reduzir os custos fixos, adotar o minimalismo e ter fartura apenas do que é genuinamente importante para você.

O foco é na redução das ineficiências relacionadas ao padrão de vida. Não se trata de poupar centavos, mas de fazer mudanças estruturais que deixem sua vida financeira menos engessada.

Cerbasi apresenta o projeto de sua casa inteligente e autossustentável, discute os desafios da sociedade frente ao desperdício e aponta caminhos para quem busca mais equilíbrio e liberdade tanto no presente quanto no futuro.

Aqui você vai aprender a:

- Ter planos para se blindar contra o aumento dos gastos – tanto a inflação como o encarecimento da vida imposto pela idade.
- Repensar o tamanho e o valor do imóvel onde vive ou do carro que possui.
- Estudar para fortalecer sua empregabilidade e sua motivação para o trabalho.
- Reavaliar seus planos com frequência e melhorar seus investimentos.
- Priorizar a concretização de seus sonhos.

Para saber mais sobre os títulos e autores
da Editora Sextante, visite o nosso site.
Além de informações sobre os próximos lançamentos,
você terá acesso a conteúdos exclusivos
e poderá participar de promoções e sorteios.

sextante.com.br